SENILIA

Arthur Schopenhauer
Este libro se titula *Senilia*
Iniciado en Fráncfort del Meno en abril de 1852

ARTHUR SCHOPENHAUER

SENILIA

REFLEXIONES DE UN ANCIANO

Edición realizada bajo el cuidado de
† Franco Volpi
y Ernst Ziegler

Traducción de
Roberto Bernet

Herder

Legado póstumo manuscrito de Schopenhauer
(Biblioteca del Estado de Berlín: Propiedad Cultural de Prusia,
Colección de Manuscritos)

XI
Senilia
(iniciado en 1852)
Acc. n. 10863

Con 9 ilustraciones

Título original: Senilia. Gedanken im Alter
Traducción: Roberto Bernet
Diseño de la cubierta: Michel Tofahrn

© 2010, C. H. Beck oHG, Múnich
© 2010, Herder Editorial, S. L., Barcelona

ISBN: 978-84-254-2695-7

La reproducción total o parcial de esta obra sin el consentimiento expreso
de los titulares del *Copyright* está prohibida al amparo de la legislación vigente.

Imprenta: Liberdúplex
Depósito legal: B - 34.103 - 2010
Printed in Spain – Impreso en España

Herder
www.herdereditorial.com

ÍNDICE

Introducción, de Ernst Ziegler 9

Arthur Schopenhauer, *Senilia* 41

Anexo

Notas a la Introducción 375

Notas al texto 381

Índice de nombres 435

Índice de contenido 445

Introducción

Arthur Schopenhauer (1788-1860)

Vasto y extenso fue el camino que Arthur Schopenhauer recorrió desde la ciudad hanseática libre de Danzig junto al Weichsel hasta la antigua ciudad imperial de Fráncfort del Meno, desde el *Journal einer Reise von Hamburg nach Carlsbad und von dort nach Prag, Rückreise nach Hamburg Anno 1800* [Diario de un viaje de Hamburgo a Carlsbad, y de allí a Praga, de regreso a Hamburgo, año 1800] y los diarios de viaje de los años 1803-1804 hasta la segunda edición de su *Ethik*, que se terminó un mes antes de su muerte.[1]

«Nací el 22 de febrero de 1788 en Danzig, donde mi padre era uno de los comerciantes más prestigiosos de la ciudad, y mi madre Johanna Schopenhauer, que más tarde sería célebre por sus escritos», escribió Schopenhauer en 1851 en sus anotaciones biográficas. En ellas omitió el «Evangelio de la infancia», que «habría de llevarnos a Francia e Inglaterra», y refirió que, en 1809, se matriculó en la Universidad de Gotinga.[2]

Estudio

Arthur Schopenhauer comenzó a estudiar Medicina en Gotinga en octubre de 1809. Sin embargo, abandonó después la medicina y se cambió a la Facultad de Filosofía. En el otoño de 1811 se mudó a Berlín, donde realizó estudios de filosofía, historia, medicina y ciencias naturales en la Universidad Federico-Guillermo, fundada en 1810. Escuchó las lecciones del filósofo Johann Gottlieb Fichte (1762-1814) y del físico Paul Erman (1764-1851), que obtuvo méritos especialmente en las doctrinas de la electricidad y del magnetismo. En 1816-1817 fueron llamados a ocupar cátedras de Medicina en Berlín dos representantes del llamado «magnetismo animal» (magnetoterapia, forma primitiva del tratamiento por hipnosis). Como se sabe, Schopenhauer siguió atentamente el desarrollo de esta «ciencia»: ya en 1815 encontramos una anotación sobre el «sueño magnético» y un escrito algo más extenso titulado «Andeutung einer Erklärung des *Thierischen Magnetismus*» [«Esbozo de una explicación de *Magnetismo animal*»].[3] En su escrito *Ueber den Willen in der Natur* [Sobre la voluntad en la naturaleza], publicado en 1836, un capítulo entero lleva el título de «Animalischer Magnetismus und Magie» [«Magnetismo animal y magia»]. Además, Schopenhauer asistió a las lecciones del filósofo Friedrich Ernst Daniel Schleiermacher (1768-1834) y del estudioso de la Antigüedad Friedrich August Wolf (1759-1824). Sobre la vastedad y el alto nivel de los estudios universitarios de Schopenhauer nos informan sus cuadernos de clase, los apuntes de lecciones y los cuadernos de estudio.[4]

En mayo de 1813, desórdenes de guerra hicieron partir a Schopenhauer de Berlín. Pasando por Dresde, Weimar y Jena, se dirigió a Rudolstadt junto al Saale, donde permaneció durante el verano y, alojado en una posada, concluyó la tesis doctoral que había comenzado a escribir en Berlín. Ya en octubre obtuvo en la Universidad de Jena el doctorado con el «tratado de filosofía elemental» titulado *Ueber die vierfache Wurzel des Satzes vom zureichenden Grunde* [Sobre la cuádruple raíz del principio de razón suficiente]. (La primera edición apareció en 1813 en Rudolstadt; la segunda, «muy corregida y considerablemente aumentada», fue publicada en 1847 en Fráncfort del Meno.)

El mundo como voluntad y representación

Schopenhauer pasó el invierno de 1813-1814 en Weimar, donde disfrutó de la amistad y del «trato de confianza» con Johann Wolfgang von Goethe (1749-1832). En muchas conversaciones pudo discutir con el poeta sobre la doctrina de los colores y sobre «todos los temas filosóficos imaginables».[5] En la primavera de 1814 se trasladó a Dresde y escribió el tratado *Ueber das Sehn und die Farben* [Sobre la visión y los colores], «una nueva teoría del color, que se aleja ya en el punto de partida de todas las anteriores».[6] En agosto de 1818 escribió en Dresde el prólogo a su obra principal: *Die Welt als Wille und Vorstellung: vier Bücher nebst einem Anhange, der die Kritik der Kantischen Philosophie enthält* [El mundo como voluntad y representación: cuatro libros, junto con un apéndice que contiene la crítica de la filosofía kantiana]. En esa obra había estado trabajando «de forma continua durante cinco años».[7] La obra fue impresa en 1819 en Leipzig (segunda edición 1844, tercera 1859) y, desde el punto de vista comercial, fue un fracaso total.

Habilitación como catedrático

«Después de once años de continua actividad científica», decidió tomarse un descanso en Italia. Durante casi cuatro meses permaneció en Roma. Tras haber pasado once meses de viaje, regresó a Dresde, atravesando el paso de San Gotardo y Suiza, en agosto de 1819.[8]

Después de su viaje a Italia, Schopenhauer resolvió obtener en Berlín su habilitación para ejercer como catedrático no titular y, a fines de 1819, dirigió desde Dresde a la Facultad de Filosofía de la Universidad Federico-Guillermo la solicitud para dictar «lecciones en filosofía y en todas sus ramas». Al mismo tiempo presentó los escritos de su pluma que habían sido publicados hasta ese momento, su tesis doctoral, el tratado *Ueber das Sehn und die Farben*, así como *Die Welt als Wille und Vorstellung*. El 23 de marzo de 1820 dictó su lección de prueba con el tema «Ueber die vier verschiedenen Arten der Ursachen» [«Sobre los cuatro diferentes tipos de causa»].[9] Si el joven docente había tenido ya en la disputa posterior a la lección de prueba un choque con el célebre Georg Wilhelm Friedrich Hegel (1770-1831), tuvo el coraje de colocar demostrativamente sus lecciones en el semestre de verano de 1820 (y también las posteriores) sobre «Die gesamte Philosophie oder die Lehre vom Wesen der Welt und dem menschlichen Geiste» [«La filosofía en su conjunto o la doctrina de la esencia del mundo y del espíritu humano»] en las mismas horas en que tenían lugar las lecciones principales de Hegel. Hasta el verano de 1822 anunció otras cuatro series de lecciones, de las cuales, sin embargo, no llegó a darse ninguna.[10]

Italia y Múnich

Desde septiembre de 1822 hasta mayo de 1823 el filósofo volvió a permanecer en Italia, donde, disfrutando de «gran ocio», estudió en Florencia las obras de arte.[11]

En 1823, durante su viaje de regreso de Italia, Schopenhauer enfermó en Múnich, donde por esa razón se vio retenido durante casi un año.

INTRODUCCIÓN

Berlín

Después de este viaje de tres años, Schopenhauer regresó a Berlín, donde pensaba volver a dictar lecciones en el semestre de invierno de 1826-1827: «Die Grundlegung zur Philosophie, begreifend Dianoeologie und Logik oder die Theorie der gesammten Erkenntniß» [«La fundamentación de la filosofía, comprendiendo el análisis del conocimiento y la lógica, o sea, la teoría del conocimiento en su conjunto»], dos veces por semana de las doce a la una. Estas lecciones tuvieron igual éxito que las diez posteriores que llegó a anunciar: no llegaron a darse, de modo que la carrera académica de Schopenhauer acabó sin éxito después de diez años de esfuerzos. En agosto de 1831 Schopenhauer partió de Berlín huyendo del cólera y se estableció en Fráncfort del Meno, desde donde a mediados de julio de 1832 se trasladó a modo de prueba a Mannheim, lugar en el que permaneció hasta julio de 1833.[12]

Baltasar Gracián

Schopenhauer se había aplicado desde 1825 al estudio del español, y ya desde Berlín había enviado en mayo de 1829 a Friedrich Arnold Brockhaus (1772-1823) en Leipzig «un manuscrito para que lo viera», que, según su opinión, podía llegar a ser «un buen artículo de librería». Se trataba de una traducción del *Oráculo manual y arte de prudencia,* del jesuita y predicador español Baltasar Gracián y Morales (1601-1658), autor de la monumental novela *El Criticón.* En su carta de acompañamiento escribía Schopenhauer:

> De las trescientas reglas de vida de Gracián he traducido las primeras cincuenta en el orden en que se encuentran en el original. Lo he hecho en la mayoría de los casos de

forma literal y siempre lo más fielmente posible sin que ello dificulte la comprensión. Si el señor Keil o algún otro entiende español, podrá, cotejando con el original, darle seguridad al respecto y decir que se ha hecho lo que era de algún modo posible. En efecto, no he conservado solamente el sentido exacto, sino también el tono y el estilo del original. Puliendo y mejorando mucho el texto lo he redondeado y le he dado fluidez, de modo que todo lector atento, incluso mujeres, pueden entenderlo plenamente de inmediato, de lo que me he convencido.

Schopenhauer alaba el *Oráculo* con los tonos más elevados, afirmando que es «el compendio del arte que practican todos los hombres, y es apropiado para ser el consejero y preceptor de los muchos miles, en especial jóvenes, que buscan su felicidad en el más vasto mundo». Brockhaus no se lo pensó por demasiado tiempo, rechazó una publicación de la traducción, y el manuscrito fue dejado de lado.[13] «Sin embargo, mi escritor preferido es este filósofo *Gracián:* he leído todas sus obras, y su *Criticón* es para mí uno de los libros que más quiero en el mundo: me encantaría traducirlo si encontrara un editor para él.» Estas palabras fueron escritas por Schopenhauer al arriba mencionado Johann Georg Keil (1781-1857), editor y traductor de literatura hispánica e italiana, después de que, desde el otoño de 1831 hasta mediados de abril de 1832, tradujera las trescientas reglas de Gracián.[14] Como, según la opinión de Schopenhauer, Keil tenía «ahora por cierto la primera voz en cuestiones de literatura hispánica», se ofreció a buscar un editor para su traducción de este «libro excelente y mundialmente conocido». La búsqueda no tuvo éxito, y también este manuscrito quedó sin publicar. Sólo fue editado en 1862, dos años después de la muerte de Schopenhauer, por Julius Frauenstädt (1813-1879) en Brockhaus, Leipzig.[15]

En *Senilia* (147,2) se habla del «destino del hegelianismo pronosticado a partir de la alegoría de Gracián». En el «Prólogo a la primera edición» de *Die beiden Grundprobleme der Ethik* [Los dos problemas fundamentales de la ética], Fráncfort del Meno, 1841, Schopenhauer había transmitido una «rapsodia española», a saber, una traducción de partes de *El Criticón* de Baltasar Gracián. Escribe Schopenhauer: «Justamente por eso, la rapsodia española que quiero citar aquí como conclusión festiva de este prólogo es tan asombrosamente de actualidad que podría surgir la sospecha de que estuviera redactada en 1840 y no en 1640: por ello, sirva de información que la traduzco fielmente del *Criticón de Baltasar Gracián*, P. III, Crisi 4, pág. 285 del primer volumen de la primera edición de Amberes de las *Obras de Lorenzo Gracián*, de 1702».[16]

La mencionada «rapsodia española» está constituida por el episodio del charlatán, que Schopenhauer tradujo.[17] Con la predicción del destino del hegelianismo, que «se ha verificado [...] ya en gran parte», Schopenhauer alude seguramente a los dos siguientes pasajes:

> Al mismo instante comenzaron unos y otros a hablar claro. Juro, decía uno, que no era ingenio, sino un bruto. ¡Qué brava necedad la nuestra!, dijo otro, con que se fueron animando todos y decían: ¡Hay tal embuste! De verdad que no le oímos decir cosa que valiese y le aplaudíamos. Al fin, él era un jumento, y nosotros merecemos la albarda. [...]
> Así fue, que al mismo punto que acabó de hacer su papel de gigante y se retiró al vestuario de las mortajas, comenzaron todos a decir: ¡Qué bobería la nuestra! ¡Eh, que no era gigante, sino un pigmeo, que ni fue cosa ni valió nada; y dábanse el cómo unos a otros. —¡Qué cosa es,

dijo Critilo, hablar de uno en vida, o después de muerto! ¡Qué diferente lenguaje es el de las ausencias! ¡Qué gran distancia hay del estar sobre la cabeza o bajo los pies!

    No pararon aquí los embustes del Sinón moderno, antes echando por la contraria, sacaba hombres eminentes, gigantes verdaderos, y los vendía por enanos, y que no valían cosa, que eran nada, y menos que nada, y todos daban en que sí, y habían de pasar por tales, sin que osasen chistar los hombres de juicio y de censura: sacó la Fénix, y dio en decir que era un escarabajo, y todos, que sí, que lo era, y hubo de pasar por tal.[18]

Schopenhauer tradujo además otros dos fragmentos de *El Criticón* y los citó de forma libre en su obra *Ueber den Willen in der Natur*, de 1836:

Y Gracián, en *El Criticón*, la más grande y más hermosa alegoría que tal vez se haya escrito, dice: «Pero lo más maravilloso era que no encontraron hombre alguno en todo el país, ni aun en las ciudades más populosas, sino que estaba habitado todo por leones, tigres, leopardos, lobos, zorras, monos, bueyes, asnos, cerdos, y en ninguna parte un hombre, porque los pocos que había, para ocultarse y no ver lo que pasaba, habíanse retirado a aquellos yermos que deberían haber sido habitación de las fieras».[19]

Fráncfort del Meno

En julio de 1833, Arthur Schopenhauer se radicó definitivamente en el «nido de chismorreos» de Fráncfort del Meno, donde permaneció por el resto de sus días. Schopenhauer vivía desde 1843 a orillas del Meno, en la calle Schöne Aussicht [Bella vista], no lejos de la biblioteca de la ciudad, en una elegante casa (primeramente en el número 17, después, en el 16), una vivienda espaciosa con una habitación para biblioteca «con cerca de cuatrocientas obras».[20] En sus «Anotaciones sobre mi vida» escribe Schopenhauer en 1851:

> En 1831, cuando el cólera llegó por vez primera a Alemania, escapé de él viniendo provisionalmente aquí, a Fráncfort. Como este lugar quedó preservado y hallé que su clima y comodidad me agradaban especialmente, permanecí aquí, donde vivo ya desde hace veintiún años como un forastero retirado. En 1836 publiqué aquí mi pequeño escrito *Über den Willen in der Natur,* al que doy una importancia muy especial, porque en él se expone el verdadero núcleo de mi metafísica de una forma más profunda y clara que en cualquier otra parte. Poco después presenté a concurso dos obras de moral, una ante la Sociedad Científica de Noruega, y la otra, ante la de Dinamarca. Sólo la primera fue premiada, y ambas aparecieron aquí juntas en 1841 bajo el título de *Die beiden Grundprobleme der Ethik.* Por último, publiqué en 1844 en segunda edición mi obra principal, aumentada al doble y en dos tomos. He tenido la dicha de llevar mi vida con total independencia y en posesión irrestricta de mi tiempo y de mis fuerzas, tal como era necesario para los múltiples estudios y para la elasticidad y libertad de espíritu que mis obras exigían.[21]

Schopenhauer trabajó durante años sólo por las mañanas y solamente tres a cuatro horas. Como escribiera en 1858 a Friedrich Arnold Brockhaus, tenía desde hacía veinticinco años la siguiente máxima inviolable: «No escribir directamente para la impresión más que en las primeras dos horas de la mañana, puesto que, sólo entonces la cabeza es todo lo que ella puede ser. Las demás horas son útiles para la consulta y la lectura de pasajes citados, etc.»[22]

El filósofo vivía «con suma comodidad y decencia» de la renta de su herencia. A ello contribuyeron considerablemente en sus últimos años las nuevas ediciones de sus escritos —para los que antes le había resultado casi imposible encontrar editores gratuitos—, de modo que se convirtió en un «hombre con iniciativa económica» *[Erwerbsmann]*.[23] En su artículo sobre Schopenhauer y el dinero, publicado en el *Schopenhauer-Jahrbuch* del 2008, Manfred Wagner calculó que la herencia de Schopenhauer de más de 21 000 táler o 31 500 florines equivale a alrededor de 1,3 a 1,5 millones de euros: ¡una suma increíble para el gran Jeremías![24]

Franco Volpi escribió en su introducción a *Die Kunst, mit Frauen umzugehen* [El arte de tratar con las mujeres], de Schopenhauer, que, en lo tocante a su relación con las mujeres, «a pesar de su declarada misoginia y de su encomio filosófico de la vida ascética, tenía inclinación a la "pasión horizontal"» y no renunció para nada «a las delicias de la carne». «Dicho en pocas palabras, predicaba agua pero prefería beber vino.»[25] Volpi hace un bello elogio de Schopenhauer en *Die Kunst, alt zu werden* [El arte de envejecer]:

> En contra y más allá de todas las expectativas, la última etapa de su vida le reserva una plétora de realizaciones y satisfacciones. Las derrotas y humillaciones sufridas en la juventud, la carrera académica, que se estrelló contra la pertinaz oposición de Hegel, el largo y persistente silencio con el que los filósofos de universidad pasaron por alto su obra… todo esto palidece en los años de la vejez convirtiéndose en un recuerdo que ya no inquieta seriamente sus sentimientos. Como compensación de la injusticia soportada se instala —tarde, pero a tiempo— lo que él llama, con irónica distancia, la «comedia de mi fama». […]
>
> En octubre de 1859 se presentó en su casa la bella escultora Elisabeth Ney. Después de haber modelado a cele-

bridades de su tiempo como Alexander von Humboldt, Jacob Grimm y Karl August Varnhagen von Ense, quería confeccionar un busto del famoso pesimista universal. El viejo filósofo dejó de lado su tajante rechazo de un comienzo y se dejó conquistar [...]. Y alcanzó la cima del contento cuando, para encantarlo, ella propuso modelar también a su perro caniche, al que el filósofo quería como a un ser humano.

Así, el «Kaspar Hauser» de la filosofía —al que, como él mismo se lamentaba, habían mantenido «durante casi cuarenta años» «cuidadosamente aislado del acceso a la luz del día y tan firmemente emparedado»— se encontró en la ancianidad en el centro de la atención. Y de misántropo y criticón que era se transformó en un anciano sabio inesperadamente feliz y contento.[26]

Libros manuscritos

En su libro manuscrito o anuario titulado *Cogitata* [Pensamientos, Reflexiones], iniciado en febrero de 1830 en Berlín, la anotación titulada «Fráncfort del Meno 1833» anuncia el regreso definitivo de Schopenhauer a Fráncfort.[27] Aquí utilizó Schopenhauer los *Cogitata, Pandectae* [Colección, Dichos], *Spicilegia* [Espigueo, Selección, selección de pensamientos hermosos de sus escritos], y, por último, a partir de 1852, *Senilia* [Reflexiones de un anciano] como «libros de pensamientos» o diarios filosóficos.[28] Julius Frauenstädt, el «evangelista principal» de Schopenhauer, escribió en su volumen póstumo, editado en 1864, lo siguiente acerca de dichos libros manuscritos:

> Estos manuscritos no contienen un sistema de desarrollo consecutivo, ni tampoco tratados ininterrumpidos, sino

pensamientos, visiones, anotaciones, meditaciones, a veces también esbozos para tratados, todos ellos en forma de fragmentos aislados. Los fragmentos, unas veces más extensos, otras más breves, tratan sobre los temas más variados y en variada mezcla, sólo separados entre sí por líneas. Schopenhauer consignó en ellos por escrito, ante todo *para sí mismo*, todo aquello que a lo largo de esos años ocupaba su espíritu, sin saber aún qué uso habría de hacer de todo ello. Pero, a pesar de haberlos escrito *para sí mismo*, estos manuscritos configuran no obstante la alacena desde la que alimentó de forma continua sus obras a medida que iban siendo publicadas, así como las ediciones posteriores de dichas obras que se fueron publicando durante su vida. Gran parte de su rico y variado contenido fue utilizado ya para esas obras y, por eso, aparece tachado con lápiz.[29]

Senilia

El último libro manuscrito o de pensamientos escrito por Arthur Schopenhauer abarca unas 150 páginas y se conserva como tomo XI en el legado póstumo manuscrito del filósofo en la Biblioteca del Estado de Berlín. El volumen, en folio, contiene «en variopinta alternancia anotaciones de mayor o menor extensión sobre los temas más variados» de la época que se extiende entre 1852 y 1860.[30]

A esas anotaciones se agregan esbozos para diferentes prólogos, y a partir de la página 80 siguen, «mezcladas con otras notas, numerosas anotaciones para un tratado sobre la barbarización del idioma alemán que Schopenhauer había planeado».[31] Al igual que los otros libros manuscritos, el volumen *Senilia* permite arrojar una buena mirada al modo de trabajar del filósofo.[32] Como escribiera Franco Volpi, se trata de las últimas gotas de sabiduría que le ofrece el pensamiento filosófico: una medicina del espíritu que le hizo la vejez soportable y hasta agradable.³³

Diversos temas que Schopenhauer trató en su correspondencia con amigos y conocidos aparecen también una y otra vez en *Senilia*, por ejemplo en los diferentes esbozos para los prólogos.

Según Arthur Hübscher, *Senilia* se encuentra «un poco fuera del contexto de los demás libros manuscritos, que están interconectados entre sí y con las copias de sus obras ya impresas que él mismo utilizaba por una red de referencias recíprocas. Al igual que en el anterior volumen manuscrito titulado *Spicilegia*, en *Senilia* esas referencias se hacen más esporádicas. Schopenhauer pensaba utilizar los agregados que estos dos libros ofrecían en la segunda edición de *Parerga und Paralipomena* [Parerga y Paralipómena], la cual, sin embargo, no llegó a producirse durante su vida».³⁴

Hübscher escribió en su edición de 1975: «La letra manuscrita se hace menos cuidada, revela fuertes reelaboraciones y resulta en parte difícilmente legible».³⁵ Hübscher no fue el único que se manifestó negativamente acerca de la letra manuscrita de Schopenhauer. Ya Julius Frauenstädt se quejó sobre los «materiales» en *Senilia*, que el filósofo dejó, según él, «en un estado a veces caótico, difícil de desenmarañar». «Si bien la letra manuscrita de Schopenhauer es muy clara, por su manera propia de introducir reelaboraciones, correcciones y agregados, y hasta agregados a agregados, ha hecho que sus manuscritos resulten a veces difícilmente legibles».³⁶

Cuando Frauenstädt leyó en 1851 el manuscrito corregido de *Parerga und Paralipomena*, Schopenhauer le escribió: «¡No se queje por el intrincado manuscrito! ¡La cosa empieza sólo más adelante, cuando se trata de las actividades visionarias! ¡Allí viene la *bredouille!** Y sin embargo, las

---

* Farfulla.

cosas se dejan encontrar muy bien con tal de que se tengan los ojos abiertos. Pero le pido que ayude un poco al cajista y que se fije que no deje nada fuera. Todo en ello está correcto, es exacto y no hay equivocación ninguna. Pero ¡abrir *oculos*!».[37] Lo que su padre censuraba en Schopenhauer en 1804 nos sigue pareciendo censurable más de doscientos años más tarde, a saber, que las mayúsculas (y también las minúsculas) de su «escribidera, siguen siendo verdaderos engendros».[38]

Ahora bien, no sólo el manuscrito de *Parerga und Paralipomena* era intrincado, enredado, confuso a raíz de las muchas sobreescrituras e inserciones, que contenían a su vez más inserciones, sino también el de *Senilia* resulta en algunos pasajes muy difícil de descifrar.[39] Éste es presumiblemente uno de los motivos por los cuales este libro de pensamientos no fue editado nunca de forma completa hasta el presente.[40]

No obstante, la razón principal es probablemente la siguiente: el libro manuscrito *Senilia*, que Schopenhauer comenzó a escribir en 1852, pudo ser aprovechado por el autor en las nuevas ediciones de *Ueber den Willen in der Natur* (1854), *Ueber das Sehn und die Farben* (1854), *Die Welt als Wille und Vorstellung* (1859) y *Die beiden Grundprobleme der Ethik* (1860). Inserciones procedentes de *Senilia* fueron incorporadas más tarde en los dos tomos de los escritos filosóficos breves *Parerga und Paralipomena* por parte de los editores responsables a partir de Julius Frauenstädt (1873-1874). Éstos realizaron un trabajo tan a fondo «que los pasajes no utilizados que quedaban para la publicación del legado póstumo se redujeron a un resto bastante pequeño». El aprovechamiento del tomo de *Senilia* para las ediciones póstumas de las obras de Schopenhauer por los responsables de las ediciones posteriores tuvo como consecuencia que, tanto en el texto como en las notas al pie de página, se imprimieran muchos pasajes. Por eso, Arthur Hübscher, por ejemplo, creía que una nueva reproducción de tales pasajes en los volúmenes póstumos era superflua, y por eso, en su cuarto tomo de escritos póstumos, publicó de *Senilia* sobre todo el mencionado «resto bastante pequeño». Por esa razón, nadie se atrevió ya a hacer una edición completa de este último libro de pensamientos de Arthur Schopenhauer, tal como la tenemos aquí por vez primera.[41]

Ahora bien, *Senilia* no es en modo alguno una obra con pensamientos *sobre* la vejez, sino justamente un libro con «pensamientos *en la* vejez»: el anciano pensador reunió aquí casi a diario durante más de ocho años «los frutos de las meditaciones que con regularidad realizaba».[42] Por supuesto, entre ellos se encuentran algunos (pocos) pensamientos sobre el tema de la vejez:

La razón por la que *se envejece y muere* no es física, sino metafísica.

La muerte acalla por completo la *envidia;* la vejez la acalla ya por la mitad.

En la *vejez* no hay mejor consuelo que haber incorporado toda la fuerza de la propia juventud a *obras* que no *sufren también ellas* el envejecimiento de su autor.

Pues que yo pueda vivir todavía una edición posterior y vaya a estar en condiciones de enriquecerla de manera perceptible no es para nada probable a mi avanzada edad.

Por más viejo que se llegue a ser, uno siempre se siente en su interior totalmente el mismo, el que uno era cuando era joven, más aún, cuando era niño. Lo que permanece inalterado, siempre totalmente lo mismo, y que no envejece junto con uno, es justamente el núcleo de nuestro ser, que *no está en el tiempo* y que, precisamente por eso, es indestructible.⁴³

Franco Volpi (1952-2009)

En el 2005, la editorial C. H. Beck me hizo la propuesta de transcribir el manuscrito de *Senilia* y editarlo en colaboración con el Prof. Franco Volpi, de Padua. En el contexto de esta labor, así como de la edición del opúsculo *Die Kunst, alt zu werden*, se dieron, sobre todo en los años 2007 y 2008, encuentros periódicos y amistosos con Franco Volpi. En su Introducción a este último título, Volpi escribió, en 2009:

> Así pues, como somos seres limitados, y lo somos en el sentido de que, mientras existimos, todavía no somos, es preciso que, para ser felices en el incontenible correr del tiempo, *demos a nuestra vida una forma plena y hermosa antes de que nos sorprenda la muerte*. Como advierte Epicteto: La muerte sorprende al zapatero mientras cose sus zapatos; la muerte sorprende al artesano mientras da forma a su obra; la muerte sorprende al navegante durante la travesía; y tú, ¿en qué actividad quisieras que te sorprenda la muerte? Búscala y, cuando la hayas encontrado, dispondrás de la pauta para tu felicidad.⁴⁴

Éste es uno de los últimos textos de Franco Volpi. Sólo poco más tarde, el 14 de abril de 2009, fallecía a consecuencia de un accidente de tráfico. Este volumen no habría podido editarse sin él. Aparece, pues, en memoria de un gran filósofo y de un hombre que destilaba amabilidad: Franco Volpi *in memoriam*.

INTRODUCCIÓN

Observaciones sobre la presente edición

Schopenhauer articuló las diferentes páginas o párrafos de *Senilia* por medio de líneas horizontales. Esta división fue asumida en la paginación de esta edición: página 1,1; página 1,2, etc. A la subdivisión horizontal se agrega una vertical en texto principal y agregados marginales. Ya Arthur Hübscher trató como «parte del texto principal» los agregados realizados por Schopenhauer en el texto o al margen y referidos a determinados pasajes indicados de forma precisa mediante signos de inserción.[45] Por la misma razón, también aquí han sido integrados sin mención especial al texto los agregados interlineales o marginales siempre que estuviesen referidos de forma clara y distinta a un lugar determinado. Por ejemplo, «continúa abajo en ⚡ » o «✉ continúa de arriba», etc., al ser indicaciones claras, fueron dejadas de lado, es decir, el pasaje correspondiente fue incorporado al texto sin más indicación.

Cuando no podían incorporarse de forma inequívoca en el texto, los agregados marginales fueron señalados con a, b, c, etc.: a– ... –a, o b– ... –b. Estas indicaciones significan que los pasajes indicados se encuentran fuera del texto continuo, sea al margen o sea en la parte superior o inferior de la página.

Al parecer, numerosas anotaciones marginales a lápiz no provienen ya de Schopenhauer. Presumiblemente, significan «anexo», pero podrían indicar también «comentario», «complemento», «nota», etc., a la segunda edición de *Parerga*, o algo semejante. Fueron omitidas.

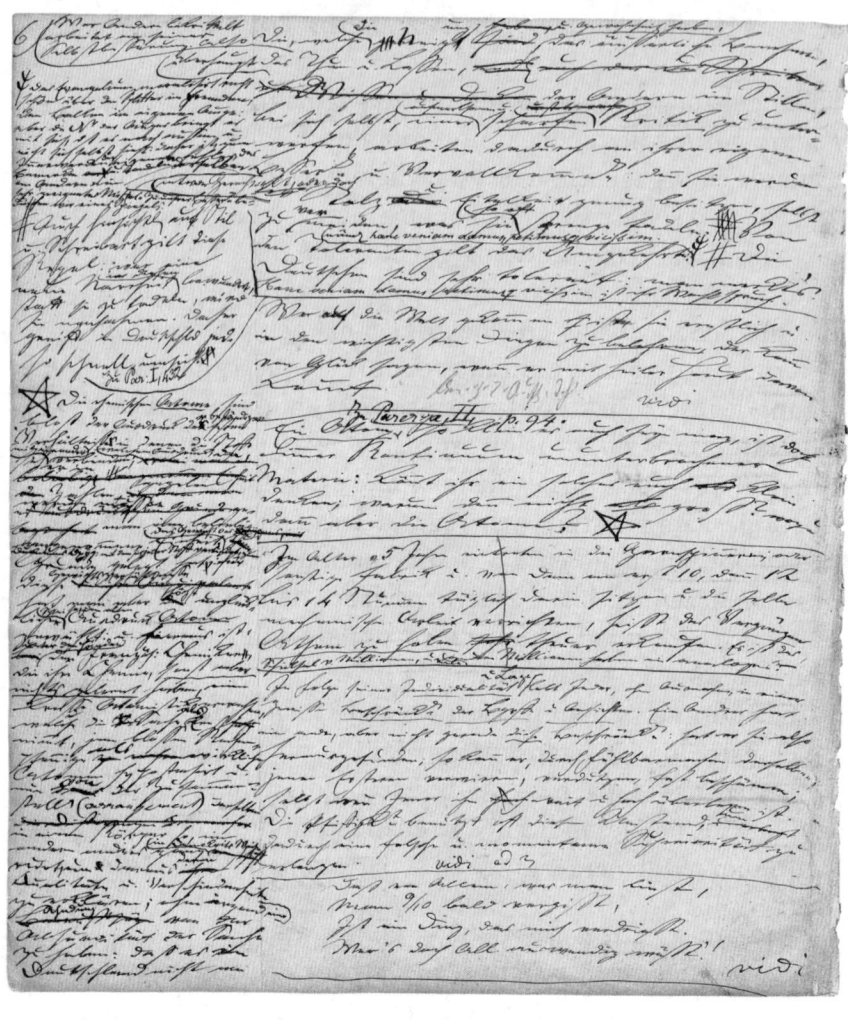

Página 6 del manuscrito

INTRODUCCIÓN

Signos utilizados para situar agregados marginales, etc.[46]

Estrella	☆ ☆ ☆ * ✱ ✳
Círculo con cruz	⊕ ⊕ ⊗
Círculo con punto	⊙ ⊙ ⊙ ∘ ⊖
Cuadrado con cruz	⊠ ⊠ ⊠
Rectángulo con cruz	⊠ ⊠
Triángulo con punto	△ △
Almohadilla	# # # #
Q o caracol	⅋ ⅋ ⅋ ⅋
Horquilla	ψ ψ ψ ψ
Casa	⌂ ⌂ ⌂
Cruz	† ‡ † ⸸
Cruz con cuatro puntos	⸸

Ejemplo:
S [= signo] a pág. 36.[1]
1) Signo (…) remite a la página 36,1.

Indicaciones de Schopenhauer

En el texto aparecen las indicaciones de Schopenhauer «vidi ad 3», «a tomo 1,34 o tomo 2, 10, 11», «vidi», «anotado», «véase *Welt als Wille und Vorstellung II, 571*» y otras semejantes: «vidi» y «anotado» aparecen siempre de la misma forma que en el manuscrito, del mismo modo como los signos de puntuación que los acompañan, cuando los hay. Si no los hubiera, sólo aparece entre «vidi» y «anotado» una coma.

INTRODUCCIÓN

Vidi ad

Videre = ver; *vide* = ve (o véase); *vidi* = he visto. El «vidi» anotado en un escrito es un signo de conocimiento y de acuerdo.

En el párrafo 7,3: *vidi ad editio* 2 = lo he visto en la segunda edición; y no: véase.

Párrafo 1,1: *vidi ad* 3 = remite presumiblemente a la tercera edición de *Die Welt als Wille und Vorstellung*, Leipzig, 1859, y allí a los tomos 1 y 2, donde en D, 2, pág. 11 se encuentra algo cuyo sentido concuerda.

Párrafo 5,1: *vidi ad* 3 = remite presumiblemente también a la tercera edición de *Die Welt als Wille und Vorstellung*, D, 2, págs. 542, 568, 579ss; allí, afirmaciones cuyo sentido concuerda.

Vidi, vidi ad 3, etc., significan probablemente: he tratado tal o cual idea, reflexión, etc., de forma análoga en tal o cual lugar.

No obstante, en las notas no se han considerado con más detalle estas referencias, es decir, los pasajes a los que se remite no han sido verificados ni citados, puesto que hacerlo hubiese requerido mucho tiempo y espacio.

Anotado

«Anotado» significa que Schopenhauer utilizó el respectivo pasaje en sus obras.

Lineamientos observados en la edición

Con Franco Volpi hemos estado de acuerdo en que nuestro objetivo común debía ser elaborar una edición científicamente sostenible, pero sobre todo accesible al lector, si bien una razonable exactitud histórico-filosófica requería «una reproducción del material en la forma en que aparece en *Senilia*».⁴⁷ En ello seguimos los lineamientos de edición reunidos por Arthur Hübscher en el tomo primero del legado póstumo manuscrito de Schopenhauer. Para la configuración del texto fueron determinantes para Hübscher los principios a los que Schopenhauer solía atenerse en la impresión de sus obras.

Los documentos manuscritos de base fueron reproducidos con fidelidad literal y conservando sus características ortográficas. Sólo se han descifrado las numerosas abreviaciones utilizadas por el autor con el ánimo de consignar rápidamente los pensamientos por escrito. El mismo Schopenhauer procedió de esta forma en ocasión de la impresión de sus obras [...].⁴⁸

Distinciones tipográficas

Las palabras que Schopenhauer subraya en el manuscrito fueron impresas en letra VERSALITA, la *cursiva* se utiliza en los términos y expresiones en idioma extranjero, así como en los títulos de obras, a menos que el propio Schopenhauer los encierre entre comillas, en cuyo caso se mantiene la distinción del autor.

Llaves

Los términos entre llaves ({ }) introducen la traducción de vocablos o expresiones en alemán. Se utilizan en el texto de Schopenhauer y en las notas finales y aparecen principalmente en los pasajes sobre la barbarización del idioma.

INTRODUCCIÓN

Tachaduras

En el manuscrito hay dos tipos distintos de tachaduras: el primer tipo son las efectuadas por Schopenhauer con tinta durante la redacción o poco después, bastante confusas, y otras posteriores, realizadas a lápiz o con tinta en forma de una línea vertical u oblicua. Para las primeras rigió el principio de que lo techado está tachado, y fueron dejadas de lado, porque lo tachado por Schopenhauer ya no puede considerarse más como válido. No obstante, se trató de descifrar los párrafos fuertemente tachados cuando podían contribuir a aclarar algún pasaje oscuro o difícil.

El segundo tipo de tachaduras se produjo presumiblemente después de la transferencia del párrafo en cuestión como inserción en alguna de las obras principales (*Die Welt als Wille und Vorstellung, Parerga und Paralipomena*, etc.).

Unos pocos pasajes, sobre todo los que están tachados con tinta, no han podido ser descifrados. Algunos pasajes tachados con tinta y todas los marcados por una línea fueron identificados en esta edición con «*/» al comienzo y «/*» al final. Esos signos indican, pues, que el segmento de texto correspondiente está tachado.

Párrafos con muchas tachaduras que resultaron muy difíciles o imposibles de descifrar fueron señalados con las letras A– ... –A, B– ... –B. En relación con ellos hay notas cuyo contenido suele ser aproximadamente como sigue: «Todo el párrafo de 35,2 está varias veces tachado y complementado por agregados marginales, también tachados». La reconstrucción y transcripción son difíciles y, en algunos lugares, inseguras.

Notas

Al igual que en los volúmenes del legado póstumo de Schopenhauer editados por Hübscher, a fin de mantener el aparato de crítica textual libre «de naderías inútiles» se ha omitido señalar «letras y palabras tachadas, errores por descuido, incorrecciones de escritura y omisiones de algunas letras, que el mismo Schopenhauer corrigió a menudo en el mismo momento de escribir», al igual que «correcciones sin importancia de tipo gramatical o estilístico, que se dieron sobre todo por el hecho de que una frase o una parte de frase fueron continuadas de forma diferente a aquella en la que comenzaron. Por el contrario, han sido indicadas con precisión todas las modificaciones dignas de nota por razones de contenido, por ejemplo: reformulaciones o nuevas versiones significativas de algún pensamiento han sido indicadas con precisión».[49]

En las notas elaboradas por el editor responsable se incorporaron indicaciones de fuentes y de bibliografía, traducciones de citas y referencias a su origen, así como referencias a pasajes correspondientes en las obras impresas (D, Hb, HN IV [2], etc.).

Referencias a fuentes y bibliografía

Para las fuentes citadas por Schopenhauer y sus indicaciones bibliográficas se recurrió a *Die Bibliothek Schopenhauers* (HN V: *Randschriften zu Büchern*, ed. por Arthur Hübscher). Se ha citado según las recomendaciones de la Asociación Histórica del cantón de San Galo.

INTRODUCCIÓN

Traducción de citas en otras lenguas
y referencias a sus fuentes

Las citas y textos en otras lenguas fueron traducidos en nota al pie, en lo posible con indicación de fuente. Las siguientes palabras o locuciones no fueron incluidas entre las traducidas en las notas al pie:

ad infra = a más abajo
ad libitum = según deseo
ad supra = a más arriba
alicubi = en algún lugar
alius locus = en otro lugar
dito = lo mismo, igualmente
conditio sine qua non = condición necesaria, sin la cual otra cosa no puede darse, requisito indispensable
exordium = exordio, inicio, comienzo
ibidem = en el mismo lugar
in abstracto = en abstracto, de forma puramente conceptual, sólo en la representación
in fine = al final
infra = abajo
initio, initium = comienzo, inicio
item = del mismo modo
ordinarius = catedrático o profesor titular
ordinarius loci = catedrático de la universidad local
scilicet y *sc.* = a saber, por supuesto, ciertamente
sic fere = casi del mismo modo, más o menos así
simpliciter = simplemente
sub finem = hacia el final
supra = arriba
ter = *tertius* = el tercero
ter = *Tertium* = por tercera vez
ut supra = como arriba

verte = pasar la página
videatur = véase
vide supra = véase arriba

Fechas

Portada: iniciado en abril de 1852; pág. 14: 1853; pág. 34: 1854; pág. 52: 1855; pág. 72: 1856; pág. 89: 1857; pág. 111: 1858; falta 1859 (págs. 123/132); pág. 140: 1860 (páginas del manuscrito).[50]

Contenido

Senilia tiene tres ámbitos de contenido:
– Pensamientos filosóficos (libro de pensamientos) de Schopenhauer que, en su gran mayoría, han sido incorporados a sus obras.
– Diferentes esbozos de prólogos:
Esbozos para el Prólogo a la segunda edición de *Ueber den Willen in der Natur*, del año 1854: págs. 14s, 17, 19, 28, 35ss del manuscrito.
Esbozo del Prefacio a la segunda edición de *Ueber das Sehn und die Farben*, de 1854, págs. 48ss del manuscrito.
Ad proximam praefationem, páginas 57ss del manuscrito.
Esbozo de la Introducción de la tercera edición de las obras completas de *Die Welt als Wille und Vorstellung*, págs. 78, 83s.
Prólogo a la segunda edición de *Die beiden Grundprobleme der Ethik*, de 1860, pág. 147 del manuscrito.
Prólogo a la proyectada edición de las *Opera omnia*, págs. 138, 149 del manuscrito.[51]

– Materiales para *Über die Verhunzung der deutschen Sprache*, que fueran editados en 1864 por Julius Frauenstädt con el título de «Materialien zu einer Abhandlung über den argen Unfug, der in jetziger Zeit mit der deutschen Sprache getrieben wird» [«Materiales para un tratado sobre el abuso que se comete en el tiempo actual con el idioma alemán»], en su volumen titulado *Aus Arthur Schopenhauer's handschriftlichem Nachlaß* [Manuscritos de Arthur Schopenhauer] (págs. 53-102). Otras ediciones aparecieron bajo la responsabilidad, entre otros, de Eduard Griselbach (1892) y en D, 6, págs. 429-490, con un extenso comentario de Franz Mockrauer en su «Prólogo del editor», págs. XXXV-XXXVIII, así como también en HN IV (2), págs. 36-87, con un comentario de Arthur Hübscher, págs. VIII-X.

Las dos últimas páginas contienen los nombres de algunas visitas que recibió Schopenhauer en los últimos años de su vida. «Además de estos nombres de persona, Schopenhauer anotó también algunos títulos de libros. Las páginas restantes quedaron en blanco».[52]

Los párrafos más extensos, las breves meditaciones, las anotaciones fragmentarias aisladas, las frases con palabras clave, etc., relativas a la barbarización del idioma alemán en *Senilia* no observan en sí un orden y «están reelaboradas con innumerables agregados y correcciones, a tal punto que, en parte, se hacen casi ilegibles».

A fin de no engrosar esta edición con incontables notas se renunció a indicar en nota la utilización de las mencionadas anotaciones relativas a la barbarización del idioma alemán en las ediciones de Deussen y Hübscher, así como a hacerlo también respecto de toda otra nota breve y fragmentaria. Sólo en las notas de carácter general se remite al tomo sexto de la edición de Paul Deussen en *Arthur Schopenhauers sämtliche Werke* (1923, páginas 429-490).[53]

INTRODUCCIÓN

OBRAS CITADAS POR MEDIO DE ABREVIATURAS

Arthur Schopenhauers sämtliche Werke, ed. Paul Deussen, Múnich, 1911ss.

Primer tomo	D, 1	= *Die Welt als Wille und Vorstellung*, tomo 1, Múnich, 1911, 1924.
Segundo tomo	D, 2	= *Die Welt als Wille und Vorstellung*, tomo 2, Múnich, 1911.
Tercer tomo	D, 3	= *Der Satz vom Grunde, Über den Willen in der Natur, Die beiden Grundprobleme der Ethik*, Múnich, 1912.
Cuarto tomo	D, 4	= *Parerga und Paralipomena, Kleine philosophische Schriften*, tomo 1, Múnich, 1913.
Quinto tomo	D, 5	= *Parerga und Paralipomena, Kleine philosophische Schriften*, tomo 2, Múnich, 1913.
Sexto tomo	D, 6	= *Ueber das Sehn und die Farben, Theoria colorum physiologica, Balthazar Gracian's Hand-Orakel, Ueber das Interessante, Eristische Dialektik, Ueber die Verhunzung der deutschen Sprache*, ed. Franz Mockrauer, Múnich, 1923.
Noveno tomo	D, 9	= *Arthur Schopenhauers handschriftlicher Nachlaß, Philosophische Vorlesungen, Erste Hälfte: Theorie des Erkennens*, por encargo y en colaboración con Paul Deussen, primera publicación completa a cargo de Franz Mockrauer, Múnich, 1913.
Décimo tomo	D, 10	= *Philosophische Vorlesungen, Zweite Hälfte: Metaphysik der Natur, des Schönen und der Sitten*, Múnich, 1913.

Arthur Schopenhauer, Sämtliche Werke, ed. Arthur Hübscher, tercera edición, Wiesbaden, 1972.

Primer tomo   Hb, 1 = *Schriften zur Erkenntnislehre.*
Segundo tomo   Hb, 2 = *Die Welt als Wille und Vorstellung*, tomo 1.
Tercer tomo   Hb, 3 = *Die Welt als Wille und Vorstellung*, tomo 2.
Cuarto tomo   Hb, 4 = *Schriften zur Naturphilosophie und zur Ethik*, I. *Ueber den Willen in der Natur*, II. *Die beiden Grundprobleme der Ethik.*
Quinto tomo   Hb, 5 = *Parerga und Paralipomena*, tomo 1.
Sexto tomo   Hb, 6 = *Parerga und Paralipomena*, tomo 2.
Séptimo tomo   Hb, 7 = *Über die vierfache Wurzel des Satzes vom zureichenden Grunde* (tesis para la habilitación como catedrático 1813), pasajes tachados, variantes de ediciones anteriores, citas y pasajes en otras lenguas, índice analítico y de nombres.

Arthur Schopenhauer, Der handschriftliche Nachlaß, ed. Arthur Hübscher, Fráncfort del Meno, 1966-1975.

Primer tomo   HN I   = *Frühe Manuskripte (1804–1818).*
Segundo tomo   HN II   = *Kritische Auseinandersetzungen (1809–1818).*
Tercer tomo   HN III   = *Berliner Manuskripte (1818–1830).*
Cuarto tomo,
Parte primera   HN IV (1) = *Die Manuskriptbücher der Jahre 1830 bis 1852.*
Cuarto tomo,
Parte segunda,   HN IV (2) = *Letzte Manuskripte, Gracians Handorakel.*
Quinto tomo   HN V   = *Randschriften zu Büchern.*

INTRODUCCIÓN

H = *Aus Arthur Schopenhauer's handschriftlichem Nachlaß, Abhandlungen, Anmerkungen, Aphorismen und Fragmente,* ed. Julius Frauenstädt, Leipzig, 1864.
GBr (1978) = *Arthur Schopenhauer, Gesammelte Briefe,* ed. Arthur Hübscher, Bonn, 1978.
Gespr = *Arthur Schopenhauer, Gespräche,* ed. Arthur Hübscher, Nueva edición, fuertemente aumentada, Stuttgart-Bad Cannstatt, 1971.

Principales obras de Schopenhauer traducidas al español

De la cuádruple raíz del principio de razón suficiente, Madrid, Gredos, 2006 *[Ueber die vierfache Wurzel des Satzes vom zureichenden Grunde].*

Los dos problemas fundamentales de la ética, Madrid, Siglo XXI, 2007 *[Die beiden Grundprobleme der Ethik].*

El mundo como voluntad y representación I, Madrid, Trotta, 2004 *[Die Welt als Wille und Vorstellung].*

El mundo como voluntad y representación II: complementos, Madrid, Trotta, 2005 *[Die Welt als Wille und Vorstellung].*

Parerga y paralipómena I, Madrid, Trotta, 2009 *[Parerga und paralipomena].*

Parerga y paralipómena II, Madrid, Trotta, 2009 *[Parerga und paralipomena].*

Sobre la voluntad en la naturaleza, Madrid, Alianza, 2009 *[Ueber den Willen in der Natur].*

INTRODUCCIÓN

Agradecimiento

Debo dar las gracias a mi secretaria de tantos años, Monika Rüegger, por la cuidadosa y expeditiva transcripción a texto electrónico de mi manuscrito, de difícil lectura y escrito en parte a mano; a Rolf Stehle, de San Galo, por la excelente transferencia del manuscrito de Schopenhauer a DVD, como también a mi hijo, el Dr. Stephan Ziegler, por su ayuda técnica, por la obtención de bibliografía y la verificación de nombres. El Archivo Municipal de la ciudad de San Galo (archivero municipal, profesor Dr. Stefan Sonderegger) me ofreció generosamente el derecho de hospitalidad y un apoyo múltiple; la Biblioteca Cantonal de San Galo, en su Colección Vadiana (bibliotecario cantonal Dr. Cornel Dora) me facilitó de forma muy sustancial la labor de investigación con su fondo extraordinariamente valioso así como por el libre acceso a los depósitos de libros y la obtención de obras no disponibles en San Galo. A ambas instituciones, así como a la comuna y al cantón de San Galo vaya mi sincero agradecimiento.

Un agradecimiento especial merece la Biblioteca Estatal de Berlín, que me facilitó una copia del manuscrito de Schopenhauer y donde durante mis dos visitas me atendieron con mucha cortesía.

Por último, agradezco cordialmente a la Editorial Herder de Barcelona por la traducción de este libro de pensamientos y al Dr. Raimund Herder por su amable asesoramiento. Me alegro de forma muy especial de que este volumen sea traducido a aquella lengua que Arthur Schopenhauer dominaba y a la que he ganado afecto desde que, años atrás, intenté aprenderla en Sevilla.

San Galo, Pascua de 2010
Ernst Ziegler

SENILIA

[PÁGINA 1]

El mundo no ha sido hecho: como dice Ocelo Lucano, ha existido desde siempre. Porque el tiempo está condicionado por la existencia de seres con conocimiento, es decir, por el mundo, del mismo modo como el mundo lo está por el tiempo. El mundo no es posible sin tiempo, pero tampoco el tiempo lo es sin el mundo. Así, pues, ambos son inseparables, y un tiempo en que no haya habido mundo es tan impensable como un mundo que no haya existido en tiempo alguno.
| Vidi ad 3 |
| Respecto de tomo 1, 34, o tomo 2, 10, 11.[1] |

1,1

Mientras convirtáis en *conditio sine qua non* de toda filosofía el que esté hecha a medida del teísmo judío, no puede pensarse en comprensión alguna de la naturaleza ni tampoco en ninguna investigación seria de la verdad.
| Vidi ad 3[2] |

1,2

¿Habrá habido alguna vez un hombre de gran genio que haya sido bizco? No lo creo, a pesar de que conozco las dos causas físicas del estrabismo: debilidad del ojo o longitud anormalmente corta del músculo ocular. ¿Sufren de estrabismo los animales?
| Vidi ad 3[3] |

1,3

A los animales se les nota claramente que su intelecto opera solamente al servicio de su voluntad. Por regla general, en los hombres no es muy diferente. También a ellos se les nota en general. Más aún: a algunos se les nota que el intelecto nunca

1,4

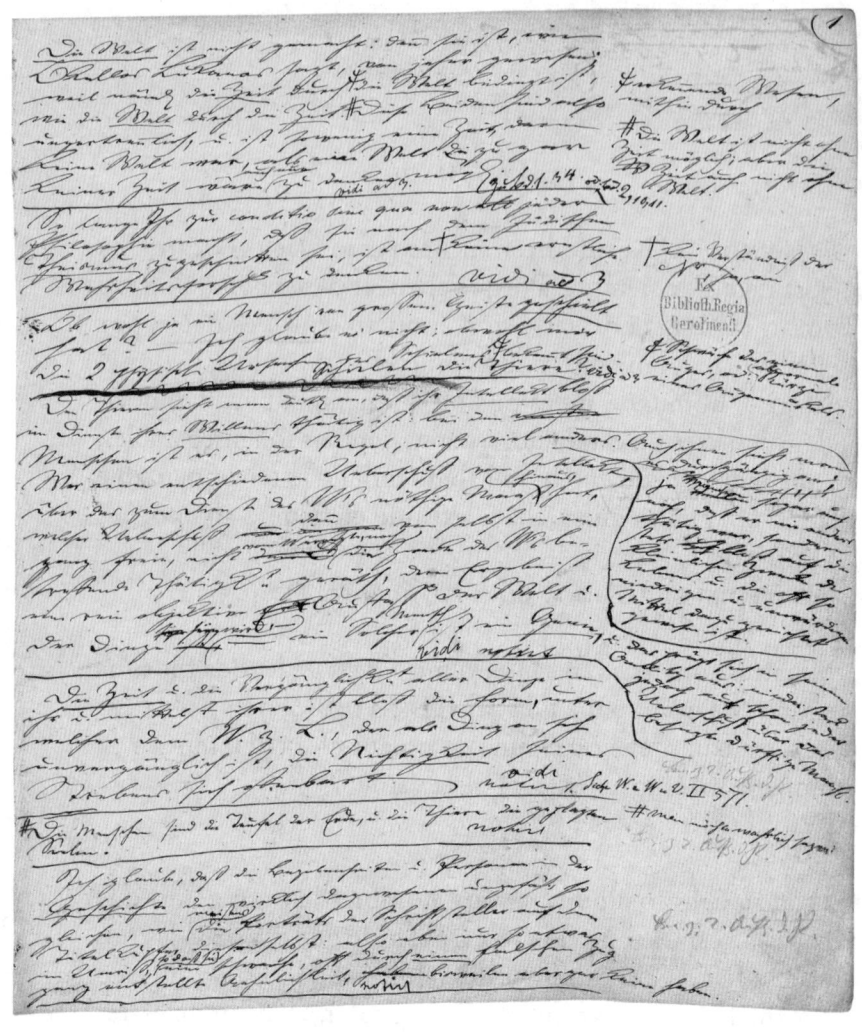

Página 1 del manuscrito

actuó de otra manera, sino que estuvo orientado siempre y sólo hacia los estrechos objetivos de la vida y hacia los a menudo tan bajos e indignos medios para alcanzarlos. Quien posea una decidida plétora de intelecto, por encima de la medida necesaria para el servicio de la voluntad, una plétora que, por sí sola, llegue a una actividad totalmente libre, no suscitada por la voluntad ni relacionada con los objetivos de la voluntad, y cuyo resultado vaya a ser una concepción puramente objetiva del mundo y de las cosas, un hombre semejante es UN GENIO, y eso se expresa en su rostro; sin embargo, con menor fuerza se expresa ya cualquier otra plétora que supere la escasa medida mencionada.
| VIDI, ANOTADO[4] |

EL TIEMPO Y LO PERECEDERO de todas las cosas en él y a través de él no es más que la forma bajo la cual la NULIDAD de su aspiración se manifiesta a la voluntad de vivir, que como realidad es en sí misma imperecedera.
| VIDI, ANOTADO |
| VÉASE WELT ALS WILLE UND VORSTELLUNG II, 571[5] |

1,5

Verdaderamente, uno querría decir: los hombres son los demonios de la tierra, y los animales, las almas atormentadas.
| ANOTADO[6] |

1,6

Creo que los sucesos y las personas en la HISTORIA se asemejan a lo realmente sucedido y habido más o menos como la mayoría de los retratos de los escritores representados en el grabado de la portada se asemeja a ellos mismos: o sea, apenas un tanto en el contorno, de modo que poseen una semejanza débil, desfigurada por completo en virtud de UN rasgo erróneo; a veces, empero, no poseen semejanza alguna.
| ANOTADO[7] |

1,7

[Página 2]

2,1   Sobre la DIÓPTRICA: continuación de *Pandectae* 341.

(Esta FUNDAMENTACIÓN de la dióptrica no se encuentra para nada en POUILLET: aquí, como en todas partes, él presenta los hechos y los cálculos, sin exponer por extenso la relación que guardan las cosas entre sí, puesto que no la conoce. No obstante, sus figuras son útiles. Pero los cálculos sólo tienen valor para la práctica, no para la teoría, porque los conceptos numéricos son meros ABSTRACTOS que sólo enseñan la magnitud comparativa de las cantidades entre sí, y nada más, puesto que no se dejan resolver en visión alguna. Por eso, uno puede calcular de forma correcta y precisa los procesos físicos sin comprenderlos propiamente.)

Todo comprender es un concebir inmediato y, por tanto, intuitivo, de la relación causal; aunque debe ser formulado de inmediato en conceptos abstractos a fin de fijarlo.

Por eso, calcular no es comprender y no brinda en sí mismo comprensión alguna de las cosas. Esto sólo se obtiene por la vía de la contemplación, a través del correcto reconocimiento de la causalidad y de la construcción GEOMÉTRICA del proceso; tal como la dio EULER mejor que cualquier otro, porque comprendía las cosas desde el fundamento. Por el contrario, el cálculo sólo tiene que ver con conceptos abstractos de cantidades cuyas relaciones mutuas establece. De ese modo no se alcanza jamás la más mínima comprensión de un proceso físico. Para una tal comprensión se exige una concepción VISUAL de las relaciones espaciales a través de las cuales actúan las causas. El cálculo determina la cantidad y la magnitud, y por eso es indispensable para la PRAXIS.

[Véase pág. 7, que pertenece a este contexto.]

Y hasta puede decirse: DONDE COMIENZA EL CÁLCULO, TERMINA LA COMPRENSIÓN. En efecto, la mente ocupada con números, mientras cuenta, está totalmente alienada respecto del nexo causal y de la construcción geométrica del proceso físico: está detenida en puros conceptos numéricos abstractos. Pero el resultado no dice nunca algo más que CUÁNTO, nunca QUÉ. Con *l'expérience et le calcul*,* ese refrán de caza de los físicos franceses, no alcanza en modo alguno.⁸

1) Principio supremo: Todo AUMENTO se produce por DIVERGENCIA de los rayos. El aumento escalaría hasta el infinito si la luz no se viera al mismo tiempo rebajada por él, es decir, si su impresión no se debilitara. Así como la luz de todo punto luminoso o iluminado se abre en ángulos cada vez mayores, así su cono de luz DIVERGE tanto más (Pouillet II, pág. 252) cuanto MÁS CERCA está su punto de partida respecto del OJO; de ese modo, no podemos ver claramente objetos pequeños EN UNA CERCANÍA MUY GRANDE, porque la lente del ojo no es capaz de REUNIR DELANTE de la retina rayos tan divergentes. A ese fin se presenta aquí la LUPA y logra lo requerido. Por medio de ella vemos los objetos en una cercanía tan grande como no sería posible sin ella. Los rayos siguen viniendo en divergencia, pero mucho menor de la que deberían tener en virtud de la cercanía del objeto al ojo. Pues el objeto luminoso se encuentra detrás de la lente, MÁS CERCA QUE SU FOCO. Si estuviese mucho más allá del foco, sus rayos convergerían hacia el foco; si se encontrara EN el foco, asumirían una trayectoria paralela. Ahora, sin embargo, DIVERGEN: de ahí el aumento, con el cual al mismo tiempo el objeto se aleja más. Véase EULER TOMO 3, págs. 170-177 y 196-200. Estos objetos aparecen a la distancia más cercana a la que resultaría posible una visión clara. La correcta comprensión de la LUPA es la clave de todo.

2,2

---

* La experiencia y el cálculo.

2) El MICROSCOPIO actúa en lo esencial de idéntica manera; sólo que, aquí, la divergencia de los rayos no es producida por la GRAN CERCANÍA del objeto, sino por una LENTE OBJETIVA de gran refracción colocada cerca de él, cuyos rayos, después de cruzarse, divergen *in infinitum*;* pero, muy cerca de los ojos, son captados nuevamente por la LENTE OCULAR, que aquí opera a modo de lupa, y son proyectados para reunirse en su foco en la retina.⁹

[PÁGINA 3]

3,1 3) El MICROSCOPIO SOLAR es aún más sencillo. La luz que ha pasado a través del objeto atraviesa, después del cruce, una lente densa colocada inmediatamente delante de él, y diverge *in infinitum;* de ese modo representa, captada sobre la pizarra blanca, una imagen aumentada según la medida de la distancia de dicha pizarra. Ahora bien: puesto que a medida que la cantidad dada de luz se esparce sobre una superficie de cierto tamaño se reduce y debilita, es preciso aumentar en lo posible la luz que cae sobre el objeto. Esto sucede en cuanto la luz solar (proyectada por el espejo) es condensada antes de llegar al objeto por dos a tres lentes consecutivas de menor aumento: en el foco de la última lente se encuentra el objeto.
| VÉASE POUILLET. |

4) La *laterna magica*** está construida de idéntica manera: sólo que, como aquí sólo se tiene la luz de una lámpara, también la difusión de esa luz, o sea, el aumento, tiene que ser bajo, por medio de una lente débil.

---

* En el infinito.
** Linterna mágica.

El MEGASCOPIO es muy semejante a ella. Sirve también para la fantasmagoría.

5) En el caso del TELESCOPIO REFLECTOR, los rayos que, partiendo de la estrella en todas direcciones, alcanzan el considerable espacio del espejo cóncavo, son reunidos por éste en su foco, donde, cruzándose, continúan a partir de allí EN DIVERGENCIA. Quiere decir que esos rayos podrían dar una imagen de cualquier TAMAÑO según sea la distancia en la que fueron recibidos. Pero, de ese modo, la imagen se haría cada vez más débil a pesar de que en ella se ha reunido la luz de un ámbito considerable. Por eso no se deja ir lejos esa luz, sino que se la capta con un pequeño espejo que, aumentándola primero de forma moderada, la proyecta de forma lateral hacia el ocular, o telescopio manual, o bien la vuelve a enviar hacia el ojo a través de un agujero situado en el centro del espejo cóncavo.

Las variaciones están en Pouillet.[10]

[PÁGINA 4]

/ La DIVERGENCIA de los rayos aumenta OBJECTIVE (p. ej., cuando el cono de luz de la lente alcanza la pared después del cruce, microscopio solar, etc.); y aumenta SUBJECTIVE, es decir, cuando la punta del cono de luz alcanza el ojo, como cuando vemos con la lupa objetos que se encuentran dentro de su distancia focal; porque el si /

4,1

Hay que tener siempre representada de forma gráfica en la mente la LEY SUPREMA de todas las LENTES: 1) si la luz (ES DECIR, LA IMAGEN LUMINOSA) proviene de una gran distancia, los rayos se unen DEL OTRO LADO del FOCO ⟹ 2) Cuanto más cerca del cristal convexo (lente) llega la luz, tanto más se aleja del cristal el punto de unión, más allá del verdadero foco. 3) Si la luz alcanza el foco DE ESTE LADO, los rayos salen de

forma paralela: no hay imagen. ⇒⊘⇐ 4) Si la luz llega aún más cerca que el punto focal, sale de forma DIVERGENTE y, a través de la prolongación de sus líneas hacia atrás, surge (igual que en los cristales cóncavos) un foco imaginario DE ESTE LADO.
| EULER TOMO 3, PÁG. 197 |
| EULER TOMO 3, PÁG. 170 | ≡⨉

El problema teórico propiamente dicho de la dióptrica es el siguiente: toda la dióptrica se apoya en la refracción: ésta nunca puede más que modificar la DIRECCIÓN de los rayos. ¿Cómo es, entonces, que de ese modo nuestra potencia visual puede ser incrementada en grado tal como lo muestran los prodigios del telescopio y del microscopio?

El FUNDAMENTO ÚLTIMO de la acción de todos los PRISMÁTICOS no lo indican ni Euler ni Pouillet. Es el siguiente: la superficie de una lente de 24 pulgadas de diámetro capta por lo menos quinientas veces más rayos de luz de un cuerpo luminoso o iluminado que mi pupila. Partiendo de su distribución sobre la superficie de la lente, estos rayos son reunidos, gracias a la forma de la lente, por refracción en un cono de luz en cuyo vértice está suspendida en posición invertida la imagen luminosa condensada del objeto, cuya abundancia de luz (incluyendo la modificación de tal luz a través de la constitución del objeto, del cual se convierte así en exponente) es la verdadera ganancia pura del prismático a partir de su lente objetiva. De ese modo, veo tanto como si mi pupila tuviese la magnitud del objetivo. Lo mismo logra el espejo cóncavo del reflector. Por medio del ocular, esta imagen es expandida nuevamente y retrotraída a tal efecto en cuanto el ocular imprime a los rayos la dirección que habrían de tener si partieran del punto que envía hacia el ojo una imagen clara. Si el ocular es un cristal cóncavo, como en el caso de los gemelos de teatro, se adelanta al mismo tiempo a la inversión de la imagen y hace que los rayos que alcanzan el ojo estén casi paralelos, propiamente divergentes, como está expuesto en Euler III, pág. 201, y entonces vemos una imagen meramente VIRTUAL. Pero si el ocular es una lente, ésta actúa como una LUPA cuyo objeto se encuentra dentro de su foco (lo dice también Pouillet, II, pág. 275, § 415), tal como está expuesto en EULER PÁG. 197.

Su objeto es la IMAGEN REAL del objeto exterior, en el foco del objetivo, tras la inversión de la imagen: permanece invertida, pues también aquí vemos una imagen meramente IDEAL, reflejada hacia atrás y, de ese modo, aumentada. O sea, el ocular, sea convexo o cóncavo, produce siempre el mismo efecto: hacer divergir los rayos enviados hacia el ojo y ofrecer en sustitución una imagen ideal. Los efectos del ocular convexo y del cóncavo son entre sí semejantes como lo son las figuras de las págs. 197 y 201 en Euler.[11]

[PÁGINA 5]

La NECESIDAD DE LA MUERTE debe inferirse ante todo a partir del hecho de que el hombre es un mero fenómeno, no una cosa en sí, o sea, ningún οντως ον.* Pues, si lo fuera, no podría perecer. Pero el que sólo en apariciones de este tipo pueda presentarse la cosa en sí que les subyace es una consecuencia de su constitución.
| VÉASE LO QUE SIGUE |
| ANOTADO, VIDI AD 3[12] |

5,1

Nuestra VIDA es de índole MICROSCÓPICA: es un punto indivisible que vemos distendido por medio de las dos fuertes

5,2

---

* Más exactamente: ὄντως ὄν [lo que verdaderamente es] (término de Platón).

PÁGINA

lentes de espacio y tiempo y, por ende, en una magnitud sumamente apreciable.
| Anotado, vidi ad 3 |
| [Véase pág. 11, ¿que enlaza con esto?] ?? no.¹³ |

5,3   */ Tan fácilmente como agrada al entendimiento inculto el pensamiento físico-teológico de que debiera ser un intelecto *(a mind)** el que modeló y ordenó la naturaleza, tan radicalmente equivocado es. Pues el intelecto sólo nos resulta conocido a partir de la naturaleza animal, de donde se sigue que un principio enteramente secundario y subordinado del mundo, producto de origen tardío, no puede haber sido nunca su condición de existencia: por el contrario, en todas partes se presenta como lo originario la voluntad, que lo llena todo y se anuncia de forma inmediata en cada cosa, designándola de ese modo como su fenómeno. Por eso, todos los hechos teleológicos pueden explicarse a partir de la misma voluntad del ser en que se los encuentra /*¹⁴

5,4   Quien experimente dos o incluso tres generaciones del género humano, se sentirá como el espectador de las representaciones de los ilusionistas en todo tipo de locales, durante la feria, cuando permanece sentado y ve repetirse esa representación dos o tres veces seguidas: en efecto, las cosas sólo estaban calculadas para una representación, por lo cual ya no producen efecto alguno una vez que el engaño y la novedad han desaparecido.
| [Ad pág. 253, Parerga II]¹⁵ |

5,5   Todo héroe es un Sansón: el fuerte sucumbe a las maquinaciones de los débiles y numerosos: si por fin pierde la paciencia, los aplasta a ellos y a sí mismo; o es nada más que

* Una mente.

un Gulliver entre los liliputienses, cuyo enorme número, a pesar de todo, finalmente lo supera.¹⁶

¡Con vuestra jerga de profesores de filosofía! No hay otro dios más que Dios, y el Antiguo Testamento es su revelación —en especial en el libro de Josué—.
| Vidi.¹⁷ |

5,6

La SUPERIORIDAD en el trato sólo surge de no necesitar al otro en modo alguno, y de hacer que eso se vea.
| Anotado¹⁸ |

5,7

[Página 6]

Quien somete a otros a crítica trabaja en la mejora de sí mismo. O sea, quienes, en silencio y en su interior, tienen la inclinación y la costumbre de someter a atenta y AGUDA CRÍTICA el comportamiento exterior y, en general, las acciones de los demás, trabajan de ese modo en su propia mejora y perfeccionamiento. En efecto, poseerán suficiente justicia, o bien orgullo y vanidad, como para evitar por su parte lo que tan a menudo critican con rigor. De los tolerantes vale lo contrario, a saber, *hanc veniam damus, petimusque vicissim.** El Evangelio moraliza de forma muy bonita sobre la paja en el ojo ajeno y la viga en el propio: pero la naturaleza del ojo trae consigo el que vea hacia fuera y no se vea a sí mismo: por eso, para darse cuenta de las propias faltas resulta un medio muy apropiado el notarlas y reprocharlas en los demás. Para mejorarnos necesitamos de un espejo.

6,1

---

* Más exactamente: *hanc veniam petimusque damusque vicissim* [nos pedimos y concedemos mutuamente esta libertad]. Horacio, *De arte poetica*, 11.

Esta regla vale también para el estilo y el modo de escribir: quien admira en ellos una nueva locura en lugar de criticarla, la imitará. Por esa razón cunden todas tan rápidamente en Alemania. Los alemanes son muy tolerantes: se nota. *Hanc veniam damus petimusque vicissim* es su divisa.
| Sobre Parerga I, 432.[19] |

6,2 Quien haya venido al mundo para INSTRUIRLO seriamente en las cosas más importantes, puede hablar de la felicidad si sale ileso de su empeño.
| Vidi[20] |

6,3 A Parerga II, pág. 94.
Un ÁTOMO, por pequeño que sea, es siempre un continuo de materia ininterrumpida. Si podéis pensároslo pequeño, ¿por qué no grande? Entonces, ¿para qué los átomos? Los ÁTOMOS químicos son sólo la expresión de las relaciones firmes y constantes en las que las sustancias se unen entre sí, una expresión a la que, como debía indicarse en números, se colocó como base una unidad escogida de forma arbitraria: el peso de la cantidad de oxígeno con la que se combina toda sustancia. Pero, de forma sumamente desafortunada, se eligió para estas relaciones de peso la antigua expresión ÁTOMOS; de aquí ha surgido, entre las manos de los químicos franceses, que han aprendido su química PERO NADA MÁS QUE ELLA, una atomística burda que toma la cosa en serio, hipostasia esos meros céntimos de cálculo como átomos reales y, enteramente a la manera de Demócrito, habla ahora acerca de la disposición *(arrangement)* de dichos átomos en un cuerpo de un modo, en otro de otro modo, para explicar a partir de allí sus cualidades y diferencias sin tener idea alguna de lo absurdo del asunto. Que en Alemania no faltan[21] boticarios ignorantes que «adornan la cátedra» y siguen los pasos de aquéllos es algo que se comprende por sí mismo, y no debe

extrañarnos que en sus compendios, de forma directamente dogmática y con toda seriedad, como si realmente supieran algo del asunto, enseñen a los estudiantes que «LA FORMA CRISTALINA DE LOS CUERPOS TIENE SU RAZÓN DE SER EN UN ORDENAMIENTO RECTILÍNEO DE LOS ÁTOMOS». Química de Wöhler: pág. 3. Esta gente, sin embargo, son compañeros de lenguaje de Kant, cuyo nombre han oído mencionar con respeto desde su juventud aunque nunca hayan puesto las narices en sus obras. Por eso tienen que llevar al mercado unas bufonadas tan escandalosas. Pero a los franceses se les podría hacer verdaderamente una obra de bien *(une charité)* si se les quisiese traducir de forma correcta y precisa los primeros fundamentos metafísicos de las ciencias naturales de Kant, a fin de curarlos, si todavía es posible, de la recaída en ese democritismo. Hasta se podrían agregar, a modo de explicación, algunos pasajes de «Ideen zur Philosophie der Natur», de Schelling; p. ej., los puntos tercero y quinto del segundo libro. En efecto, aquí, como en todos los lugares donde Schelling se apoya en los hombros de Kant, dice muchas cosas buenas y dignas de ser tenidas en cuenta.

La Edad Media nos ha mostrado a dónde conduce pensar sin experimentar: pero este siglo está destinado a hacernos ver a dónde conduce experimentar sin pensar y qué sale de la formación de la juventud que se limita a la física y la química.[22]

/ Entrar a la edad de cinco años en la hilandería o en otra fábrica y, a partir de ese momento, estar ahí encerrado primero diez, después de doce a catorce horas diarias, y realizar el mismo trabajo mecánico, significa pagar caro LA DIVERSIÓN DE RESPIRAR. Es el destino de millones, y muchos otros millones tienen uno análogo. /[23]   6,4

Como consecuencia de su INDIVIDUALIDAD y de su situación, cada uno, sin excepción, vive en una cierta LIMITACIÓN DE LOS   6,5

CONCEPTOS Y LAS CONCEPCIONES. Otro tiene otra limitación, y no precisamente ÉSA: si la ha descubierto, puede, haciéndola perceptible, llevar a confusión al primero, pasmarlo, casi avergonzarlo, incluso si el primero lo supera en amplitud y altura. La viveza utiliza a menudo esta circunstancia a fin de alcanzar de ese modo una falsa y momentánea superioridad.
| VIDI AD 3[24] |

6,6 Que de todo lo que se lee
se olviden pronto nueve décimos
es algo que me fastidia.
¡Quién lo supiera todo de memoria!
| VIDI[25] |

[PÁGINA 7]

7,1 Un dato digno de tenerse en cuenta para la investigación de la NATURALEZA DE LA ACTIVIDAD NERVIOSA es el dormirse de miembros oprimidos, con la notable circunstancia de que, en el sueño (del cerebro) nunca ocurre.
| VIDI[26] |

7,2 Sería algo hermoso que AQUELLO QUE SE HA APRENDIDO se supiese de una vez para siempre: sólo que las cosas son diferentes en este punto. Todo lo aprendido debe refrescarse de tanto en tanto a través de la repetición; de otro modo, poco a poco se olvidará. Pero como la mera repetición aburre, hay que aprender siempre algo más: por eso, *aut progredi, aut regredi.**
| ANOTADO[27] |

---

* O avanzar o retroceder.

	PÁGINA
Todos los hombres quieren vivir, pero ninguno sabe por qué vive.	7,3
| Vidi ad editio 2.²⁸ |	

Véase pág. 2, margen 7,4
    Sobre la POLARIZACIÓN DE LA LUZ los FRANCESES no tienen más que teorías sin sentido a partir de la ondulación y de la doctrina de las luces homogéneas, junto a cálculos que se basan en nada. Siempre se apresuran nada más que a medir y a calcular, y lo consideran lo principal: *Le calcul! Le calcul!* es su grito de guerra. Véase FOLIO 326. Pero yo digo: *où le calcul commence, l'intelligence des phénomènes cesse:** mientras que uno tenga en la mente meros números y signos, no podrá encontrar el rastro de la relación causal. El «cuánto» y el «qué tan grande» tienen importancia a los fines PRÁCTICOS: en la teoría lo importante es principalmente y ante todo el «qué»: una vez alcanzado esto, se puede, con una estimación aproximada, llegar suficientemente lejos en lo tocante al «cuánto» y al «qué tan grande».
    GOETHE era de nuevo demasiado viejo cuando se descubrieron los fenómenos; y comienza a decir tonterías.
    Yo me dispongo la cosa en general de la siguiente manera: la reflexión de la luz en un ángulo de 35° descompone realmente la luz en dos componentes distintos, de los cuales el reflejado muestra cualidades especiales, unas cualidades que, sin embargo, provienen todas de que, ahora, esa luz, privada de un elemento constituyente, se muestra débil y floja, aunque, precisamente por eso, muy inclinada a la producción de colores físicos. En efecto, todo color físico surge siempre de una especial atenuación, de un debilitamiento de la luz?²⁹

---

* ¡El cálculo! ¡El cálculo! Donde comienza el cálculo termina la comprensión de las manifestaciones.

[Página 8]

8,1 Ese debilitamiento específico lo muestra también ante todo en el hecho de que, de las dos imágenes del espato de Islandia, entrega sólo una: un componente de la luz ha surgido en virtud del otro, que ahora ha desaparecido. Después, no puede llenar del todo el cubo de cristal enfriado rápidamente, pero no se distribuye de forma uniforme en él, sino que se contrae, por lo cual ilumina algunos puntos y deja otros vacíos, que de ese modo aparecen negros y, en ciertas posiciones, forman una cruz, aunque en realidad representan dos bandas negras susceptibles de ser curvadas y que, según se rote el cubo, ora lo atraviesan de forma ondulada en todas las direcciones, ora forman un borde negro, y sólo cuando el cubo dirige su cara horizontal hacia el ojo chocan en el centro como una X y representan así la cruz. No obstante, como puede verse claramente, el cuerpo cristalino más apropiado es UN PARALELEPÍPEDO, y no el cubo propiamente dicho. Las cuatro manchas amarillas en los ángulos de la cruz se dejan repartir de igual modo como bandas al borde mediante el giro del cuerpo. En su conjunto atestiguan la gran tendencia que posee esta luz, privada de un elemento constitutivo, a producir colores físicos, entre los cuales se sabe que el que surge con mayor facilidad es el amarillo. Esta tendencia se manifiesta en todo tipo de fenómenos: hojuelas de mica o de espato yesoso sobre el cubo, o bien encimadas, muestran todo tipo de colores. Los anillos de Newton, que para ser producidos mediante cristal de espejo o mediante lentes necesitan siempre de una cierta presión, surgen en la luz polarizada con mayor facilidad: en especial dos placas de cristal de roca pulidas los producen en gran belleza y prodigiosa regularidad sin más presión que la de su propio peso.[30]

[Página 9]

Por supuesto, el mayor prodigio de la luz polarizada lo ofrece el trozo de espato de Islandia sostenido en una pinza entre dos placas de turmalina cuando muestra una cruz, negra o blanca según la posición, rodeada por una aureola de anillos de Newton. Que el espato de Islandia también polariza la luz (como la reflexión en un ángulo de 35°) parece algo seguro. Por tanto, este prodigio tiene que poder inferirse a partir de los principios arriba expuestos.

| Anotado[31] |

9,1

Las LEYES no deben castigar a los hombres sino la acción, a fin de que ésta, segura de su castigo, no se produzca.
(Está en *Welt als Wille und Vorstellung* II, pág. 593.)[32]

9,2

En contra de ciertas objeciones necias, comento que la NEGACIÓN DE LA VOLUNTAD DE VIVIR no expresa en modo alguno la aniquilación de una sustancia, sino el mero acto de no querer: lo mismo que hasta ahora había QUERIDO, no QUIERE más. Como este ser, la VOLUNTAD, sólo lo conocemos como cosa en sí en y a través del acto de QUERER, una vez que ha abandonado este acto no estamos en condiciones de decir o de captar qué más sea o realice: por eso, para nosotros, que somos el fenómeno del querer, la negación es un tránsito a la nada.

La AFIRMACIÓN Y NEGACIÓN DE LA VOLUNTAD DE VIVIR es un mero *velle et nolle*.* El sujeto de estos dos *actus* es uno y el mismo, y, consecuentemente, no es aniquilado por un acto ni por el otro. Su *velle* se presenta en este mundo visible, que justamente por eso es el fenómeno de su cosa en sí. Por el contrario, del *nolle* no conocemos otro fenómeno que no sea el

9,3

---

* Querer y no querer.

de su realización, y sólo en el individuo, que originariamente pertenece ya al fenómeno del *velle;* por eso, mientras el individuo existe, vemos el *nolle* todavía en lucha con el *velle.* Si el individuo ha terminado y el *nolle* ha obtenido el predominio en él, el individuo fue una pura manifestación del *nolle.* (Éste es el sentido de la canonización papal.) De éste sólo podemos decir que su fenómeno no puede ser el del *velle*, pero no sabemos si acaso aparece, es decir, si adquiere una existencia secundaria para un intelecto que primeramente habría que suscitar, y como sólo conocemos el intelecto como un órgano de la voluntad en su afirmación, no estimamos por qué, tras la supresión de esta afirmación, habría de suscitarlo,

[PÁGINA 10]

10,1 y tampoco podemos decir nada sobre el sujeto del mismo, puesto que sólo lo hemos reconocido positivamente en el opuesto, en el *velle* como la cosa en sí de su mundo fenoménico.
| ANOTADO, VIDI AD 3³³ |

10,2 Εσομαι αυτων θεος, και αυτοι εσονται μου λαος:* es un pasaje de un profeta, según Clemente de Alejandría.

Justamente, los judíos son el pueblo elegido de su DIOS, y él es el Dios elegido de su pueblo. Y esto no tiene por qué preocuparle más a nadie.
| SOBRE PARERGA I, 121.³⁴ |

---

* Más exactamente: Ἔσομαι αὐτῶν θεός, καὶ αὐτοὶ ἔσονταί μου λαός [Yo seré su Dios, y ellos serán mi pueblo]. Éxodo 6,7: «Yo os haré pueblo mío, y seré para vosotros vuestro Dios, y sabréis que yo soy Yahveh, vuestro Dios»; Jeremías 31,33: «Yo seré su Dios y ellos serán mi pueblo».

Actuar en virtud de PRINCIPIOS ABSTRACTOS es difícil y sólo se logra después de mucha práctica, y aun así, no todas las veces; además, con frecuencia tales principios no son suficientes. Por el contrario, cada uno tiene ciertos PRINCIPIOS CONCRETOS INNATOS que anidan en su sangre y en su savia, en cuanto son el resultado de su pensar, sentir y querer. En la mayoría de los casos no los conoce en abstracto, sino que sólo en la retrospección sobre su vida toma consciencia de que los ha seguido siempre y de que ha sido guiado por ellos como por un hilo invisible. Según sean, lo conducirán a su dicha o a su desdicha.
| [SOBRE PARERGA I, 442, ANOTADO]³⁵ |

10,3

Sólo existe una VIRTUD CURATIVA, y es la de la naturaleza: en ungüentos y píldoras no se esconde virtud ninguna: a lo sumo, ellas pueden dar a la virtud curativa de la naturaleza una señal acerca de dónde hay que hacer algo por ellas.³⁶

10,4

*/ Según ello, quien ha profundizado y se ha perdido en la contemplación de la naturaleza hasta tal punto que sólo existe como SUJETO COGNOSCENTE PURO, precisamente a través de ello se dará cuenta de inmediato de que, como tal, es la condición, o sea, el portador del mundo y de toda existencia objetiva, que ahora se le presenta como dependiente de la suya: introduce la naturaleza en sí mismo, de modo que sólo la percibe como un accidente de su esencia. ¿Cómo podría uno tal, en contra de la naturaleza imperecedera, sentirse perecedero? Antes bien, dice, con el Veda: *Hac omnes creaturae in totum ego sum et praeter me ens aliud non est – quid ego timerem?** ³⁷ [comprobar el dicho en el original]³⁸ /*

10,5

---

*   Yo soy enteramente todas estas criaturas, y fuera de mí no hay otro ente – ¿qué temeré?

10,6 Si el polo MAGNÉTICO no coincide con la eclíptica, el ángulo con el ecuador es EN PROMEDIO el mismo.
| VIDI³⁹ |

[PÁGINA 11]

11,1 Si uno deja de lado la consideración del curso seguido por el mundo en su conjunto y, sobre todo, la sucesión vertiginosamente rápida de las generaciones de los hombres y de su efímera existencia aparente y se vuelve hacia EL DETALLE DE LA VIDA HUMANA tal como la representa, por ejemplo, la comedia, la impresión que esto produce ahora puede compararse con la visión que ofrece a través del microscopio una gota llena de infusorios o un invisible puñado de ácaros de queso, cuya acuciosa actividad y lucha nos produce risa. En efecto, como aquí en el ámbito más estrecho, así allá en el más breve período de tiempo, la grande y seria actividad resulta cómica.
/ [Véase pág. 5 (que debe anteponerse a ésta)] /
|VIDI AD 3⁴⁰ |

11,2 En el Galignany del 17 de septiembre de 1852 se encuentra una carta del cónsul estadounidense en Liverpool (?), que visitó al señor Crosse y se convenció por completo de la autenticidad del surgimiento de los ACARI CROSSEI. En esa carta comunica todo el *modus procedendi*.* CROSS había tenido originalmente la intención de suscitar la cristalización del silicato de sosa. Una retorta curva y tubulada hunde el cuello en una bandeja llena de mercurio, mientras que, a través de ella, o sea, también hacia el mercurio, se dirige el CONDUCTOR NEGATIVO de una batería de bajo voltaje. Ella misma contiene

* Procedimiento.

SODA CÁUSTICA y silicio seco preparado a partir de pedernal negro pulverizado, que se une con la soda formando una suerte de cristal (¿gelatina?) y se disuelve a continuación en AGUA DESTILADA. En esa solución se inserta el CONDUCTOR POSITIVO de la batería, que llega hasta ella por medio de un tubo herméticamente sellado. El aparato permanece de ese modo. Tras CUATRO O CINCO MESES, la superficie se enturbia y, poco a poco, salen de ella varios ACARI,* que caminan por los conductores, pero que, si caen en la mezcla de la que han surgido, se ahogan, como se ahogan las moscas que han surgido de larvas en el agua cuando caen en ella.
| SOBRE 132 REGISTRADO.⁴¹ |

[PÁGINA 12]

*/ Cuando los poetas cantan a la alegre mañana, al bello atardecer, a la silenciosa noche de luna, etc., el objeto propio de su glorificación es el PURO SUJETO DE CONOCIMIENTO que es suscitado por esas bellezas naturales y ante cuya aparición la VOLUNTAD desaparece de la consciencia, por lo que se alcanza aquella serenidad del corazón que no puede encontrarse fuera de él, en el mundo.
| ANOTADO /*⁴² |

12,1

*/ Justamente porque la MATERIA es la visibilidad de la voluntad, y toda fuerza es en sí misma voluntad, no hay fuerza que pueda aparecer sin sustrato material, ni cuerpo que pueda hacerlo sin exteriorización de fuerza. Ambas son inseparables y, en cierta medida, lo mismo.
| ANOTADO /*⁴³ |

12,2

* Ácaros.

PÁGINA

12,3   Ni nuestro ACTUAR ni el CURSO DE NUESTRA VIDA es NUESTRA OBRA; sí lo es aquello que nadie considera tal: NUESTRA ESENCIA Y EXISTENCIA. Pues sobre la base de ésta y de las circunstancias y los sucesos externos que aparecen en rigurosa conexión causal, nuestro actuar y el curso de nuestra vida se desarrollan con perfecta necesidad. Según ello, ya en el nacimiento del ser humano está determinado de manera irrevocable y hasta en los detalles el curso entero de su vida, de modo que una sonámbula en su máxima potencia podría predecirlo con precisión.

Deberíamos tener presente esta verdad grande y segura en la consideración y el juicio sobre el curso de nuestra vida, de nuestras acciones y sufrimientos.

| ANOTADO[44] |

12,4   En los ESCRITORES INSPIRADOS del Nuevo Testamento tenemos que lamentar que la inspiración no se haya extendido a la lengua y el estilo; ¡es burla![45]

12,5   En el Zoological Garden de Londres, un cuidador fue mordido en octubre de 1852 por una cobra capel, y murió en el lapso de una hora. Se quejaba especialmente de dolor y estrangulamiento patológico del cuello. La disección mostró como síntoma principal la faringe hinchada, color marrón oscuro y, en general, en un estado patológico. Los médicos pensaron que murió de asfixia. El posterior informe exacto de la obducción en el *Medical Times* dice que toda la vía alimentaria, en concreto el esófago, estaba sano: por el contrario, el pulmón, en especial los bronquios, estaban marrones y en estado patológico. Murió de asfixia.

A partir de ello infiero por inducción que los TRES VENENOS ANIMALES actúan directamente sobre la FARINGE: en la hidrofobia, el estrangulamiento

[PÁGINA 13]

de la faringe hace imposible la deglución y ello tiene que ver con la aversión a los líquidos. Como se sabe, la sífilis, tan pronto como ha pasado a la sangre, muestra su primer síntoma EN LA FARINGE.

| ANOTADO[46] |

A pág. 13, margen.
*/ (Ante algo semejante, uno querría preguntar si el hombre está en sus cabales.) Cuando uno se ha frotado ya tres veces los ojos y se ha convencido de que eso es lo que allí dice realmente, se sabe qué es lo que ha indicado con su tañido la campana del reloj de la universidad y, a partir de entonces, se buscará la filosofía por todas partes, más que entre quienes, en realidad, son sus antagonistas: los catedráticos. [Continúa en la pág. 20, abajo.][47]

Kant fue el ateo MÁS RADICAL que haya habido jamás. Los esfuerzos de todos los profesores de filosofía de cogerlo en algo o de marginarlo e ignorarlo de alguna manera provienen solamente de que la mitología judía, que es su verdadera asignatura, es incompatible con la sabiduría de Kant. /*

S[48] Cuando alguien dice expresamente algo tan estúpido, por lo menos no debería repetirlo en tono triunfal.[49]

[PÁGINA 13]

*/ Véase pág. 17. <DE QUÉ FORMA CABALLEROSA TRATAN LOS SEÑORES CON KANT.>
ROSENKRANZ en «Meine Reform der Hegelschen Philosophie» 1852 es lo suficientemente ESTÚPIDO e IMPERTINENTE como para decir, pág. 41: «HE DICHO (pág. 12 margen) EXPRESAMENTE que ESPACIO Y TIEMPO no existirían en absoluto si

no existiese la materia. Sólo el éter extendido en sí mismo es el verdadero espacio; sólo el movimiento del éter y, como consecuencia, el devenir real de todo lo particular e individual es el tiempo real».⁵⁰

Ya estoy acostumbrado a que los señores sepan y no entiendan nada de la filosofía kantiana; pero véase pág. 35 (H. Ritter). En (*Göttinger Gelehrten Anzeigen* del 1 de enero de 1853, pág. 8) un erudito periódico de literatura, el *Ordinarius loci* nos manifiesta en enero de 1853 lo siguiente: «No podía ignorarse que la doctrina de Kant es el teísmo habitual, y que poco o nada ha aportado para una reforma de las extendidas opiniones sobre Dios y su relación con el mundo».⁵¹ A– ¿Se ha dicho alguna vez algo más disparatado? [Diplomáticamente correcto y exacto, pág. 12 margen, pág. 20 *infra, ter vidi*] De semejantes asnos queréis aprender historia de la filosofía. –A

¿Es este profesor de filosofía (señor Ritter) realmente tan ignorante o tan incapaz que cree eso? ¿O miente *in majorem Dei gloriam*?* Pues *tertium non datur*** si se escriben por el mundo tales disparates inauditos sobre Kant, que, como se sabe, ha dado el golpe mortal al teísmo. Pero ese mismo profesor de filosofía es el historiador de la filosofía κατ᾽ ἐξοχην*** y ha llenado muchos y gruesos volúmenes con historia de la filosofía. Después de esta prueba acerca de cómo concibe lo más reciente e importante, ya veo cómo os vais a fiar de sus exposiciones relativas a las opiniones doctrinales en la filosofía: id a él, que habréis llegado a la recta forja a fin de conocer las doctrinas de los viejos filósofos. Aquí pág. 16.⁵²

---

* Más exactamente: *ad maiorem Dei gloriam* [para mayor gloria de Dios].
** Lo tercero no se da.
*** Más exactamente: κατ᾽ ἐξοχήν [por antonomasia].

B– Esto podría permanecer anónimo y comenzar como sigue: A pesar de todo lo que ya hemos experimentado, me sorprendió de todos modos cuando, este año, un historiógrafo de la filosofía no tan ingenioso como abundante en la producción de volúmenes y cubierto de alabanzas colegiales nos instruyó, en un periódico de literatura exclusivamente erudito, de la siguiente manera... Y al final: ¿Está el hombre en sus cabales?, podría preguntarse. Pero vemos qué es lo que ha indicado con su tañido la campana en el reloj de la torre de la filosofía universitaria.

Lo mejor es dar solamente la cita de arriba, y después: este enunciado debería ser colocado en el tablón de anuncios de las aulas de todas las universidades, a fin de que todos sepan qué informes se venden en ellas sobre la filosofía. –B

C– No se me objete que éste sea un *ordinarius* muy ordinario y un caballero* de triste figura: ¡todo es verdad! Pero *sequens*.** –C /*

Los señores están hechos todos de una misma masa, y cabe desear que la filosofía sea salvada de las manos de los consejeros áulicos. ...[53]

Si no queréis nada más que una palabra con la que os entusiasméis y caigáis en éxtasis, para ello la palabra DIOS puede servir tan bien como otra a modo de *shibboleth*.***
| VIDI[54] |

13,2

Casi ninguno de los pueblos antiguos mataba reses de otro modo que ofreciéndolas a LOS DIOSES, aunque ellos mismos las comieran. Es como en mi tiempo en Roma, en que en las callejuelas y las explanadas y escaleras de las casas no debía

13,3

---

*   El apellido Ritter significa «caballero». *(N. del T.)*
** Sigue.
*** Santo y seña.

encenderse ninguna lámpara como no fuese en honor de la
MADONNA o de un santo cuya imagen estuviese colgada en
el lugar.
| ANOTADO⁵⁵ |

13,4 */ Del mismo modo como un círculo de una pulgada de
diámetro y uno de cuarenta millones de millas de diámetro
tienen las mismas e iguales cualidades geométricas, así LOS
PROCESOS Y LA HISTORIA de una aldea y los de un gran imperio son en lo esencial los mismos. Tanto en uno como en otro
puede estudiarse y conocerse la humanidad.
   Véase pág. 15.
| ANOTADO /★⁵⁶ |

13,5 A través de un voto conventual cumplido con seriedad y
rigor o, de otro modo, también a través de toda NEGACIÓN DE
LA VOLUNTAD DE VIVIR que se realice, se borra propiamente
de nuevo el acto de afirmación por el cual el individuo ha
entrado en la existencia.
| ANOTADO⁵⁷ |

1853

[Página 14]

Véanse las adiciones, pág. 19 14,1
*/ Para Prólogo a *Willen in der Natur* 2.ª edición⁵⁸
También la pág. 17 forma parte de esto.
– – – Estas adiciones habrían resultado más considerables si yo no hubiese incorporado mucho de lo que pertenece a este lugar en la segunda edición de *Die Welt als Wille und Vorstellung*, de 1844, y en *Parerga* de 1851. En efecto, he tenido que acomodar allí algunos pensamientos cada vez que hallaba ocasión para hacerlo, porque no había casi ninguna esperanza de experimentar nuevas ediciones, puesto que el completo ninguneo de mi filosofía por parte de los profesores de filosofía, proseguido con tan rara unanimidad y perseverancia durante treinta años⁵⁹ a la par de una sonora alabanza de todo lo malo e insignificante del estilo, había sustraído por completo mis escritos a la atención del público y había colocado su luz bajo el celemín.
S pág. 20⁶⁰
Las razones de estas alevosas intrigas y de este indigno proceder las he expuesto por extenso [las encuentra el LECTOR interesado]⁶¹ en mi tratado sobre la filosofía universitaria (tomo I de los *Parerga*)⁶² y, a pesar de que allí mismo me he aplicado en la benevolencia y el cuidado, el lector perspicaz podrá extraer de allí mi verdadera opinión acerca de los señores que obtienen su pan de la filosofía. Soy de la muy seria opinión de que sería mejor suspender ese

filosofar universitario y arrancar la filosofía de las manos de los comerciantes de la materia, puesto que, en virtud de las causas expuestas en el citado lugar, son en el fondo el antagonista de toda verdadera y seria filosofía. /* En efecto, en todo momento los señores de la filosofía lucrativa no sólo aunarán fuerzas para reprimir todo auténtico talento filosófico tan pronto como, inevitable como es, enseñe otra cosa que mitología judía, sino que procurarán también, por la misma razón, anular de nuevo todo progreso de los filósofos realizado por grandes genios. Lo vemos en Kant, a quien deshonran.

(En todo caso se podría dejar a los señores con la condición de que cambiaran su denominación y se llamaran profesores de mitología judía, de optimismo y de libertad de la voluntad.)

Continúa margen S[63]

/ Hasta tanto aconsejo a los jóvenes no perder el tiempo con los malentendidos y las tergiversaciones de ese tipo de gente, que ni está a la altura del asunto / ni tiene buenas intenciones con ella, sino más bien dedicar tanto tiempo cuanto su filosofía prevea para esta asignatura a un serio estudio de la kantiana y de mis escritos, a fin de que se haga la luz en la mente, en la medida en que sea capaz de recibir luz. Si después de esto les quedan aún ocio y ganas, pueden conocer también a nuestros predecesores, pero, entiéndase bien, SIEMPRE SÓLO A PARTIR DE SUS PROPIOS ESCRITOS, y no a partir de los informes de semejantes profesores de filosofía, que con ánimo de mejorarlos los tergiversan, dejándonos realmente pasmados.

Aquí, como ejemplo, Ritter pág. 13. Véase pág. 20 en S[64]

*/ [Alius locus]

De todos modos, considero que éste [este breve escrito][65] es de especial valor, porque en ninguna parte se expone de forma tan clara y a fondo el verdadero núcleo de mi metafísica como justamente aquí. Las manifestaciones ajenas que he tomado como punto de enlace para tales consideraciones no son lo esencial, sino realmente sólo su causa ocasional. /*

Para lo primero se da S⁶⁶ */ Es que he tenido que buscar, y a ello me apremia el impulso /*
    VÉASE PÁG. 17.

La INCREÍBLE TOSQUEDAD de esta gente se muestra en que algunos de ellos, setenta años después de la *Crítica de la razón pura*, enseñan que el tiempo y el espacio: VÉASE PÁG. 17, MARGEN EN S⁶⁷

La naturaleza no suscita grandes genios para que sus enseñanzas más importantes deban sean anuladas por la mera afirmación contraria de los más vulgares mentecatos.

*/ Aquí RITTER sobre el teísmo de Kant, pág. 13 aquí.

¿Es Ritter tan ignorante que se lo cree, o tan desvergonzado que miente? /*

14,2

[EXORDIUM] *superfluum**

A fines del año 1818 ya había publicado yo mi obra principal, y ésta permaneció después casi dieciocho años sin que se le prestara atención, mientras que la *bestia triumfante*** (Bruno) de la filosofía universitaria hegeliana cantaba victoria. De ello extraje que, en Alemania, mis escritos eran *caviar for the vulgar**** (*Hamlet* 2,2) y, por esa razón, no escribí nada durante casi dieciocho años: a esto hace referencia el comienzo de la introducción.⁶⁸

14,3

---

*   Superfluo.
**   La bestia triunfante. Bruno, Giordano, *Spaccio della bestia trionfante*, 1584.
*** Más exactamente: *caviare to the general* [caviar para la generalidad].

Pero finalmente, por algunos dichos de algunos empiristas que coinciden con mi doctrina fundamental, me vi movido a componer este pequeño escrito.
| AQUÍ DE ALIUS LOCUS ABAJO |

[PÁGINA 15]

15,1 En lugar de decir «en el EFECTO no puede haber más que en la CAUSA» —que es erróneo, puesto que la menor de las causas produce a menudo los mayores efectos—, hay que decir: el influjo de un cuerpo en otro sólo puede suscitar a partir de él las exteriorizaciones de las fuerzas que en él anidan como cualidades suyas, y estas exteriorizaciones aparecen ahora como EFECTO: ese efecto puede ser abundante y múltiple, mientras que el cuerpo que se presenta como causa sólo es capaz de una exteriorización unilateral y pobre. P. ej., cuando una chispa de una pipa (o una presión casual sobre la llave de una pistola preparada para ello) pone en juego un gran artificio de fuego compuesto y preparado de forma artificial.
| ANOTADO, PERO VIDI AD III: PUES LA DETERMINACIÓN QUE APARECE ÚLTIMA NO ES LA CAUSA: UT IPSE DIXI.*[69] |

15,2 */ La verdadera FILOSOFÍA DE LA HISTORIA no debe, para expresarlo en el lenguaje de Platón, considerar AQUELLO que siempre DEVIENE y nunca ES y tomarlo por la verdadera esencia de las cosas (como lo hacen nuestros filósofos modernos de la historia), sino que debe tener presente aquello que siempre es y nunca deviene ni perece. Es decir, no consiste en elevar los objetivos temporales de los hombres a eternos y absolutos y en construir entonces de forma artificial e imaginaria su progreso hacia allí a través de todas las

---

* Como yo mismo dije.

complicaciones, sino en la comprensión de que la historia no sólo es mendaz en su realización, sino ya en su esencia, en cuanto, al hablar de puros individuos y seres individuales, aparenta contar siempre algo diferente, mientras que desde el comienzo hasta el final sólo repite siempre lo mismo bajo otros nombres y con otro ropaje. En efecto, la filosofía de la historia consiste en la comprensión de que, aun en medio de todas estas interminables mutaciones y en su confusión, siempre se tiene frente a sí la misma esencia, idéntica e inmutable, que realiza hoy lo mismo que ayer y que siempre. O sea, reconocer lo IDÉNTICO en todos los procesos tanto del antiguo como del nuevo tiempo, tanto de Oriente como de Occidente, percibir en toda diferenciación de lo material la identidad de lo formal; ver, a pesar de las diferencias de las circunstancias especiales, del vestido y de las costumbres, la misma humanidad. Esto idéntico y perseverante en medio de todo cambio son las cualidades fundamentales del corazón y de la mente humana: muchas malas, pocas buenas. Quien haya leído a Herodoto ha estudiado en realidad ya suficiente historia, pues allí está ya todo lo que constituye la posterior historia universal: el accionar, hacer y sufrir y el destino del género humano, del mismo modo como surge de las mencionadas cualidades y del destino físico en la tierra. /*

La divisa de la historia en general es: *Eadem sed aliter.**
| Véase pág. 13. |
| Anotado[70] |

*/ No existe ni siquiera el más menospreciado cacharro de 15,3
barro que no esté compuesto de puras CUALIDADES INSONDABLES.
| Anotado /*[71] |

---

* Lo mismo, pero de otro modo.

15,4 El mundo no es más que EL INFIERNO, y los hombres son en él por un lado las almas atormentadas y, por el otro, los demonios.

| ANOTADO⁷² |

15,5 ¡Qué insensato es, qué lamentable y lastimoso, que, en tiempos pasados, se haya desaprovechado la ocasión para esta o aquella dicha, este o aquel placer! ¿Qué se tendría ahora de aquello? La momia seca de un recuerdo. Pero así sucede con todo lo que realmente nos ha tocado en suerte. Según ello, empero, la FORMA DEL TIEMPO es ella misma incluso el medio, está como calculada para enseñarnos la INANIDAD de todos los placeres terrenos.

| ANOTADO⁷³ |

15,6 */ S⁷⁴ En cuanto a lo primero, mi destino es una prueba y, en cuanto a lo último, el modo en que ellos tratan la filosofía kantiana, que es el mayor avance que se haya hecho jamás y que está tan cerca de nosotros en el tiempo. Que sea realmente ignorancia y estupidez o intención en el sentido arriba mencionado lo dejo en suspenso: pero puedo mencionar a tres de esa noble multitud que poseen la increíble desvergüenza de enseñar, [aquí según pág. 17 margen, después, con utilización de lo que está en el margen anterior en S.⁷⁵] /*

[PÁGINA 16]

16,1 Según se sigue de la descripción de los médicos, la CATALEPSIA se presenta como una parálisis total de los nervios MOTORES; en cambio, el SONAMBULISMO lo es de los SENSIBLES, en lugar de los cuales actúa después de forma vicaria el órgano del sueño.

| ANOTADO⁷⁶ |

Si en los hombres, tal como son en su mayoría, lo bueno sobrepujara a lo malo, sería más aconsejable fiarse de su justicia, equidad, gratitud, fidelidad, amor o compasión que de su miedo. Pero como las cosas en ellos están al revés, se aconseja lo inverso.
| Anotado[77] |

16,2

Los (sinvergüenzas) señores quisieran que me ande con cumplidos con ellos, pero no es ésa mi intención, pues no tengo por ellos más respeto del que merecen.[78]

16,3

Como, en el fondo, LAS MUJERES están solamente para la propagación de la estirpe y su destino es absorbido en ello, viven en general más en el seno de la especie que en los individuos: se toman más a pecho las cuestiones de la especie que las individuales. Esto otorga a todo su ser y hacer una cierta liviandad y, en general, una orientación fundamentalmente diferente que la del hombre, de la cual surge la tan frecuente y casi normal desavenencia en el matrimonio.
| Anotado[79] |

16,4

/ Quien se dirige A LA MUERTE POR SU PATRIA ha superado la debilidad (el engaño) que restringe la existencia a la propia persona: éste la amplía al grupo humano de su patria (y, a través de ella, a la especie), en la que sigue viviendo (como la especie): mirando la muerte como el parpadeo de los ojos, que no interrumpe la visión, se reconoce a sí mismo en las generaciones futuras y sabe que, al sacrificarse por ellas, actúa en pro de sí mismo. /

16,5

Lo mismo sucede propiamente en todo sacrificio que se ofrece a otros: se amplía la propia existencia a la especie —aunque de momento sólo a una parte de ella, que se tiene delante—. Sólo con la NEGACIÓN de la voluntad de vivir se sale de la especie; por eso, los maestros de la ASCESIS, una vez

que se la practica, consideran las buenas obras como superfluas e indiferentes, y más aún las ceremonias del templo.
| Anotado⁸⁰ |

[Página 17]

17,1   El INTELECTO, que surgió solamente para el servicio de la voluntad y que queda también en eso en casi todos los seres humanos, permaneciendo su vida absorbida por la utilización y el producto del intelecto, es utilizado de forma abusiva por todas las artes y ciencias LIBERALES: y en esa utilización se cifran los progresos y el honor del género humano.
| Anotado⁸¹ |

17,2   */ Desde siempre, todos los pueblos han reconocido que el mundo, más allá de su coherencia FÍSICA, tiene también una coherencia MORAL, más aún, que ésta es propiamente la esencial. No obstante, en todas partes sólo se ha llegado a una consciencia imprecisa del asunto, una consciencia que, en busca de su expresión, se ha revestido de todo tipo de imágenes y mitos (fábulas). Esto son las RELIGIONES. /*
   Los filósofos, por su parte, se han esforzado por alcanzar una comprensión clara del asunto y, tal vez, lo habrían conseguido si las anteriores les hubiesen dado libertad para hacerlo.
| Anotado⁸² |

17,3   *Cfr.* pág. 13. Esto ESTÁ ANOTADO EN LA PÁG. 14.
   Ludwig Noack, en su libro «Die Theologie der Religionsphilosophie», 1853, expone de forma totalmente coherente en las primeras 20 páginas MI METAFÍSICA Y FILOSOFÍA DE LA NATURALEZA, sirviéndose incluso de mis expresiones, si bien, por lo demás, habla en la asquerosa jerga de Hegel. A todo

esto, en todo el libro NO SE ME MENCIONA EN NINGUNA PARTE. Frauenstädt lo ha censurado.[83] Sin embargo, omite tocar las doctrinas éticas y estéticas, que son consecuencias de mi metafísica, para colocar en su lugar miserables patrañas optimistas y hegelianas. */ Enseña también que de la percepción empírica de la sucesión de las cosas surge el tiempo, y de la percepción de su yuxtaposición, el espacio. Esas mismas enseñanzas, inauditamente toscas y absurdas, no han vacilado en exponerlas ya antes que él [más arriba, pág. 13] Rosenkranz y Reichlin-Meldeg [*Spicilegia* 443].[84] Semejante cosa podía resultar perdonable en tiempos de Leibniz:[85] A– Pues no se tiene derecho a exigir de cada profesor de filosofía meditaciones propias, <es decir> que él mismo no se dé cuenta de que la sucesión sólo es pensable gracias al tiempo, o sea que lo presupone, y que, del mismo modo, la yuxtaposición sólo es pensable gracias al espacio, –A en cuanto a la concepción del tiempo es justamente aquello gracias a lo cual la palabra sucesión tiene sentido para nosotros, y del mismo modo la concepción del espacio es aquello gracias a lo cual entendemos la yuxtaposición. Y que, si desaparecieran todos los cuerpos, habría todavía espacio, y si todo movimiento cesara, permanecería, no obstante, el tiempo. Éste es el abecedario de la doctrina del intelecto, y es tan seguro como que dos más dos son cuatro.[86]

Pero decir semejantes cosas setenta años tras la aparición de la *Crítica de la razón pura* es IMPERDONABLE en el sentido más estricto de la palabra IMPERDONABLE. ¡No es para eso que Kant escribió su inmortal estética trascendental! Para estos señores, Kant no existió en absoluto: sin prestarle atención, porque no lo entienden, han regresado a la antigua tosquedad; su relación con los necios la expresa el dicho bíblico: «el que habla con un necio, habla con un dormido: cuando se ha terminado pregunta: ¿qué ha pasado?» *(sic fere)*. Eso puede decirles Kant.

Los señores pueden estar contentos de que yo no soy aquel cuyo perdón les importa. Me entenderían. /*[87]

A LA ANOTACIÓN MARGINAL.

/ ¡Con qué risas burlonas habrían sido recibidas hace cincuenta años semejantes tosquedades! Pues no se trata aquí de una herejía filosófica, sino de estupidez filosófica. ¡Pero ésta es su forma de hacerle la guerra a Kant! / [En esta ocasión, también sobre la indicación de Ritter acerca de la teología de Kant. Cuartilla.] Pero por el comportamiento de los profesores de filosofía se ha llevado tan abajo la filosofía que todo profesor de filosofía puede presentar sin timidez en el mercado sus toscas y triviales ocurrencias. Pero las cosas no deben seguir así: pues si estas mentes ordinarias no quieren aprender nada, tampoco pueden enseñar nada. Los señores se fían de las referencias que se hacen unos a otros y piensan que no es preciso aprender, sino que se puede hablar tan naturalmente como a uno le venga en gana.

*/ Yo quiero ayudarles.[88]

Empezar con: he anotado a tres profesores, pero probablemente serán más, que enseñan que la concepción del espacio y del tiempo es de origen empírico. /*[89]

[PÁGINA 18]

18,1 Sobre Ritter, teísmo kantiano.

/ ¿Es el señor Ritter tan ignorante como para creerlo realmente, o tan indigno como para inventar la mentira? Y el hombre es principalmente historiógrafo de la filosofía, y refiere en muchos gruesos volúmenes las opiniones de filósofos del pasado: fiaos de él que de ese modo os veréis muy enriquecidos. / [Está mejor en la pág. 13 margen]

¿Creen los señores que la filosofía está tan completamente huérfana que se le pueden atribuir impunemente las cosas más absurdas y las afirmaciones más impertinentes?[90]

Mi filosofía, dentro de los límites del conocimiento humano   18,2
en general, es la solución real del enigma del mundo. En este
sentido puede denominársela una revelación. Está inspirada por el espíritu de la verdad: hasta en el cuarto libro hay
algunos párrafos que podrían considerarse inspirados por el
espíritu santo.⁹¹

*/ El objetivo del Drama en general es mostrar en un ejemplo   18,3
cuál es la esencia y la existencia del ser humano. Al hacerlo se
nos puede dirigir la cara triste o la cara alegre de esa esencia
y existencia, o también sus gradaciones. Pero ya la expresión
«esencia y existencia del ser humano» contiene el germen de
la controversia acerca de si lo principal es la esencia, es decir,
los caracteres, o la existencia, es decir, el suceso, la acción. Por
lo demás, ambas están tan firmemente compenetradas que se
puede separar por cierto su concepto, pero no su exposición.
Sólo las circunstancias, los destinos, los sucesos llevan los
caracteres a la exteriorización de su esencia, y sólo a partir
de los caracteres surge la acción, de la que brotan los sucesos.
Por supuesto, en la exposición puede destacarse más lo uno
o lo otro, y en tal sentido la pieza de carácter y la comedia
de enredos representan los dos extremos.
| Anotado /*⁹² |

[Página 19]

¿Cómo es posible, al contemplar la muerte de un ser huma-   19,1
no o de un animal, pensar que, aquí, una cosa en sí se convierta en nada? Constituye un reconocimiento intuitivo de todo
ser humano el hecho de que, por el contrario, lo que halla su
fin es sólo un fenómeno en el tiempo —esa forma de todos los
fenómenos—, sin que la misma cosa en sí se vea impugnada
por ello. De ahí que en todos los tiempos se haya hecho el

esfuerzo de nombrar la cosa en sí en las más variadas formas y expresiones, aunque todas ellas, tomadas del fenómeno, en su auténtico sentido sólo se refieren a éste.

| ANOTADO, VIDI AD 3⁹³ |

19,2 */ La mera QUÍMICA capacita ciertamente para ser farmacéutico, pero no filósofo.

AD INFRA /*⁹⁴

19,3 Si se reprochara al ESPÍRITU DEL MUNDO que ANIQUILA a los individuos tras una breve subsistencia, él diría: «¡Fíjate en estos individuos, mira sus faltas, sus ridiculeces, sus perversidades, sus atrocidades! ¿Debería acaso dejarlos que subsistan para siempre?».

| VIDI AD 3, ANOTADO⁹⁵ |

19,4 */ ADICIONES AL PRÓLOGO, pág. 14. (*Cfr.* pág. 28.)

Dos son las circunstancias que hacen hoy en día más urgente que nunca la necesidad de verdaderos avances en la filosofía: por un lado, la actividad que, con inaudito esmero, desarrollan todas las ramas de las ciencias naturales, ciencias que, manejadas por gente que no ha aprendido otra cosa más que ésa, amenazan con llevar a un materialismo craso y estúpido en el cual lo que PRIMERO resulta chocante no es la bestialidad moral de las consecuencias, sino la increíble falta de comprensión de los principios fundamentales, puesto que hasta se niega la fuerza vital y se hace de la <naturaleza> orgánica un juego aleatorio de fuerzas químicas. A estos señores de crisol y retorta hay que hacerles notar que la mera química capacita para ser farmacéutico, pero no filósofo; como a ciertos otros, estrechamente emparentados con ellos, hay que hacerles notar que se puede ser un perfecto zoólogo y tener atadas a un cordel las cincuenta (?) especies de simio, pero, si no se sabe nada más que eso además de su catecismo, se es un hombre tosco, ignorante, que debe ser contado como parte de la plebe. Pero en este tiempo actual (adicto a los viajes, fumador de cigarros, lector de periódicos, y por tanto gandul e ignorante), eso es un caso muy frecuente. Hay en el tiempo actual quienes se lanzan a ser iluminadores del mundo, que han aprendido su química, o geología, o zoología, o fisiología, pero que, aparte de eso, no han aprendido nada más en el mundo, que anexan a ese conocimiento sumamente unilateral las doctrinas del catecismo tal como se les han quedado adheridas desde la juventud y, cuando ambas cosas no se adecuan una a otra, se transforman de inmediato en burlones de la religión y en crasos, estúpidos materialistas. Que hayan existido un Platón y un Aristóteles, un Spinoza, un Locke e incluso un Kant, lo han escuchado quizá una vez en la escuela, pero consideraron que esa gente, como no había clavado mariposas ni manejado el crisol ni la retorta, no era merecedora de ninguna ulterior atención. Por el contrario, arrojando por la ventana tan tranquilos el trabajo del pensamiento de dos milenios, filosofan ellos solos a partir de sus propios y abundantes medios intelectuales, tomando por base, por un lado, el catecismo, y, por el otro, las retortas y los crisoles o los registros de simios. A ellos les cabe la enseñanza de que son muchachos toscos e ignorantes que tienen aún mucho por aprender antes de que puedan hacer uso de la palabra. Y en general, quien dogmatiza por ahí con un realismo tan ingenuo acerca del alma, de Dios, del mundo, de la materia, de los átomos, etc., como si la *Crítica de la razón pura* hubiese sido escrita en la Luna y no hubiese llegado ningún ejemplar a la Tierra, pertenece justamente al POPULACHO: enviadlo a la sala del personal de servicio, que venda allí su sabiduría. /*[96]

[Página 20]

20,1 */ Pero ahora amenaza con arrojar fuera, junto con la forma del cristianismo, también su espíritu interior y su sentido (que es idéntico al del brahmanismo y al del budismo), y entregar a la humanidad al materialismo moral, que es aún más peligroso que el químico arriba tratado. Pero nada trabaja tan a favor de esa increencia como la obligada mojigatería que aparece ahora por todas partes con tanta impertinencia, cuyos torpes discípulos, teniendo aún en la mano su propina, predican por todas partes llenos de unción y con tanto ahínco que resuena hasta en las revistas eruditas y en los libros y las aulas de filosofía y fisiología. /*[97]

20,2 */ *[Reditus]**
S[98] Pues los señores se preocuparon de que mis escritos le estropearan al público el gusto por los suyos, y ello por la interminable charlatanería sin contenido —obtusa, trivial, falta de ideas y aniquiladora del espíritu— y por su domesticada filosofía de parvulario, lo que podía suceder en tal grado que quien hubiese leído aunque sólo fuese uno de mis escritos nunca querría regresar a los suyos, ni siquiera a los de sus tres corifeos. Se dijo entonces: «¡Manteneos unidos, hijos de la vulgaridad, contra el enemigo común!», y lo han logrado. /*[99]

20,3 */ S[100] – – – A– (A los jóvenes:) Cuidaos, pues, de los profesores de filosofía y de sus obras. El montón de escribideras sin ingenio ni sentido que estos señores llevan al mercado año a año desde hace medio siglo, y que se ha acumulado hasta formar una montaña, ¡pasadlo por alto (bis)!, y sus cátedras, ¡dejadlas abandonadas! Esta gente son los anta-

* Regreso.

gonistas de la filosofía: sólo están para ahogar lo bueno y ensalzar lo malo. Por eso han apartado a Kant como incómodo, y, como si nunca hubiese existido, siguieron dogmatizando tranquilamente sobre Dios y el mundo y sobre el alma humana, aparte de hacerlo sobre su libertad: si está de acuerdo con el catecismo, ¿qué nos importa la *Crítica de la razón pura*? Si no tiene para dar ni pan ni títulos de consejero áulico. Conmigo acabaron aún más rápido, pues me ignoraron: uno como yo no es digno de que se le dirija la mirada. Por eso, con desdén dejaron de lado mis obras como indignas de atención alguna, pero en realidad las segregaron alevosamente del público, pues habrían perturbado su filosofía de parvulario y, por el contraste, habrían puesto al descubierto su insuficiencia. *Si quelqu'un excelle parmi nous* etc.* es la consigna; hacer<se> importante dándose prestigio */ y engreírse: /* de eso se trata.

Por el contrario, veneraron a los farsantes e incluso elevaron a Hegel al cielo. Pero después se hicieron *coram populo*** las más profundas reverencias por sus excelentes obras; y más tarde se reunieron en Gotha y jugaron a los filósofos, como los niños (juegan) a los soldados. Es tiempo de que la filosofía sea salvada de las manos de los consejeros áulicos, ex mayordomos. Justamente, ellos quieren obtener su pan de la filosofía, y eso es lo que les importa: ¡su pan! Está bien: sólo que en su comportamiento para conmigo no tendrían

---

* Más exactamente: *si quelqu'un excelle parmi nous, qu'il aille exceller ailleurs* [si alguno descuella entre nosotros, que se vaya a descollar a otra parte]. Helvétius siguiendo a Cicerón, *Tusculanae disputationes* V, 105: *nemo de nobis unus excellat; sin quis exstiterit, alio in loco et apud alios sit* [que no descuelle ninguno de nosotros; si hubiese uno que lo hiciera, que lo haga en otra parte y entre otros], según reproduce Cicerón las palabras de Heráclito en Estrabón.
** Ante el pueblo.

que haber despreciado tan enteramente el *respice finem*,* sino más bien creerle a Horacio, en las palabras *est et fideli tuta silentio merces sua*.** –A /*¹⁰¹

20,4 */ Después del pasaje sobre Ritter: continuación de pág. 12 margen: a continuación: margen S¹⁰²
Se podría preguntar: ¿está ese hombre en sus cabales? De que estos señores sepan poco de la filosofía kantiana y no entiendan nada de ella ya estoy acostumbrado desde hace largo tiempo; pero no estaba preparado para una prueba semejante. Pero este caballero*** de triste figura es un escritor de filosofía con abundantes volúmenes; id a él, pues, y os enteraréis de lo que han enseñado los filósofos. Dejad también de lado las escribideras tan carentes de utilidad como de ingenio que se han acumulado hasta los techos desde hace cincuenta años; y sus cátedras dejadlas abandonadas. No penséis que, por lo menos, aprenderéis de ellos las doctrinas de filósofos que ha habido, pues en sus mentes todo se descoloca, se falsea, se estropea por el afán de mejorarlo, y se lo tergiversa probablemente de forma intencional *in majorem Dei gloriam*.**** Tomad como guía en este sentido la arriba citada afirmación del *Ordinarius* sobre Kant. En las universidades no mora la filosofía: antes bien, su antagonista. Durante cincuenta años me han estado tomando el pelo con su pseudofilosofía.

*   En Eclesiástico 7,36 dice: «En todos tus actos piensa en tu final». Sobre la base de este dicho se ha compuesto el latino, ya citado en la Edad Media: *Quidquid agis, prudenter agas et respice finem* [Lo que haces, hazlo con prudencia y ten presente el fin].
**   Más exactamente: *est et fideli tuta silentio Merces* [y en la merced protegida por el fiel silencio tendrá su retribución]. Horacio, *Carmina* III, 2, 25.
***   El apellido Ritter significa «caballero». *(N. del T.)*
****   Más exactamente: *ad maiorem Dei gloriam* [para mayor gloria de Dios].

Su filosofía parte del buen Dios como de una persona conocida cuya presencia es aquí indispensable. ¡Miserables filósofos en broma sois vosotros! /*[103]

[PÁGINA 21]

En el mundo hay UN único ser mentiroso: EL HOMBRE. Toda otra cosa es verdadera y sincera, en cuanto se da sin disimulo como lo que es y se exterioriza como se siente. Una expresión emblemática o alegórica de esta diferencia fundamental es que todos los animales van por ahí en su figura natural, lo que aporta mucho a la impresión tan agradable que produce verlos, una impresión con la que, sobre todo cuando son animales en libertad, a mí se me abre siempre el corazón. En cambio, a través del vestido, el hombre se ha convertido en una caricatura, en un monstruo, cuya visión resulta repugnante ya por eso sólo, y ahora se ve hasta apoyada por el color blanco, no natural, y por las asquerosas consecuencias de la antinatural alimentación con carne, las bebidas espirituosas, el tabaco, los desórdenes y las enfermedades. ¡Helo ahí como una lacra en la naturaleza! Los griegos limitaban el vestido lo más posible, porque notaban esto.
| ANOTADO[104] |

21,1

La disculpa que a veces se escucha respecto de ciertos vicios: «y, sin embargo, ES NATURAL EN EL HOMBRE», no basta en modo alguno. Por el contrario, hay que responder a ello: «justamente porque es malo es NATURAL, y justamente porque es NATURAL es malo». Para entender bien esto hay que haber reconocido el sentido de la doctrina del pecado original.
| ANOTADO[105] |

21,2

21,3 */ A mí, y ojalá a algún otro, se me impone al ver a la humanidad con su actuar y accionar un reconocimiento y una certeza instintivos de que la generación actual, en SU AUTÉNTICO NÚCLEO, es directa e INMEDIATAMENTE idéntica a toda otra que haya habido antes. Sólo cabe preguntarse en qué consiste propiamente ese núcleo y cuánto de su esencia pertenece a él. La respuesta que da a ello mi filosofía es conocida. El mencionado reconocimiento intuitivo surge, se diría, de que los cristales multiplicadores, el tiempo y el espacio, sufren como una intermitencia en su acción. Justamente esta intermitencia subyace a todas las doctrinas de la metempsicosis. /*

| ANOTADO[106] |

21,4 Ninguna diferencia de estado, de rango, de nacimiento, es tan grande como el abismo que se abre entre los innumerables millones que consideran y utilizan su CABEZA SÓLO COMO SIERVA DE SU VIENTRE, es decir, como un instrumento para los objetivos de la voluntad, y los extremadamente pocos e infrecuentes que tienen el coraje de decir: «No, demasiado buena es para eso: ella sólo tiene que actuar para sus propios objetivos, es decir, para la captación del prodigioso y variopinto espectáculo de este mundo, a fin de reproducirlo después de esta u otra manera, como imagen o como explicación según la constitución de cada individuo que la lleva». Éstos son los verdaderamente NOBLES, la auténtica nobleza del mundo. Los otros son siervos, *glebae adscripti*.*

[Anotado en *Parerga*.][107]

Desde luego, aquí sólo se hace referencia a aquellos que no sólo tienen el coraje, sino también la vocación y, por ello, el derecho a exonerar la cabeza del servicio de la voluntad,

---

* Adscriptos a la gleba.

de tal modo que, en consecuencia, el sacrificio valga la pena. En los demás, en quienes todo está presente sólo en parte, tampoco aquel abismo es tan grande; pero una línea precisa de demarcación permanece siempre, incluso en el caso de un talento reducido pero decidido.[108]

/ ¡Por tanto, fuera con las mamarrachadas de esta gente, sin ingenio y totalmente deliberadas! Y pasad de largo junto a sus cátedras. PÁG. 35. /

S[109] */ Después del pasaje de Ritter pág. 13 margen: Tras estas manifestaciones sabemos qué es lo que ha indicado con su tañido la campana de la filosofía universitaria, y ya no hacen falta ulteriores explicaciones. Todo el que esté interesado en una filosofía seria escapará de aquella antagonista de la filosofía. El futuro historiador de la filosofía titulará el período de estos últimos treinta años después de Kant: «LA FILOSOFÍA EN MANOS DE LOS CONSEJEROS ÁULICOS». No se me objete que sólo se trata de un *ordinarius* ordinario y de un caballero* de triste figura: pues estos señores están amasados todos de LA MISMA MASA: es la única que se puede utilizar para profesores de filosofía. Por eso, mis buenos jóvenes, no vayáis a los rediles: leed a Kant y mis obras. Así habréis realizado un estudio provechoso de filosofía. /*[110]

21,5

[PÁGINA 22]

LA GRAN MAYORÍA DE LOS SERES HUMANOS está constituida de tal manera que, según toda su naturaleza, no pueden tomar en serio más que el comer, beber y copular. Éstos utilizarán de inmediato todo lo que las infrecuentes naturalezas sublimes han traído al mundo, sea en forma de religión, ciencia o arte,

22,1

* El apellido «Ritter» significa «caballero». *(N. del T.)*

como instrumentos para sus viles propósitos, convirtiéndolo en la mayoría de los casos en su máscara.

| Anotado[111] |

22,2 */ La realidad de nuestros CONOCIMIENTOS A PRIORI no admite explicación alguna más que aquella según la cual tales conocimientos son las formas de nuestro intelecto: sí, es menos una explicación que justamente la clara expresión de la cosa misma. Pues a priori no significa otra cosa más que «no obtenido por la vía de la experiencia, o sea, no llegado a nosotros de fuera». Ahora bien, lo que está presente en el intelecto sin haber venido de fuera es precisamente lo que le es propio originariamente, su propia esencia. Si esto que está presente en él consiste en la modalidad general en la que se le presentan y tienen que presentar todos sus objetos, con ello está dicho que son las formas de su conocimiento, es decir, la modalidad, fijada de una vez por todas, según la cual cumple esa función. De acuerdo con ello, «conocimientos a priori» y «formas propias del intelecto» son en el fondo sólo dos expresiones para decir la misma cosa, o sea, en cierta medida sinónimos.

| Anotado /*[112] |

22,3 Si llego a ver una EDICIÓN COMPLETA de mis obras, el lema del título principal ha de ser: NON MULTA.* [113]

22,4 */ ¿Cómo podría soportar la voluntad de vivir esta existencia vacía, hueca y atormentada por un tiempo sin fin si LA MUERTE y su hermano, el nacimiento, no RENOVARAN EL INTELECTO para cada voluntad individual siendo así el LETE** que le quita

---

*   No muchas cosas.
** Uno de los ríos del Hades cuyas aguas inducen al olvido a quien las bebe.

a lo insoportable por lo menos la monotonía, en cuanto hace aparecer siempre lo que se reitera millones de veces como algo nuevo?
| Anotado /*¹¹⁴ |

[Página 23]

En el juicio sobre un INDIVIDUO HUMANO debería retenerse siempre la perspectiva de que su fundamento es algo que no debería existir en absoluto, algo pecaminoso, equivocado: aquello que se ha entendido por el pecado original, aquello por lo cual ha caído en la muerte, una constitución fundamental perversa que se caracteriza incluso por el hecho de que nadie soporta que lo miren con atención. ¿Qué puede esperarse de un ser semejante? De modo que, si se parte de aquí, se juzgará al individuo con más indulgencia, no se extrañará uno si los demonios que en él se esconden se despiertan un día y se asoman; y se sabrá estimar mejor lo bueno que, a pesar de todo —y aunque sea a consecuencia del intelecto, o de lo que sea—, ha concurrido en él. Pero, en segundo lugar, hay que pensar también en su situación y considerar que la vida es esencialmente un estado de penuria y a menudo de aflicción, en el que cada cual tiene que pelear y luchar por su existencia y, por eso, no siempre puede poner cara agradable. Por el contrario, si el hombre fuese aquello que quieren hacer de él todas las religiones y filosofías optimistas, la obra o incluso la encarnación de un Dios, un ser, absolutamente hablando, que debiese ser en todo sentido y ser como es, ¡cuán completamente distinto resultaría entonces el primer contacto visual, el conocimiento más cercano y el trato continuado de cada ser humano con nosotros de lo que es actualmente!
| Anotado¹¹⁵ |

23,1

23,2 PARDON IS THE WORD TO ALL. CYMBELINE, LAST SCENE*
Hemos de tener indulgencia con cada HUMANA INSENSATEZ, FALTA, vicio, considerando que lo que tenemos ante nosotros son justamente nada más que nuestras propias insensateces, faltas y vicios. En efecto, son precisamente las faltas de la humanidad, a la que también nosotros pertenecemos, teniendo así en nosotros el conjunto de sus faltas, es decir, también aquéllas sobre las que ahora nos indignamos sólo porque precisamente en este momento no salen a relucir en nosotros. No están en la superficie, pero se encuentran abajo, en el fondo, y en la primera ocasión ascenderán a la superficie y se mostrarán, precisamente como las vemos ahora en el otro. Si bien en uno se destaca esta falta, y en aquel otro otra, aunque no puede negarse que la medida de conjunto de todas las malas cualidades en uno es mucho mayor que en el otro. En efecto, la diferencia entre las individualidades es incalculablemente grande.
| ANOTADO[116] |

23,3 En las ESCALAS EN LA FLAUTA, que corren hacia arriba y hacia abajo en rápida y fuerte alternancia entre las octavas inferiores y las dos superiores, a los oyentes los tonos graves les parecen provenir, inconfundiblemente, DE OTRO LUGAR que los agudos. ¿No estribará aquí una clave de la VENTRILOQUIA?[117]

[PÁGINA 24]

23,4-24,1 Sobre la filosofía de la HISTORIA DE LA HUMANIDAD.
La HISTORIA, de un extremo al otro, cuenta acerca de puras guerras, y el mismo tema es el objeto de las obras de artes

---

*   El perdón es la palabra para todos. Shakespeare, *Cymbeline* V, 5, hacia el final.

plásticas, tanto de las más antiguas como de las más modernas. Ahora bien, el origen de toda GUERRA es el APETITO DE ROBO. Por eso dice Voltaire con razón / *dans toutes les guerres il ne s'agit que de voler*.* En efecto, tan pronto como un pueblo siente un SUPERÁVIT DE FUERZAS, cae sobre los vecinos a fin de, en lugar de vivir de su propio trabajo, apropiarse del producto del suyo, sea sólo del existente, o además también del futuro, en cuanto los sojuzga. Esto ofrece la materia para la historia universal y sus acciones heroicas. En especial en los diccionarios franceses debería tratarse bajo *gloire* primero la gloria artística y literaria y, después, en *gloire militaire*,** decir, simplemente: *voyez butin*.***

Entretanto parece ser que dos pueblos muy religiosos, los INDIOS Y LOS EGIPCIOS, cuando sentían un superávit de fuerzas, no las utilizaron en la mayoría de los casos en correrías, sino en CONSTRUCCIONES, que resisten los milenios y hacen respetable su memoria.

| ANOTADO[118] |

Todo LO INTELECTUAL (el rendimiento, la capacidad, el mérito) se comporta siempre respecto de LO MORAL como una mera imagen de la realidad.

| ANOTADO, VIDI AD 3[119] |

24,2

La DURACIÓN DE LA VIDA humana se establece en dos lugares del Antiguo Testamento (LXX) en setenta años, y, cuando llega a mucho, en ochenta; y, lo que es más significativo, Herodoto (I, 32 *et* III, 22) dice lo mismo. Pero es erróneo y sólo el resultado de una concepción tosca y superficial de

24,3

---

*   En todas las guerras no se trata más que de robar. *Cfr*. D, 4, pág. 503; D, 5, pág. 266.
**   Gloria militar.
***   Véase botín.

la experiencia cotidiana. Pues si la duración natural de la vida fuese de setenta a ochenta años, la gente debería morir DE VEJEZ entre los setenta y los ochenta años. Pero no es éste para nada el caso: muere, como la gente más joven, DE ENFERMEDADES. La enfermedad, empero, es esencialmente una anomalía: es decir, éste no es el fin natural. Sólo entre los noventa y los cien años mueren los seres humanos, pero, por regla general, DE VEJEZ, sin enfermedad, sin agonía, sin estertor, sin convulsión, a veces sin palidecer, lo que se denomina EUTANASIA. Por eso, también en este punto tiene razón el UPANISHAD cuando en dos lugares establece la duración natural de la vida en cien años.
| ¿ANOTADO EN PARERGA?[120] |

[PÁGINA 25]

25,1 Una VIDA FELIZ es imposible: lo máximo que puede alcanzar un hombre es un CURSO DE VIDA HEROICO. Un curso tal recorre aquel que, de alguna manera y en algún asunto, lucha con enormes dificultades por lo que redunda de algún modo en bien de todos y, finalmente, triunfa, pero es mal recompensado o no lo es en absoluto. Entonces, como el príncipe en *Il re cervo* de Gozzi, permanece al final petrificado, pero en una posición noble y con gesto magnánimo. *On meurt les armes à la main.** Su memoria permanece y se lo celebrará como un HÉROE. Su VOLUNTAD, mortificada toda una vida a través del esfuerzo y el trabajo, del mal éxito y de la ingratitud del mundo, se extingue en el nirvana. (Carlisle escribió en este sentido *Heroworship*)**
| ANOTADO[121] |

---

* Se muere con las armas en la mano.
** Culto a los héroes, veneración.

| PÁGINA

*/ Detrás del mundo se esconde algo distinto que se nos hace   25,2
accesible cuando lo merecemos, en cuanto NOS SACUDIMOS
EL MUNDO.
| ANOTADO /* |

Debo admitirlo con franqueza: la visión DE TODO ANIMAL me   25,3
alegra de manera inmediata y, al verlo, se me abre el corazón.
Más que ningún otro animal me alegra la visión de los perros,
y después la de todos los animales en libertad, los pájaros,
los insectos, y lo que sea. Por el contrario, la visión de los
hombres suscita casi siempre mi decidida repugnancia, pues,
en general y con raras excepciones, presenta las distorsiones
más repulsivas, de todo tipo y en todo sentido: fealdad física,
la expresión moral de bajas pasiones y de un afán despreciable, signos de insensateces y de trastornos y estupideces
intelectuales de todo tipo y magnitud, y finalmente también
lo sucio como consecuencia de costumbres asquerosas: por
eso me aparto de ello y me refugio en la naturaleza VEGETAL,
contento cuando me encuentro con ANIMALES. ¡Decid lo que
queráis! La voluntad en el escalón más alto de su objetivación no brinda visión bella alguna, sino una repugnante. Ya
el color blanco del rostro es antinatural, y la cobertura de
todo el cuerpo con vestidos, una triste necesidad del Norte,
una desfiguración.
VÉASE PÁG. 30.
Anotado[122]

[PÁGINA 26]

Si, como afirma Grimm, los GETAS eran los GODOS, entonces   26,1
los MASAGETAS (Herodoto: I, *sub finem*) pueden haber sido los
MESOGODOS.[123]

PÁGINA

26,2   ¡Os burláis de los eones y los kalpas del BUDISMO! Por supuesto, el CRISTIANISMO ha asumido un punto de vista desde el cual abarca un segmento de tiempo; el BUDISMO, uno desde el cual se le presenta la infinitud en el tiempo y en el espacio y se convierte en su tema.
| ANOTADO[124] |

26,3   Para el INTELECTO AL SERVICIO DE LA VOLUNTAD, o sea, en el uso práctico, sólo existen COSAS INDIVIDUALES; para el intelecto que practica el arte o la ciencia, o sea, para el que actúa para sí mismo, sólo existen GENERALIDADES, géneros, especies y clases enteros, IDEAS de cosas; incluso el artista plástico quiere representar en el individuo la idea, o sea, la especie. Esto se basa en que la VOLUNTAD está dirigida directamente sólo a cosas individuales: éstas son su objeto propio, pues sólo ellas poseen realidad empírica. Por el contrario, conceptos, clases y especies sólo pueden ser objeto suyo de forma muy mediata. Por eso, el hombre tosco carece de sentido para verdades generales; por el contrario, el genio pierde de vista e ignora lo individual: la ocupación forzosa con lo individual en cuanto tal, del modo como ésta constituye la materia de la vida práctica, es para él una molesta servidumbre.
| [ANOTADO DOS VECES EN PARERGA.][125] |

26,4   */ El OLIMPO DE LOS ROMANOS es el griego: o sea, fue traído a Italia por los griegos o los pelasgos en fecha muy temprana, en tiempos prehistóricos. Pero los DIOSES ROMANOS tienen todos nombres distintos que los de los griegos: por tanto, quienes los introdujeron tienen que haberlos traducido al idioma del país: el etrusco, el osco, el umbro, o el que fuese. Del mismo modo, el Dios judío YAHVEH, cuando fue traído a los pueblos germanos y godos, tuvo que serles traducido a los nombres de sus dioses, WODAN, GUODAN, GODAN, GOD, GOTT {Dios}. /*
| ANOTADO WELT ALS WILLE 2.618.[126] |

[PÁGINA 27]

*/ Tal vez alguno pueda escandalizarse de que la MÚSICA, que suscita a menudo en nosotros un estado de ánimo tan sublime que creemos que habla de mundos mejores que éste, en realidad, según nuestra metafísica sobre ella, lisonjea la locura que es la voluntad de vivir, en cuanto le representa anticipadamente su logro y expresa SU ALEGRÍA. Salgo al cruce de estos reparos de la mejor manera con un pasaje de los Vedas: *Et «anand sroup», quod forma gaudii est, [τo pram Atma] ex hoc dicunt, quod, quocunque loco gaudium est,* PARTICULA GAUDII EJUS EST.* (Oupnekhat, vol. 1, pág. 405 *et* vol. 2, pág. 215. *Cfr. ibidem* pág. 337.)

Y como *anand sroup*, es decir, formas de la ALEGRÍA, se designa al espíritu primordial porque, allí donde se encuentra de algún modo alegría, ésta es una partícula de su alegría.

| ANOTADO /*127 |

27,1

Si uno consulta las MESAS QUE SALTAN como oráculo, y ellas le anuncian de forma correcta lo ausente y hasta lo futuro, esto puede explicarse por el hecho de que lo que él sabe de forma inconsciente le es traído a la consciencia por la mesa.

La voluntad que ha hecho el mundo
y lo conserva
puede también gobernarlo.
Las mesas andan a cuatro patas.[128]

27,2

---

* Más exactamente: *Et Anandsroup, quod forma gaudii est,* τòν *pram Atma ex hoc dicunt, quod quocumque loco gaudium est, particula e gaudio ejus est* [Y Anandsroup, que es forma del gozo, recibe la denominación de τòν *pram Atma* porque, donde quiera que hay gozo, éste es una partícula suya]. *Cfr. Sechzig Upanishad's des Veda*, Leipzig, 1897, pág. 232: «Ésta es la meditación sobre la delicia. [...]»; págs. 472-473.

En nosotros se esconde un profeta celestial que se hace oír en el sonambulismo y en la videncia, que nos anuncia lo que, antes y después, en estado de vigilia, nos es inconsciente. También en el sueño profundo lo sabe todo, y a veces procura enseñárselo al cerebro en sueños alegóricos, más raramente teoremáticos. Sin embargo, a veces no puede hacerle llegar más que un presentimiento sordo. *Cfr.* «sobre visión de espíritus, etc.» pág.[129] Tiene que ser la omnisciencia de este profeta la que es traída a la consciencia por medio de los saltos de la mesa: como un tono del que sólo se escuchaba el eco, o como nuestro rostro, que no podemos ver de forma inmediata sino sólo en el espejo, por la repercusión de los rayos. Incluso si el que pregunta no toca la mesa, actúa sobre la mesa a través de aquellos que la tocan en virtud de la unión de la cosa en sí en todos los seres. DUPOTET deja a las personas sin voluntad propia a través de su influencia en la voluntad, de modo que ellas realizan todos los movimientos según SU indicación y voluntad, ya no según la suya propia. Ahora bien, UNA MESA tiene también una voluntad, aunque una muy débil, que se manifiesta como pesantez: esa voluntad es dominada del mismo modo por medio de la voluntad de las personas que le colocan encima las manos, de modo que LA MESA, en lugar de seguir SU PROPIA voluntad, sigue la de ellos.
| ANOTADO |
| CFR. PÁG. 31.[130] |

27,3 */ Pero si alguien planteara la pregunta acerca de si la naturaleza no habría podido asignar a los INSECTOS por lo menos tanto ENTENDIMIENTO como es necesario para no caer en la llama de la vela, la respuesta sería: sí, por cierto, sólo que no sabía que los hombres habrían de fundir velas y encenderlas: y *Natura nihil facit frustra.** Sólo en un

* La naturaleza no hace nada en vano.

entorno no natural resulta insuficiente el entendimiento de los insectos.
| Anotado. /*¹³¹ |

[Página 28]

En la MATEMÁTICA la mente anda a vueltas con sus propias formas de conocimiento, tiempo y espacio, razón por la cual se parece al gato que juega con su propia cola.¹³²

28,1

Prólogo

28,2

Los profesores de filosofía han hecho honestamente lo propio a fin de privar al público del conocimiento de mis escritos en lo posible para siempre. Durante cuarenta años han unido con inusual perseverancia sus esfuerzos para reprimirlos y ahogarlos, acción en la que, no obstante, se han servido de los medios más efectivos y cobardes: del silencio unánime y del ignorarlos. */ Durante casi cuarenta años he sido su Kaspar Hauser, tan cuidadosamente aislado del acceso a la luz del día y tan firmemente emparedado que el mundo no tenía idea alguna de su existencia. Pero, últimamente, también Kaspar Hauser se escapó y, de ese modo, /* también mi filosofía finalmente se desahogó y penetró en el público. Porque, al final, lo bueno y auténtico siempre es reconocido, por más que, en todos los tiempos, la mediocridad en conjunto lucha cohesionada en su contra como contra el enemigo común. La mayor parte de los profesores de filosofía me ignora todavía, no me conoce, pero, por supuesto, para vivirlo he tenido que envejecer, y ahora se burlan diciendo que soy un anciano.
| Véase pág. 36¹³³ |

Las descripciones y la construcción del DESARROLLO DEL ABSOLUTO, de Dios o de realidades semejantes para el surgimiento

28,3

del mundo tal como han sido dadas por los neoplatónicos, Escoto Eriúgena, Jakob Böhm y Schelling junto a los schellinguianos (breve compilación en *Caji Antibarbari logicus* pág. 75) ¿son en realidad ocultos INTENTOS DE HACER DE LA NADA ALGO? En realidad, a estas demostraciones subyacen leyes de la naturaleza mantenidas en lo oculto que no permitirían algo semejante. Yo estoy totalmente exento de tales cosas.[134]

28,4 */ La LÓGICA es a la GRAMÁTICA lo que el cuerpo al vestido.

| ANOTADO /*[135] |

28,5 */ El CONOCIMIENTO PURO CARENTE DE VOLUNTAD se suscita en cuanto la consciencia de otras cosas se eleva a una potencia tan alta que la consciencia del propio yo desaparece.

| ANOTADO /*[136] |

28,6 Que somos MERAS APARICIONES en oposición a las cosas en sí se documenta, ejemplifica e ilustra por el hecho de que la *conditio sine qua non* de nuestra existencia es la constante salida y entrada de materia, como alimento, cuya necesidad regresa siempre. En efecto, en esto nos asemejamos a las apariciones suscitadas por el humo, una llama, un chorro de agua, que empalidecen o se detienen tan pronto como falta aflujo.

| ANOTADO[137] |

[PÁGINA 29]

29,1 Pero también puede decirse: LA VOLUNTAD DE VIVIR se presenta en puros fenómenos que devienen totalmente NADA. Pero esta nada, junto con los fenómenos, permanece dentro de la VOLUNTAD DE VIVIR, descansa en su fundamento. Por supuesto, esto es oscuro.

| ANOTADO[138] |

Cuando, ante la contemplación de un vasto panorama, traigo a la memoria que se forma en la medida en que las funciones de mi cerebro, o sea, tiempo, espacio y causalidad, se aplican a determinadas manchas que han surgido en mi retina, siento que llevo el panorama DENTRO DE MÍ, y la identidad de mi ser con todo el mundo exterior se me hace más palpable que nunca.
| ANOTADO[139] |

*/ Deducir de lo GENERAL LO PARTICULAR puede considerarse como el objetivo de toda INFERENCIA. Pero que dos conceptos generales sean unidos (como *terminus minor et major*)* sólo es posible porque ellos no pueden subsistir como tales en la unión *(copula)*, sino que a partir de la clara transparencia de su generalidad se concretizan en un PRECIPITADO, así como una disolución de metal es precipitada por medio de un álcali como precipitado insoluble y coloreado.
| ANOTADO /*[140] |

Los relatos budistas, p. ej. cuando narran el paulatino empeoramiento del género humano, tienen como propiedad representar empeoramientos FÍSICOS o catástrofes en la naturaleza exterior como efecto de las faltas MORALES. Por eso, todavía ahora en China se consideran pestes, mala cosecha y cosas semejantes como consecuencia de transgresiones morales del emperador. A todo esto subyace la idea de que la naturaleza es la objetivación de la voluntad de vivir, y de que resulta según su constitución moral: «como es su voluntad, así es su mundo», he dicho, *Welt als Wille und Vorstellung*, tomo I, 397.
| ANOTADO /*[141] |

---

* Término menor y mayor.

[Página 30]

30,1 */ En comparación con el hombre, todos los animales tienen en sí una cierta expresión de INOCENCIA que contribuye mucho a hacernos tan agradable su visión, sobre todo en estado de libertad. Pero la entrada de la razón y, con ella, de la reflexión, ha alejado al hombre de la INOCENCIA de la naturaleza. /*
A partir de ahí podría interpretarse también el mito de que probó del árbol del bien y del mal. Sólo los niños, y sólo los varones, llevan a veces la impronta de la inocencia.
| ANOTADO, TERTIUM, |
| <INPRIMIS>* WELT ALS WILLE UND VORSTELLUNG II, 60.[142] |

30,2 */ A los INVESTIGADORES DE LA NATURALEZA, sumamente microscópicos y micrológicos, uno se siente tentado de llamarlos los refitoleros de la naturaleza.
| ANOTADO |
Pero la gente que piensa que el crisol y la retorta son la verdadera y única fuente de toda sabiduría está a su modo igualmente equivocada, como en otro tiempo los escolásticos a su modo. En efecto, así como estos últimos, totalmente enredados en sus conceptos abstractos, andaban a vueltas con ellos y no conocían ni reconocían vigencia a otra cosa más que a ellos, así los primeros, completamente enredados en su investigación empírica, no reconocen vigencia a nada que no sea lo que ven sus ojos, y piensan llegar así hasta el fondo, sin presentir que entre el fenómeno y la cosa en sí existe un abismo, una diferencia radical que sólo será esclarecida a través del reconocimiento y de la exacta delimitación de la parte subjetiva del fenómeno, y que las informaciones últimas y más importantes sólo pueden sacarse de la autoconsciencia, sin todo lo cual no se puede salir

* Presumiblemente: *in primis* [muy especialmente].

ni un paso más allá de lo inmediatamente dado a los sentidos, o sea, no se llega más que hasta el problema. /*[143]

*/ Lo que es, vista desde dentro, la FACULTAD DE CONOCI- 30,3
MIENTO, es desde fuera EL CEREBRO.
| ANOTADO /*[144] |

Nadie es muy ENVIDIABLE; innumerables son muy LAMEN- 30,4
TABLES.
Μηθενι φθονει* (Stobaeus, *Florilegium* II)
| ANOTADO[145] |

Lo que una nación puede ostentar en cuanto a BELLAS ARTES, 30,5
POESÍA Y FILOSOFÍA es el producto del superávit de INTELECTO
que hay en ella.
| ANOTADO[146] |

[PÁGINA 31]

*/ Lo PEOR DE TODO es esto: como consecuencia de la esencial 31,1
subjetividad de la consciencia, cada cual es para sí mismo el
mundo entero: todo lo objetivo es solamente mediato, como
mera presentación del sujeto; todo pende de la autoconsciencia. Y por eso, cada cual es todo en todo, y nada puede serle
más importante que él mismo. Ésta es la forma en que se
presenta su yo-mismo en la consideración SUBJETIVA; aunque,
en la consideración OBJETIVA, se reduce a casi NADA, a saber,
más o menos 1/1 000 000 000 de la humanidad. Pero ahora
sabe con certeza que, justamente este yo-mismo que supera a todo en importancia, este microcosmos como cuya mera
modificación se presenta el macrocosmos, o sea, su mundo

* Más exactamente: μηθενὶ φθόνει [(no se lo) niega, priva, a ninguno].

entero, tiene que sucumbir en la muerte sin que, con alguna seguridad, se le abra una nueva expectativa. Su muerte es para cada cual el ocaso del mundo.
Cfr. § *7 sub:* 469.
| Anotado /*¹⁴⁷ |

31,2 Para explicar el FENÓMENO AMERICANO DE LOS ESPÍRITUS QUE SE COMUNICAN POR MEDIO DE GOLPES, etc. podría decirse lo siguiente: después de la muerte queda la mera voluntad desnuda, sin intelecto. Para percibir lo existente, la voluntad necesita un intelecto ajeno, del que se posesiona de forma parasitaria (y que le es dado en préstamo por el MÉDIUM). A través de ese intelecto percibe y, según tal percepción, ejerce después, sea produciendo golpes, arrojando objetos, etc., la virtud mágica que tiene a su disposición toda voluntad, también la del difunto.
Cfr. pág. *27.*[148]

31,3 Ser un buen ACTOR presupone: 1) ser alguien que posea el don de poder mostrar hacia fuera su interior. 2) Que posea suficiente fantasía como para imaginarse circunstancias y acontecimientos de forma tan vivaz que estimulen su interior. 3) Que posea entendimiento, experiencia y formación en medida tal que pueda entender debidamente los caracteres y las circunstancias humanas.
| Anotado[149] |

31,4 Que LA VERDAD suene extraña a vuestros oídos es algo suficientemente malo, pero no debe servirme de norma.[150]

31,5 Los GRANDES GENIOS deben a los genios pequeños algún cuidado, porque sólo en virtud de la pequeñez de estos últimos son ellos grandes genios. Con lo cual, todo es relativo.
| Anotado[151] |

[Página 32]

«Pero LOS JUDÍOS son el pueblo elegido de Dios.» Podrá ser, pero los gustos son diferentes: mi pueblo elegido no son. QUID MULTA?* Los judíos son el pueblo elegido de su Dios, y él es el Dios elegido de su pueblo: y eso no le importa a nadie más.¹⁵² 32,1

Las OBRAS son la QUINTAESENCIA de un genio: por eso, aunque sea el mayor de todos, éstas serán siempre incomparablemente más ricas en contenido que su trato, y suplirán en lo esencial a este último; más aún, lo superarán con mucho, dejándolo a la zaga. Hasta los escritos de una mente mediocre pueden ser instructivos, valiosos para la vida y entretenidos, justamente porque son su QUINTAESENCIA, el resultado, el fruto de todo su pensamiento y estudio, mientras que su trato no puede satisfacernos. Por eso se pueden leer libros de gente en cuyo trato no se hallaría satisfacción alguna y, por eso mismo, una elevada cultura del espíritu nos conduce poco a poco a encontrar nuestro entretenimiento casi solamente en libros, no más en personas. 32,2

| ANOTADO¹⁵³ |

El TEÍSMO, tomado en serio, presupone necesariamente que se subdivida el mundo en CIELO Y TIERRA: por ÉSTA andan los hombres; en AQUÉL se encuentra el Dios que los gobierna. Pero si la astronomía quita el cielo, habrá quitado CON ÉL al Dios. En efecto, ella ha ampliado tanto el mundo que no queda espacio alguno para el Dios. Pero un ser personal, como es ineludiblemente todo Dios, que no tuviese LUGAR alguno, sino que estuviese en todas partes y en ninguna, sólo puede decirse, no imaginarse, y por tanto no creerse. De acuerdo con ello, en la medida en que se popularice la astronomía 32,3

---

* ¿Para qué muchas palabras?

física, tiene que desaparecer el teísmo, por más firmemente que haya sido inculcado a los hombres a través del incesante y más solemne dictado.

| ANOTADO[154] |

32,4 Hay TRES ARISTOCRACIAS: 1) la del nacimiento y del rango, 2) la aristocracia del dinero, 3) la aristocracia del espíritu. Esta última es propiamente la más distinguida, y se la reconoce también por ello con tal de que se le dé tiempo. Ya lo dijo Federico el Grande: *les âmes privilégiées rangent à l'égal des souverains*,* y se lo dijo a su mayordomo mayor, que se había escandalizado de que, mientras que ministros y generales comían en la mesa del mayordomo, Voltaire debía sentarse en una mesa en la que sólo se sentaban señores gobernantes y sus príncipes. Cada una de estas aristocracias está rodeada de un ejército de envidiosos suyos, que alienta un secreto encono contra cada uno de sus miembros y, si no tienen que temerles,

[PÁGINA 33]

33,1 se esfuerzan por darles a entender de múltiples maneras: «tú no eres mejor que nosotros». Pero justamente estos esfuerzos delatan su convicción de lo contrario. El procedimiento que los envidiados deben emplear contra esto consiste en mantenerse a distancia de todos los que pertenecen a ese grupo y en evitar lo más posible todo contacto con ellos, de modo que permanezcan separados por un ancho abismo; y, donde esto no pueda darse, en soportar con suma serenidad sus esfuerzos, cuya fuente los neutraliza. Esto mismo lo vemos también aplicado en general. Por el contrario, los que pertenecen a una aristocracia se llevarán en la mayoría de los casos bien y

---

* Las almas privilegiadas tienen el mismo rango que los príncipes.

sin envidia con los de las otras dos, porque cada uno coloca en la balanza su excelencia en contra de la de los otros.
| Anotado[155] |

El HUMANISMO implica el OPTIMISMO y, en tal sentido, es FALSO, unilateral y superficial. Justamente por eso, hace cuarenta años, en la bella literatura alemana —que también predominaba en las obras de Goethe y de Schiller—, se levantó contra su dominio el llamado ROMANTICISMO, remitiendo al espíritu del cristianismo en cuanto es PESIMISTA.

33,2

Por la misma razón se levanta hoy en día el partido ortodoxo y pío contra el HUMANISMO, cuya influencia amenaza al final con suscitar MATERIALISMO; conserva el costado pesimista, y hace valer por eso el PECADO ORIGINAL y al REDENTOR DEL MUNDO: pero después tiene que asumir como costo toda la mitología cristiana y defenderla como verdadera *sensu proprio*,* cosa que hoy en día no puede tener éxito. Antes bien, debería saber que el conocimiento de la natural pecaminosidad y corrupción del género humano, de la miseria del mundo, junto a la esperanza y salvación de esas realidades y de la liberación del pecado y de la muerte, no son en modo alguno propios del CRISTIANISMO, ni son por tanto inseparables de su curiosa mitología, sino que tiene un ámbito mucho más amplio, es decir, está presente de forma mejor y más clara en las religiones asiáticas, mucho más antiguas, que guían a la mayoría del género humano, en las que asume formas totalmente distintas y estaba presente mucho antes de que viniera el Nazareno.[156]

La RUINDAD es la COLA que pega unos con otros a los hombres. Quien carece de ella, se desprende. Cuando, en mis años mozos, tuve que experimentar esto por vez primera en mí mismo, no sabía qué me faltaba.[157]

33,3

---

* En sentido propio.

1854

[Página 34]

34,1 Mi INTUICIÓN de un cuerpo en el espacio es el producto de mi función sensorial y cerebral con X.
| ANOTADO[158] |

34,2 Tan pronto como alguno habla de DIOS, no sé DE QUÉ habla.[159]

34,3 El carácter de las cosas de este mundo, particularmente del mundo de los hombres, no es tanto la IMPERFECCIÓN, como se ha dicho a menudo, sino más bien la DISTORSIÓN en lo moral, en lo intelectual, en lo físico, en todo.
| ANOTADO[160] |

34,4 *All the world is a stage,*
And all the men and women the players on it.*
(Sic fere, As you like it.)
¡Toda la razón! Cada cual tiene, independientemente de lo que en realidad sea en sí mismo, un PAPEL que desempeñar, un papel que le ha impuesto el destino en cuanto ha determinado su estado, su educación y sus circunstancias. La aplicación

---

* Más exactamente: *All the world's a stage, / And all the men and women merely players* [El mundo entero es un escenario / y todos los hombres y mujeres son meros actores]. Shakespeare, *As you like it*, II, 7.

útil que me parece la más inmediata es que, en la vida, como en el escenario, se debe distinguir al actor de su papel, o sea, al hombre en cuanto tal de lo que representa, del papel que le han impuesto el estado y las circunstancias. Así como a menudo el peor actor hace de rey, y el mejor, de mendigo, así puede suceder también en la vida, y también aquí es TOSQUEDAD confundir al actor con su papel.
| Anotado[161] |

Dijo Vauvenargue: 34,5
1) *Les grandes pensées viennent du cœur.**
2) *La clarté est la bonne foi des philosophes.***
   Quiero leerlo.
| (Cuartilla en philosophari)[162] |

Bonito trecho es por cierto el que la filosofía y la fisiología 34,6
han recorrido en doscientos años, desde la GLANDULA PINEALIS de Descartes y sus SPIRITUS ANIMALIBUS que la mueven o son movidos por ella, hasta los nervios MOTORES Y SENSIBLES de la médula espinal de Charles Bell y los MOVIMIENTOS REFLEJOS de Marshall Hall.
| Anotado[163] |

Los PREEXISTENCIALISTAS, Strauss, *Dogmatik* tomo 2, pág. 34,7
46, los CREACIONISTAS, los TRADUCIANISTAS *(per traducem)****
dan testimonio de lo absurdo de la doctrina según la cual el ALMA es un ente CREADO. Cfr. Priestley, *On Matter & Spirit*, pág. 234.[164]

★/ S[165] Al margen siguiente 34,8

---

*   Los grandes pensamientos vienen del corazón.
**   La claridad es la buena fe de los filósofos.
***   A través de la guía (*tradux:* guía, sarmiento).

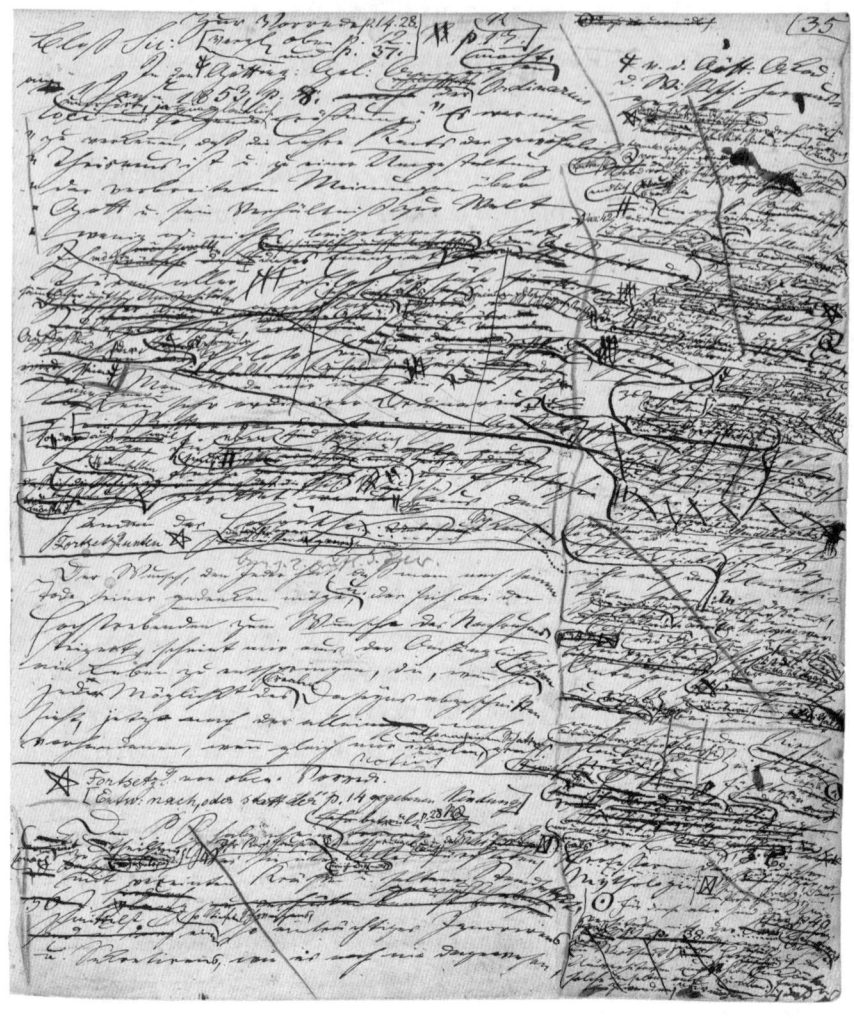

Página 35 del manuscrito

En cambio, la actual filosofía universitaria y áulica niega serlo y alega libertad de la investigación. Pero después sucede lo que ya Napoleón I designa como gran inconveniente: *les paroles ne vont pas aux choses.*˙ /★

[PÁGINA 35]

Para el PRÓLOGO, pág. 14,28. Sólo *sic:* [*cfr.* más arriba, pág. 12, y pág. 37, margen pág. 13].   35,1
En los *Göttingische Gelehrten Anzeigen,* publicados por la *Göttinger Akademie der Wissenschaft,* el 1 de enero de 1853, pág. 8, el *Ordinarius loci* hace la siguiente afirmación, inaudita y hasta increíble: «No podía ignorarse que la doctrina de KANT es el teísmo habitual, y que poco o nada ha aportado para una reforma de las extendidas opiniones sobre Dios y su relación con el mundo».[166]

★A− Quisiera ver fijado este enunciado en la cara exterior   35,2
de las puertas de todas las aulas filosóficas de todas las universidades alemanas como muestra de la concepción de los profesores de filosofía acerca de las doctrinas de los filósofos que ahí se reciben. Ya estoy acostumbrado a considerar a estos señores *en masse*˙˙ o solidariamente, porque me resultan demasiado <poco> lógicos como para distinguirlos uno por uno, siendo que no es de mi gusto tomar entre mis manos un texto semejante <de su autoría> para estrujarlo. De ahí es que los hago solidariamente responsables. Pero eso es porque me gusta actuar en grande, no en detalle. No se me objete que sólo uno de ellos es un *ordinarius* muy ordinario [un caballero˙˙˙

˙   Las palabras no coinciden con las cosas.
˙˙   En masa, en grupo.
˙˙˙ El apellido «Ritter» significa «caballero». *(N. del T.)*

de triste figura]; además es también porque todos ellos están hechos de la misma masa y, por último, porque constituyen una gran sociedad cuyos ingeniosos miembros (Variante 42) se agasajan mutuamente con reverencias hacia todos los costados, mientras que a gente de mi laya no se le ha concedido durante treinta y seis años ni siquiera una mirada.

A KANT, que les resulta incómodo, lo falsean, lo tergiversan en lo contrario o lo hacen a un lado y declaran antiguo, y a mí me ignoran totalmente por treinta y seis años: tales son los méritos de los señores para la filosofía, ante la que tendrían que mostrar algo más de respeto teniendo en cuenta que de ella obtienen su pan. Pero entretanto ha llegado la hora de ajustar cuentas y yo quisiera ver a la filosofía salvada de las manos de los consejeros áulicos, que antes fueron hasta mayordomos.

Y en general: la filosofía no puede tener su sede en las universidades, por lo menos mientras no haya una facultad de teología. Con la Escolástica, de la que proviene la filosofía universitaria, era otra cosa, pues ella era declaradamente la *ancilla theologiae*.* La actual filosofía de universidad o de consejo áulico es la secreta *ancilla theologiae* y, por eso, decididamente el antagonista de toda <filosofía> real y en serio. Mi destino lo demuestra. Y sin embargo, con la fe en las doctrinas eclesiásticas, que está cada vez más a la baja, la necesidad de una real filosofía se hace día a día más perceptible para la época.

Pero las universidades no son domicilio para ella.

Aquí pág. 40.

Pág. 38 arriba

Entretanto, mi intención no se dirige en absoluto a no aceptar la actividad de esos señores consejeros áulicos en las universidades. Ellos podrían seguir dedicándose a ella; sólo

---

* Esclava de la teología.

quisiera que se diera bajo alguna otra denominación, p. ej., como profesores de mitología judía. –A[167]

El deseo que cada uno tiene de que se lo RECUERDE después de su muerte, y que en los ambiciosos aumenta hasta convertirse en DESEO DE FAMA PÓSTUMA, me parece provenir del apego a la vida, que, cuando se ve separado de toda posibilidad de existencia real, se aferra a la única posibilidad que todavía queda, aunque sólo sea ideal, es decir, se aferra a una sombra.
| ANOTADO[168] |

35,3

Continuación de arriba: PRÓLOGO
[Sea después o bien en lugar del giro dado en la pág. 14]
 / Tengo una triste (PÁG. 28 MARGEN S)[169] noticia para dar a los profesores de la filosofía: su Kaspar Hauser (como lo llama Dorguth) ha escapado y anda por el mundo: es más, ¡algunos piensan que es un príncipe! O, para hablar en prosa: lo que temían sobre todas las cosas y lo que después, con inusual constancia y aunando fuerzas supieron impedir con éxito durante treinta y seis años mediante un silencio tan profundo, un ninguneo y una segregación tan unánimes como no los había habido nunca, /[170]

35,4

[PÁGINA 36]

*/ esa desgracia se ha producido a pesar de todo: han comenzado a leerme y, ahora, ya no dejarán de hacerlo: *legor et legar.** (Pues, como siempre, el tiempo ha cumplido su palabra.) Por supuesto, es algo malo y sumamente inoportuno, más aún: ¡una verdadera fatalidad, cuando no una calamidad!

36,1

* Se me lee y se me leerá.

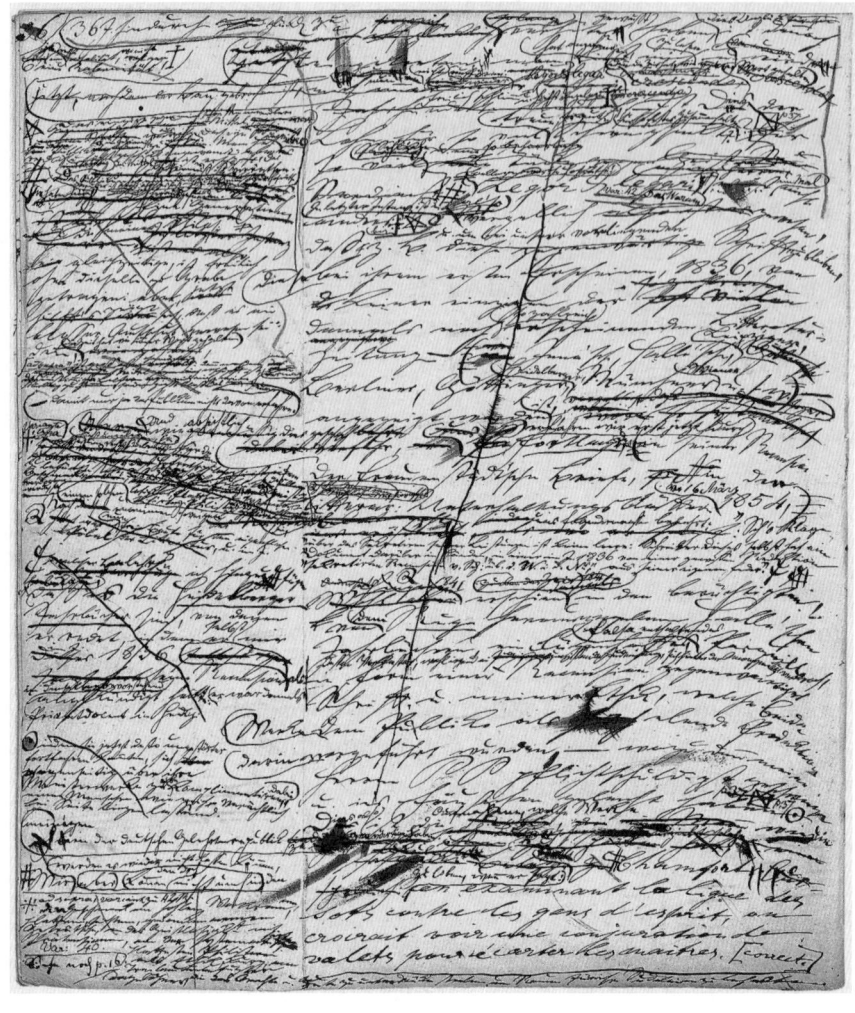

Página 36 del manuscrito

| ¿Es ésta la paga por tan fiel e íntima discreción, por tan firme cohesión? S PÁG. 37. /*¹⁷¹

*/ [Por tantas intrigas y una perfidia tan pertinaz contra el espíritu y el mérito.] El público mc ha descubierto. La furia de los consejeros áulicos por ello es grande pero impotente, pero no hay cambio posible. Pues una vez que el único medio se ha agotado, el ladrido unánime en mi contra no puede inhibir mi efecto sino que sólo vierte aceite en el fuego. Me han descubierto. Por supuesto, una generación contemporánea con mi filosofía se ha ido a la tumba sin ella. Pero ahora se muestra que sólo ha sido una postergación, pues, como siempre, el tiempo ha cumplido su palabra. ¡Deplorables consejeros áulicos! *Legor et legar:* una vez, no es diferente.
| VARIANTE 42: EL POR QUÉ /*¹⁷² |

36,2

A– Variante *infra:*
es sumamente inoportuno, y hasta hay que temer una verdadera calamidad para la filosofía del consejo áulico, que se pierda el buen gusto y hasta que sea demasiado abrumador para el público de la falta de ingenio, de la chatura y del aburguesamiento sistematizado,
El único medio que podía aplicarse contra mis escritos era hacer de su existencia un secreto para el público. Este medio se aplicó con fidelidad y con suma habilidad, pero el medio se agotó, el secreto ha sido descubierto. –A
*/ *ad supra,* Variante para 42 margen: el gusto por la palabrería hueca, por el chismorreo chato, frívolo, pobre de ideas, por la pretenciosa falta de ingenio, por el más chato aburguesamiento sistematizado, en suma, por el accionar de jornaleros incompetentes que aspiran a reprimir lo auténtico y lo bueno para guardar lugar a sus chapucerías.
| VARIANTE 40. |

36,3

| Véase todavía pág. 16. /*¹⁷³ |

36,4　*/ En última instancia ha sido inútil que, por ejemplo —y para permanecer en este escrito—, en su primera aparición en 1836 no haya sido anunciado por ninguno de los entonces todavía numerosos periódicos de literatura que se publicaban —de Jena, de Halle, de Leipzig, de Berlín, de Gotinga, de Heidelberg, de Múnich, de Viena, etc.— con el solo fin de que el público no se enterara. Y de la medida en que esto se dio intencionalmente nos enteramos sólo ahora a través de FORTLAGE, que en su recensión de la correspondencia con Frauenstädt en *Literarische Unterhaltungsblätter* del 16 de marzo de 1854 nos dice lo siguiente: «La queja de Schopenhauer sobre la segregación de su producción no es una queja vacía: el que escribe estas mismas líneas tiene en sus manos un documento al respecto en una recensión de su propia autoría sobre *Über den Willen in der Natur*, de Schopenhauer, segregada en el año 1836 por cierta redacción». A esta información puedo agregar que está hablando de HEIDELBERGER JAHRBÜCHER, en cuanto él mismo me había anunciado en el año 1836 su recensión a ser publicada próximamente en dicha revista. En ese entonces, él era catedrático no titular en Heidelberg. /*¹⁷⁴

36,5　*/ Tras semejante silencio unánime, yo ya era presa fácil para la auténtica chusma de la literatura. Y en el año 1841, en la tristemente célebre revista *Halle'sche Jahrbücher*, editada por RUGE, apareció un libelo mendaz y con falsedades —cuyo autor, ciertamente algún ignorante hijo de judíos, se escondió tras el anonimato— en forma de recensión del presente escrito y de mi ética, obras ambas que allí eran presentadas al público como una producción miserable. Mis señores profesores de filosofía callaron ante ello como era debido y se rieron con disimulo (pág. 37), puesto que ahora podían seguir adelante con tanta menos molestia, hacerse mutuos cumplidos por sus obras maestras, dejando de lado con desdén a un hombre como yo. /*¹⁷⁵

Ésta es, pues, la recepción que obras como las mías podían esperar en la república de los eruditos alemanes. No podremos evitarlo de nuevo, pero no podemos menos que alabar a Chamfort cuando dice: *en examinant la ligue des sots contre les gens d'esprit, on croirait voir une conjuration de valets pour écarter les maîtres.**
| [CORRECT.]¹⁷⁶ |

36,6

[PÁGINA 37]

El hombre es algo distinto de una nada animada; y EL ANIMAL TAMBIÉN.¹⁷⁷

37,1

*/ Entre hombre y hombre se abre siempre, como una ancha fosa, el EGOÍSMO. Si uno salta realmente alguna vez por sobre ella para ir en ayuda del otro, es como un milagro que cosecha asombro y aplauso.
| ANOTADO /*¹⁷⁸ |

37,2

*/ A NOSOTROS MISMOS, como a los demás, SÓLO NOS CONOCEMOS EMPÍRICAMENTE, por tanto sólo CUANDO se presenta la ocasión. Según hayamos mostrado en un caso sensatez, coraje, autonomía, finura, prudencia, o lo que el caso haya exigido, o bien, por el contrario, carencia de esas virtudes, estaremos,

37,3

---

* Cuando se examina a los tontos en comparación con la gente ingeniosa, se tiene la impresión de ver una conjuración de siervos contra sus amos. Chamfort, Nicolas, *Œuvres choisies*, París, 1877, tomo segundo, págs. 44-45.

como consecuencia del conocimiento adquirido de nosotros mismos, contentos con nosotros o lo contrario.
| Anotado /*¹⁷⁹ |

37,4 Julius Stahl, *Philosophie des Rechts*, tomo 2, 3.ª edición, 1854, pág. 280, afirma, *à propos de bottes*,* que Schelling dijo: «todo ser es voluntad, la voluntad es la que opone resistencia en la materia». Pero no dice dónde ni cuándo lo dijo Schelling.¹⁸⁰

37,5 Para el Prólogo
*/ Los tres pasajes, que expresan el realismo más craso y tosco —como era perdonable en tiempos de Leibniz, pero a lo que hay que decir, setenta y dos años después de la aparición [*cfr.* pág. 40 arriba] de la *Crítica de la razón pura:* ¿para qué vino Kant al mundo?—, aunque él mismo podría responder, con el proverbio bíblico: «el que habla con un necio, habla» *ut supra* /*¹⁸¹

Esto proviene de que los señores, en lugar de estudiar la filosofía de Kant, que es el mayor avance que se haya hecho jamás en el pensamiento humano, han pasado su vida aprendiendo las equívocas ocurrencias de los tres sofistas, puestas en un sistema, que ellos, por falta de discernimiento, consideraron filosofía. En esto son más entendidos y, desde hace cincuenta años, no se cansan de disertar al respecto; mientras cada hora que se pasa con ello es una hora perdida.

Y pág. 40, margen en S.¹⁸²

Así se han perdido toda la filosofía de Kant: no saben nada de ella. Están de nuevo en estado de inocencia, como si Kant nunca hubiese nacido. Aquí Reuchlin */ Ahora, sobresaltados por mí, comenzarán a tratar la filosofía de Kant: sólo creo que, lamentablemente, Lichtenberg tiene razón cuando dice: [Nueva edición: vol. 1, pág. 107.] /*¹⁸³

* Sin motivo.

S a pág. 36.¹⁸⁴ 37,6
/ Horacio nos prometió Est et fideli tuta silentio Merces. Ahora bien, estos señores no han dejado que faltara silencio fiel durante entre treinta y cinco y cuarenta años enteros. En efecto, ése es incluso su lado fuerte: tan pronto como presienten la presencia de méritos, el silencio es realmente el mejor medio en contra, pues lo que nadie sabe es como si no existiera. (¿pág. 28?) Pero que la *merces* les quede realmente *tuta* es harina de otro costal. Y eso si no se quiere interpretar *merces* en el peor de los sentidos, que tiene también a su favor autoridades clásicas, y me temo que la *merces* (en el peor sentido) no faltará.
| Carmina Liber III, 2. /*¹⁸⁵ |

*/ S a pág. 36.¹⁸⁶ 37,7
Sí, todavía ahora, en 1854, uno de ellos menciona en mi contra ese libelo proveniente sin duda de algún ignorante hijo de judíos como una «crítica profunda e ingeniosa» de una autoridad: tan bajo han caído. /*
Won't do. Never answer! Your tone be... «sarcasmo frío, burla, sin ira alguna», lo más jovial posible, *no hard words.***
a– y después, con la cabeza atiborrada de esa falsa sabiduría, pensaron que era filosofía y, por eso mismo insolentándose, creyeron que también ellos estaban autorizados a tener una opinión y a replicar a un Kant en la cara como si lo mismo diese. –a

*   Y es una recompensa protegida por el fiel silencio. Horacio, *Carmina*, III, 2, 25.
** No andará. ¡No responder en absoluto! Que tu actitud sea... sin palabras duras.

[Página 38]

38,1 Por supuesto, de buena gana también lo dejaron perderse, /* y a menudo intentan eliminarlo de todas las maneras a través de las sentencias más desvergonzadas y ridículas, fiándose de que tienen frente a sí a un público creyente. En efecto, Kant es para ellos una persona incómoda en grado sumo, ya que, ante su crítica de la teología racional, que constituye el contenido principal de su filosofía, esa teología se rompe como una copa de cristal arrojada contra la pared. *Hinc illae lacrimae.** /*

38,2 */ No es que yo desee privar a las universidades de la provechosa actividad de estos señores, sino que desearía solamente <que> tal actividad fuese proseguida bajo otro nombre, por ejemplo, como profesores de mitología judía.

La filosofía universitaria es la verdadera y propia antagonista de la filosofía tomada en serio y con sinceridad. Para que ésta prospere no habría nada más provechoso que el hecho de que dejara de figurar en el catálogo de clases y fuese salvada de las manos de los consejeros áulicos. Pero éstos no necesitan renunciar a su círculo de acción, sino que, en su círculo, podrían seguir /*[187]

38,3 */ Entretanto, doy a los jóvenes el consejo de no perder tiempo alguno con la filosofía de cátedra y, en lugar de ello, leer las obras de Kant y mi filosofía. De ello pueden aprender algo, se lo prometo. No es preciso reunirse en torno a una lastimosa lucecita de noche mientras se tienen a la mano radiantes antorchas; y menos aún hay que irse detrás de fuegos fatuos. [pág. 36. La transición debe hacerse de la siguiente manera: después de «legor et legar» y lo enlazado a continuación.] /*[188]

* De aquí esas lágrimas. Horacio, *Epistulae* I, 19,41.

*/ Pero ¿de qué me quejo? ¡Si al gran Kant no le va mejor que 38,4
a mí! Odian a Kant casi tanto como a mí. Quisieran acabar
definitivamente con él, y también conmigo: pero podemos
estar muy tranquilos, pues nos contentamos con la buena
voluntad. Yo he sido ignorado durante treinta y cinco años. Y a él
desde hace unos treinta años se lo va dejando poco a poco
cada vez más de lado, menospreciado como anticuado, de
modo que ofrece verdaderamente el espectáculo del león
muerto al que el asno trata a coces. Así es: los más miserables
redactores de compendios filosóficos llegan tan lejos con su
arrogancia que declaran los grandes e imperecederos descubrimientos de Kant como errores anticuados y los dejan
de lado con las sentencias más ridículas y desvergonzadas,
que presentan en tono de argumentación, confiando en que
tienen frente a sí a un público creyente que no conoce las
cosas. /*
[Aquí he tenido especialmente en mente el LEHRBUCH de
metafísica de REINHOLD, 3.ª edición de 1854.]¹⁸⁹

*/ Y esto padece Kant de personas cuya estupidez y total 38,5
incapacidad salta a la vista desde cada página, uno casi querría
decir desde cada línea, de sus escritos miserables. O sea que
Kant, del mismo modo que yo, es dejado de lado y mirado
por encima del hombro, y eso por los mortales más carentes
de ingenio que hayan jamás arruinado papel. /*¹⁹⁰
[¿Qué es lo que merecen mentes chatas que, uniendo sus
fuerzas, procuran rebajar al polvo lo bueno, grande e infrecuente? ¡Y eso en una ciencia de la que obtienen su pan!]
Pero el secreto del asunto es éste.

[Página 39]

39,1 */ Por encima de todas las cosas en el cielo y en la tierra los señores quieren sus cargos, su teología especulativa y a su vera la psicología racional, quieren los cargos por encima de todas las cosas en el cielo y en la tierra, o sea: ha de haber y tiene que haber teología. ¡Teología! Venga de donde venga: Moisés y los profetas tienen que tener razón. Éste es el principio supremo de la filosofía, tal como resulta evidente por sí mismo, y a ello se agrega la psicología racional. Ahora bien: como se sabe, nada de eso puede buscarse en Kant ni en mí: es que, contra la crítica de Kant a toda teología especulativa, las bellas argumentaciones teológicas se estrellan como una copa de cristal arrojada contra la pared. Y de la psicología racional no queda ni un jirón entero. Y en mi caso, que soy el continuador de su filosofía, consecuentemente ambas disciplinas no aparecen ya para nada. (Abajo, TAL VEZ SUPERFLUO)
Por eso, ambos somos malos, y estos señores nos pasan ampliamente por alto. A mí no me han considerado digno de una sola mirada durante treinta y seis años; y a Kant lo miran con compasión desde lo alto de su sabiduría, sonriendo acerca de sus errores. Es una política muy sabia y considerable. De ese modo, muy desenvueltos, como si no existiese en el mundo una *Crítica de la razón pura*, pueden hablar durante volúmenes enteros sobre Dios y el alma como si se tratara de personalidades conocidas y especialmente familiares a ellos, y comentar a fondo y con erudición la relación de Dios con el mundo y del alma con el cuerpo. Sólo que, antes, la *Crítica de la razón pura* tiene que ir a parar bajo el banco; entonces, todo va magníficamente.[191]
| SIGUE MARGEN S /*[192] |

39,2 */ Yo soy un budista, un hombre en el que no puede encontrarse ni un pelo de judío, y, además, un pagano, más aún, alguien a quien, para que los señores no pierdan todo respeto, habría que prohibir completamente el escribir. Ya han llamado en mi contra a la «policía de las costumbres».

Soy uno que no sabe qué respeto debe a los señores de las cátedras, sino que trata con ellos totalmente *sans façon*,* tomándolos por lo que son, a saber, ex mayordomos y actuales consejeros áulicos, que siempre tuvieron más que hacer que estudiar la *Crítica de la razón pura*: por eso, a un tal /*

(Pág. 47 aquí) 39,3
Ahora bien, otra consecuencia de esa marginación y de ese menosprecio de Kant es que los señores no se han esforzado para nada por su sabiduría. Pero como su comprensión exige un estudio muy serio, constante y reiterado, incluso de las mejores cabezas (Lichtenberg, vol. 1, 107, n. ed.), surge ese deplorable desconocimiento de la filosofía kantiana que he tenido que criticar ya a menudo y que, a mis ojos, resulta escandaloso, puesto que Kant marca una época en la filosofía. La consecuencia de tal desconocimiento es que estos señores, siguiendo una vez más su genio, formulan un discurso naturalista ingenuo sobre cuya impertinencia uno se asombra, sobre todo si, como cabe esperar, surge de ello finalmente el más craso y tosco realismo, olvidando por completo los auténticos problemas de la filosofía.

[Aquí los tres ejemplos de arriba, de Rosenkranz, Reuchlin-Meldegg y, por último, de Ritter.][193]

Exordio del prólogo 39,4
*/ He tenido la alegría de darle un segundo retoque a esta obrita después de casi veinte años, y tal retoque ha sido tanto mayor, en cuanto ella es especialmente importante para mi filosofía. Partiendo de lo puramente empírico, de las afirmaciones

---

* Con descaro.

de los ingenuos físicos que siguen el hilo de su ciencia natural particular, llego aquí de forma inmediata al núcleo propiamente dicho de mi metafísica, demuestro su punto de contacto con la física y ofrezco así, en cierta medida, la prueba de cálculo de mi dogma fundamental y al mismo tiempo su fundamentación más detallada y particular, de modo que aparezca más profunda, extensa y clara que en cualquier otra parte.
En esta edición coinciden las enmiendas con las adiciones: d. h. p.? 14, margen S *Exordium? et* S? /*[194]

[PÁGINA 40]

40,1   */ S está mejor 39 margen abajo[195]
hacen a un lado a Kant a fin de poder seguir parloteando, sin que nadie los moleste, acerca de Dios y del alma humana como si fuesen objetos dados. Y ello sabiendo que, mientras la *Crítica de la razón pura* esté viva, con ella se PUEDE poner fin al parloteo en cualquier momento y DARLES UN GOLPE en la bocaza. /*

Más inocentes son ciertos FISIÓLOGOS que hablan también de los citados objetos sin inhibiciones, en una honesta ignorancia, propia de los artesanos y muchachos, conociendo su catecismo pero sin tener idea alguna de la *Crítica de la razón pura*. Esa gente corresponde a la categoría de los toscos en el verdadero sentido de la palabra.[196]

40,2   */ [Después de los pasajes de Rosenkranz, etc.]
PÁG. 14 MARGEN ARRIBA
¿Para qué pensarán estos señores que la naturaleza produce su obra más infrecuente, un gran genio, si ha de quedar al arbitrio de su ordinaria mentalidad el desestimar las enseñanzas más importantes del gran genio, relegándolas al olvido? /*[197]

*/ pág. 35 margen 40,3
La filosofía universitaria se encuentra en DECIDIDO ANTA-GONISMO respecto de la filosofía seria y real. Por eso, nada puede ser más ventajoso para esta última que la cesación de la primera en su condición de ciencia universitaria, y ello en todas sus ramas. En efecto, las verdades guardan entre sí una relación demasiado rigurosa. Ni siquiera puedo exceptuar de ese deseo a la HISTORIA DE LA FILOSOFÍA, si encuentro, por ejemplo en la revista GÖTTINGISCHEN GELEHRTEN ANZEIGEN, editada por una Academia de Ciencias (no de las creencias, como podría presumirse por las mojigaterías que esa publicación ofrece para nuestro bien desde hace algunos años), que el ORDINARIUS LOCI... etc. /★198

*/ En lugar de desgastar *diurna nocturnaque manu** las obras 40,4
de Kant, se han atiborrado la cabeza con los dogmas de los tres sofistas.[199] Pero esto es algo inútil y enrevesado, con lo que no puede aprenderse nada, y que no habría de sustraerse por más tiempo a las fauces del olvido. /★200

S a pág. 37 abajo.[201] 40,5
Sus dogmas son expuestos con seriedad y amplitud, rumiados de forma incansable, tratados y largamente sopesados hacia todos los costados, con los pros y los contras y con finas correcciones; pero esos dogmas son meras ideas insensatas, patrañuelas, pseudofilosofía. El accionar de estas tres personas no estaba dirigido en absoluto a la verdad, sino que sólo buscaban su bienestar personal, como otra gente honesta. Por eso, como otra gente honesta, caerán en el abismo del olvido y no conseguirán lugar alguno en la historia real de la filosofía, sino que permanecerán fuera, como otra gente honesta que ha llevado adelante su ramo.

* De día y de noche.

En efecto, de sus cosas no puede aprenderse nada. Y por esas cosas no hay que molestar a nadie y no arruinarle a nadie el tiempo y la paciencia, en especial no desacreditar por completo a la filosofía con semejantes bufonadas.

40,6 */ [Los profesores de filosofía tienen que procurar necesariamente eliminar tanto a Kant como eliminarme a mí, porque en ninguno de los dos hay teología alguna que encontrar. La teología es indispensable para los profesores de filosofía, es su elemento, el aire que respiran para vivir. En consecuencia, Kant y yo estaremos para ellos eternamente en el error.]
En lugar de ello está por el otro lado la glorificación de Leibniz, en la que todos ellos compiten colocándolo a la altura de Kant, y hasta elevándolo por encima de él. Tal cosa es una blasfemia, o más bien una prueba de completo desconocimiento e incomprensión. Kant es un gran genio que ha [dado] a la humanidad sabidurías inolvidables
| Página siguiente /*202 |

40,7 */ *ad* 35.
La Escolástica era una *ancilla theologiae** abierta, confesa, pero nuestra actual filosofía universitaria lo es de forma oculta, mientras que alega investigar de manera independiente. Según ello, es una más de aquellas cosas que tienen que presentarse como algo distinto de lo que son, y eso es siempre malo, muy malo, enormemente malo.
| 34 margen /*203 |

40,8 */ Fortlage (véase *Göttinger Blatt*) habla con sorprendente ingenuidad acerca del ramo filosófico. Pero la filosofía no tiene nada que ver con comerciantes: no está para obtenerle el pan a nadie, sino que es puro servicio a la verdad,

*   Esclava de la teología.

que es la aspiración suprema de la humanidad, y por ello lo más sublime que hay sobre la tierra. ¡Fuera del templo los comerciantes! /*²⁰⁴

[Página 41]

*/ Pretender que un gran genio crea seriamente en la RELI-   41,1
GIÓN CRISTIANA o en cualquier otra es como pretender que un gigante se calce el zapato de un enano.
| Anotado /*²⁰⁵ |

Toda filosofía DOGMÁTICA TRASCENDENTE es un intento de   41,2
construir la COSA EN SÍ según las leyes del FENÓMENO. Este intento fracasa al igual que el de hacer coincidir dos figuras absolutamente desemejantes, cosa que siempre falla porque, comoquiera que se las dé vuelta, siempre sobresale ora una, ora otra esquina.
| Anotado²⁰⁶ |

*/ La NOVELA toma de la vida aquello que es totalmente indi-   41,3
vidual, lo describe con precisión en su individualidad, pero de ese modo revela la totalidad de la existencia humana. Mientras parece tener que ver con lo completamente individual, en verdad tiene que ver con aquello que está en todas partes y en todos los tiempos. /*
    En realidad, lo que aquí se afirma tiene que ver con todas las obras de arte, con independencia del género al que pertenezcan.
| Anotado |

La razón por la que SE ENVEJECE Y MUERE no es física, sino   41,4
metafísica.
| Anotado²⁰⁷ |

PÁGINA

41,5   Entre las muchas condiciones bajo las que pudieron nacer las obras de SHAKESPEARE se cuenta también el hecho que tenía frente a sí, tanto para utilizarla de modelo como para comprenderla, a una nación MÁS INTELIGENTE de la que cualquier otro país de Europa podría haberle brindado.
| ANOTADO /*²⁰⁸ |

41,6   */ Continuación del Prólogo
se debe: en cambio, enriqueció la metafísica con tres miserables patrañas que ya hace tiempo han explotado y sido objeto de irrisión: las armonías preestablecidas, el sistema de las mónadas y la *identitas indiscernibilium*.*
Justamente, formaba parte de la misión de Kant el liberarnos de Leibniz y de sus fábulas. Por eso, ¡a él la alabanza, el honor y la gloria eternamente! ¿De dónde viene semejante celo por Leibniz? ¡Oh, porque, alabado sea Dios, tiene una teología y, además, ofrece para mejor una teodicea, por supuesto, una añadidura necesaria si no estuviese esencial y completamente descompuesta. ¿Acaso pensáis, a la medida de vuestras mezquinas intenciones, que lo bueno causará asco y lo auténtico se asfixiará? Ciertamente no de forma impune ni duradera. Ya veis que he salido adelante a pesar de vuestras maquinaciones. /*²⁰⁹

[PÁGINA 42]

42,1   */ VARIANTE de 36.
¡*Legor et legar!*** Esto es una verdadera calamidad y una fatalidad para la FILOSOFÍA COMERCIAL (con sorprendente inge-

---

*   Más exactamente: *principium identitatis indiscernibilium* [principio de identidad de los indiscernibles].
**   Se me lee y se me leerá.

nuidad, estos señores se autodenominan «philosophisches GEWERBE» {negocio filosófico}) (cita). Pero ¿POR QUÉ no pueden ni ver mi filosofía? 1.°) porque mis obras hacen perder al público el buen gusto: /*
A– CFR. 36.

El gusto por la palabrería hueca, por las pilas de palabras, enormes pero vacías, por el chismorreo trivial y carente de ingenio que llena volúmenes enteros, por las doctrinas de catecismo disfrazadas siempre de nuevo de metafísica, por la sistemática y más chata pedantería con adoctrinamiento sobre el juego de naipes y el baile, servido como instrucción para la ética (36 abajo S)[210] y, en general, por toda esa filosofía de rueca, por la historia de la filosofía debilitada y por eso desleída, consumida, apta para ahuyentar para siempre de toda filosofía. –A
/ En efecto, quién querrá regresar de mi filosofía de la seriedad, que a pesar de su profunda seriedad es tan entretenida, a la FILOSOFÍA EN BROMA, que, a pesar de que es mera broma —quiero decir, que sólo es algo para llenar el tiempo en el calendario—, a pesar, pues, de esa condición de broma, es un aburrimiento que tortura hasta morir la verdadera concentración y quintaesencia. /[211]

*/ 2.°) Puesto que a estos señores simplemente LES ESTÁ VEDADO admitir MI FILOSOFÍA a fin de utilizarla en beneficio de su «comercio», cosa que lamentan de corazón, puesto que mi riqueza le vendría magníficamente bien a su amarga pobreza, sólo a ella le está vedado hallar alguna vez gracia a sus ojos: nunca jamás, tampoco aunque contuviese los mayores tesoros de sabiduría humana que se hubiesen descubierto. Pues mi filosofía no les ofrece TEOLOGÍA ALGUNA, y la TEOLOGÍA, junto a la psicología racional, es el aire que da vida a estos señores, la *conditio sine qua non* de su existencia. Para la FILOSOFÍA DE CÁTEDRA sólo es apto simplemente el contenido principal del

CATECISMO DISFRAZADO DE METAFÍSICA. 46[212] Éste es el requisito. ¿Y qué pasaría si ahora comenzara a tener circulación una filosofía como ésta, seriamente orientada hacia la verdad? ¡Qué calamidad! Todos ellos se sienten desde ya como caballeros de teatro con armadura de cartón frente a los cuales se presenta de repente uno armado de verdad, bajo cuyos pesados pasos tiemblan las tablas del escenario. Así se comporta mi filosofía de la seriedad frente a la filosofía en broma de la universidad. Por tanto, esta última tiene que ser mala y falsa, e impone a estos señores el secreto papel de aquel que tiene que parecer lo que no es y que no puede admitir a otros por lo que son. A partir de aquí se desarrolla el espectáculo, divertido en grado sumo, de estos señores condenándome desde la altura de su sabiduría, por supuesto, de oficio, con plena competencia. Y llegan al colmo de lo delicioso cuando quieren representar frente a mí el papel de personas respetables. /*[213]

42,3　Variante de 36.

　　　– – – «TOMAR EN MASSE»,* etc.: y, en general, gente como ésta no está calificada para LO SINGULAR, sino que hay que tomarlos en PLURAL. Se parecen entre sí tanto como las moscas en la pared.

42,4　B– S pág. 43 margen[214] [Mala noticia]
　　　Conclusión: me doy cuenta de que la triste noticia comunicada más arriba a los profesores de filosofía no es ninguna novedad para los señores. En efecto, veo que su ira al respecto ya se ha encendido con grandes llamas y que, en este último tiempo, hasta han desahogado su enojo también en libros y mediante artículos en todo tipo de revistas, cansados de ocultar prudentemente su ira y su rencor; y que, dando rienda suelta a su furia, escupen veneno y bilis contra mí

*　En masa, en grupo.

PÁGINA

como les viene en gana y cada uno a su manera, recurriendo incluso a TRATARME DE HEREJE, cosa tan indecente para un filósofo que ni siquiera un mero filósofo ficticio y en broma debería rebajarse a eso, pero ellos no vacilan en coger lodo para arrojármelo. Con todo, no me quejo de esto, porque la causa me alegra y el efecto me divierte en cuanto me ilustra el verso de Goethe. La lectura de las últimas piezas resultó bastante entretenida, puesto que con satisfacción interior vi en cada página la ilustración del verso de Goethe que dice: «El lulú de nuestro establo, etc.» –B²¹⁵

[PÁGINA 43]

Según REUCHLIN y Rosenkranz, también según Noak: las cosas en Reuchlin y Ronsenkranz, véase pág. 47 y pág. 17 abajo.   43,1

*/ No se trata aquí de un dogma kantiano NI, EN GENERAL, DE ALGUNA tesis metafísica que pudiese ser puesta en duda o impugnada de alguna manera, sino de una verdad a priori que, como tal, tiene que ser reconocida al momento por todo ser humano, y tan completamente como que 2 x 2 = 4. Incluso un hombre totalmente ignorante, si tiene un sano sentido común, admitirá, tan pronto entienda lo que se está diciendo, que el espacio no depende de las cosas que están EN el espacio sino que, aun cuando todas esas cosas fuesen retiradas o desaparecieran de otro modo, el espacio permanecería como antes de forma inconmovible e incontrovertida. /*²¹⁶

*/ [Por eso, también POUILLET, en su universalmente conocido manual de Física, que se utiliza como base en la enseñanza pública en Francia y que en ningún momento entra en la órbita de la metafísica, erige no obstante esta tesis como verdad indudable.] /*²¹⁷   43,2

43,3   */ ¿Qué extraña incomprensión se requiere, entonces, para negar una tesis semejante? Pero presento la cosa no sólo como prueba de tal tesis sino también como muestra de un total desconocimiento de la filosofía kantiana. En efecto, a pesar de que esa tesis no le es propia en modo alguno, sino que se trata de un axioma del sentido común, ha hecho de él la base de una de sus enseñanzas principales y elementales (la de la idealidad del espacio). De modo que, quien haya estudiado alguna vez aunque más no sea el abecé de la filosofía kantiana, tiene que haber considerado y meditado a menudo esa simple tesis que por nada del mundo podría consentir en negar. /*[218]

43,4   */ [Antes, de la materia como producto de fuerzas]
Esto es nuevo e inaudito para REICHLIN: lo considera una afirmación de Oersted, afirmación que, justamente, /*[219]

43,5   Variante: mejor: véase arriba S;[220] S[221] *ad infra*
*/ En lugar de este giro, *simpliciter:* Por lo demás, según veo, estos señores ya han desahogado su corazón a través de todo tipo de artículos llenos de veneno; /*
Cfr. pág. 42 margen, S[222] *infra*, o bien: Por lo demás, percibo que la noticia de Kaspar Hauser, que ha escapado, ya se ha difundido entre los profesores de filosofía. Pues[223]

43,6   [Pero me doy cuenta de que para los profesores he llegado demasiado tarde con mi mala noticia acerca del fugitivo Kaspar Hauser: ya la conocían, tal como infiero a partir de los] denuestos llenos de veneno y bilis hacia mi persona con los que desahogan en toda suerte de revistas su oprimido corazón: no obstante no me quejo en absoluto de ello, porque la causa me alegra y el efecto me divierte, en cuanto me esclarece el verso de Goethe:
/ porque tengo en ello una ilustración del verso de Goethe /[224]

[PÁGINA 44]

*/ él puede impugnar con osadía.²²⁵ «La fuerza no puede llenar el espacio sin algo material, sin materia», más o menos así lo diría también mi zapatero, mientras que Oersted lo presenta como una verdad de la filosofía kantiana conocida por todo el mundo. No se trata aquí de una ignorancia intencional —de semejante malicia absolvemos a estos señores— sino de una ignorancia honesta, o sea, de no haber aprendido.²²⁶ No he dado el nombre de estos señores pues mi intención no tiene en absoluto por fin prostituir, humillar a los individuos, sino sólo señalar qué desconocimiento de la filosofía kantiana circula por las universidades y qué estado de incivilización y de tosquedad se introduce de ese modo, pudiendo cada uno articular sin reflexión alguna un discurso de carácter natural sobre cosas que han ocupado a las mayores mentes y que, de ese modo, será llevado... a donde hemos visto.²²⁷ Estos signos de completo desconocimiento de la filosofía kantiana no son en absoluto casos aislados: ¡oh no, cuántas veces me he visto consternado e indignado por casos semejantes!

Pero la doctrina de Kant es el único logro serio y grande que ha habido en la filosofía desde los tiempos de Locke, o sea, desde hace aproximadamente ciento cincuenta años. Más aún, es una doctrina que marca una época universal en toda la filosofía y en el conocimiento humano en general. ¿Qué saben y conocen estos señores si no conocen la filosofía de Kant?

Pero la razón por la cual estos señores no han estudiado a Kant es que no pueden aprovecharlo: les es tan incómodo como yo. En efecto, él está en diametral oposición a toda teología racional y psicología racional, y ha expuesto de forma irrefutable la imposibilidad de demostrar esas doctrinas, mientras que estos señores tienen que vivir precisamente de las demostraciones de esas cosas, y su pan y paga dependen de ello. De ahí proviene también el horror que se atreve

a articularse hoy en día en Francia contra Kant en los *très humbles serviteurs des circonstances*,* p. ej., en el señor Barthélemy.²²⁸
| SPICILEGIA 438 /*²²⁹ |

[PÁGINA 45]

45,1 Lo único que gusta a estos señores en la filosofía kantiana es la teología moral y el postulado de la libertad, que ellos desearían convertir en dogmas teóricos, cosa que para nada son, sino que son postulados de la razón práctica, es decir, meras suposiciones a efectos de la acción, como reguladores esquemáticos orientadores sin la menor pretensión de validez objetiva.

Quién habría podido pensar que, cincuenta años después de la muerte de Kant, semejantes doctrinas sobre el espacio etc.²³⁰ Hacer surgir el espacio a posteriori como una consecuencia de los cuerpos es una perfecta idiotez. Semejante descaro es consecuencia de la apoteosis de un Hegel, que dijo de forma irreflexiva todo tipo de disparates.

La filosofía de Kant sólo puede conocerse a partir de sus propios escritos: todas las exposiciones, sobre todo las que provienen de los últimos treinta años, son más o menos falsas, deformes, sea de forma intencional o por malentendido. Hay que cuidarse de ellas. Así, pues, mis nobles jóvenes, verdaderamente sedientos de verdad, no dejéis que ésos [los consejeros áulicos] os cuenten lo que contiene la *Crítica de la razón pura*, sino leedla vosotros mismos. Allí encontraréis cosas muy diferentes de las que ellos suelen comunicaros y considerar acertadas. Si se necesita un comentario, recúrrase a las cartas de Kant.²³¹

* Los muy humildes servidores de las circunstancias.

*/ La filosofía universitaria es EL ANTAGONISTA de toda filoso- 45,2
fía tomada en serio y con sinceridad, es decir, de toda filosofía
real (pág. 46, margen abajo). De ahí que en mi tratado haya
dicho al respecto que lo más provechoso para ella sería que
en las universidades no se enseñara más filosofía, sino que, en
lugar de ello, se diera un curso muy sucinto de Historia de la
Filosofía, para orientación. Sólo que hasta de esto mismo me
he visto retrotraído por la siguiente manifestación que nos
hace el *Ordinarius loci* en la revista *Göttingischen Gelehrten
Anzeigen* del 1 de enero de 1853: – – – [232]
  Ya desde hace tiempo había tenido la impresión de que, en
las universidades, la HISTORIA DE LA FILOSOFÍA era tratada
en el mismo espíritu y con el mismo *grano salis** que la propia
filosofía. Pero necesitaba un impulso que me convenciera del
todo. Helo aquí. Así las cosas, tampoco para la Historia de la
Filosofía las universidades son ya el lugar adecuado. En efecto, allí reina de forma irrestricta la intencionalidad.[233] Como
ya he dicho... la filosofía no puede conocerse a partir de los
engendros escritos por los profesores de filosofía, sino sólo
a partir de las obras que han creado su cauce /*

*/ Entre los ardides en contra de Kant se cuenta también LA 45,3
VENERACIÓN Y EL ELOGIO afectados A LEIBNIZ, mientras que
entre los méritos eminentes de Kant está el haber liberado
para siempre al mundo de Leibniz y de sus patrañas. Pero
ellos quisieran obliterar la filosofía de Kant a fin de conducir
de nuevo hacia el enlodado canal del viejo dogmatismo y
seguir así fabulando alegremente como si nada hubiese pasado
y como si Kant no hubiese existido, en lo que el nudo del
asunto es siempre de nuevo la mitología judía. Pero el tiempo para esto ya ha pasado: Kant ha introducido la seriedad
en la filosofía, y yo la mantengo en pie; en contraste con él,

* Prudencia, madurez y reflexión.

LEIBNIZ ES UNA LUZ PEQUEÑA Y MISERABLE. Por supuesto, las patrañas de Leibniz son tela apropiada para confeccionar un vestido en el que la doctrina del catecismo se presenta como filosofía especulativa.
Pero mónada central y teodicea son cosas para estos señores míos del «ramo filosófico». /*²³⁴

45,4 */ No es mi intención privar a estos señores de su actividad, sino sólo desearía que la continuaran bajo otro nombre, p. ej., como filosofía de la mitología judía. /*²³⁵

[PÁGINA 46]

46,1 */ El gran POETA DRAMÁTICO, lo mismo que el virtuoso, es tal a través de un *tat twam asi*,* de una identificación inmediata con otros (las personas de su drama), en todo lo cual reencuentra su propia esencia, o más bien se traslada al interior de esa esencia y toma posesión ora de éste, ora de aquél, habla desde él como un ventrílocuo, ahora desde el héroe, e inmediatamente después desde la chica joven e inocente, lo uno tan verdadero y natural como lo otro.
| VIDEATUR GOETHE ET SHAKESPEARE /*²³⁶ |

46,2 */ Sobre la mendacidad hereditaria y la cumbre de los abetos – /*²³⁷ Matemática Lichtenberg vol. 2 edición antigua.²³⁸

46,3 *Cfr.* 42 margen S²³⁹
Para el Prólogo

* Esto eres tú; hindi antiguo, fórmula breve del Vedanta según la cual todas las almas individuales son una sola cosa con el fundamento absoluto del ser. Los Vedas, las sagradas escrituras más antiguas de los hindúes; Vedanta, el estrato literario más reciente de los Vedas.

Humildes; sobre todo porque, de ese modo, daría yo un honor inmerecido al resto.

– Pues hay pocas esperanzas de que haya una cátedra de mitología judía en la Facultad de Filosofía,
/ Su tarea es, bajo el nombre de la filosofía y bajo una carcasa de fórmulas y frases muy abstractas, recónditas, grandilocuentes y difíciles, transmitir el contenido principal del catecismo: éste se desvela siempre en definitiva como el núcleo del asunto, tan enredado, variopinto, extraño y singular como se presentaba a primera vista. Puede ser que esto tenga alguna utilidad que desconozco. Pero sí sé lo siguiente: que en la filosofía, es decir, en la investigación de la verdad κατ' ἐξοχην, o sea, en las más importantes y sublimes aspiraciones humanas, no se nos hace dar ni un solo paso adelante.

[Que en el conocimiento de las verdades supremas, las que más importan al género humano, conocimiento que se entiende y busca propiamente bajo el nombre de la filosofía, no se avanza un solo paso mediante esa actividad;] sino que, antes bien, ese falso Anfitrión le corta el camino. Por eso sigo pensando que la filosofía universitaria es LA ANTAGONISTA de la filosofía real. /*240

La humanidad tiene desde hace milenios sed de VERDAD, y a su búsqueda no se opone sólo la Iglesia, que está llamada a ello por oficio?, sino también esta venal *ancilla*.** */ Es sumamente deseable que la filosofía sea liberada de esta aparente colaboradora y real antagonista.

Kant no les resulta mucho menos ODIADO que yo, porque ha socavado en sus fundamentos más profundos la teología especulativa; más aún, en todos aquellos que entienden la seriedad, la ha arruinado irreparablemente. ¿No habrían de

46,4

---

* Más exactamente: κατ' ἐξοχήν [por antonomasia].
** Esclava, sierva.

odiarlo estos señores? ¡Si no tienen permitido enseñar otra cosa que teología especulativa!
Son antagonistas de la filosofía real, forzados a resistirse a su verdadero progreso. /*²⁴¹

[Página 47]

47,1 Lo que la SOCIEDAD estropea a los grandes genios es la igualdad de derechos, por tanto de las reivindicaciones, frente a la desigualdad de las capacidades, es decir, de los resultados (sociales) de los otros.
| ANOTADO²⁴² |

47,2 */ Para el Prólogo
AD PÁG. 39, O 43
Con la persona a la que no se ama se tiene poco trato: por eso, estos señores han tenido tan poco trato con Kant que lo conocen casi solamente de vista. Los testimonios al respecto son muy frecuentes, aunque algunos casos alcanzan el grado que en la escala de la ignorancia se designa como «crasa»: como si el – – – /*²⁴³

47,3 Lo que se opone a que los hombres LLEGUEN A SER MÁS SABIOS Y PRUDENTES es, entre otras cosas, la BREVEDAD DE LA VIDA. Cada treinta años llega una generación nueva que no sabe nada y tiene que empezar desde el comienzo.
| ANOTADO²⁴⁴ |

47,4 Para el Prólogo
/ En el fondo, son desde hace tiempo y han servido por largo tiempo como meritorios. A mí me sucede como a Moisés cuando, al llegar, encontró a los judíos bailando ante el becerro de oro. /

Tiene que terminar, dice Goethe.
Tú, hábil, etc.²⁴⁵

Quien considera que su existencia se limita a su vida actual 47,5
se tiene por una nada animada. Pues hace treinta años no era
nada; y, pasados trcinta años, es nuevamente nada.
| Anotado: bis²⁴⁶ |

La belleza de los muchachos es respecto de la de las 47,6
muchachas lo que la pintura al óleo respecto del pastel.
| Anotado: bis²⁴⁷ |

Es completamente natural que, cuanto más piedad se exija 47,7
de un profesor, tanto menos erudición se le exije. Del mismo modo como en tiempos de Altenstein era suficiente que alguien profesara adherir al disparate de Hegel. Pero desde que en la provisión de las cátedras se puede reemplazar la erudición por la piedad, los señores no se esfuerzan demasiado en la primera. Sería preferible que los mojigatos se moderaran y preguntaran: «¿quién nos creerá que creemos en ello?». Que los señores son profesores importa a los que se han hecho tales: sólo los conozco como malos escritores en contra de cuya influencia trabajo.²⁴⁸

[Página 48]

Para el Prólogo 48,1
*/ En estos cuarenta años nunca se ha suscitado en mí la menor duda acerca de la exactitud de mi teoría de los colores ni tampoco de la verdad de la teoría de los colores de Goethe, aunque veo que, para todo el mundo erudito, con la opinión todavía contraria de sus academias y universidades, la teoría de los colores de Goethe es un error lamentable, y que ese

mundo erudito nunca se ha dignado arrojar siquiera una mirada a mi teoría. En lugar de ello, sostiene con firmeza la teoría de Newton y la ha equipado con una imaginaria oscilación de un éter imaginario, expuestos en largas series de números, entretenimiento predilecto de los físicos y representantes de la verdad y de los pensamientos. Todo ello me da mucha pena, y no ciertamente por la verdad, que se yergue invencible en su fuerza originaria y se ríe del aire de sabiduría, de los humos de señorío y de las mutuas reverencias que se hacen los miembros de la corporación, sino por esos mismos señores, cuyo crédito, una vez que el público se haya decepcionado y haya llegado la hora del bochorno, sufrirá un golpe considerable. /*²⁴⁹

48,2 II.

*/ Hace cuarenta años que escribí ese tratado, después de lo cual Goethe conservó consigo el manuscrito durante un tiempo relativamente largo en su viaje de entonces por el Rin, razón por la cual la ELABORACIÓN FINAL y la edición se retrasó hasta la Pascua de 1816. Ni los fisiólogos ni los físicos lo han hallado digno de su consideración; antes por el contrario, lo han visto como *non avenu** y lo han dejado de lado. En lugar de ello, el plagiario pudo utilizarlo tranquilamente, acerca de lo cual he informado en *Willen in der Natur* pág. segunda edición. */²⁵⁰

48,3 */ Entretanto he tenido cuarenta años de tiempo y he encontrado también innumerables ocasiones para someter a comprobación de todas las maneras mi teoría de los colores. No obstante, mi convicción acerca de la plena verdad de dicha teoría no ha vacilado ni por un momento, e igualmente convincente me resulta en todo la exactitud de la teoría de los

* Nulo.

colores de Goethe, como hace cuarenta y un años, cuando me expuso sus experimentos.

Así, pues, el espíritu de la verdad, que ha estado sobre mí en cosas mayores y más importantes, tampoco me ha abandonado en estas cuestiones de segundo orden. Ese espíritu es afín al espíritu de la honestidad y busca para sí las cabezas honradas, aunque, por supuesto, no cuenta con un gran surtido, sobre todo porque exige una dedicación que no tenga en cuenta en modo alguno las necesidades ni las convicciones ni las inclinaciones del público, o de la época, sino que, dándole sólo a él la gloria, esté dispuesta a enseñar la doctrina de los colores de Goethe entre los newtonianos del mismo modo como la moral ascética entre protestantes modernos.

En esta segunda edición sólo he descartado de la primera un par de consideraciones secundarias que no pertenecían de forma inmediata al asunto. En cambio, la he enriquecido con considerables adiciones. Entre la edición actual y la primera de este tratado se encuentra también mi elaboración en latín, que en 1830 incorporé bajo el título de *Theoria colorum physiologica* al tercer tomo del *Scriptores ophthalmologici minores edidit Justus Radius*.[251] Ésta no es una mera traducción de la primera <edición>, sino que difiere notablemente de ella ya en la forma y ha sido también enriquecida en el contenido de manera considerable. También después de la presente edición conserva su valor, sobre todo para el exterior. De todos modos he incorporado a la actual las adiciones hechas a aquélla. Además, en 1851 he agregado una serie de adiciones sobre mi teoría de los colores al segundo tomo de mis *Parerga und Paralipomena* a fin de salvarlas de la desaparición, indicando allí que, por mi avanzada edad, poca esperanza me quedaba de ver una segunda edición del presente tratado.[252] Entretanto A– las cosas han sucedido de forma diferente, en cuanto la atención que, finalmente, se presta ahora a todas mis obras se ha extendido también a este pequeño escrito, a pesar de que su contenido pertenece sólo en menor parte a la filosofía, mientras que en mayor parte a la fisiología, razón por la cual S²⁵³ pág. 49. –A /*²⁵⁴

III.

48,4 */ Del mismo modo, durante los cuarenta años que han pasado desde entonces, aunque entretanto no ha faltado ocasión para repensar y observar el asunto, me he convencido más y más de la plena
Tampoco me han surgido dudas de la exactitud de la explicación de los colores físicos por parte de Goethe, así como de la completa falta de fundamento de la teoría de Newton.

Desde la aparición de la doctrina de los colores de Goethe se han hecho en el registro de los hechos por parte de la cromatología progresos significativos, /*²⁵⁵

[PÁGINA 49]

49,1 */ por ejemplo a través del fenómeno de la llamada polaridad, también de la llamada interferencia. No obstante, la comprensión de los fenómenos no ha seguido para nada el mismo ritmo. Antes bien, al mantenerse la errónea doctrina de Newton se ha llegado a una explicación totalmente reprobable de los colores, de índole objetiva mecánica, hasta democrítea,* que parte de las oscilaciones de diferente longitud del éter, cosas todas que, por más que se disfracen con números, son patrañas completamente imaginarias.²⁵⁶ Si el rayo de luz está en la tormenta, etc.²⁵⁷ Y hasta en el campo de los hechos el asunto se ve aquí y allá de forma dudosa, p. ej. Frauenhofer, etc. /*²⁵⁸

---

* Aquí «democríteo» podría significar tanto «atomista» como «lo que da risa o lo burlón», pues Demócrito, célebre representante del atomismo mecanicista, fue llamado «el filósofo que ríe». *(N. del T.)*

*/ I. Entrada. 49,2

Esta vez me he encontrado en el caso infrecuente de realizar una segunda edición corregida y aumentada de un libro que he escrito hace cuarenta años. Ahora bien, así como el hombre permanece inalterado según su núcleo y su propia esencia, aunque con el correr de los años se modifican muchas cosas en su aspecto, fisonomía, maneras, orientaciones del gusto, estilo, escritura, conocimientos, conceptos, maneras de ver, comprensiones, etc., así también esta obrita de mi juventud ha seguido siendo en lo esencial totalmente la misma, porque justamente su materia y contenido son hoy tan verdaderos como entonces, pero en la cara exterior, en la decoración, en la forma, la he mejorado tanto y tan ampliamente como correspondía, aunque en esto hay que tener en cuenta que la mano del corrector es ahora cuarenta años mayor que la del escritor. Por esa razón, tampoco aquí pudo evitarse el inconveniente que ya he tenido que lamentar en la segunda edición del tratado sobre el principio de razón suficiente, a saber, que el lector capta alternativamente dos voces distintas, la del viejo y la del joven, y tan claramente que, quien tiene un oído fino, no puede quedarse nunca con la duda acerca de quién habla en un momento determinado. Pero eso era inevitable, y tampoco era mi culpa, sino que proviene en última instancia de que un público alemán necesita cuarenta años para descubrir a quién debe prestar su atención. /*259

*/ *alinea:** Este tratado lo he redactado en 1815, como arriba 49,3
en II. /*260

*/ III. 49,4

Las cosas se dieron de forma diferente: la atención finalmente prestada a mis obras por parte del público se extendió

---

* Inciso.

también a esta pequeña obra temprana, a pesar de que su contenido sólo pertenece a la filosofía en su menor parte, mientras que en su mayor parte pertenece a la fisiología. Aunque, dicho sea de paso, un conocimiento más exacto de la naturaleza subjetiva del color abre el camino a la comprensión de la doctrina kantiana de las formas igualmente subjetivas, intelectuales, de todos nuestros conocimientos (por lo que es un estudio filosófico preliminar muy apropiado). Tal comprensión tiene que sernos tanto más bienvenida en la medida en que, en nuestros días, mentes obtusas del tipo más superficial han osado pretender negar la parte apriórica, y por tanto subjetiva, del conocimiento humano, cuya separación es el mérito imperecedero de Kant.

Pero entonces se había hecho ineludiblemente necesario incorporar a la edición actual en los lugares correspondientes las adiciones que habían sido depositadas momentáneamente en *Parerga*, donde habían quedado acumuladas como en un trastero, puesto que no quería dejarlas de forma imperfecta y remitir al lector a dicho capítulo de *Parerga*. Naturalmente, esas adiciones deben ser eliminadas de la segunda edición de *Parerga*. /*261

[Página 50]

50,1   Cuando atrapo una MOSCA, está claro que no he matado la COSA EN SÍ, sino sólo SU FENÓMENO.
| Anotado262 |

50,2   */ Las IDEAS PLATÓNICAS son los *universalia ante rem:** a partir de su fragmentación en la *res*** son reunidas nuevamente

*   Conceptos universales antes de la cosa.
**   Cosa.

por la razón como CONCEPTOS *universalia post rem*,* pero, estando después en un estado no ilustrativo, seco, pueden compararse con plantas en el herbario.
| ANOTADO /*²⁶³ |

*/ La comprensión de las cosas como QUIETIVOS de la voluntad es lo que la Iglesia llama GRACIA, puesto que proviene de fuera sin nuestro concurso, como volando. Y del mismo modo como, según la doctrina de la Iglesia, la recepción de la gracia es necesaria para que produzca su efecto, así también el efecto del quietivo es en última instancia un acto de libertad de la voluntad.
| ANOTADO /*²⁶⁴ |

50,3

En general los señores en las universidades piensan que les debo respeto, y eso sólo con motivo de que, antes de mí, no han tenido ninguno.

50,4

¿Piensan los PROFESORES DE FILOSOFÍA que se puede amar la verdad y hasta dedicarle la propia vida sin sentir la más viva indignación por sus manejos? Primero elevaron al cielo durante treinta años al pesado charlatán de Hegel, y ahora trabajan con fuerzas aunadas para rebajar a Kant, y ello sólo para que se haga lugar a la mitología judía. Expresado de forma directa: mi intención es poner fin al rubro comercial filosófico. El Estado tiene que pensar en otros medios: ajustar a licenciados, pastores y médicos a sus objetivos y no abusar más de la aspiración más noble de la humanidad, la filosofía.
| ANOTADO²⁶⁵ |

*/ Como las OBRAS DEL GENIO son reconocidas en la mayoría de los casos solamente de forma tardía, sólo raras veces son disfrutadas por sus contemporáneos, es decir, disfrutadas

50,5

---

* Conceptos universales después de la cosa.

con la frescura del colorido que les otorga la simultaneidad en el tiempo y la contemporaneidad, sino que, al igual que los higos y dátiles, se las disfruta más en estado seco que en estado fresco.

| Anotado, bis /*²⁶⁶ |

[Página 51]

51,1 */ Por más viejo que se llegue a ser, uno siempre se siente en su interior totalmente el mismo, el que uno era cuando era joven, más aún, cuando era niño. Lo que permanece inalterado, siempre totalmente lo mismo, y que no envejece junto con uno, es justamente el núcleo de nuestro ser, que NO ESTÁ EN EL TIEMPO y que, precisamente por eso, es indestructible.
| Anotado /*²⁶⁷ |

51,2 */ El optimismo es la injustificada alabanza que hace de sí mismo el verdadero y propio creador del mundo.
| Anotado /*²⁶⁸ |

51,3 Por supuesto, sería encantador que el intelecto no sucumbiera con LA MUERTE: entonces se llevaría consigo de forma acabada al otro mundo el griego que se ha aprendido en éste.
| Anotado²⁶⁹ |

51,4 Según el glosario de Graul, Hansa es sinónimo de saniassi.* ¿Acaso tendrá que ver con esto (y con su vida de *saniassi* en el desierto) el nombre Johannes (a partir del que formamos Hans)?
| Anotado²⁷⁰ |

---

* Asceta; hombre que ha adoptado la cuarta y última etapa de la vida según el hinduismo, la de la renunciación y el peregrinaje.

El DORMIR es un pedazo de MUERTE que tomamos prestado en anticipo, recibiendo de nuevo y renovando a cambio de él la vida, agotada a través de un día. *Le sommeil est un emprunt fait à la mort.** El dormir toma un préstamo de la muerte para el sostenimiento de la vida. O bien: ES EL INTERÉS PROVISIONAL de la muerte, que es en sí misma el pago del capital. Este pago se reclamará tanto más tarde cuanto más abundantes y regulares sean los intereses que se paguen.[271]

51,5

A «Sehn und Farben», pág. 84, abajo
En general, los físicos, sobre todo en nuestros días, se han ocupado siempre menos de las RAZONES que de las CONSECUENCIAS de las potencias naturales, o sea, de sus efectos y, por tanto, de sus aplicaciones, por ejemplo, de la utilización de la fuerza de los vapores elásticos en máquinas, barcos de vapor y locomotoras, o del electromagnetismo en telégrafos, del acromatismo en los telescopios, etc. De ese modo, obtienen respeto en el pueblo. Pero, en lo tocante a las RAZONES, hay vías buenas pero, por ejemplo, en cuanto al último mencionado, se mide siempre con la vara de Newton, por poco adecuado que sea y pase lo que pase.
| ANOTADO[272] |

51,6

En la REPÚBLICA DE LOS ERUDITOS se han hecho en todo tiempo esfuerzos por subrayar en cada especie lo mediocre y por empequeñecer y eliminar, en lo posible, por incómodo, lo que posee auténtico valor, y hasta grandeza.
| ANOTADO[273] |

51,7

---

* El sueño es un préstamo tomado a la muerte.

1855

[Página 52]

52,1 Siempre es malo cuando las palabras no se adecuan a las cosas, como, por ejemplo, la moral rigorista en los labios y el libertinaje en la vida.

Sobre la POLIGAMIA no se debe POLEMIZAR en absoluto, sino que debe asumirse como un hecho que existe en todas partes y frente al cual la tarea es su mera REGULACIÓN. Pues ¿dónde hay monógamos reales? Todos nosotros vivimos, POR LO MENOS durante un tiempo, y en la mayor parte de los casos siempre, en poligamia. Así pues, como todo hombre necesita muchas mujeres, nada es más justo que se le deje libertad y hasta sea su obligación cuidar de muchas mujeres. De ese modo, también la mujer será retrotraída a su posición natural como ser subordinado, y la DAMA, ese monstruo de la civilización europea y de la estupidez cristiano-germánica, con sus irrisorios reclamos de respeto y veneración, desaparecerá del mundo y sólo habrá MUJERES, pero no más MUJERES DESDICHADAS, de las que Europa está llena. Los MORMONES tienen razón. *It would be a consummation devoutly to be wish'd.**
| ANOTADO[274] |

52,2 */ En algunas provincias chinas se denomina a BUDA como Busa. Falso: Pusa es la abreviatura china de Bodhisattva: según Davis *Chinese volume 2*, pág. 103. /*[275]

* Sería un objetivo íntimamente deseable.

Así como EL CALOR Y LA LUZ son metamorfosis uno de otra y viceversa, así otra metamorfosis del calor es la ELECTRICIDAD, como lo demuestra la termoelectricidad de Seebeck, en la que bismuto y antimonio, cuando se sueldan, transforman de inmediato en electricidad el calor que se les transmite. La electricidad se transforma en luz en la chispa eléctrica y al difundirse en el espacio vacío, y en calor cuando su corriente encuentra resistencia en el electrodo, donde éste arde y, si es de acero, se quema.
| ANOTADO[276] |

52,3

La RIQUEZA se asemeja al agua de mar: cuanto más se bebe, más sed se tiene. Lo mismo vale para la fama.
| ANOTADO[277] |

52,4

Si la forma del intelecto no fuese EL TIEMPO, cada especie animal, y por tanto también el hombre, se reconocería como un ser único, permanente e imperecedero. Que la nulidad de nuestra existencia se nos presente como CADUCIDAD de todas las cosas proviene precisamente de la forma de nuestro intelecto, EL TIEMPO.
| ANOTADO, WELT ALS WILLE, II 571.[278] |

52,5

[PÁGINA 53]

Con toda seguridad, en el SURGIMIENTO DEL LENGUAJE HUMANO lo primero fueron las INTERJECCIONES, que en cuanto tales no son conceptos, sino que, a semejanza de los sonidos emitidos por los animales, expresan sentimientos, movimientos de la voluntad. Sus diversos tipos pronto se unieron y, a partir de su diferenciación, se dio la transición a los sustantivos, verbos, pronombres personales, etc.
| ANOTADO[279] |

53,1

53,2 Toda la superioridad de rango, de nacimiento, incluso la regia, la de riqueza, etc., es a la AUTÉNTICA SUPERIORIDAD PERSONAL, al gran genio o gran corazón, lo que los reyes del teatro a los reyes reales.
| ANOTADO²⁸⁰ |

53,3 Nuestra VIDA ES TAN POBRE que no hay tesoros del mundo que puedan hacerla rica. Pues todas las fuentes del placer se muestran pronto someras, y en vano se excava en búsqueda de la *fons perennis*.* Por eso, sólo existen dos formas de utilizar la RIQUEZA en provecho propio: o bien se la utiliza para la opulencia y la pompa a fin de deleitarse con la venal veneración de una gloria imaginaria ofrecida por un montón de gente deslumbrada, o bien, evitando todo dispendio vano, se la deja crecer cada vez más a fin de tener una protección cada vez más fuerte y múltiple contra la desdicha y la carencia, visto que la vida es tan rica en males como es pobre en placeres.
| ANOTADO²⁸¹ |

53,4 En relación con la palabra «barbas» como medida de la cultura de todo período histórico, hemos de advertir que las barbas florecieron en la EDAD MEDIA, ese milenio de tosquedad e ignorancia, en la imitación de cuya vestimenta y arquitectura se esfuerzan nuestros nobles contemporáneos.
| ANOTADO²⁸² |

53,5 Los teólogos procuran unas veces alegorizar los MILAGROS de la Biblia, otras, explicarlos naturalmente a fin de liberarse de ellos. Pues sienten que *miraculum sigillum mendacii*.**
| ANOTADO²⁸³ |

---

* Fuente perenne.
** El milagro es un signo de la mentira.

	PÁGINA
Sólo se es un SABIO bajo la condición de vivir en un mundo lleno de necios.²⁸⁴	53,6

S a margen de 55²⁸⁵   53,7
El cerebro no es (como pretende Flourens) la sede de la VOLUNTAD, sino sólo del ARBITRIO, es decir, es el lugar de la deliberación, el taller de las decisiones, la palestra de los motivos, de los cuales el más fuerte es determinado *finaliter** por la voluntad, expulsando a los otros y montando, entonces, su corcel. Ahora bien, este motivo no es objetivo, sino sólo subjetivo, es decir, es el más fuerte para la voluntad aquí dada y dominante. Imagínense dos hombres de igual fortaleza intelectual e igual cultura pero de carácter sumamente diferente, hasta contrapuesto, que se encuentran en situación totalmente igual. Los motivos son los mismos, también la deliberación (es decir, la PONDERACIÓN de los motivos) es esencialmente la misma, pues todo ello es labor del intelecto, del cerebro objetivo. Pero la acción resultará en ambos totalmente contrapuesta: lo que suscita esa diferencia, determinando la decisión, es LA VOLUNTAD. Sólo ella mueve los miembros, no lo hacen los motivos. Su sede no es el cerebro sino el hombre entero, como aquel que constituye sólo su fenómeno, es decir, su objetivación visible.²⁸⁶

[PÁGINA 54]

*/ CASARSE significa hacer lo posible por llegar a darse asco mutuamente. /*²⁸⁷   54,1

*/ Mi enseñanza es que EL CUERPO ENTERO ES LA MISMA VOLUNTAD, en la intuición del cerebro e incorporada en sus   54,2

* Finalmente.

formas de conocimiento. De esto se sigue que la voluntad está presente en el cuerpo en todas partes de manera uniforme, tal como puede demostrarse, puesto que tanto las funciones orgánicas como las animales son obra suya. Ahora bien, ¿cómo puede armonizarse con ello el que las ACCIONES VOLUNTARIAS, esos innegables actos de la voluntad, partan al parecer del CEREBRO y sólo lleguen después a través de la médula a los troncos nerviosos, que finalmente ponen en movimiento los miembros y cuya parálisis o seccionamiento suprime la posibilidad del movimiento voluntario? Aquí habría que pensar que la voluntad, al igual que el intelecto, tiene su sede sólo en el cerebro, y que, al igual que éste, es una mera función del cerebro. [*In summa:* el cerebro no es la sede de la voluntad, sino sólo de los ACTOS DE VOLUNTAD MOTIVADOS, o del arbitrio.]

Sin embargo, no es así: sino que todo el cuerpo es constantemente la representación de la voluntad en la intuición, la misma voluntad objetivamente intuida. Pero ese proceso en los actos de la voluntad se basa en que la voluntad, que, como se sabe, se manifiesta en cada fenómeno de la naturaleza, también de la inorgánica, aparece en el cuerpo humano y animal como VOLUNTAD CONSCIENTE: pero una CONSCIENCIA es esencialmente unitaria y, por tanto, exige siempre un punto central de unidad. Tal como he expuesto a menudo, la necesidad de la consciencia se introduce porque, a consecuencia de la complicación incrementada y, por eso mismo, de las necesidades más variadas de un organismo, los actos de su voluntad tienen que ser guiados por MOTIVOS, y no ya, como en los niveles inferiores, por meros estímulos. A este propósito la voluntad debía aparecer aquí equipada con una consciencia cognoscente, o sea, con un intelecto como el medio y el lugar de los motivos. Este intelecto, cuando se lo observa objetivamente, se presenta como el cerebro y sus dependencias, o sea, la médula espinal y los nervios. Él es aquel en el que, ocasionadas por las impresiones externas, surgen las representaciones que se convierten en motivos para la voluntad: además, en el intelecto RACIONAL las representaciones experimentan una ulterior elaboración por medio de reflexión y consideración. Un intelecto semejante no se limita solamente a procesar las impresiones por medio de sus funciones, trátese de la mera intuición o de conceptos, sino que, ante todo, tiene que unirlas en UN punto que, de alguna manera, se convierte en el foco de todos sus rayos, para que /*288

S a la página siguiente.²⁸⁹   54,3
*/ El hecho de que, como acaba de enseñarlo también Haller, la excitabilidad sea una cualidad totalmente separada e independiente de la sensibilidad, que tiene su sede en las mismas fibras musculares y que también puede ser puesta en acción por galvanismo sin concurso alguno de los nervios, ha sido puesto últimamente fuera de duda por ensayos en ranas con el veneno sudamericano curare. Al respecto hay una comunicación de Claude Bernard en el periódico *Comptes rendus* del 5 de abril de 1847 y del 5 de noviembre de 1856 y también en sus *Leçons sur les effets des substances toxiques et médicamenteuses* de 1857. /*290

[Cuartilla en *Philosophari:*] según Cuvier, el nervio está extendido en toda la sustancia muscular. Por eso, ésta nunca puede ser estimulada SOLA. [Fragmento de GALIGNANI en *Philosophari*]²⁹¹

Si bien la relación del nervio que mueve el músculo con el CEREBRO condiciona la CONSCIENCIA del acto de la voluntad, no condiciona el acto mismo. Por el contrario, toda contracción de un músculo está condicionada por el estímulo de su nervio sobre él. El nervio podrá estar conectado o no con el cerebro, pero sólo en el primer caso será un acto consciente. (*Vide* CUVIER *Anatomie comparée volume* 1, pág. 112.)²⁹²
| MARGEN JUNTO A S PÁG. 56.²⁹³ |

54,4 *Somewhere**

Flourens ha expuesto que el cerebelo es el REGULADOR de los movimientos, pero el cerebro lo es también, en sentido lato: en él se presentan los motivos que determinan la voluntad según su carácter. De acuerdo con ello, el mismo cerebro toma las resoluciones, y sólo el detalle de las resoluciones es guiado por el cerebelo: según ello, este último es al cerebro lo que el Estado Mayor a los oficiales subalternos.
| [LO QUE SIGUE PÁG. 55 MARGEN]²⁹⁴ |

[PÁGINA 55]

55,1 ★/²⁹⁵ surja con ello aquella UNIDAD de la consciencia que es el YO TEÓRICO, el portador de toda la consciencia, en el que ésta se presenta a sí misma como idéntica al yo VOLITIVO, del cual es la mera función cognoscitiva. Ese punto de unión de la consciencia, o el yo teórico, es precisamente la unidad sintética de la apercepción de Kant, hacia la que todas las representaciones se alinean como en el hilo de un collar, y en virtud de la cual el «yo pienso» ha de poder acompañar a todas nuestras representaciones como el hilo del collar acompaña a las perlas. Este lugar de reunión de los motivos, el mismo en el que se produce su entrada en el foco unitario de la consciencia, es el cerebro. En él, los motivos son meramente intuidos en el caso de la consciencia no racional, mientras que en el de la RACIONAL son clarificados por medio de conceptos, o sea, pensados y comparados en primer término IN ABSTRACTO; después, la voluntad, en correspondencia con su carácter individual e inmutable, decide, y de ese modo surge la DECISIÓN, que, por medio del cerebro, de la médula y de \<las ramificaciones de\> los nervios, pone entonces en acción

---

*   En algún sitio.

los miembros exteriores. Pues, aunque la voluntad también está presente de forma inmediata en éstos en cuanto sólo son mero fenómeno, necesita, al tener que moverse en virtud de MOTIVOS e incluso de reflexión, un aparato semejante para concebir y elaborar las representaciones de tales motivos, en cuya adecuación aparecen aquí sus actos como decisiones. Del mismo modo el alimento de la sangre a través del quilo necesita de un estómago y de los intestinos, en los que es preparado para llegar después como tal a ella a través del *ductus thoracicus*,* que desempeña aquí el papel que allá tiene la médula espinal. El asunto puede entenderse de la forma más simple y general como sigue: la voluntad está presente de forma inmediata en todas las fibras musculares del todo el cuerpo como excitabilidad, y en general como un afán permanente de actividad. Pero si tal afán ha de realizarse, o sea, si ha de exteriorizarse como movimiento, ese movimiento tiene que tener en cuanto tal alguna dirección. Y tal dirección tiene que estar DETERMINADA por algo, es decir, necesita de un conductor. Éste es el sistema nervioso. Pues a la mera excitabilidad, tal como se encuentra en la fibra muscular y es en sí pura voluntad, todas las direcciones le son indiferentes, es decir, ella no se determina por ninguna, sino que se comporta como un cuerpo que es atraído del mismo modo en todas direcciones: está en reposo. Sólo en la medida en que se agrega la actividad nerviosa como motivo (y en movimientos reflejos como estímulo), la fuerza impulsora, es decir, la excitabilidad, adquiere una dirección determinada y suscita entonces los movimientos. De forma más general puede compararse todo el curso del asunto con una máquina cuyas fuerzas mecánicas están presentes y actúan en todas

---

* Canal torácico; canal que se extiende principalmente en la cavidad torácica y que recoge la linfa, en especial la de la mitad inferior del cuerpo.

sus piezas, pero, en el momento en que la máquina debe actuar, es puesta en acción desde UN punto, a saber, desde el hilo del que se tira en el momento en que ha de actuar. O, dicho más brevemente, la acción del cerebro y de los nervios motores es a la contracción de cada músculo lo que la mecha al disparo del cañón. Las tensiones y convulsiones podrían compararse con el cañonazo que se dispara sin intervención de la mecha por causas casuales. Pero los actos voluntarios exteriores que no necesitan de motivo alguno, o sea, tampoco del procesamiento de meros estímulos a representaciones en el cerebro de las cuales surgen los motivos, son los MOVIMIENTOS REFLEJOS, que parten de la mera médula espinal, como, por ejemplo, los espasmos y las contracciones *ubi voluntas absque cerebro agit.** /★²⁹⁶

| A PÁG. 54 MARGEN²⁹⁷ |
| ANOTADO, WELT ALS WILLE II, 252.²⁹⁸ |

55,2 SOMEWHERE**

Mi OJO es lo que ve, pero, para ver, necesita la LUZ. Así también mi voluntad es la que guía mi HACER, pero sólo puede hacerlo con la mediación del conocimiento, que es esencialmente una función del cerebro. Por eso las diferentes decisiones de la voluntad parten del cerebro. El cerebro no es la sede de la voluntad, sino sólo del ARBITRIO, es decir, el taller de los motivos.²⁹⁹

| A PÁG. 53 MARGEN³⁰⁰ |

---

* «Donde la voluntad actúa sin participación del cerebro», así aparece en D, 2, pág. 285.
** En algún sitio.

[PÁGINA 56]

Y el trastorno ha podido alcanzar tal grado que se cree seriamente haber encontrado la clave del misterio de la esencia y de la existencia de este mundo admirable y misterioso en las miserables AFINIDADES QUÍMICAS. Verdaderamente, el delirio de los alquimistas, que buscaban la piedra filosofal y sólo esperaban poder obtener oro, era una nimiedad comparada con el delirio de nuestros químicos FISIOLÓGICOS.
| ANOTADO.[301] |

56,1

*/ El dicho de Jean Paul en el sentido de que el GENIO consiste en LA MAYOR REFLEXIVIDAD, admite todavía la siguiente explicación.
    El animal vive sin REFLEXIVIDAD alguna: no reflexiona. Tiene consciencia, es decir, SE conoce y conoce su bien y su mal, como también los objetos que les dan ocasión. Pero todo esto lo conoce sólo de forma inmediata, no también mediata, y concibe su propia existencia de forma meramente SUBJETIVA, no también objetiva. Por eso, esa existencia le parece entenderse por sí misma, es decir, no puede convertírsele en tema (objeto de representación) ni en problema (objeto de meditación). Es decir, su consciencia es totalmente INMANENTE.
    En la raza humana ordinaria rige todo eso, aunque en grado mucho menor. Pero también rige que su consciencia, aun sin ser de igual constitución, es de constitución afín y, de forma predominante, enteramente inmanente: es decir, conoce las cosas EN el mundo, pero no el mundo, conoce un hacer y padecer propio, pero no SE conoce a sí misma.
    Por tanto, también el hombre tiene una percepción más directa que indirecta, más subjetiva que objetiva de sí mismo y de las cosas. No obstante, a veces, aunque raramente y también en grados sumamente diversos de claridad, pasa por su cabeza la pregunta «¿qué es todo esto?» o, por lo

56,2

menos, «¿CÓMO está propiamente constituido?». Ahora bien, la primera pregunta es la que, cuando alcanza gran claridad y presencia constante, hace al filósofo, y la otra es la que hace al artista o al poeta. Por ese motivo, la alta profesión de estos dos tiene su raíz en la REFLEXIVIDAD, es decir, en la claridad con la que [toman consciencia] del mundo y de /*³⁰²

56,3   S a margen de pág. 54³⁰³
*/ LA VOLUNTAD MISMA APARECE COMO EXCITABILIDAD EN EL MÚSCULO, razón por la cual está en sí misma en condiciones de contraerlos, aunque sólo EN GENERAL: para que se dé una contracción determinada en un momento dado se requiere, como en todas partes, una causa, y aquí también de una ocasión, de un ESTÍMULO. Éste lo ofrece el nervio que va al músculo. Ahora, si este nervio está en conexión con el cerebro, la contracción es un acto volitivo consciente que se da en virtud de motivos que surgen en el cerebro por un influjo EXTERNO. Si el nervio no está en conexión con el cerebro sino con el *sympathicus maximus*,* la contracción es involuntaria e inconsciente, un acto que sirve a la vida orgánica, y el estímulo nervioso para el acto es ocasionado mediante un influjo INTERIOR, por ejemplo, por la presión del alimento que se ha consumido sobre el estómago, o del quimo sobre los intestinos, o de la sangre que afluye a las paredes del corazón, según lo cual se denominan digestión estomacal, *motus peristalticus*** o latido del corazón, etc. (*cfr.*

*   Gran simpático, *cfr.* tronco simpático: tronco central de la parte simpática del sistema nervioso autónomo, compuesto por dos series de ganglios a ambos lados de la columna vertebral unidos entre sí y con los nervios de la columna vertebral por cordones longitudinales y transversales y del que se originan ramas que llegan a todas las partes del cuerpo.
**   Movimiento peristáltico: de contracción y relajación (de los órganos digestivos); movimiento realizado por las paredes de los órga-

Couvier *loco citato*).* Que, como afirma Claude Bernard, el corazón pueda latir también sin influjo nervioso alguno queda remitido a ulteriores investigaciones. [Véase un fragmento de Galignani en *Philosophari*] /*³⁰⁴

Está establecido y es seguro que la contracción del músculo, en la que la voluntad se objetiva de manera inmediata, es una exteriorización originaria de la EXCITABILIDAD, o sea que el músculo está capacitado en sí mismo para ello. El estímulo para ello, dado habitualmente por el nervio, puede después de su extirpación ser dado también por galvanismo. Tal vez el corazón no necesite ningún estímulo especial, sino que late de forma originaria y siempre.
El nervio es al músculo lo que en el piano son las teclas a la cuerda. Sin embargo, esta última puede ser percutida y emitir sonido también por otros influjos. Del mismo modo, el músculo puede ser excitado para su contracción por otros estímulos, como el galvanismo.³⁰⁵

56,4

[PÁGINA 57]

★/³⁰⁶ sí mismos, o sea, llegan a la reflexión sobre ello. Pero este proceso está condicionado porque el intelecto, en virtud de su sobrepeso, se libera por un tiempo de la voluntad, a cuyo servicio se encuentra originariamente.³⁰⁷
| ANOTADO, SOBRE WELT ALS WILLE UND VORSTELLUNG II PÁG. 382 Y PARERGA II, 481. /*³⁰⁸ |

57,1

---

nos musculosos huecos (p. ej., esófago, estómago, intestino, uretra, trompas) en el cual los diferentes segmentos del órgano se contraen de forma sucesiva y transportan de ese modo el contenido que tienen en su cavidad.
* En lugar citado.

PÁGINA

57,2   Las LÍNEAS DE FRAUENHOFER, cuando el espectro proviene de la LUZ ELÉCTRICA, deben ser negras en lugar de brillantes (véase Pouillet). En un informe al respecto, *Sur la lumière électrique par* MASSON, en *Comptes rendus de l'académie des sciences* del 16 de ABRIL DE 1855, se indica, tras una investigación precisa, que la causa de estas *rayes brillantes** son las partículas metálicas brillantes de los electrodos que se tocan en el contacto, que son desprendidas por el calor y arrastradas hacia arriba por la corriente eléctrica. Si la chispa eléctrica se produce bajo el agua, las líneas no aparecen.
| ANOTADO.[309] |

57,3   El destino de mi filosofía y el de la doctrina de los colores de Goethe demuestran qué MENTE INDIGNA y desdeñosa reina en la REPÚBLICA DE LOS ERUDITOS ALEMANES.[310]

57,4   LOS GRANUJAS CRÍTICOS permanecen anónimos a fin de alabar impunemente lo malo y disminuir lo pernicioso, o sea, para poder ENGAÑAR AL PÚBLICO. Hay que salirles al encuentro siempre como tales y hablar con ellos en el tono apropiado. Y no de señor Crítico.
| ANOTADO[311] |

57,5   *[Quid multa? Sufficere videntur haec:]*** A los profesores de filosofía ya les he dado su testimonio dos veces en el tratado sobre la filosofía de universidad, y hoy, en el Prólogo a *Willen in der Natur* puedo callar sobre ellos. Sólo me permito imprimir aquí una vez más la observación que se encuentra al final del mencionado Prólogo. (Véase pág. 78) */ Pues de mí

*   Más exactamente: *raies brillantes* [líneas brillantes] (en el espectro de la chispa eléctrica).
**   ¿Para qué más? Esto parece suficiente.

podrán decir lo que quieran: sólo deben dejar de atribuirme lo que no he dicho. /*
Hoc, nec plura.*

Los profesores de filosofía y sus primos prosiguen sus esfuerzos por rebajarme y empequeñecerme de todas las maneras. Pues su ira por el hecho de que lo bueno y auténtico ha de obtener por fin su vigencia es grande. Por eso, constato esa ira con una secreta alegría, aunque considero aconsejable repetir aquí, con el benévolo perdón del lector, la observación que se encuentra al final del Prólogo, etc.[312]

AD PROXIMAM PRAEFATIONEM: IN FINE.** 57,6

Una parte del público habrá notado cómo los profesores de filosofía y sus primos [la chusma literaria] arrojan contra mí lodo y piedras y cómo, al hacerlo, son tan cortos de entendederas que no prevén que ambas cosas recaen sobre sus propias cabezas. Yo por mi parte contemplo esto como uno que, suspendido en la altura en un aerostato, percibe telescópicamente los esfuerzos de los golfos que se dislocan los brazos arrojándole piedras. Por su parte, el público notará ya que la intención es arrebatarle de las manos lo bueno y hacerle llegar lo malo. Ante todo, los antagonistas se esfuerzan celosamente por exponer ampliamente y a fondo que mi filosofía no es realmente mitología judía, y creen que, de ese modo, ha quedado suficientemente aniquilada. Pero las cosas no quedan ahí, sino que, desde que la lengua de los «maestros, doctores, escritores y curas» *nolentibus volentibus**** se ha soltado finalmente en mi contra, la utilizan principalmente para mentir, cosa que representa un vicio de servidumbre del que deberían avergonzarse [pero esos consejeros áulicos han sido en su

---

*   Esto y nada más.
** Para el próximo Prólogo, al final.
*** Queriéndolo o no.

mayoría MAYORDOMOS: *hence it is they have no gentlemanly feeling*].* No obstante, las universidades deberían tener más aprecio de sí mismas y no permitir que en sus programas se sirvieran mentiras tan burdas, como que yo dije en mi carta a Rosenkranz que Kant había querido evitar la apariencia de paradoja, algo que se presenta y después se refuta en tono de broma obtusa. Por eso me PERMITO imprimir aquí una vez más la observación que se encuentra al final de mi Prólogo a *Willen in der Natur*, pues[313]

[PÁGINA 58]

58,1 VARIANTE Continuación de pág. 57.

La rabia con que esta gente cae sobre mi filosofía después de que ésta ha penetrado a pesar de su resistencia es el COMENTARIO a una estricta y exitosa SEGREGACIÓN que he sufrido durante treinta y cinco años. Por eso, encuentro que el ánimo furibundo que tienen contra mí y que manifiestan a través de insultos de todo tipo está en su lugar, y */ lo tolero con gusto, pues la causa me es conocida y motivo de alegría. /* En efecto, como no pudieron suscitar lo bueno, tampoco quieren permitir que surja. No tengo nada en contra de que muestren al mundo lo que son y de que [a través de sus impotentes intentos de rebajarme con la pluma] se prostituyan según les plazca. Antes bien, su rabia me divierte, ya que conozco la causa. Ésta no es otra más que, precisamente, el hecho de que LA FILOSOFÍA SERIA HA SOBREPASADO A LAS BUFONADAS UNIVERSITARIAS, Y QUE ÉSTAS SE HUNDEN AHORA EN SU PROPIO LODO; *hinc ille ululatus*.** A través de las pestes y venablos que echan contra mí muestran de forma cada vez

---

* De ahí proviene que no tienen el sentir de un caballero.
** De ahí estos berridos.

más clara lo que son. No sabría qué cosa peor podría sucederles. Entre sus armas hay sólo una que realmente me alcanza y hiere: la mentira, y su variedad, la burda tergiversación. De ahí que, considerando que es posible que, a pesar de todo, haya todavía en alguna parte personas tan simples que quieran conocerme a través de los labios de gente semejante, me permito, etc. [como en pág. 57 abajo][314]

El que, teniendo intenciones abyectas, se ha extraviado por regiones elevadas se parece a un *pick-pocket** que se ha infiltrado vestido con ropa de corte.

58,2

Los profesores de filosofía, cuya única arma fuerte, el silenciamiento y la segregación, ahora por fin se ha gastado, se ven actualmente reducidos a reprochar, rebajar, despreciar, criticar, insultar, deformar y mentir. Pero con eso no lograrán nada, y nunca más podrán apartar al público, que busca verdad y claridad, de mis obras para llevarlo hacia su chismorreo hueco, sin ingenio, lleno de segundas intenciones y de servilismo eclesiástico. Antes bien, en ello se reconocerá que, para ellos, el genio, la verdad y la claridad no cuentan para nada, sino que el objeto de su afán son la remuneración, los honorarios y el título.

Que la franqueza de lo que he expuesto en el Prólogo a *Willen in der Natur* haya suscitado la rabia más extrema en los profesores de filosofía es natural. No obstante, algunos parecen tener por máxima: A UNA RUDA VERDAD CORRESPONDE UNA RUDA MENTIRA.

Variante a incorporar arriba: Por supuesto, no he podido tener consideraciones con los profesores, porque tengo que dar espacio a mis doctrinas: pero también hay gente que piensa «en etc.»[315]

---

* Carterista.

58,3 Sin disimulo ponen de manifiesto lo que, si tuviesen algo de entendimiento, ocultarían cuidadosamente, a saber, que tienen odio por lo auténtico, verdadero y grande.
S pág. 59 margen.[316]
¿Puede haber, para un profesor de filosofía, es decir, para una persona que vive de la filosofía, algo más indigno —por decirlo eufemísticamente— que formular una acusación de ATEÍSMO? Pues esa acusación ya ha sido presentada en mi contra por tres profesores de filosofía.
| PARA AQUÍ PÁG. 61.– |

[PÁGINA 59]

59,1 La GESTICULACIÓN natural cotidiana, como la que acompaña cualquier conversación animada, es un lenguaje propio, y uno mucho más general que el de las palabras. Pues, en su independencia de este último, es el mismo en todas las naciones, aunque cada una hace uso de él según la medida de su vivacidad y, en algunas naciones determinadas, p. ej., en los italianos, ha recibido el agregado de unas pocas gesticulaciones meramente convencionales, que, por eso, sólo tienen validez local. Su carácter general es análogo al de la lógica y la gramática, en cuanto se basa en que la gesticulación expresa sólo lo formal, no lo material de lo que se dice en cada caso. Sin embargo, éste se diferencia de los otros lenguajes por el hecho de que no se relaciona solamente con lo intelectual, sino también con lo moral, es decir, con los movimientos de la voluntad. En tal sentido, acompaña el discurso como un verdadero bajo continuo lo hace con la melodía, y, al igual que éste con ella, sirve a los efectos de elevarlo. Pero lo más interesante en esto es la total identidad de los gestos que se hacen en cada ocasión tan pronto como lo FORMAL del discurso es lo mismo, por heterogéneo que sea lo MATERIAL, o sea, la materia del discurso, la cuestión de la que cada vez se trate. Por eso, al contemplar una conversación animada, por ejemplo, desde la ventana, sin escuchar ni una palabra, puedo entender muy bien el sentido meramente formal y típico, en cuanto percibo de forma inequívoca que el que habla está argumentando, presenta sus razones, después las limita, posteriormente urge y extrae triunfalmente la conclusión; o bien, que informa, expone, por ejemplo, de forma palpable la injusticia que se ha cometido en su contra, denunciando vivamente y en tono acusador la obstinación, estupidez e intratabilidad de sus adversarios; o bien, que narra cómo concibió y llevó a cabo un fino plan, exponiendo después con aire triunfal el éxito obtenido; o que se queja de cómo, por el disfavor del destino, sufrió a pesar de todo una derrota; o también, que reconoce su desconcierto en el caso en cuestión; o que relata cómo percibió y adivinó a tiempo las maquinaciones de otros[317]

S a pág. 58.[318]
No sólo que estos señores no pueden producir por sí mismos lo bueno, sino que tampoco quieren dejarlo surgir, sino que se han conjurado en contra. Está bien, confiad en que el público no se enterará de lo que sois y, en segundo lugar, de que yo tendré miramientos para con vosotros: en eso estáis bien aconsejados. Mi buena gente, vuestra hora está llegando.

[Página 60]

[319] y, afirmando sus derechos o aplicando su fuerza, los ha frustrado y ha castigado a los autores; y otras cien cosas semejantes. Pero, en realidad, lo que la mera gesticulación me revela es el contenido esencial, moral o intelectual de todo el discurso *in abstracto*, o sea, su quintaesencia, su verdadera

sustancia, que es idéntica bajo las más diferentes circunstancias y, consecuentemente, también con las más diferentes materias, y que es a estas últimas lo que el concepto a los individuos en él subsumidos. Como he dicho, lo más interesante y divertido del asunto es la plena identidad y estabilidad de los gestos para indicar las mismas circunstancias aun cuando sean aplicados por las personas más distintas, del mismo modo como las palabras de una lengua son las mismas en labios de cada uno; y sólo con modificaciones tales como las que también sufren las palabras en virtud de pequeñas diferencias de pronunciación o de educación. Con todo, no hay duda de que a estas formas de gesticulación estables y seguidas por todos no subyace concertación alguna, sino que son naturales y espontáneas, una verdadera lengua natural, por más que se hayan consolidado por imitación y costumbre. Como se sabe, un estudio más detallado de estas formas corresponde al actor y, en extensión limitada, al orador público. No obstante, tal estudio tiene que consistir principalmente en observación e imitación, pues el asunto no se deja reducir a reglas abstractas, con excepción de algunos principios rectores totalmente generales, como, por ejemplo, que el gesto no debe seguir a la palabra, sino precederla de forma inmediata, anunciándola y despertando de ese modo la atención.

[Verificar si aparece algo semejante en *Mimik*, de Engel.]
| ANOTADO.[320] |

60,2 ALICUBI

Los ingleses sienten un peculiar desprecio por la gesticulación y la consideran algo indigno y ordinario. Esto me parece uno de los prejuicios más bobos de la mojigatería inglesa. En efecto, se trata del lenguaje que la naturaleza le da a cada uno, y que todo el mundo entiende. Por eso, eliminarla o prohibirla así sin más por amor a la elogiada caballerosidad podría tener su aspecto dudoso.[321]

En su introducción al RIG VEDA, texto y notas en sánscrito, 60,3
Londres 1854, o en su escrito *On the Veda and the Zend Avesta*, un artículo incorporado en la nueva edición del *Hipploytus* de Bunsen, dice Max Müller: BRAHMA *means originally* FORCE, WILL, WISH, *and the propulsive power of creation.**

Y el italiano *bramare,*** ¿de dónde proviene? [Esta cita está tomada del *Times*].³²²

[PÁGINA 61]

En la VEJEZ no hay mejor consuelo que haber incorporado 61,1
toda la fuerza de la propia juventud a OBRAS que no SUFREN TAMBIÉN ELLAS el envejecimiento de su autor.
| ANOTADO³²³ |

A PÁG. 58, abajo. 61,2
Estos señores harían bien en moderarse un tanto en su GRITERÍA SOBRE ATEÍSMO, considerando en qué se basa propiamente el TEÍSMO, a saber: 1.°, en revelación; 2.°, en revelación; 3.°, en revelación; y, si no en eso, en nada del mundo. Esto para que no nos induzcan a olvidar alguna vez, en el calor de la disputa, la cortesía debida en todas partes a la revelación.³²⁴

La muerte acalla por completo la ENVIDIA; la vejez la acalla 61,3
ya por la mitad.
| ANOTADO³²⁵ |

---

* Brahma significa originalmente fuerza, voluntad, deseo, y la fuerza propulsora de la creación.
** Apetecer con vehemencia, desear ardientemente.

61,4 Morbus *ipse est* medela *naturae, qua opitulatur perturbationibus organismi: ergo remedium medici medetur medelae. Ego.**

| Anotado³²⁶ |

61,5 En una PERSONA JOVEN es una mala señal, tanto en lo intelectual como en lo moral, el que sepa FAMILIARIZARSE muy pronto con el modo de proceder de los hombres, sintiéndose de inmediato a gusto en él e incorporándose a él como si ya estuviese preparada: tal cosa es signo de bajeza. Por el contrario, un comportamiento extrañado, perplejo, torpe y erróneo remite en ese sentido a una naturaleza de tipo más noble.

| Anotado³²⁷ |

61,6 El que en el SUEÑO nos esforcemos a menudo sin éxito por gritar, o por mover los miembros, tiene que provenir de que el sueño, como cuestión de la mera representación, es una actividad que realiza sólo el cerebro y que no se extiende al cerebelo. Según ello, este último permanece en la rigidez del sueño, totalmente inactivo, y no puede cumplir su función, dirigida a la médula, de regular el movimiento de los miembros. Por eso, las órdenes más urgentes del cerebro quedan sin cumplir, y de ahí proviene la angustia. Pero si el cerebro rompe el aislamiento y se apodera del cerebelo, surge el SONAMBULISMO.

| Anotado³²⁸ |

---

* La enfermedad es en sí misma un intento de curación de la naturaleza por el cual ella acude en ayuda de las perturbaciones del organismo. Por tanto, el remedio del médico cura el intento de curación. Yo.

[PÁGINA 62]

Nuestra MEMORIA se parece a un colador cuyos agujeros, pequeños al comienzo, dejan pasar poco, pero que se hacen cada vez más grandes y, finalmente, son tan grandes que casi todo lo que se vierte en él pasa.
| SE HALLA CASI IGUAL EN PARERGA § 351, TOMO 2, PÁG. 492.[329] |

*/ Me parece que la mejor forma de hacer la defensa de los átomos es partiendo de los POROS, más o menos de la siguiente manera: todos los cuerpos tienen poros. Por tanto, también los tienen todas las PARTES de los cuerpos. Si se continuara así hasta el infinito, no quedarían de un cuerpo más que poros. Por tanto, tras la eliminación de todos los poros, tendrían que quedar los ÁTOMOS, completamente macizos.

La REFUTACIÓN es que, si bien lo que queda puede suponerse como sin poros y, en consecuencia, absolutamente macizo, no puede considerarse por ello formado por partículas absolutamente indivisibles, por ÁTOMOS. En todo caso se lo puede afirmar como absolutamente imposible de comprimir, pero no como absolutamente indivisible. Si así fuese, la división de un cuerpo sólo podría darse por penetración en sus poros, lo que no está en absoluto demostrado. A– Pero si se lo asume de este modo, es decir, como que son cuerpos absolutamente indivisibles, pueden pensarse grandes, como también pequeños: se tendría entonces un átomo grande como un buey, que resistiría cualquier ataque, sea a través de Kei o de J. –A[330]

Si se piensa en dos cuerpos de naturaleza totalmente distinta, liberados de todo poro por compresión, como por medio de mazas, o por pulverización, cabe preguntarse si, después, su peso específico sería el mismo. Creo que no. Aquí reside el criterio de la dinámica.
| ANOTADO. |
| WELT ALS WILLE UND VORSTELLUNG II, 305. /*[331] |

62,3   Respecto de *Parerga* tomo 2, pág. 94.

El GAS DETONANTE es una mera mezcla. Si se lo enciende, emite una detonación terrible con gran despliegue de luz y calor, una modificación que alcanza y abarca lo más íntimo de cada una de las partes de la mezcla. Y, de hecho,[332]

[PÁGINA 63]

63,1   [333] encontramos de inmediato como producto una sustancia fundamentalmente y en todo sentido distinta respecto de aquellos dos componentes: el agua. Es decir, vemos que la transformación que aquí se ha operado correspondió a la excitación de los espíritus de la naturaleza que la anuncia: a saber, que los dos componentes del gas detonante, con la completa supresión de su propia esencia, tan contrapuesta, se han compenetrado por completo de modo que, ahora, sólo constituyen un único cuerpo enteramente homogéneo, en cada una de cuyas partículas más pequeñas los dos componentes permanecen aún unidos y sin separación, de modo que no se encuentra ninguno de ellos solo y en cuanto tal. Por eso, se ha tratado de un proceso QUÍMICO, y no mecánico.

¿Cómo es posible interpretar, con nuestros Demócritos modernos, este proceso en el sentido de que «átomos» (!) antes mezclados de forma desordenada se han colocado ahora en alineación por pares, o que, por la gran desigualdad de número, se han colocado de tal modo que, en torno a UN átomo de hidrógeno, nueve átomos de oxígeno se han agrupado en un orden adecuado siguiendo una innata e inexplicable táctica, según lo cual la detonación habría sido sólo el redoble de tambor que da la voz de mando «¡Formación!», o sea, en realidad mucho ruido para nada? Digo, por eso: son bufonadas, como el éter en vibración y toda la física mecánica y atomística en la línea de Leucipo,

Demócrito y Descartes, con todas sus torpes explicaciones. No es suficiente que se sepa apretarle las clavijas a la naturaleza: también hay que saber comprenderla, cuando se manifiesta. Y eso está faltando.
Anotado. Bis.

Pero, en general, si existieran átomos, deberían ser indiferenciados y sin cualidades, o sea, no átomos de azufre y átomos de hierro, etc., sino sólo átomos de materia. Porque las diferencias suprimen la simplicidad. Por ejemplo, el átomo de hierro debería contener algo que le falta al átomo de azufre, según lo cual debería no ser simple sino compuesto, y, en general, la modificación de la calidad no puede darse sin la modificación de la cantidad.

Ergo: si, absolutamente hablando, es posible que haya ÁTOMOS, éstos sólo pueden pensarse como los elementos últimos de la MATERIA absoluta o abstracta, pero no de las SUSTANCIAS determinadas.[334]

[Página 64]

Estamos reunidos y nos enfadamos unos con otros, los ojos brillan y las voces se hacen más sonoras. Exactamente igual se han reunido OTROS hace mil años: era lo mismo, y eran LOS MISMOS: y de igual modo será dentro de mil años. El dispositivo por el cual no nos damos cuenta de ello es EL TIEMPO.
| Vidi ad 3, anotado.[335] |

64,1

*/ Quisieran tener un Dios a fin de obtener de él con peticiones y halagos aquello que sólo la propia fuerza de voluntad puede producir.
| Anotado /*[336] |

64,2

PÁGINA

64,3 El remordimiento de consciencia que debe de tener LA RELI-
GIÓN puede medirse en el hecho de que se prohíbe con penas
tan severas BURLARSE de ella.
| ANOTADO, PARERGA PÁG. 269.³³⁷ |

64,4 */ El Antiguo Testamento había hecho del mundo y de los
hombres la obra de un DIOS. Pero EL NUEVO TESTAMENTO,
para enseñar que la SALVACIÓN y redención del sufrimiento de
este mundo sólo puede salir del mundo mismo, se ve forzado
a hacer que aquel DIOS se haga HOMBRE.
| ANOTADO /*³³⁸ |

64,5 */ En el lugar en que los BUDISTAS sitúan honestamente y, por
tanto, de forma meramente negativa, el NIRVANA, es decir, la
redención de este mundo, los brahmanes sitúan algo positivo,
y por tanto puramente mítico, a saber, MOKSHA, la reunifica-
ción con el BRAHMAN. (Esto último lo explica de este modo
Asiatic researches vol. 6, pág. 474.) /*
Los JAINISTAS, emparentados con los budistas, llaman a
los creyentes en los Vedas brahmanes *sabdaprama*, un mote
que tiene el objeto de indicar que creen de oídas lo que no
saben ni puede demostrarse.
Asiatic researches vol. IX, pág. 247.
| ANOTADO.³³⁹ |

64,6 Nada explica de forma tan inmediata como EL SUEÑO LA UNI-
DAD que en última instancia existe entre la esencia fundamental de nuestro propio yo y la del mundo exterior. En efecto,
también en el sueño los otros están presentes como totalmente
distintos de nosotros, en la más completa objetividad y con
una constitución que nos resulta fundamentalmente extraña, a menudo enigmática, que con frecuencia nos asombra,
nos sorprende, nos angustia, etc., y sin embargo, nosotros
mismos somos ese Todo. Del mismo modo, la voluntad, que

sostiene y anima todo el mundo exterior, es ella misma en nosotros, siendo el único lugar donde la conocemos de forma inmediata.³⁴⁰

[PÁGINA 65]

³⁴¹ Pero es por cierto el INTELECTO el que hace posible en nosotros y en otros todos esos prodigios, en cuanto separa en todas partes y siempre la misma esencia propia en sujeto y objeto: una disposición fantasmagórica inefablemente digna de admiración, un hechicero sin igual. 65,1

También puede decirse que TIEMPO, ESPACIO Y CAUSALIDAD son aquel instituto de nuestro INTELECTO en virtud del cual la esencia UNA, la única propiamente existente de cada especie, se nos presenta como una multiplicidad de seres del mismo tipo que surgen y pasan siempre de nuevo en una sucesión sin fin. La concepción de las cosas por medio del mencionado instituto y según él es la inmanente; por el contrario, la concepción que comprende la explicación que la tiene primera es la trascendental: *in abstracto* se la concibe por la *Crítica de la razón pura*. Pero, excepcionalmente, puede darse también de forma intuitiva.
| ANOTADO.³⁴² |

Reyes y siervos se nombran sólo por el nombre de pila: o sea, ambos extremos de la sociedad.³⁴³ 65,2

*/ Todo PENSAR ORIGINARIO se da en imágenes. Por eso la imaginación es un instrumento tan necesario de ese pensamiento, y los hombres carentes de imaginación no obtendrán nunca grandes logros, a no ser en la matemática. /*³⁴⁴ 65,3

65,4 De SPENCE HARDY's *Manual*, también de Sangermano y de *Buchanan Asiatic Researches* VI surge que, con relación a la SUBSISTENCIA DESPUÉS DE LA MUERTE, hay en el BUDISMO una doctrina exotérica y una esotérica: la primera es la METEMPSICOSIS, como en el brahmanismo, pero la segunda es una PALINGENESIA mucho más difícil de captar, que se encuentra en gran coincidencia con mi doctrina de la consistencia metafísica de la voluntad, en contraste con la constitución meramente física y la correspondiente caducidad del intelecto.

Παλιγγενεσια* aparece ya en el Nuevo Testamento.

No obstante, la muerte debe verse como un castigo de nuestra existencia.

| ANOTADO.³⁴⁵ |

65,5 */ MI FILOSOFÍA es a las RELIGIONES lo que una línea recta a varias líneas curvas que discurren a su lado. En efecto, ella expresa *sensu proprio*** y, por tanto, alcanza directamente aquello que las religiones sólo muestran bajo velos y dando rodeos —y el CRISTIANISMO, por rodeos muy amplios y curiosamente sinuosos—.

| ANOTADO /*³⁴⁶ |

---

* Más exactamente: παλιγγενεσία [palingenesia, renacimiento]. En el Nuevo Testamento no significa transmigración de las almas ni indestructibilidad de la voluntad por la muerte. Por el contrario, en los dos únicos lugares donde aparece significa lo siguiente: en Mateo 19,28, la resurrección de los muertos; mientras que en Tito 3,5, la transformación del hombre viejo en el hombre nuevo.
** En sentido propio.

[Página 66]

MICHELET, en la monografía SOBRE MÍ publicada en *Philoso-*   66,1
phisches Journal 1855, en el tercer o cuarto número, trata en la pág. 44 la célebre pregunta de Kant: «¿cómo son posibles los juicios sintéticos a priori?», y continúa diciendo: «La respuesta AFIRMATIVA a esta pregunta», etc., con lo que demuestra no tener la más remota idea del sentido de la pregunta, que no da ocasión alguna para afirmar ni para negar algo, sino que pregunta «CÓMO SE DA que, antes de toda experiencia sobre todo lo relacionado con tiempo, espacio y causalidad EN CUANTO TALES, seamos capaces de emitir juicios apodícticos». El comentario a esa VERGONZOSA IGNORANCIA de Michelet lo ofrece un pasaje publicado en los últimos volúmenes del periódico sobre Hegel, donde dice que, desde que Kant planteó esa pregunta, todos los filósofos BUSCAN juicios sintéticos a priori. Una ignorancia semejante en el abecé de la filosofía merece la casación.

Dice Reuchlin-Meldeg en el número de agosto de la revista *Heidelberger Jahrbücher* de 1855, pág. 579, al exponer las doctrinas de los filósofos acerca de Dios: «En Kant, Dios es una cosa en sí incognoscible». En su recensión de las cartas de Frauenstädt, *Heidelberger Jahrbücher* 1855, mayo o junio, dice el mismo autor que no existe ningún conocimiento a priori.

| ANOTADO, REGISTRADO[347] |

A través de la más infrecuente coincidencia de varias cir-   66,2
cunstancias sumamente desfavorables nace de tanto en tanto, más o menos una vez cada siglo, un hombre con una MEDIDA NOTABLEMENTE SUPERIOR a la normal de INTELECTO, esa cualidad secundaria, es decir, accidental en relación con la voluntad. Puede pasar largo tiempo antes de que sea conocido y reconocido, pues a su conocimiento se opone la estupidez, y a su reconocimiento, la envidia. Pero si una vez SE LO CONOCE Y RECONOCE, entonces los hombres se apiñan en torno a él y

PÁGINA

a sus obras, en la esperanza de que de él llegue alguna luz a la oscuridad de su existencia, más aún, que pueda dárseles una aclaración sobre esa existencia, en cierta medida una REVELACIÓN que provenga de un SER SUPERIOR (y aunque lo sea en muy escasa medida).
| CFR. CLEMENTE DE ALEJANDRÍA VOL. 2, PÁG. 84. |
| ANOTADO, PARERGA.[348] |

[PÁGINA 67]

67,1 Puede suceder que, incluso después de largo tiempo, lamentemos tanto LA MUERTE de nuestros enemigos y adversarios como la de nuestros amigos: a saber, cuando los extrañamos como testigos de nuestros brillantes éxitos.
| ANOTADO[349] |

67,2 Todo lo que tiene vida debe EXPIAR SU EXISTENCIA, primero en la vida y después en la muerte.
| ANOTADO, BIS[350] |

67,3 Es admirable cómo la INDIVIDUALIDAD DE CADA SER HUMANO (es decir, ese carácter determinado con ese intelecto determinado), determina con exactitud todos sus actos y pensamientos, hasta los más insignificantes, como si fuese una tintura que los penetra. Ésa es la razón por la cual todo el historial —es decir, la historia exterior e interior— de uno resulta tan fundamentalmente distinto del historial del otro.
| ANOTADO[351] |

67,4 Este MUNDO no es sólo UN INFIERNO, sino que sobrepasa al de Dante por el hecho de que uno tiene que ser EL DEMONIO DEL OTRO.
| ANOTADO[352] |

*/ Los materialistas de nuestro tiempo insisten con todo vigor en que no se da FUERZA SIN SUSTANCIA, es decir, sin MATERIA formada. Sin embargo, en mi filosofía esto surge necesariamente de que la sustancia es el mero FENÓMENO de la fuerza. Esta última ES EN SÍ LA VOLUNTAD: en el FENÓMENO, que tiene lugar en nuestro cerebro, se presenta como materia con una constitución determinada, es decir, como sustancia. Sin tal constitución, no puede darse EMPÍRICAMENTE, sino que sólo puede ser PENSADA, en cuanto que, en segundo lugar, ella es la misma forma intelectual de la causalidad proyectada hacia fuera. Por eso, la causalidad, la efectividad EN GENERAL, constituye la esencia de la materia *in abstracto*. Así, pues, como esta mera materia sin forma no es objeto alguno de experiencia, ninguna sustancia puede tampoco darse sin fuerza. En efecto, esta última sería la materia *in abstracto*.

I. Ya para Kant la materia es sólo el fenómeno de dos FUERZAS: de la fuerza de expansión y de la fuerza de atracción. Por tanto, todo fenómeno, la experiencia, ofrece sólo FUERZAS, por lo que fuerza y sustancia no son dos cosas distintas: en sí, toda fuerza es voluntad.

| ANOTADO /*353 |

67,5

[PÁGINA 68]

LOS TREMENDOS DOLORES a los que está abierta cada parte de nuestro cuerpo, cada nervio, podrían no existir si nosotros, o este cuerpo, no fuésemos algo que NO debiese ser.

Ésta es una frase que pocos entenderán. (Pero esos dolores tienen la ventaja de advertirnos acerca de la lesión y del necesario cuidado de esa parte del cuerpo.)[354]

68,1

Qué peculiar placer depara la contemplación de todo ANIMAL en libertad cuando hace su vida por su cuenta, busca su

68,2

alimento, atiende a sus cachorros, o se une a otros iguales a él, etc., y, al hacerlo, es totalmente lo que debe y puede ser. Y aunque sólo se trate de un pajarillo, puedo contemplarlo largamente con gusto. Así es, también a una rata de agua, a un sapo, pero con preferencia a un erizo, a una comadreja, a un venado o a un ciervo. El que la contemplación de los ANIMALES nos deleite tanto se basa principalmente en que nos alegra ver ante nosotros nuestro propio ser tan SIMPLIFICADO.

| ANOTADO[355] |

68,3 Procurar explicar a partir de la NATURALEZA INORGÁNICA la orgánica y, por tanto, la vida, el conocimiento y, por último, el QUERER, significa querer deducir de la APARICIÓN, ese mero fenómeno del cerebro, la cosa en sí. Es como si se quisiera explicar el cuerpo a partir de la sombra.

| ANOTADO, BIS.[356] |

68,4 Los MILAGROS de la Biblia */ [del Nuevo Testamento, del Evangelio /* BIBLIA es menos comprometedor] deben demostrar su veracidad. Pero [demuestran lo contrario] actúan en sentido contrario.

| ANOTADO[357] |

68,5 Tomando las cosas de modo totalmente realista y objetivo queda claro como el sol que el mundo SE MANTIENE A SÍ MISMO: los seres orgánicos subsisten y se propagan en virtud de su propia fuerza vital interior; los cuerpos inorgánicos llevan en sí fuerzas de las cuales la física y la química sólo son la descripción, y los planetas recorren su camino a partir de fuerzas internas en virtud de su inercia y gravitación. O sea que, para su subsistencia, el mundo no necesita a nadie fuera de sí mismo. Pues él mismo es VISHNÚ.

Ahora bien, decir que, alguna vez en el tiempo, este mundo con todas sus fuerzas inmanentes no existió en absoluto, sino que fue suscitado a la existencia a partir de la nada por una fuerza ajena a él y situada fuera de él es una ocurrencia totalmente ociosa y que no puede probarse con nada; tanto más cuanto todas[358]

A 69. 68,6
S[359] Se afirma que, en montañas elevadas, la temperatura del aire es muy baja, pero el ardor inmediato del sol sobre el cuerpo es muy fuerte. Esto se explica porque la luz llega al cuerpo sin haber sido aún debilitada por la atmósfera más densa del estrato inferior y sufre de inmediato la metamorfosis en calor.[360]

[PÁGINA 69]

[361] sus fuerzas están vinculadas con la materia, cuyo surgimiento o desaparición ni siquiera somos capaces de pensar. 69,1

Esta concepción del mundo llega hasta el ESPINOZISMO. El hecho de que, en las angustias de su corazón, los hombres se hayan imaginado por todas partes seres que dominan las fuerzas de la naturaleza y su curso a fin de invocarlos es muy natural. No obstante, los griegos y los romanos se quedaron en el señorío de cada uno en su propio ámbito, y no se les ocurrió decir que uno de ellos hubiese hecho el mundo y las fuerzas de la naturaleza.[362]

[Debería fijarme dónde es que digo «la demostración cosmológica se basa en inferir, a partir de la existencia del mundo, su no existencia en otro tiempo»: *ubi?*]*

| BIS, ANOTADO[363] |

---

* ¿Dónde?

69,2 La METAMORFOSIS DE LA LUZ EN CALOR y viceversa obtiene una prueba asombrosa a través del comportamiento del vidrio en el calentamiento. En efecto, el vidrio se pone incandescente al alcanzar un cierto grado de calentamiento, es decir, transforma en luz el calor que recibe. Al aumentar el calentamiento, se derrite y deja de brillar, pues el calor alcanza para hacer que se fluidifique, pero la mayor parte de ese calor queda latente por motivo del estado de agregación líquido, o sea, no queda resto alguno de calor que, al estar desocupado, se transforme en luz. Sin embargo, esto último sucede de nuevo si se incrementa el calentamiento, con el cual el mismo vidrio fluido se tornará incandescente, ya que no puede utilizar para otra cosa el calor que se le aporta.

[¿Sin tener la más mínima comprensión del hecho, dice Babinet? de pasada en *Revue des deux mondes*, 1 de noviembre de 1855][364]

| S[365] PÁG. 68 MARGEN. |

| ANOTADO EN PARERGA[366] |

69,3 El CRISTIANISMO tiene la peculiar desventaja de que, a diferencia de las demás religiones, no es una pura DOCTRINA, sino que es esencial y principalmente una HISTORIA, una serie de acontecimientos, un conjunto de hechos, de acciones y sufrimientos de seres individuales: y precisamente esa historia forma parte del dogma, y tener fe en él hace bienaventurado. Otras religiones, en concreto el budismo, tienen por cierto un aditamento histórico en la vida de su fundador. Pero éste no es parte del mismo dogma, sino que se sitúa de forma paralela a él. Por ejemplo, sin duda se puede comparar el Lalitavistara (en mongol Rok) con el Evangelio, en cuanto contiene la vida de Shakyamuni, el Buda del actual período del mundo. Pero esta vida sigue siendo una cosa totalmente separada y distinta del dogma, o sea, del mismo budismo, ya por el solo hecho de que las vidas de los Budas que existieron anteriormente eran totalmente distintas, y la de los futuros serán también totalmente otras. Aquí, el dogma no está para nada entrelazado con la biografía ni se basa tampoco en personas y hechos individuales, sino que es de carácter universal y tiene vigencia uniforme en todos los tiempos. Por eso, el Lalitavistara no es ningún Evangelio en el sentido cristiano de la palabra, no es la buena nueva de un hecho redentor, sino la biografía de aquel que dio la orientación acerca de cómo cada uno podía redimirse a sí mismo. Ahora bien, de esa constitución histórica del cristianismo proviene el que los chinos se mofen de los misioneros como cuentistas.

| Anotado[367] |

(Grimm) mejor: nuestros germanistas actuales (según una monografía de la revista «Deutsche Vierteljahrs Schrift» 1855 octubre / diciembre) dividen el IDIOMA ALEMÁN *(diuske)* en ramas como: 1) la rama GÓTICA, 2) el nórdico, es decir el islandés, y a partir de él el sueco y el danés, 3) el *Niederdeutsch* {bajo franco} y, a partir de él, el *Plattdeutsch* {bajo alemán} y el holandés,[368]

69,4

[Página 70]

[369] 4) el frisón, 5) el anglosajón; 6) el alto alemán, que, según se afirma, APARECIÓ AL COMIENZO DEL SIGLO SÉPTIMO y se divide en alto alemán antiguo, medio y nuevo. Todo este sistema no es para nada nuevo, sino que, negando también la proveniencia gótica, fue ya establecido por Wachter, *Specimen Glossarii Germanici*, Lips. 1727. (Véase Lessing, *Kollektanea*, tomo 2, pág. 387). Pero yo creo que en ese sistema hay más patriotismo que verdad y me profeso seguidor del sistema del honesto y entendido Rask. El GÓTICO, que proviene del sánscrito, se dividió en tres dialectos: sueco, danés y alemán.

70,1

PÁGINA

A este respecto: de la lengua de los antiguos germanos no conocemos nada, y me permito conjeturar que puede haber sido una lengua totalmente distinta de la gótica, o sea, también de la nuestra. POR LO MENOS en cuanto a la lengua, nosotros somos GODOS. Pero nada me indigna más que la expresión lenguas INDO-GERMÁNICAS, es decir que se ponga bajo un común denominador la lengua de los Vedas con la germanía que eventualmente hayan tenido los mencionados pieles de oso. *Ut nos poma natamus!**

| ANOTADO |

Pues también la llamada mitología germánica, mejor dicho gótica, junto a la saga de los Nibelungos, etc., puede encontrarse mucho más formada y auténtica en Islandia y Escandinavia que en nuestros pieles de oso alemanes. Y las antigüedades nórdicas, tumbas, runas, etc., comparadas con las alemanas, dan testimonio de que en Escandinavia había una formación de todo tipo superior.

Resulta llamativo que en el francés no aparezca ninguna palabra alemana, como sí aparecen en el inglés, pues en el siglo V Francia estuvo ocupada por visigodos, burgundios y francos y bajo el dominio de reyes francos.

Señor, mas sabe el necio en su casa, que el sabio en la agena.** [370]

70,2 *Cfr.* pág. 106.

*/ «La materia SÓLO puede ser movida por FUERZAS MECÁNICAS». Éste es un presuesto tácito de los físicos franceses

---

* ¡Cómo nadamos nosotras, las manzanas! *Cfr.* D, 4, pág. 200. [Las *poma* a las que se refiere son boñigas de asno o de caballo *(Rossapfel)*, que afirman, pretendiendo equipararse a las auténticas manzanas: también nosotras podemos nadar. *Cfr.* K. F. W. Wander, *Deutsches Sprichwörter-Lexikon*, Leipzig, Brockhaus, 1867, s. v. «Apfel». *(N. del T.)*]
** Sic. En español en el original.

y los alemanes que los siguen, y que procuran explicarlo todo mecánicamente: el imán, la luz, etc. Por supuesto, quien no admite la presencia de VOLUNTAD alguna en las cosas, tiene que explicar la pesantez, como Descartes y Lesage, por empuje dado desde fuera. /*³⁷¹
| VERTE |

[PÁGINA 71]

³⁷² Pues realmente está firme la alternativa entre trasladar el origen de todo movimiento bien a la causa externa, donde entonces todo movimiento se da por empuje, o bien suponer en el MÓVIL mismo un IMPULSO INTERIOR a consecuencia del cual se mueve, y que llamamos PESANTEZ. No podemos explicarnos y ni siquiera pensar un IMPULSO INTERIOR semejante, a no ser justamente como aquello que es en nosotros la VOLUNTAD. Sólo que, aquí, su dirección no se orienta tan unilateralmente y siempre (hacia la tierra) de forma perpendicular hacia abajo como allí, sino que cambia de forma muy variada y múltiple según las imágenes que le indica su intelecto, hasta el cual ella ha potenciado aquí su receptividad, aunque siempre con la misma necesidad que allí. 71,1

Que la esencia de las fuerzas en la naturaleza inorgánica es idéntica a la voluntad en nosotros se presenta con plena certeza y como verdad demostrada a todo aquel que reflexione con seriedad. Y que parezca paradójico no hace más que señalar la importancia del descubrimiento.
| VIDI AD 3, ANOTADO BIS.³⁷³ |

Nos asemejamos a los corderos que juegan en las praderas mientras el carnicero ya escoge con la vista a uno u otro de ellos. Pues en nuestros días buenos no sabemos qué desgracia 71,2

nos depara desde ya el destino: enfermedad, persecución, empobrecimiento, mutilación, ceguera, locura, muerte, etc.
| Anotado[374] |

71,3 Conversación EN EL AÑO 33.
    A. ¿Se ha enterado ya de la última novedad?
    B. No. ¿Qué ha sucedido?
    A. ¡El mundo está redimido!
    B. ¡Qué dice!
    A. Sí, Dios ha asumido forma humana y se ha dejado ejecutar en Jerusalén: de ese modo, el mundo está ahora redimido y el demonio ha sido rechazado.
    B. ¡Oh, qué cosa tan encantadora![375]

1856

[Página 72]

Véase *Welt als Wille und Vorstellung* TOMO 2, PÁG. 617.   72,1
Podría servir como *hors d'œuvre** también para *Parerga*[376]
*/ HAEC IN NOVA EDITIONE MINIME NEGLIGENDA SUNT.**
El antagonismo entre OPTIMISMO —junto al TEÍSMO— por una parte, y el PESIMISMO —junto a la moral ASCÉTICA— por la otra sobresale con sorprendente claridad EN EL TERCER LIBRO DE LOS STROMATA DE CLEMENTE DE ALEJANDRÍA. El libro está dirigido contra los gnósticos, que enseñaban precisamente el pesimismo y la ascesis, concretamente en la pág. 388 la εγκρατεια*** (continencia de todo tipo, pero en especial de toda satisfacción sexual), razón por la cual Clemente los critica enérgicamente. Pero, al mismo tiempo, en ello se trasluce también que ya el espíritu del Antiguo Testamento se encuentra en este antagonismo con el Nuevo Testamento. Pues, dejando de lado la caída en el pecado, que en el Antiguo Testamento figura como un *hors d'œuvre*, el espíritu del Antiguo Testamento es diametralmente opuesto al del Nuevo Testamento: aquél es optimista, éste, pesimista. El mismo Clemente destaca esa contraposición al final del capítulo once: προσαποτεινομενον

---

*   Entremés; agregado accesorio, secundario.
**   Esto de ninguna manera debe descuidarse en la nueva edición.
***   Más exactamente: ἐγκράτεια [continencia].

τον Παυλον τω Κτιστη κ. τ. λ.,* a pesar de que no quiere reconocerle valor, sino que lo declara aparente (396), como buen judío que es. En general es interesante ver cómo en todas partes en Clemente se entremezclan el Nuevo y el Antiguo Testamento, y cómo se esfuerza él por conciliarlos, aunque en la mayoría de los casos, con el Antiguo Testamento, expulsa el Nuevo. Ya al comienzo del tercer capítulo, Clemente reprocha a los MARCIONISTAS que, siguiendo el procedimiento de PLATÓN y de PITÁGORAS, consideraron mala la creación, en cuanto MARCIÓN enseñó que es una naturaleza mala, de sustancia mala (φυσις κακη, εκ τε υλης κακης), razón por la cual no se debe poblar este mundo, sino abstenerse del matrimonio (μη βουλομενοι τον κοσμον συμπληρουν, απεχεσθαι γαμον). Clemente (a quien gusta y convence mucho más el Antiguo Testamento que el Nuevo) se lo toma muy a mal: ve en ello su clamorosa ingratitud, enemistad e indignación contra Aquel que hizo el mundo, el DEMIURGO justo, cuya obra ellos mismos son, no obstante lo cual rehúsan hacer uso de sus criaturas, «abandonando el ánimo conforme a la naturaleza». (αντιτασσομενοι τω ποιητη τω σφων, – – – εγκρατεις τη προς τον πεποιηκοτα εχθρα, μη βουλομενοι χρησθαι τοις υπ' αυτου κτισθεισιν, – ασεβει θεομαχια των κατα φυσιν εκσταντες λογισμων.)**

* Más exactamente: προσαποτεινόμενον τὸν Παῦλον τῷ κτίστῃ [Pablo (mediante afirmaciones como las de la Carta a los romanos 7,18) se coloca en contra del Creador]. Clemente de Alejandría, *Stromata* III, 11, 76.

** Más exactamente: ἀντιτασσόμενοι τῷ ποιητῇ τῷ σφῶν, – – – ἐγκρατεῖς τῇ πρός τὸν πεποιηκότα ἔχθρα, μὴ βουλόμενοι χρῆσθαι τοῖς ὑπ' αὐτοῦ κτισθεῖσιν, – ἀσεβεῖ θεομαχίᾳ τῶν κατὰ φύσιν ἐκστάντες λογισμῶν [en cuanto se oponen a Aquel que los ha creado, – – – permaneciendo en la enemistad hacia su creador, en cuanto no quieren hacer uso de sus criaturas, – y, en una lucha sacrílega contra Dios, abandonan el ánimo conforme a la naturaleza]. Clemente de Alejandría, *Stromata* III, 3, 12.

Al decir todo esto en su santo celo, no quiere reconocerles a los marcionistas ni siquiera el honor de la originalidad, sino que, armado con su conocida erudición, les enrostra, documentándolo con las mejores citas, que ya los antiguos filósofos, Heráclito y Empédocles, Pitágoras y Platón, Orfeo y Píndaro, Herodoto y Eurípides, y además la Sibila, habían lamentado profundamente la miserable constitución del mundo, o sea, habían enseñado el pesimismo. /* Sólo que, en tal erudito entusiasmo, no se da cuenta de que, precisamente de ese modo, lleva agua al molino de los marcionistas, en cuanto muestra que³⁷⁷

ad libitum   72,2
[De la PALABRA δμιουργός* habría que creer que fue concebida por los adversarios de la causa. Por lo menos, no se puede imaginar una expresión más chata y ordinaria para expresarlo.]

[PÁGINA 73]

³⁷⁸ «los más sabios de todos los tiempos» *(recte)*** */ enseñaron y cantaron lo mismo que ellos. Por el contrario, cita los dichos más decididos y enérgicos de los antiguos en ese sentido. Por supuesto, a él no lo confunden: por más que los sabios lamenten la existencia como miserable, por más que los poetas se extiendan en las quejas más conmovedoras, por más fuerte que griten la naturaleza y la experiencia en contra del optimismo, todo ello no hace mella en nuestro Padre de la Iglesia: él tiene en sus manos su revelación judía y permanece   73,1

---

*   Más exactamente: δημιουργός [demiurgo, creador, el que ha dado origen al mundo].
**   Correctamente.

contento: el Demiurgo ha hecho el mundo. A partir de aquí resulta a priori seguro que el mundo es excelente, y tenga ello el aspecto que tenga. Del mismo modo van las cosas con el segundo punto, el de la εγκρατεια,* por la cual, según su modo de ver, los marcionistas ponen de manifiesto su ingratitud hacia el Demiurgo (αχαριστειν τω δημιουργω)** 404 y la obstinación con la que rechazan sus dones (δι' αντιταξιν προς τον δημιουργον, την χρησιν των κοσμικων παραιτουμενοι).*** Ya LOS TRÁGICOS prepararon según él el terreno a los encratitas**** (para desmedro de su originalidad) y dijeron lo mismo, en cuanto también ellos se quejaron de la miseria sin fin de la existencia, agregando que es mejor no traer niños a un mundo semejante. Clemente también documenta esto con los más bellos pasajes, acusando al mismo tiempo a los pitagóricos de haberse abstenido por esa razón del disfrute de la sexualidad. Pero todo esto no lo afecta en nada: permanece en su afirmación de que todos ellos pecan en su continencia contra el demiurgo, en cuanto enseñan que no hay que casarse, no engendrar hijos, no traer al mundo nuevos desdichados, no echar nuevo pasto a la muerte. (Pág. 430. δι' εγκρατειας ασεβουσιν εις τε την κτισιν και τον άγιον δημιουργον, τον παντοκρατορα μονον θεον, και διδασκουσι μη δειν παραδεχεσθαι γαμον και παιδοποιϊαν, μηδε αντεισαγειν τω κοσμω δυστυχησοντας ἑτερους, μηδε επιχορηγειν τω θανατω τροφην.***** Cap. 6). Al denunciar de esa manera la

* Más exactamente: ἐγκράτεια [continencia].

** Más exactamente: ἀχαριστεῖν τῷ δημιουργῷ [ingratitud hacia el demiurgo].

*** Más exactamente: δι' ἀντίταξιν πρὸς τὸν δημιουργόν, τὴν χρῆσιν τῶν κοσμικῶν παραιτούμενοι [manifiestan la obstinación con la que rechazan sus dones].

**** Los continentes: denominación de una línea gnóstico-ascética en la Iglesia antigua.

***** Más exactamente: δι' ἐγκρατείας ἀσεβοῦσιν εἴς τε τὴν κτίσιν καὶ τὸν ἅγιον δημιουργόν, τὸν παντοκράτορα μόνον θεόν, καὶ διδάσκουσι μὴ

ἐγκράτεια, el Padre de la Iglesia parece no haber presentido que, inmediatamente después de su tiempo, habría de introducirse cada vez más el celibato del estado sacerdotal cristiano, para ser convertido finalmente en ley en el siglo XI, porque corresponde al espíritu del Nuevo Testamento. /*
Al comienzo del último capítulo resume una vez más de forma bastante ingenua sus argumentos a favor del optimismo y del carácter loable de la satisfacción sexual, y es más judío que cristiano. No necesito decir cuán altamente interesante es todo este tercer libro de los *Stromata*, sobre todo en la perspectiva de mi filosofía.[379]

[PÁGINA 74]

*/ Por eso, que lo lea todo aquel que no entienda tan mal el griego.

74,1

Al final del capítulo séptimo opone al ascetismo cristiano-judío el ascetismo INDIO como malo. Aquí se ve claramente la diferencia fundamental del espíritu de ambas religiones: en el judaísmo y el cristianismo, todo, incluso la moral, se reduce a obediencia o desobediencia frente al mandato de Dios – ὑπακοη y παρακοη,* tal como nos corresponde, ἡμιν, τοις πεπλασμενοις ὑπο της του Παντοκρατορος βουλησεως.** Cap. 14, *sub finem*.

δεῖν παραδέχεσθαι γάμον καὶ παιδοποιΐαν, μηδὲ ἀντεισάγειν τῷ κόσμῳ δυστυχήσοντας ἑτέρους, μηδὲ ἐπιχορηγεῖν θανάτῳ τροφήν [Pues por su continencia pecan contra la creación y contra el santo creador, el Dios uno y omnipotente, y enseñan que no se debe contraer matrimonio ni engendrar hijos, ni traer más seres desdichados al mundo, ni echar más pasto a la muerte]. Clemente de Alejandría, *Stromata* III, 6, 45.

* Más exactamente: ὑπακοή [obediencia] y παρακοή [desobediencia].

** Más exactamente: ἡμῖν, τοῖς πεπλασμένοις ὑπὸ τῆς τοῦ Παντοκράτορος βουλήσεως [a nosotros, que hemos sido creados por la voluntad del Todopoderoso]. Clemente de Alejandría, *Stromata* III, 14, 95.

A ello se agrega todavía λατρευειν θεω ζωντι,* servir, agasajar al Señor, hallar espléndido un mundo miserable y, por descontento que se esté, rebosar siempre agradecimiento (p. ej., por el cese de [una peste] de cólera), lisonjear, alabar, y hasta alegar QUE SE LO AMA, o sea, simular y mentir a fin de, por ese medio, implorar de sus GRACIAS el reino de los cielos. A todo lo cual subyace el indignante presupuesto de que él se deja seducir y conquistar por las lisonjas al igual que nosotros.

Cuán diferente es en el BUDISMO, donde toda mejora y conversión parte del reconocimiento de las cuatro verdades, que son: 1) *dolorem*, 2) *doloris ortum*, 3) *doloris interitum*, 4) *octopartitam viam ad doloris sedationem:*** *Dhammapada**** págs. 35 et 34.

[La exposición tiene que estar en el *Monachism* de Spence Hardy y en *Asiatic Researches*, NO en el *Manual of Budhism*] /*380

74,2 */ Los GNÓSTICOS entendieron mejor y más profundamente el auténtico espíritu del cristianismo neotestamentario que nuestro Padre de la Iglesia, a quien le gusta más el Antiguo Testamento. Pero la Iglesia tenía que cuidar de suscitar una religión que pudiese funcionar y permanecer en el mundo tal como es, y entre los hombres.

La comprensión de los GNÓSTICOS sale a relucir claramente al principio del capítulo nueve, donde se cita del Evangelio de los Egipcios: αυτος ειπεν ὁ Σωτηρ, «ηλθον καταλυσαι τα εργα της θηλειας·» θηλειας μεν, της επιθυμιας· εργα δε, γενεσιν

---

* Más exactamente: λατρεύειν θεῷ ζῶντι [servir, obedecer, adorar al Dios vivo].
** 1) Dolor, 2) surgimiento del dolor, 3) supresión del dolor, 4) óctuple sendero que conduce a la sedación del dolor.
*** Nombre de una de las obras canónicas de los budistas.

καὶ φθοράν.* De forma muy especial también al final del capítulo trece y al comienzo del catorce. /★381

S³⁸² que es realmente afín al indio 74,3
| Anotado, bis. |
| Welt als Wille und Vorstellung, tomo 2, pág. 617.³⁸³ |

[Página 75]

★/ Así como el ser humano tiene, respecto de todos los animales, la prerrogativa del REÍR, así también el PERRO tiene como algo suyo propio y muy característico frente a todos los animales el MOVER LA COLA tan expresivo, benévolo y profundamente sincero, ese saludo dado por la naturaleza que contrasta tan ventajosamente con todas las reverencias y la cordialidad de sonrisa irónica propia del ser humano. No sé si esto será propio de todo el *genus canis* o sólo del *familiaris*.**   75,1
| Anotado /★384 |

Nuestra existencia, y la de todos los animales, no es una existencia firme ni, por lo menos en lo temporal, persistente, sino UNA MERA EXISTENTIA FLUXA,*** que consiste sólo en el cambio constante, comparable a un remolino. Pues si bien la FORMA del cuerpo tiene una cierta persistencia durante un tiempo, esto   75,2

---

* Más exactamente: αὐτὸς εἶπεν ὁ Σωτήρ, «ἦλθον καταλῦσαι τὰ ἔργα τῆς θηλείας·» θηλείας μέν τῆς ἐπιθυμίας· ἔργα δέ γένεσιν καὶ φθοράν [el mismo Salvador ha dicho: «He venido para destruir las obras de la mujer», es decir, la concupiscencia; esas obras son el nacimiento y la muerte]. Clemente de Alejandría, *Stromata* III, 9, 63.
** Género *canis;* perro familiar, perro doméstico.
*** Existencia, vida, realidad fluctuante, insegura.

sólo se da bajo la condición de que la materia cambie constantemente, que se evacue materia vieja y se aporte nueva. Con esto guarda correspondencia la ocupación principal de todos esos seres: el obtener la materia apropiada para esta aportación. Al mismo tiempo, estos seres son conscientes de que su modo de existir sólo puede sostenerse durante un tiempo de la manera indicada. Por eso, al irse procuran transmitirla a otro que ocupe su lugar. Este afán aparece en la consciencia de sí mismo con la forma del instinto sexual y se presenta en la consciencia que se tiene de otras cosas, o sea, en la visión objetiva, en la forma de los genitales. Este instinto puede compararse al hilo de un collar de perlas, en el que los individuos, en su rápida sucesión, corresponden a las perlas. Si se acelera esta sucesión en la imaginación y se contempla cómo, tanto en la serie entera como en los individuos, sólo permanece la forma, mientras que la sustancia cambia constantemente, se toma consciencia de que sólo tenemos una cuasi-existencia.

Esta concepción subyace también a la doctrina platónica de que lo único existente son las IDEAS, mientras que las cosas que les corresponden tienen una constitución semejante a la de las sombras.

| ANOTADO[385] |

75,3   S A LA PÁGINA SIGUIENTE[386]
Nuestra confusión ante semejantes manifestaciones aumenta aún más si escuchamos entretanto la voz de un hereje grave y hasta quemado en la hoguera: la de Julius Caesar Vaninus: [Aquí: *Amphitheatrum mundi a Vanino*, pág. 104 de: «Si nollet... meliorem haberet».]* [He añadido esto a propósito]
En efecto, antes, en la pág. 103, había dicho: *Si Deus vult peccata, igitur facit: si non vult, tamen committuntur; erit ergo dicendus improvidus, vel impotens, vel crudelis, cum voti*

---

* «Si no quisiera... correría mejor suerte.»

sui compos fieri aut nesciat, aut nequeat, aut neglegat.* Aquí queda claro por qué, hasta el día de hoy, sigue sosteniéndose *mordicus*** el dogma del libre albedrío, a pesar de que, desde Hobbes hasta mí, todos los pensadores serios y sinceros lo han rechazado como absurdo, tal como puede verse a partir de mi premiado escrito sobre la libertad de la voluntad. Aunque fue más fácil quemar a Vanini en la hoguera que refutarlo, razón por la cual se prefirió lo primero, después de haberle cortado antes la lengua. Lo segundo sigue estando todavía hoy abierto a quienquiera: que se haga el intento, pero no con palabrería hueca, sino seriamente, con ideas.[387]

[PÁGINA 76]

He buscado la VERDAD, y no una cátedra. En esto estriba, en el fondo, la diferencia entre yo y los llamados filósofos poskantianos. Esto se irá reconociendo cada vez más con el tiempo.
| ANOTADO[388] |

76,1

*/ DEL MISMO MODO COMO, EN EL SUEÑO, en todas las personas que se nos aparecen estamos nosotros mismos, así también es el caso EN LA VIGILIA, aunque no es tan fácil de reconocer. Pero *tat-twam asi*.***
| ANOTADO A PROPÓSITO DE LA ÉTICA. – /*[389] |

76,2

---

*   Si Dios quiere los pecados, en consecuencia los hace; si no los quiere, de todos modos se cometen; por lo cual hay que decir que, o no es providente, o es impotente, o es cruel, puesto que, o no sabe realizar lo que quiere, o no puede, o no le importa. Vanini, *Amphitheatrum*, Lyon, 1645, pág. 103.
**   Obstinadamente, con dientes y uñas.
***   Esto eres tú.

PÁGINA

76,3   */ Con la RESPONSABILIDAD por la existencia y la constitución de este mundo sólo puede cargar el mismo mundo, y ningún otro. Pues ¿cómo habría podido ese otro asumirla?
| ANOTADO /*390 |

76,4   La verdadera DIGNIDAD DE LOS HOMBRES DE GENIO y de gran inteligencia, aquello que los eleva por encima de otros y los hace dignos de veneración, es, en el fondo, el que en ellos prima y domina la única parte pura e inocente del ser humano, el INTELECTO, mientras que en el resto no existe nada más que la voluntad pecaminosa, con tanto intelecto como el requerido para orientar los propios pasos —raras veces algo más, muy a menudo algo menos—. ¿Qué se gana con ello?
| VIDI AD 3 |
| WELT ALS WILLE UND VORSTELLUNG, TOMO 2, 381. |
| PARERGA, TOMO 2, 65. |
| ANOTADO BIS391 |

76,5   [*ad infra*, para atenuación, para que sólo se haga aquí referencia a AGUSTÍN, no al cristianismo.]
AGUSTÍN, como consecuencia de su rígida mente sistemática, a través de su estricta dogmatización del cristianismo y de su firme definición de doctrinas que en la Biblia sólo están insinuadas y aún suspendidas sobre un trasfondo oscuro, ha dado a tales doctrinas contornos tan duros y al cristianismo una hechura tan rigurosa que, hoy en día, ésta nos resulta chocante. Justamente por esa razón, al igual que en su propia época el pelagianismo, en la nuestra se le ha opuesto el nacionalismo. Por ejemplo, en *De civitate Dei* L. 12, cap. 21, el asunto queda formulado in abstracto como sigue:
Arriba la introducción
Agustín, *De civitate Dei*, L. 12, cap. 21.

[Habría que atenuarlo todavía mucho IN MODO: *ne sit** burla de la religión] *vide supra.*

En AGUSTÍN, el asunto, tomado in abstracto, queda formulado propiamente como sigue: un Dios crea UN SER DE LA NADA, le da prohibiciones y órdenes, y, como éstas no son obedecidas, lo tortura a lo largo de toda la interminable eternidad con todos los tormentos imaginables, a efectos de lo cual une entonces de forma indivisible el cuerpo y el alma (*De civitate Dei,* L. XIII, C. 2, cap. 11 *in fine et* 24 *in fine*), a fin de que el tormento no pueda aniquilar nunca más a ese ser por descomposición de manera tal que escape de él, sino que viva eternamente para eterno sufrimiento —ese pobre diablo hecho de nada, que por lo menos tiene el derecho a su NADA originaria, un refugio último que en modo alguno puede ser malo y que, por derecho, debería quedarle asegurado como su propiedad heredada—. */ Sé por cierto que, si se es un Dios, uno puede permitírselo todo; no obstante, me parece que esto va demasiado lejos. /* Yo, por lo menos, no puedo evitar simpatizar con ese ser. Pero si se agregan ahora todas las demás enseñanzas de Agustín, a saber, que, en realidad, todo ello no depende de sus propias acciones y omisiones, sino que estaba previamente decidido por elección de la Gracia, no se sabe ya más qué se ha de decir.

Por supuesto, nuestros racionalistas dicen, en su gran cultura: «Pero todo eso no es verdad, son puras ridiculeces. Por el contrario, a través de un progreso constante nos elevaremos gradualmente hacia una perfección cada vez mayor». Sólo es de lamentar que no hayamos comenzado antes, pues, entonces, ya estaríamos allí.

| MARGEN DE PÁG. 75 JUNTO A S[392] |
| PARERGA II, 308 |
| ANOTADO[393] |

---

* En el modo: para que no sea.

[PÁGINA 77]

77,1 Siendo así que no se ha llegado aún a tener total claridad acerca de la causa próxima DEL TRUENO, en cuanto las explicaciones practicables no alcanzan, sobre todo cuando al resonar el estallido de la chispa a su salida del conductor se hace presente el ruido del trueno, ¿podría arriesgarse la hipótesis, osada y hasta temeraria, de que la tensión eléctrica en la nube descompone el agua, el GAS DETONANTE que así surge forma con el resto de la nube burbujas, que, después, son encendidas por la chispa eléctrica? Justamente una detonación semejante corresponde al ruido del trueno, y de este modo se explicaría también la precipitación de lluvia que en la mayoría de los casos se produce después del estallido de un violento trueno. Descargas eléctricas en la nube sin una precedente descomposición del agua serían fucilazos o, en general, rayos sin truenos. ¡Sin embargo, ahora se quiere considerar esto de nuevo como una tormenta muy lejana!

H\<enri\> SCOUTETTEN pronunció ante la *Académie des sciences* una *mémoire sur l'électricité atmosphérique** de la cual hay un extracto en *Comptes rendus* del 18 de agosto de 1856. Basándose en experimentos, el autor afirma que el vapor que, ante la luz del sol, asciende del agua y de las plantas y forma las nubes está constituido por burbujas microscópicas cuyo contenido es oxígeno electrizado y cuya cobertura es agua.

| PÁG. 79 MARGEN |

[está \<junto a\> una cuartilla \<amarilla\> en *Philosophari*]
Nada dice Scoutetten acerca del hidrógeno correspondiente a este oxígeno. Pero por lo menos ya tendríamos aquí uno de los elementos del gas detonante, incluso sin tener que suponer una electrólisis del agua en la nube.

---

* Informe sobre la electricidad atmosférica.

En *Comptes rendus*, 27 de octubre de 1856, un artículo para enmendar otro sobre rayos sin truenos y viceversa, el autor asume sin ningún reparo como *certo certius** y asunto decidido que el trueno, en general, es nada más que el ruido que hace la chispa que salta del conductor. Los fucilazos son para él rayos distantes.

Johann Müller, en su «Kosmischen Physik», de 1856, se limita a indicar, a la manera antigua, que el trueno es «la vibración del aire que se ve estremecido al producirse la descarga de la electricidad»: o sea, lo que es el ESTALLIDO en la chispa al salir del conductor.

Cuando el rayo cae lo hace con un TREMENDO ESTALLIDO: es la descarga eléctrica en la máxima cercanía: véase «Reich der Wolken», pág. 169.[394]
| PÁG. 78 S MARGEN[395] |
| ANOTADO |

En virtud de la forma de conocimiento DEL TIEMPO, el ser humano se presenta (es la afirmación de la voluntad de vivir en su máximo grado de objetivación) como un linaje de hombres que nacen siempre de nuevo y después mueren.   77,2
| ANOTADO EN PARERGA II, 231.[396] |

*/ El hecho de que muchas personas TENGAN QUE DETENERSE tan pronto como su conversación con su acompañante comienza a adquirir un poco de amplitud contextual proviene de que su cerebro, cuando tiene que enganchar en sucesión un par de pensamientos, no conserva ya suficiente fuerza como la necesaria para mover los nervios motores de las piernas: tan ajustada es la medida con que se las ha dotado en todo.   77,3
| ANOTADO, BIS. |
| WELT ALS WILLE, 2, 285 /*[397] |

*   Cierto y evidente.

77,4   Entre la acción de la naturaleza creadora y la del hombre existe una analogía peculiar, pero no causal, sino basada en la identidad de la voluntad en ambas. Una vez que habían aparecido ya en el conjunto de la naturaleza animal los animales que se alimentan del mundo vegetal, aparecieron en cada clase de animales —necesariamente al final— los animales predadores, a fin de vivir de los primeros como sus presas.

Del mismo modo, una vez que los hombres, honestamente y con el sudor de su frente, han obtenido del suelo lo necesario para el sostenimiento de su pueblo, se unen siempre en algunos una cantidad de hombres que, antes que roturar el suelo y vivir de su producción, prefieren arriesgar el pellejo y poner en juego su vida, su salud y su libertad a fin de caer sobre aquellos que poseen sus bienes honradamente obtenidos y apropiarse de los frutos de su trabajo. Esos animales predadores del género humano son los pueblos conquistadores, que vemos aparecer en todas partes desde los tiempos más antiguos hasta los más recientes,[398]

[PÁGINA 78]

78,1   [399] con variada fortuna, de manera tal que su éxito o fracaso ofrece por regla general la materia para la historia universal. Justamente por eso, Voltaire tiene razón al decir: *dans toutes les guerres il ne s'agit pas que de voler.*[*] *(vide)* El hecho de que se avergüenzan de esto se ve en que cada gobierno proclama a grandes voces —nunca de otro modo— que no quiere empuñar las armas más que en defensa de sí mismo.
| Anotado[400] |

---

[*]   En todas las guerras no se trata más que de robar.

	PÁGINA

En lo más hondo, y dejando fuera de consideración ambas mitologías, EL SAMSARA Y EL NIRVANA de Buda son idénticos a las dos CIVITATES en las que, según Agustín, se divide el mundo, la *civitas terrena* y la *coelestis*,* tal como las expone en los libros *De civitate Dei*, en especial en el libro 14 cap. 4 *et ultimum*** libro 15, cap. 1 *et* 21; *et* libro 18 *in fine;* libro 21, cap. 1.
| BIS ANOTADO. PARERGA 2, 3 10⁴⁰¹ | 78,2

/ La verdadera y positiva SOLUCIÓN DEL ENIGMA de nuestra existencia tiene que ser algo que el intelecto humano es completamente incapaz de captar y de pensar, de modo que, si viniese un ser de una naturaleza superior y pusiera todo su esfuerzo en enseñárnoslo, no entenderíamos nada de sus manifestaciones. / En efecto, la solución sería trascendente, mientras que el intelecto es inmanente.
| ANOTADO BIS. (PARERGA 2, 230)⁴⁰² | 78,3

La pérdida del INTELECTO sufrida a causa de la MUERTE por la VOLUNTAD —que es el núcleo del fenómeno que aquí sucumbe y que, como cosa en sí, es indestructible— es justamente el LETE*** de esta voluntad individual, sin el cual ella se acordaría de los muchos fenómenos de los cuales ya ha sido núcleo.
| ANOTADO⁴⁰³ | 78,4

Prólogo a la 3.ª edición   78,5
   Cfr. págs. 57 *et* 83
   Seguramente, mejor al final del Prólogo: finalmente, debo dar a todos y a la loabilísima mediocridad, a curas y profesores de filosofía, */ que se han esforzado de tan múltiples y brillan-

---

*   «Ciudad terrena» y «ciudad del cielo, ciudad de Dios».
**   Lo último.
***   Uno de los ríos del Hades cuyas aguas inducen al olvido.

tes maneras por rebajarme, y que se quedan afónicos de gritar por /* la aparición de esta tercera edición, mis condolencias. */ Pues ahora ha quedado fuera de duda que el pasivo etc. /* mientras que, ahora, ellos se esfuerzan desde todos los frentes y con toda su energía por denigrar mi filosofía y, con ese fin, engañan al público unas veces con una cosa, otras con otra, de modo que su tumulto me recuerda el de los liliputienses contra Gulliver [comprobar] y, en general, resulta bastante entretenido.

Pero esta buena gente se encuentra realmente en una situación crítica: a pesar de los cuarenta años en que se lo ha callado, finalmente ha salido a la luz que la filosofía del siglo es una que ellos no tienen permitido enseñar porque no contiene mitología judía.

[Para aflicción de todos los curas y de todos los profesores de filosofía, mi obra ve su tercera edición.] Pues la resistencia pasiva ha sido superada, los efectos de treinta años de silencio y segregación se han agotado, los poderes de las tinieblas han realizado su obra y ha sido inútil. Los impotentes intentos de rebajarme con la pluma que a modo de epílogo realizan profesores de filosofía pobres en ingenio sirven para difundir la fama de mis obras y me traen a la memoria el ataque general de los liliputienses contra Gulliver.[404]

78,6   A pág. 77. Véase pág. 79 S[405]

Poëy libró en 1856/57 una larga disputa en la *Académie des sciences* acerca del rayo sin trueno y del trueno sin rayo. Él afirma (en abril de 1857) que hasta los enérgicos RAYOS EN ZIGZAG caen a veces sin trueno [*Analyse des hypothèses sur les éclairs sans tonnerre par* Poëy se encuentra en *Journal des mathématiques.*]

Sin embargo, el trueno no guarda semejanza alguna con el ruido de la chispa eléctrica que estalla: menos aún de la que tiene el mosquito con el elefante. La diferencia de ambos sonidos no es sólo cuantitativa, sino cualitativa [*Reich der Wolken*, pág, 167.169]. Por el contrario, el trueno tiene la mayor semejanza con una serie continua de detonaciones: podrán ser simultáneas y sólo llegar a nuestros oídos de forma sucesiva en virtud del largo trecho que recorren. ¿Batería de la botella de Leyden?[106]

[PÁGINA 79]

Cansado estoy ahora en la meta del trayecto, 79,1
la abatida cabeza apenas puede soportar los laureles:
pero contemplo con alegría lo que he realizado,
siempre imperturbable frente a lo que otros digan.[407]

A los señores de la REVELACIÓN quisiera aconsejarles no 79,2
hablar hoy en día tanto de la revelación, pues, de lo contrario, sería fácil que, alguna vez, se les pudiese revelar qué es propiamente la revelación.
| ANOTADO[408] |

*/ Un concepto es CORRECTO; un juicio, VERDADERO; un 79,3
cuerpo, REAL; una relación, EVIDENTE.
| EMPARENTADO CON PÁG. 83 |
| ANOTADO. WILLE 2, 120. /*[409] |

Así como una medicina no produce su efecto si la dosis ha 79,4
sido demasiado fuerte, así también sucede con FILÍPICAS Y CRÍTICAS cuando sobrepasan la medida de la justicia.
| ANOTADO. BIS[410] |

Los RESULTADOS MORALES DEL CRISTIANISMO, hasta la ascesis más elevada, se encuentran en mí fundamentados de forma racional y en conexión con las cosas, mientras que en 79,5 el cristianismo sólo lo están a través de fábulas. La fe en éstas desaparece cada vez más; por eso, habrá que acudir a mi filosofía.

| Anotado⁴¹¹ |

79,6 Tan inevitablemente como ronronea el gato cuando se lo acaricia, así se dibuja un dulce deleite en el rostro del SER HUMANO A QUIEN SE ALABA —y se lo hace en el campo de su pretensión—, aunque la alabanza sea tangiblemente mendaz.

| Anotado⁴¹² |

79,7 */ Junto con la perfección del sistema nervioso decrece progresivamente la sensibilidad y la capacidad de SENTIR DOLOR. Ya es muy reducida en los insectos, y sin duda aún menor en los radiados, hasta faltar por completo en la PLANTA.

| Anotado. /*⁴¹³ |

79,8 El estado al que nos hace pasar LA MUERTE se presenta sólo como una nada absoluta. Pero esto expresa sólo que la muerte es algo que nuestro intelecto —ese instrumento surgido solamente para servir a la voluntad— es totalmente incapaz de pensar.

| Anotado⁴¹⁴ |

79,9 S a pág. 77, el comienzo así:⁴¹⁵

Con respecto al TRUENO he llegado a una hipótesis que puede designarse como muy osada y, tal vez, como extravagante, y de la que yo tampoco estoy convencido. Sin embargo, no puedo decidirme a mantenerla en reserva, sino que quiero presentarla a aquellos que hacen de la física su ocupación principal a fin de que, ante todo, sometan a examen la POSIBILIDAD de la cosa. Si se constatara tal posibilidad, entonces difícilmente podría dudarse de su REALIDAD.

Al margen de la pág. 77.

Si, como se supone, las nubes están constituidas por burbujas huecas (pues el verdadero vapor de agua es invisible), éstas, para poder ESTAR EN SUSPENSIÓN, tienen que estar llenas de un tipo de aire MÁS LIVIANO que el atmosférico: o sea, bien con mero VAPOR de agua, o con hidrógeno.
Es erróneo: RAZÓN EN CONTRA EN REICH DER WOLKEN, pág. 91.

En la descomposición del agua de la atmósfera en dos gases se hace necesario mucho calor latente: del frío que de ahí surge podría explicarse el aún tan problemático GRANIZO, que aparece con la mayor frecuencia acompañando la tormenta. Así puede verse en «Reich der Wolken», pág. 138. Por supuesto, cuando surge, lo hace sólo en virtud de una complicación especial de circunstancias y, por tanto, raramente. Aquí vemos sólo la fuente del frío que se exige para llevar al congelamiento las gotas de lluvia en el cálido verano.[416]

[PÁGINA 80]

A *Parerga* tomo 2, pág. 453.

80,1

Qué grandes y admirables fueron aquellas mentes primordiales del género humano que, dondequiera que haya sido, inventaron la obra de arte más admirable, la GRAMÁTICA de la lengua, crearon las *partes orationis*,* distinguieron y constataron en el sustantivo, el adjetivo y el pronombre los *genera* y *casus*,** en el verbo los *tempora* y *modi*,*** separando con finura y cuidado el imperfecto, el perfecto y el pluscuamperfecto —entre los cuales están en griego también los aoristos—,

* Partes de la oración.
** Géneros y casos.
*** Tiempos y modos.

y todo ello con la más noble intención de tener un órgano material adecuado y suficiente para la expresión plena y digna del pensamiento humano, un órgano que pudiese asumir y reproducir correctamente cada matiz y cada modulación de tal pensamiento. En contraste contémplese ahora a nuestros perfeccionadores de esa obra de arte, esos operarios alemanes torpes, brutos y groseros del gremio de los escribidores: para ahorrar espacio, éstos quieren eliminar, por superfluas, aquellas cuidadosas clasificaciones, funden consecuentemente todos los pretéritos en el imperfecto y hablan, pues, en meros imperfectos. A sus ojos, los loables inventores de las formas gramaticales a los que acabamos de referirnos tienen que haber sido unos verdaderos idiotas, que no entendieron que se puede medir todo con una misma vara y que es posible contentarse con el imperfecto como pretérito único y universal. Y los griegos, que, no teniendo suficiente con tres pretéritos, agregaron todavía los dos aoristos, ¡qué simples tendrán que parecerles! */ Ninguna expresión —casi habría dicho ninguna vara— es demasiado dura para estigmatizar a este tipo de hombres. /*

Además, se esmeran en eliminar todo prefijo como excrecencias inútiles, y que, con lo que queda, se haga sabio aquel que pueda. A las partículas lógicas esenciales, como «sólo, si, para, a saber, y», etc., pág. 96, que habrían arrojado luz sobre todo un período, las expurgan para ahorrar espacio, y el lector se queda a oscuras. Sin embargo, esto mismo les viene muy a propósito a ciertos escritores, que con toda intención quieren escribir de forma oscura y difícil de entender, pretendiendo así, los sinvergüenzas, inspirar respeto en los lectores. Sin rodeos, los muy frescos se permiten cualquier barbarización gramatical y lexical con el objeto de lucrar sílabas. No tienen fin los miserables artificios a los que recurren para borrar una sílaba aquí, otra allá, en el estúpido delirio de que, de ese modo, su expresión adquiere brevedad y concisión. La

brevedad y concisión de la expresión, mis queridos imbéciles, dependen de otras cosas muy distintas que de eliminar sílabas, y requieren cualidades que tan poco entendéis como poseéis. Y si, a través de todos[417]
| Véase pág. 140, también pág. 90 margen |
| N. B. cada palabra criticada debe buscarse antes en Adelung.[418] |

Ahora bien, no se les hace ningún reproche por eso; antes bien, un ejército de asnos aún mayores que ellos los imita de inmediato, */ y hasta en la conversación se escucha a ignorantes presumidos no utilizar otro pretérito que siempre el imperfecto. ¡Qué distancia hay entre aquéllos y éstos! /*[419]

80,2

Ad idem Caput.[*]
    Cfr. pág. 85, M, en S[420]
    (Otro escribe «er verirrte» {extravió} en lugar de «er verirrte sich» {se extravió}. ¡Si un francés escribiera *il égara* en lugar de *il s'égara*![**] ¡Se daría cuenta de que tiene que vérselas con franceses, y no con alemanes!)[421]

80,3

S página siguiente[422]
    No se ha de olvidar que toda persona que no entienda latín pertenece al pueblo, aun cuando sea un gran virtuoso con la máquina electrostática y pueda mostrar en el crisol el radical del ácido fluorhídrico.[423]

80,4

---

*   Al mismo capítulo.
** «Él extravió» en lugar de «él se extravió».

[Página 81]

81,1 */ esos recortes realmente lograrais que la página tuviese una línea menos, ¿de qué serviría si, de ese modo, toda la página se ha estropeado? /*
[Sobre Ansprache {acción de apelar, interpelar, llamar} *appellare*, en lugar de Anrede {acción de dirigir la palabra} *alloqui*]
El que dicha mejora del lenguaje halle un seguimiento grande y general, casi sin excepciones, se explica por el hecho de que la eliminación de sílabas cuyo significado no se entiende requiere apenas tanto entendimiento como el que posee el más mentecato.[424]

81,2 La palabra Weiber {mujeres, hembras} (*cfr*. 134.) es totalmente inocente y designa el sexo sin ningún significado colateral. O sea que, si se le adjuntó un significado desagradable, sólo puede provenir de lo designado, no del signo. Por eso, una modificación no mejorará la cosa. S pág. 82[425]

81,3 *Cfr.* pág. 91
Son tan insensibles a las cacofonías como lo son los yunques, por lo cual les gusta acumular una sobre otra tantas consonantes cuantas sea posible, y preferiblemente aquellas que casi no pueden pronunciarse juntas: p. ej., en lugar de «Beleuchtungsdienst», «Beleuchtdienst» {servicio de iluminación}. «Löschen» (en lugar de *Erlöschen*) {apagar} la lámpara. Pág. 92. ¡Si tan sólo supieran cómo suena el idioma alemán en los oídos de aquel que no lo entiende y que, por eso, sólo oye el sonido! Yo lo sé.[426]

81,4 Sicher {seguro} en lugar de gewiß {con seguridad, seguramente}: es un adjetivo, cuyo adverbio es sicherlich {seguramente}. El primero no debe utilizarse *adverbialiter** en lugar de GEWIß, tal como sucede ahora EN GENERAL, sin fundamento alguno.⁴²⁷

Toda la generalizada y deshonrosísima barbarización del idioma alemán atestigua la falta más crasa de entendimiento: sus principales gestores son los asalariados de los libreros y los periodistas. Pero su fundamento último está en el cada vez más extendido DESCONOCIMIENTO DE LAS LENGUAS ANTIGUAS. En efecto, a través de esas lenguas se aprende a tomar con precisión y exactitud el valor y la vigencia de cada palabra. Sobre todo escribir en latín produce este aprendizaje. Sin duda, nuestros perfeccionadores del idioma son incapaces (con poquísimas excepciones S pág. 80 M)⁴²⁸ de escribir, sin recurrir a medios auxiliares, una carta en latín libre de errores. De la misma fuente proviene la infamia de que se edite a los autores griegos y hasta a los latinos con explicaciones alemanas: cualquiera sea el pretexto que se aduzca, la verdadera razón es que el editor no sabe escribir latín y que los alumnos no son diestros y rápidos para leer latín, sino que, como hijos de zapatero, lo exigen en su lengua materna. En las escuelas hasta debería estar prohibida la POSESIÓN de tales ediciones. El año 1848, con su limpio accionar, ha esparcido entre los estudiosos una semilla de ignorancia, después de que el hegelianismo hubiese arado la tierra para recibirla, y ahora, la semilla está ya en flor. Se nota por todos los costados: fumar cigarros, politiquear y viajar en tren han ocupado el lugar de un estudio serio, y los rostros barbados, amarillentos de fumar y con gafas pero con mentes vacías se atreven a burlarse de la «ÉPOCA DE LAS PELUCAS», en la que actuaron grandes inteligencias y el conocimiento profundo de las lenguas antiguas era generalizado.
| CFR. PARERGA II, PÁG. 436⁴²⁹ |

81,5

---

* Adverbialmente.

81,6 Uno [Wilhelmi en la revista *Heidelberger Jahrbücher*] escribe: «entré en el templo donde TRAF {encontré; atiné a} las estatuas de Odín, Thor y Frigg», con lo que habría que pensar que disparó a dichas estatuas. La palabra está en lugar de VORFAND {encontré} en virtud de una miserable tacañería con las letras. Si estuviese todavía «ANTRAF», sería aún pasable, si bien tampoco esto sería correcto, pues sólo se la debe utilizar para referirse a personas casualmente presentes, y no a un dios en su templo. ¿Es que queréis barbarizar lingüísticamente toda la página para que tenga una línea menos? ¿Es esto buen sentido? ¿O es estupidez?[430]

81,7 A margen DE PÁG. 443.
Ese rigor de los ingleses, franceses e italianos no es en modo alguno pedantería, sino un sabio cuidado, a fin de que no cualquier muchacho que ande repartiendo borrones por ahí profane el santuario nacional de la lengua, como sucede en Alemania.[431]

[PÁGINA 82]

82,1 */ El mundialmente célebre MONÓLOGO DE HAMLET dice, en el fondo, lo siguiente: nuestro estado es tan miserable que habría que preferir a él la completa no existencia. Ahora bien, si el suicidio nos ofreciera esa posibilidad realmente, de manera que se tuviera en el pleno sentido de la palabra la alternativa *to be or not to be*,* habría que elegirlo absolutamente como una redención digna de ser deseada, *a consummation devoutly to be wish'd*.** Pero sucede que hay en nosotros algo que nos dice que no es

---

* Ser o no ser.
** Es un objetivo íntimamente deseable. Shakespeare, *Hamlet* III, 1.

así, que con ello no se acaba, que la muerte no es la aniquilación absoluta.
| Anotado, Welt als Wille und Vorstellung I, 366. /*⁴³² |

Nada puede servir más para la paciencia en la vida y para soportar con serenidad los males y a los hombres que un recuerdo BUDISTA de este tipo: «Esto es samsara: el mundo del placer y del deseo, y por tanto, el mundo del nacimiento, de la enfermedad, del envejecimiento y de la muerte; es el mundo que no debería ser. Y ésta aquí es la población del SAMSARA. ¿Qué podéis esperar, pues, que sea mejor?». Quisiera prescribir que cada cual se repitiera esto con consciencia cuatro veces al día.
| Anotado, Parerga 2, 255.⁴³³ |

82,2

Continuación de Parerga II, pág. 312, margen arriba *et* pág. 313, hoja abajo.

82,3

Mientras que en Europa se afecta la presencia de un ancho abismo entre el hombre y el animal, la verdad es que tiene que estar ciego de todos los sentidos o cloroformado por el *foetor Judaicus** quien no vea que EL ANIMAL, en lo esencial y principal, es enteramente lo mismo que nosotros, y que la diferencia está sólo en el accidente, en el intelecto, no en la sustancia, que es la voluntad. El mundo no es una chapucería y los animales no son un producto manufacturado para uso nuestro. Tales formas de ver deberían quedar reservadas a las sinagogas y a los auditorios filosóficos, que en lo esencial no son tan diferentes entre sí. En cambio, el reconocimiento de lo arriba dicho nos pone a disposición la regla para el recto trato de los animales. A los zelotes y curas les aconsejo no contradecir demasiado en este punto, pues esta vez está de nuestro lado no sólo la VERDAD, sino

* Hedor judío, olor a ajo.

también la MORAL. */ El judío sale perdiendo: por tanto, cuidaos. /*

EL MAYOR BENEFICIO DE LOS FERROCARRILES es que ahorran a millones de caballos de tiro una existencia miserable.

S[434] La concepción judía del mundo animal, según la cual se considera al animal como un utensilio al servicio del hombre, y que convierte al europeo en objeto de horror para todos los asiáticos incircuncisos, tiene que terminarse por fin.[435]

82,4 S A PÁG. 81.[436]
El idioma alemán, como el latín, cuenta con la ventaja de tener para *genus* y *species*,* para *mulier* y *uxor*,** dos palabras respectivas, y no se lo debe abandonar por un capricho mujeril. Por eso, a las mujeres les resulta siempre de mal tono que lo utilicen señoritas, aun cuando mil insípidos literatos de mesa de té se esfuercen muy sumisamente en reducirlo a ese uso.

Así, los judíos quieren llamarse ISRAELITAS, los costureros SASTRES, y recientemente se ha propuesto que, como la palabra LITERATO ha caído en descrédito, esos señores deben llamarse, en lugar de ello, ESCRITORES. Pero si una denominación en sí misma inofensiva se hace pasible de descrédito, no depende de la denominación, sino del denominado, y el mismo destino de la antigua tendrá pronto la nueva. Con clases enteras sucede como con los individuos: cuando uno cambia su nombre, proviene de que ya no puede seguir llevando con honor el anterior; pero él sigue siendo el mismo, y no hará más honor al nombre nuevo que al antiguo.[437]

---

* Género y especie.
** Mujer y esposa.

[Página 83]

[Emparentado con pág. 79.] 83,1
Finito e infinito son conceptos que sólo tienen significado en relación con el espacio y el tiempo, en cuanto ambos son infinitos, es decir, sin fin, como también infinitamente divisibles. Si se aplican esos dos conceptos también a otras cosas, tienen que ser tales que, al llenar el espacio y el tiempo, participen, a través de ellos, en sus propiedades. A partir de aquí debe estimarse qué grande es el abuso que filosofastros y farsantes han llevado adelante en este siglo con esos conceptos.
| Anotado[438] |

¡Envidiable situación la nuestra! Vivir un lapso de tiempo, 83,2 llenos de fatigas, problemas, angustia y dolor, sin saber en lo más mínimo de dónde, hacia dónde y para qué, y teniendo además a los curas de todos los colores con sus respectivas revelaciones sobre el asunto, aparte de las amenazas contra los no creyentes.

[Y a ello se agrega todavía lo siguiente:] nos vemos mutuamente y tratamos unos con otros como máscaras con máscaras. No sabemos quiénes somos, pero como máscaras que ni siquiera se conocen a sí mismas. Y del mismo modo nos ven los animales; nosotros a ellos.
| Anotado. |
| Parerga II, Tertius pág. 50, pág. 304. Et Welt als Wille und Vorstellung II, pág. 163.[439]

Prólogo a la 3.ª edición [*cfr.* pág. 78, 57] 83,3
Para que mi filosofía pudiese surgir, ser pensada, concluida y expuesta, eran necesarias, aparte de las internas, también ciertas condiciones externas, como el lector perspicaz podrá estimar: *nam Caesar nullus nobis haec otia*

fecit.* Entretanto, todas las condiciones se han reunido, y ahora también la última, a saber, que se me otorgara una larga vida, o sea, que se me diera por lo menos sin gran disminución el breve período de tiempo que se otorga en general a la existencia humana a fin de que pudiese dar los últimos retoques a mi obra y conferirle progresivamente su plenitud y compleción según el sistema, y que pudiese por último enriquecerlas con aquellos conocimientos y pensamientos que sólo suelen ser fruto de años tardíos o que, en general, necesitan tiempo para depositarse paulatinamente. Como también eso se me ha concedido, entrego en la presente edición mi obra en la perfección que ha podido recibir de mí, más aún cuando esta edición debería ser la última revisión, cosa que es fácilmente posible dados mis setenta años de edad.[440]

83,4 */ Pues que yo pueda vivir todavía una edición posterior y vaya a estar en condiciones de enriquecerla de manera perceptible no es para nada probable a mi avanzada edad. /*

[PÁGINA 84]

84,1 En esta 3.ª edición el lector no echará de menos nada de lo que la 2.ª contiene. Pero la presente edición ha recibido todavía importantes adiciones, etc.[441]

84,2 INITIUM:
/ La aparición de esta 3.ª edición es un signo de que, ahora, la resistencia de los profesores de filosofía ha sido superada, / tanto la primera resistencia, pasiva y muy per-

---

* Pues ningún emperador nos ha deparado estos ocios. *Cfr.* HN IV (2), pág. 321.

sistente, como también la subsiguiente, activa, muy ridícula, burda y torpe. Mi doctrina se ha abierto camino y, ahora, armada con la fuerza de la verdad, continuará incontenibemente a través de los países y los siglos. La filosofía en broma de la universidad podrá correr a su lado con su obligada teología (mitología judía); o no, según prefiera. */ En esta 3.ª edición hago probablemente los últimos retoques a la obra y le doy la perfección que le había sido deparada. /*⁴⁴²

EXORDIUM. 84,3
*/ Lo genuino y verdadero ganaría más fácilmente espacio en el mundo si los que son incapaces de producirlo no se hubiesen confabulado al mismo tiempo para no dejarlo surgir.
Pero de ese modo es difícil, puesto que aquellos que deberían apoyar son adversarios y enemigos. Como consecuencia de tales esfuerzos suyos, la tercera edición de este libro aparece también cuarenta años después de la primera, y, para vivirla y corregirla, he tenido que alcanzar la edad de setenta y un años, cosa que tampoco es para cualquiera. Pero ahora se ha acabado finalmente con la resistencia de esos incapaces, de esos enemigos natos de lo verdadero, grande y hermoso. Ellos sólo sisean, gruñen y lloran desde el tenebroso escondite de sus cavernas, y yo digo, con las palabras de Shakespeare:
– Pues, *si quis** título de *Spic<ilegium>***
Abajo mejor, en lugar de lo de arriba junto a S⁴⁴³
Entre las muchas consecuencias que esto ya ha tenido en el mundo está también el hecho de que la 3.ª edición de esta obra, cuya primera edición entregué para su impresión en mi trigésimo año de vida, sólo aparece en mi año septuagésimo

*   Si alguien...
** Espigueo, antología.

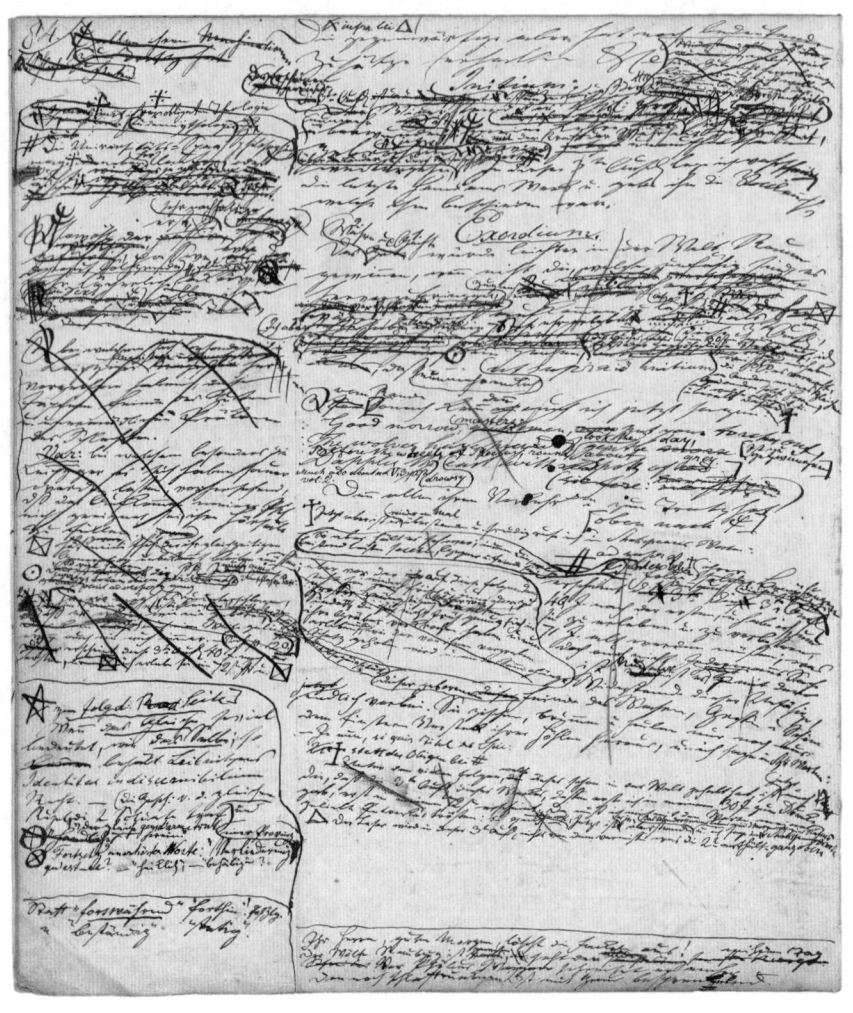

Página 84 del manuscrito

segundo. En esto tengo que consolarme con las palabras de mi querido Petrarca: *si quis*. Pues bien, ahora ya está superado. El ocaso de mi vida será la aurora de mi celebridad, y digo, con palabras de Shakespeare:
Pero he tenido que vivir mi septuagésimo primer año de vida para que saliera esta 3.ª edición del libro, que publiqué en mi trigésimo año. Es el curso habitual de las cosas, ya lo sé: a mí pudieron hacérmelo los profesores de filosofía; a otros semejantes a mí pudieron hacérselo otros señores de esta calaña, que están siempre y en todas partes. /*
Pero ahora ha sido superado, y exclamo con alegría, con palabras de Shakespeare:
*/ Tanto han podido los profesores de filosofía. Pues, *qui currens totam diem pervenit ad vesperam*,* inversión *ex Petrarca*. [Sí, en lo posible ocultarlo por completo, ahogarlo en sus comienzos, que fuese como si nunca hubiese nacido, el traidor de su incapacidad y obsequiosidad. Realmente, eso puede salir bien por un tiempo, pero nunca para siempre. (Véase pág. 120.)] Por eso, esta 3.ª edición aparece cuarenta años después de la primera, y la vivo en mi septuagésimo segundo año de vida, y mi filosofía ha tenido que permanecer desconocida para su generación contemporánea. Pero frente a la generación subsiguiente reaparece de nuevo joven y lozana, para gran angustia de aquellos de entre los viejos pecadores que no se arrastraron lo suficientemente temprano a sus tumbas y que ahora tienen que ver cómo el tesoro que ellos habían enterrado es desenterrado y reluce a la luz del sol. /*
<...> un signo de que, ahora, por fin *ut supra: initium*, del margen

---

* Más exactamente: *si quis, tota die currens, pervenit ad vesperam, satis est* [si alguien corre todo el día y llega al atardecer, es suficiente]. Petrarca, *De vera sapientia*.

*/ en el que se han destacado especialmente los maestros de Leipzig, esos valientes enemigos del bien e incansables pregoneros del mal.

VARIANTE: en el que especialmente los de Leipzig se pusieron agrios, previendo que el surgimiento de mi filosofía no era apropiado para llenar sus auditorios.

[Después de lo cual también yo puedo decir ahora:
Good morrow, masters, put your torches out,
The wolves have prey'd, and look the gentle day,
Before the wheels of Phoebus, round about
Dapples the drowsy east with spots of grey.]
Much ado about nothing V, 3, pág. 272, vol. 2.
[Es demasiado forzado] /*
¡Señores, buenos días, apagad vuestras antorchas!
La incursión de los lobos ha pasado, mirad el suave día.
Marcha precediendo el carro de Febo,
salpicando de gris el Oriente, aún somnoliento.

Pues, a pesar de todas sus precauciones, ha [arriba después de S[444]][445]

84,4   S[446] [A LA PÁGINA SIGUIENTE]
Si DAS GLEICHE {lo igual} significa tanto como DAS SELBE {lo mismo}, entonces la *identitas indiscernibilium** de Leibniz tiene la razón. (La historia de la igual *{gleiche}* bala que alcanzó a dos soldados) y «el igual *{gleiche}* gendarme entró».

S[447] Continuación de palabras inauditas: «Verliederung {guarnición} de una provincia» *qu'est-ce?*** – «heiklich» {delicado, difícil}, – «behäbig» {cómodo}?

¡En lugar de «FORTWÄHREND», «forthin»! {continuamente} *(Postzeitung)*
En lugar de «beständig», «stetig» {constante}.[448]

*   Identidad de los indiscernibles.
**   ¿Qué es?

[Página 85]

Continuación de la pág. 81
El idioma alemán ha sido entregado en manos de la estupidez. Fälschung en lugar de Verfälschung {falsificación, falseamiento}, cuando lo primero se ha utilizado hasta ahora exclusivamente con referencia a valores, papeles, o sea como especie de un género. Del mismo modo, Vergleich en lugar de *Vergleichung* {comparación}, cuando lo primero se ha utilizado por regla general sólo para *pactio, compositio*.* A través de esa modalidad de dejar en pie, de dos palabras, sólo una, la cual, por tener una sílaba menos, ha de prestar ahora el servicio de ambas, la lengua se hace cada vez más pobre y, al mismo tiempo, ambigua, del mismo modo como las generaciones animales, tomando la escala en sentido descendente, se vuelve cada vez más imperfecta por el hecho de que una parte asume sola las funciones que, más arriba, eran desempeñadas por dos (sobre lo cual Milln Edwards – – –). Que una palabra tenga dos significados es un defecto que habría que contrarrestar siempre: ¡y ellos lo fomentan!

Siempre «Bezug» en lugar de *Beziehung* {relación}, «Geschick» en lugar de «Geschicklichkeit» {habilidad}, de donde surgen extraños malentendidos: p. ej., «el Geschick de Cayo» —donde se piensa que se hace referencia a su destino—. El lector tiene que adivinar el verdadero sentido, para lo cual tiene que leer tres veces la frase. Pero ¿qué importa eso? ¡Se han ganado dos sílabas!

/ Deseo que los alemanes no quieran incrementar aún más la fama que tienen en cuanto a lo intelectual en Inglaterra, Francia e Italia, y no en el mundo de los libros sino en la vida real. / pág. 113 *Bettbezug* {funda de edredón} y hasta *Sachverhalt* {estado de cosas, circunstancias} en lugar

---

* Coincidencia; composición.

de *Verhältniß* {relación}; uno piensa en *Urin*VERHALTUNG {retención de orina}. En lugar de «von Seiten», SEITENS {de parte de}, una palabra indeseable en lugar de *abseiten* {fuera de}; y en lugar de «IM NAMEN» {en nombre de}, «Namens» directamente erróneo, pues esta palabra, en alemán, significa DE NOMBRE. Sobre todo las autoridades deberían precaverse de ello, porque puede llevar a equivocaciones. Y todo sólo por amor a la sucia, infame avaricia con las letras.

«RECHNUNG LEGEN» en lugar de *ablegen* {dar cuenta de} *(Postzeitung)*, y así siguiendo: en lugar de *auflegen* {poner encima}, *unterlegen* {poner debajo}, *vorlegen* {poner delante, presentar}, *darlegen* {exponer}, *einlegen* {poner dentro, insertar}, *überlegen* {poner encima, reflexionar}, *verlegen* {trasladar}, *auslegen* {exponer, poner a la vista}, etc., siempre sólo *simpliciter* «legen». «WILLIGUNG» en lugar de «EINWILLIGUNG» {consentimiento}: por tanto *ich bin gewillt* {estoy dispuesto a}. «Eine Sache WEIGERN {negar}» en lugar de «VERWEIGERN» {rehusar a} (Recensión), o sea, el *activum transitivum* en lugar del *reciprocum*.* Cfr. pág. 88, pág. 80.

El desprevenido tomará «SACHVERHALT» por una abreviación de SACHVERHALTUNG, como en URINVERHALTUNG; y si hacéis de VERHÄLTNISS {relación} VERHALT, tenéis que hacer de BEHÄLTNIS {recipiente, receptáculo} BEHALT.

He encontrado un nuevo sustantivo: «Gröbungen» por «Grobheiten» {groserías}, y «handliche Übersicht» {panorámica manuable} *(Centralblatt);* un nuevo verbo: «HEEREN», cuyo significado parece que ha de ser «mantener un país ocupado con un ejército»; «AUFBESSERUNG der Gehalte» {mejora de los salarios}, S pág. 84.[449] Tan pronto como una expresión es suficientemente estúpida, puede esperar aplauso y adopción. Cada mínimo escribidor y chapucero se siente

---

* El activo transitivo en lugar del activo con pronombre reflexivo.

llamado a perfeccionar y enriquecer el idioma, y no titubea en escribir una palabra que le pasa en el momento por la mente y que jamás se oyó en el mundo.

El *studium brevitatis** va tan lejos que le cortan la cola al diablo y, en lugar DE MEPHISTOPHELES, ESCRIBEN MEPHISTO. La rápida y universal propagación de estos deslices idiomáticos se basa en que cada escribidor ve al otro como una autoridad clásica y, por eso, copia sin ningún escrúpulo lo que encuentra impreso en cualquier lado.⁴⁵⁰

«ÜBERMÖGEN» {superar por mayor capacidad} en lugar de «ÜBERWINDEN» {vencer por lucha}, ESCRIBE GRAUL, *Kural*, págs. 8 y 69; ¡qué desvergonzado! 85,2

BEANSPRUCHEN {requerir, reivindicar, exigir, reclamar}, una palabra tan bien vista como torpe e irresponsablemente tonta; VORERST, sin sentido y de resonancia repugnante, en lugar de FÜR'S ERSTE {en primer lugar, para empezar}. Y EINMAL en lugar de ERSTLICH {primeramente}, o sea, *semel*** en lugar de *primum*,*** por lo cual ambas son utilizadas por la generalidad.

«DAßELBE» {el/la/lo mismo} se escribía en contracción, como aquí, cuando representa el pronombre ES {lo; se}. Pero después se mantuvo la contracción también en todos los demás casos, sin razón. De allí surgió la confusión: se fue dando un encastillamiento cada vez mayor en las palabras «dieselbe, derselbe, daßelbe» {el mismo, la misma, lo mismo}, hasta que, finalmente, no se sabía cómo salir de allí. De ese modo, se AMPUTÓ del cuerpo de la lengua el adjetivo (o pronombre) «(der – die – das) selbe», sumamente necesario, por lo que, desde hace algunos años, YA NO

* Afán de brevedad.
** Una vez, en un tiempo.
*** Primero, en primer lugar, por primera vez.

APARECE MÁS, sino que es representado por DAS GLEICHE {lo igual}, S pág. 84 margen.⁴⁵¹

[al respecto *ad Parerga*]

Si esto sigue así y estos barbarizadores del lenguaje, en lugar de desdoro y vergüenza, cosechan aplausos e imitación, en algunos años más el idioma alemán se habrá rebajado a una germanía ordinaria, pobre y difícil de entender.

Continúa en la pág. 86

Er IST *gestanden* {él estuvo (de pie)}:* un grosero SOLECISMO que HACE ESTRAGOS principalmente en la escribidera del sur de Alemania.

«"DAFÜR" —en lugar de "DAZU" {para eso}— ist es jetzt noch nicht an der Zeit» {Aún no ha llegado el tiempo para eso}.

«Sie erleiden eine FÜR —en lugar de BEI— die jetzige Kälte, sehr harte Behandlung» {Soporta un tratamiento muy duro dado el frío que hace ahora}.

*Maaß*NAHMEN {medidas} son las que toma el sastre cuando me mide pantalones; *Maaß*REGEL {directiva, disposición} es el principio rector según el cual se ha de proceder.⁴⁵²

[PÁGINA 86]

86,1 Antes de quemar vivo al agudo y profundo pensador VANINI, le arrancaron la lengua, porque con ella había blasfemado contra DIOS. Admito que, cuando leo semejantes cosas, me vienen un poco las ganas de blasfemar contra ese DIOS.

[HOC IPSUM BLASPHEMIA EST: NE IGITUR DICAS.]** ⁴⁵³

---

* En utilización del auxiliar *sein* en lugar de *haben*. (N. del T.)
** Esto mismo es blasfemia: ¡no hables así!

Según informes franceses provenientes de JAPÓN —en el *Journal de la flotte* de 1856— hay allá dos religiones principales: 1.º, el Shinto, cuyo sumo sacerdote es el DAIRI y que es profesado por el emperador; y, 2.º, el BUDISMO. Pero, según dichos informes, ambos son tan similares en sus dogmas y ceremonias que se espera verlos alguna vez fundidos totalmente en unidad.[454]

86,2

Una prueba grandiosa de la miserable SUBJETIVIDAD de los hombres como consecuencia de la cual refieren todo A SÍ MISMOS y de cada pensamiento regresan de inmediato en línea directa hacia sí, la ofrece la ASTROLOGÍA. Ésta pone en relación la marcha de los grandes cuerpos celestes con el miserable yo, así como coloca también los cometas del cielo en relación con los manejos y las ruindades terrenas. Pero esto ya ha sucedido desde los tiempos más antiguos, p. ej., Stobaeus, *ecloga* vol. 1, pág. 478.

| ANOTADO[455] |

86,3

Continuación de la pág. 85

86,4

Es una verdadera MANÍA la que se ha apoderado de todos nuestros escribidores actuales: todos sus pensamientos y acciones se orientan a QUITAR SÍLABAS, y siempre encuentran algunas que, en su ignorancia y estrechez de miras, les parecen prescindibles. Y a través de ese ahorro de sílabas arruinan períodos enteros, de modo que no se entiende lo que dicen y hay que leerlos reiteradas veces a fin de adivinar qué es lo que el escribidor quiere decir. Se trata del *pennywise and poundfoolish** de los ingleses en sumo grado pág. 90 margen. Véase en los ejemplos que se ofrecen a diario qué miserables

---

* Sabio para los peniques y necio para las libras. Adagio inglés que se refiere a la persona que es ahorrativa y prudente en lo pequeño, pero derrochadora y necia en lo grande.

PÁGINA

artificios se permite un escribidor semejante para ahorrarse «wenn» {si} y «so» {así}, y cómo hace de ese modo incomprensible su redacción, para tormento de su lector.⁴⁵⁶

86,5   Continuamente se lee ANSPRACHE {acción de apelar, interpelar, llamar} en lugar de ANREDE {acción de dirigir la palabra}: pero *Ansprechen* es algo distinto de sólo *Anreden*. En efecto, contiene en sí el concepto de petición, enteramente como *appellare*.* *Anreden* es sólo *alloqui*.** Aquí no se trata de un ahorro de letras: lo único que quieren es no utilizar palabras HABITUALES: ¡craso error! PENSAMIENTOS NO HABITUALES EN PALABRAS HABITUALES, ésa es la cosa, y no a la inversa.

/ [Se prefiere y utiliza casi exclusivamente ANSPRACHE, pues esa gente no QUIERE hablar el lenguaje de Winkelmann, Klopstock, Lessing, Wieland, Goethe, Bürger, Schiller y Kant, sino el del ilustre «tiempo actual», es decir, el de las mentes paralizadas por el humo de los cigarros, el de la gente que no sabe latín, la de la gente que etc.] /

[Este pasaje, donde se recogen los *nova et falsa**** que no traen consigo ahorro de palabras]

La brevedad se ha de perseguir no mediante la omisión de letras y sílabas, sino de aposiciones y proposiciones incidentes.

S⁴⁵⁷ y, a la inversa, Graul, *Kural*, v. 684, coloca el adverbio en lugar del adjetivo: «günstig Aeußeres, gründlich Wißen» {«exterior favorablemente, conocimiento profundamente»} a pág. 87 margen.

*/ ¿Qué fama tienen los alemanes en cuanto a lo intelectual en Inglaterra, Francia, Italia y España? No me gusta decirlo,

---

*   Interpelar, dirigir la palabra, invitar, nombrar, mencionar.
**   Dirigir la palabra, pronunciar una alocución.
***   Lo nuevo, la novedad, y lo falso, la falsificación.

pero, frente a esta demolición lingüística universal llevada adelante por todas las manos, me viene a la mente realmente muy a menudo. /*
UNBILL {injusticia} en lugar de UNBILD {inclemencia} es exactamente como escribió en el primer decenio de este siglo un escritor (¿prof. Schütz?) UNGESCHLACHTET {no sacrificado} en lugar de *ungeschlacht* {enorme, grosero}, de lo que en aquel entonces Goethe se rio de buena gana.
Con tal de ahorrarse WENN Y SO, se retuercen como los gusanos, de forma sumamente ridícula.
«WÜRDE ER KOMMEN» en lugar de «käme er» {si él viniera} es en alemán como «wenn er kommen thun sollte» {si él fuese a venir} – pág. 99 margen junto a S^{458}
AUFFALLEND {que llama la atención} es una palabra fácilmente comprensible a partir de su etimología; «AUFFÄLLIG» {llamativo} no dice nada [aunque sí «augenfällig»] y es como si, en lugar de *frappant*,* se dijera *frappeux;* no obstante, a consecuencia de su especial estupidez ha hallado favor y reprime POR COMPLETO AUFFALLEND.^{459}

[PÁGINA 87]

Un periódico informa acerca de una inminente «Aenderung» {un «cambio»} del uniforme; en alemán, esto significa que, en lugar del utilizado hasta ahora, se introducirá uno totalmente distinto, cuando lo que se está queriendo significar es sólo una modificación del uniforme.

¡«Ständig» {permanente} en lugar de *beständig* {constante, estable}! Entonces, tenéis que escribir *Stand* {puesto, sitio, lugar, estado} en lugar de *Bestand* {permanencia, estabilidad, duración, consistencia} y *stehn* {estar (de pie, parado)} en

87,1

* Impactante, llamativo.

lugar de *bestehn* {persistir, perdurar, consistir}, y mezclarlo todo con el único fin de ahorrar una sílaba.

De nuevo sobre LÖSEN {desatar, desligar, resolver} Y AUFLÖSEN {disolver} (*cfr. Welt als Wille und Vorstellung* II, *Wißenschaftslehre*):[460] son dos conceptos diferentes que, por esa razón, el lenguaje designa en alemán con dos nombres distintos. No se debe suprimir esa diferente denominación por avaricia con las sílabas, con lo que se empobrece la lengua.[461]

87,2 El escritor consciente de su valor intelectual hará con noble *tranquillità** justicia a cada letra, escribirá con *aisance*** y, en relación con partículas, sílabas y letras, mostrará incluso una cierta liberalidad despreocupada, o sea, en modo alguno suprimirá el verbo auxiliar, ni escribirá «selbstverständlich» {evidentemente} sino «es versteht sich von selbst» {se entiende por sí mismo}. En efecto, sabe que el contenido intelectual de cada uno de sus períodos alcanza de todos modos para llenarlo in extenso —aquí pág. 96—. Pero pondrá tanta más atención en la expresión clara y perfecta de ese contenido intelectual. En cambio, el escribidor escribe con una consciencia embotada su frase constituida por expresiones vacilantes, indecisas y períodos apretados, y elimina después todos los verbos auxiliares, partículas, sílabas y letras que le parecen prescindibles, en el delirio de que, de ese modo, conferirá a su escrito concisión, energía y peso específico.

Una extendida barbarización de la lengua es un mal crónico que resulta después muy difícil de curar. Y si no se lo cura, el posterior escritor que realmente piense encuentra el material para expresar sus pensamientos estropeado.

Para la no designación del CASO: *cfr.* pág. 113 margen.

* Tranquilidad.
** Soltura, comodidad.

En la archiconocida canción popular «Was ist des Deutschen Vaterland» {«Cuál es la patria del alemán»} dice:
«So weit die deutsche Zunge klingt
Und Gott im Himmel Lieder singt» {Hasta donde resuena la lengua alemana / y Dios entona cánticos en el cielo}.*
[verificatum]** sigue en la página siguiente.
En alemán, eso quiere decir que Dios está sentado en el cielo y entona cánticos. ¡Adivinémoslo! Una lengua debe EXPRESAR pensamientos, no dejar que nosotros los ADIVINEMOS. El caso TIENE, TIENE, TIENE que expresarse siempre, sea por flexión o por artículos, y no quedar librado a que el lector lo adivine. De lo contrario, sois HURONES*** y caribes.**** Como en la mayoría de los casos no se antepone artículo al nombre propio, en el tiempo en que todavía había en Alemania BUENOS escritores, se expresaba en los nombres propios el *casus obliquus****** por medio de s y n: Goethe, Goethes, Goethen. Pero nuestros literatos de mesa de té y criados de libreros no quieren para nada hacerlo, no les gusta: no saben invocar razones en contra, pero no les gusta, y, por tanto, prefieren dejar que el lector adivine qué se quiere decir y quién es cuál.⁴⁶²

Los ORÁCULOS fueron atribuidos por los griegos a los dioses; más tarde lo fueron por los cristianos a los diablos y demonios; por los escépticos de todos los tiempos, a los embusteros; pero nuestro tiempo ha avanzado tanto que

87,3

---

*   En realidad, la intención es decir que la lengua alemana entona cánticos a Dios en el cielo. *(N. del T.)*
**   Demostrar, verificar, comprobar, confirmar la verdad.
***   Confederación de tribus de indígenas norteamericanos de la familia lingüística de los iroqueses.
****   Indígenas de América del Sur y Central.
*****   Caso oblicuo.

comenzamos a presentir que los que están en juego no son ni dioses, ni demonios, ni embusteros, sino el magnetismo animal. De modo que también aquí, al igual que, como se sabe, en otros casos, cuando investigamos la fuente de los fenómenos, somos remitidos del mundo exterior hacia nuestro propio interior.[463]

87,4 Uno escribe: «hacer una cosa ERNST {serio, seria}», en lugar de ERNSTLICH {seriamente}, y *sicher* {seguro, segura} en lugar de *sicherlich* {seguramente}, es decir, coloca en lugar del adverbio el adjetivo. Pero este último está vinculado siempre con el SUJETO, EN ESTE CASO con la persona, mientras que el primero está vinculado con la ACCIÓN, de modo que, mediante este proceder, todo el pensamiento se desplaza. ¡No pasa nada! Se ahorran tres letras, y para ello pisoteamos la gramática, la lógica, el sentido y el entendimiento. S 86 margen.[464]

Habría que pensar que las letras son diamantes, al ver cómo se las escatima. Quisiera que en Alemania el entendimiento tuviese un precio tan módico como las letras. En realidad, sin embargo, en esta reforma de la lengua se manifiesta una ausencia de juicio tan colosal que uno quisiera preguntar si detrás no se esconde una enfermedad mental, y contagiosa.

EN EL FÜR {para, por}. A la correcta sintaxis, sobre todo al recto uso de las preposiciones, no se presta atención alguna. Todo chapucero coge la preposición que se le ocurre en el momento, o la que le gusta, según la regla *stat pro ratione voluntas;** y pronto lo sigue otro chapucero, para quien EL PRIMERO rige como autoridad.

En lugar de AUSFERTIGEN {librar, redactar, extender}, FERTIGEN {fabricar, producir}, tal como, desde hace mucho

---

* Más exactamente: *hoc volo, sic iubeo, sit pro ratione voluntas* [esto es lo que quiero, así lo ordeno, pongo la voluntad en lugar de la razón]. Juvenal, *Saturae* VI, 223.

tiempo, esa misma palabra tiene que prestar su servicio en reemplazo de VERFERTIGEN {hacer, elaborar}. Probablemente asumirá también el servicio de ABFERTIGEN {terminar, consignar}, como también de ANFERTIGEN {producir, confeccionar} y, de ese modo, el idioma se empobrece cada día en una palabra más. «Scheuchen» en lugar de *verscheuchen* {ahuyentar}. ¡En lugar de *beständig, ständig!*, y consecuentemente también *anständig, inständig, verständig, ausständig, abständig, nachständig*, etc., y, en general, en lugar de BESTAND, STAND. Sólo por el hecho de que el VERSTAND {entendimiento} es tan ajeno a estos señores se explica que no lo hayan acortado también a STAND. Pero sobre todas las cosas les aconsejo acortar su propio epíteto, y, en lugar de DUMM {estúpido, tonto, bobo}, escribir *dum*. En lugar de SCHARFSINN {agudeza, sagacidad}, escriben SCHÄRFE {precisión}, como si la precisión y la agudeza de un juicio no fuesen dos cosas muy distintas. Pero a ellos sólo les importa utilizar la misma palabra para designar dos, tres o varios conceptos sólo por el hecho de que es más corta que las emparentadas con ella, de modo que tornan la lengua en parte floja y roma, en parte enteramente ambigua. ¿Qué epíteto les corresponde?[465]

[PÁGINA 88]

La contraposición entre IDEALISMO Y REALISMO tiene que ver con lo CONOCIDO, con el objeto; en cambio, la contraposición entre ESPIRITUALISMO Y MATERIALISMO tiene que ver con el COGNOSCENTE, con el sujeto. (Los ignorantes emborronadores de cuartillas de hoy en día confunden idealismo y espiritualismo.)
| ANOTADO.[466] |

88,1

PÁGINA

88,2 Continuación de la pág. 87
Más sobre la infamia que los chapuceros han hecho con el idioma alemán.

La completa destrucción del idioma alemán por esos mezquinos recortes de sílabas y letras debe compararse con el procedimiento de un dueño de fábrica que lleva la fábrica entera a la ruina por introducir algunos pequeños ahorros mezquinos. Pertenece, pues, al rubro *pennywise and poundfoolish*.*

En lugar de «AUSGENOMMEN {excepto} aquellos que, etc.», escriben (por increíble que parezca) «AUẞER {fuera de} aquellos que», o sea, cometen un grosero solecismo por ahorrar dos sílabas. Si un inglés, un francés, un italiano, quisieran probar algo análogo, tendrían que correr por las baquetas. Pero, en los alemanes, la cosa pasa.

Agréguese a ello que, entre todos los escritores alemanes actuales, no hay uno solo cuyos escritos puedan prometerse una duración siquiera de cincuenta años. ¡Y esos hombres son los que imprimen sus zarpas en la lengua, para imborrable memoria![467]

88,3 La reprochada PROFANACIÓN DE LA LENGUA, de la que ninguna otra nación tiene algo análogo para mostrar, parece partir en la mayoría de los casos de los PERIÓDICOS políticos (pág. 107 margen) —esa rama más vil de la literatura— para llegar de allí a las revistas literarias y, por último, a los libros. Según he podido ver, no se le ofrece resistencia en ninguna parte, sino que cada cual, respondiendo a un instinto de imitación propio del ganado ovino y a una admiración acrítica de lo absurdo, se esfuerza por ser uno de sus colaboradores. Apenas acabo de horrorizarme de una nueva burrada gramatical u ortográfica, veo ya a otros escribidores adoptarla

* Sabio para los peniques y necio para las libras. *Cfr.* pág. 86,4.

PÁGINA

y copiarla celosamente. Pues cada uno de esos burros es para el otro una autoridad.

[En lugar de VERscheuchen {ahuyentar}, Graul escribe SCHEUCHEN. En lugar de VERhindern {impedir}, escriben HINDERN {estorbar}, aunque son dos cosas distintas: por ejemplo, él me estorba, pero no puede impedirme].

[*Cfr.* pág. 85, margen.] En un periódico encuentro: «die Explosion hat die Gasbeleuchtung erLÖSCHT» {La explosión extinguió la iluminación a gas} —en lugar de AUSGELÖSCHT {apagó}, o sea que se utilizó un *verbum neutrum** como *activum*.**

Los tribunales citan a las personas «in SELBSTPERSON» {en misma persona}, una palabra indeseable que no dice nada, en lugar de decir EIGENER {propia (persona)}, o sea, no FREMDER Person {persona ajena}. ¿Qué tribunales de cualquier país en Europa olvidarían tan ampliamente su dignidad como para ponerse en connivencia con los miserables literatos que barbarizan el idioma? LÄNGSSCHNITT, palabra indeseable, en lugar de *Längenschnit* {corte longitudinal}; del mismo modo, «LÄNGSRICHTUNG» {sentido longitudinal}. Es imposible escribir bien si siempre se está pensando en omitir (en lucrar) partículas y sílabas, del mismo modo como no se puede bailar con cadenas en las piernas.

En cuanto a traer «BEẞERUNG» {mejoría} en lugar de VERBEẞERUNG {rectificación}: en alemán se habla de la BEẞERUNG {mejoría} de un enfermo y de la VERbeẞerung {rectificación} de una máquina, de la AUSBEẞERUNG {del arreglo} de un vestido, de un barco, etc.

«Patriotische Hingabe» {entrega patriótica} en lugar de HINGEBUNG {don, entrega}. ¿Y por qué no, a continuación, «Aushebung der Rekruten» {excavación de reclutas},

* Verbo intransitivo.
** Transitivo.

y no AUSHUB {levantamiento}, y en lugar de *Erhebung des Gemüths* {elevación del ánimo, del corazón}, ERHUB? ¿Y, en general, en lugar de *Hebung* {realce, fomento, impulso} (p. ej., de la industria), simplemente HUB {alzamiento}? ¡«Eine Sache WILLIGEN» {consentir en una cosa}, en lugar de BE*willigen* {autorizar}! *Cfr.* pág. 87 margen.[468]

88,4 Un artificio especial de estos recortes de palabras es la omisión de la conjunción UND {y} allí donde la comprensión del sentido la requiere. Tal artificio está siendo incorporado cada día más, como consecuencia de su excelente estupidez. Las conjunciones ODER {o} y UND {y} se dejan de lado y, de ese modo, se oscurece el sentido de todo el período.

El burdamente insulso «BEANSPRUCHEN» {requerir} ha tenido aceptación generalizada sólo porque tiene UNA sílaba menos que IN ANSPRUCH NEHMEN {emplear, requerir}.

El FÜR {para, por} será pronto la única preposición en alemán: el abuso que de ese modo se comete no tiene límites. Continúa en *Parerga* II, 438.[469] «Liebe FÜR Andere» {amor por otros} en lugar de *zu* {a otros}. «Beleg FÜR» {prueba para} en lugar de *zu* {prueba de}; «wird FÜR die Reparatur der Mauern gebraucht» en lugar de ZUR {se utiliza para la reparación de las paredes}; «Profeßor FÜR Physik» {profesor para física} en lugar de DER {profesor de física}; «ist FÜR die Untersuchung erforderlich» en lugar de ZUR {se requiere para la investigación}; «die Jury hat ihn FÜR schuldig erkannt» {el jurado lo reconoció por culpable}. Abunda «FÜR den 12ten dieses erwartet man den Herzog» {para el 12 de este mes se espera al duque}, en lugar de AM o ZUM; «BEITRÄGE FÜR GEOLOGIE» {aportaciones para la geología} en lugar de *zu*. «Reif FÜR etwas» {maduro para algo} en lugar de *zu*. «Er braucht es FÜR seine Arbeit» {lo necesita para su trabajo}, en lugar de ZU. *Die Steuerlast* FÜR *unerträglich finden* {hallar insoportable la carga impositiva}; «Grund FÜR etwas» en lugar de ZU {razón para algo}; «Liebe FÜR Musik» en lugar de ZUR {amor a la música}; «Schritt FÜR Schritt» {paso para paso} en lugar de *vor* {paso a paso}. S págs. 89 margen,⁴⁷⁰ 87 margen «FÜR würdig erachten» {considerar digno}, *ubi abundat*.* «Eine Maske erkannte er FÜR den Kaiser» en lugar de ALS {él reconoció a una máscara por el emperador}; «FÜR einen Zweck bestimmt» en lugar de ZU {destinado a un objetivo}.⁴⁷¹

«AUS Anlaß» {con ocasión de} aparece a menudo en diferentes revistas; también IN *Anlaß* {en ocasión de}, *Postzeitung*. Todos trabajan por el EMPOBRECIMIENTO de la lengua.

«ZAHL» {número} en lugar de «Anzahl» {número o cantidad concretos} es erróneo: lo primero es subjetivo y abstracto; lo segundo, concreto y objetivo.

«Ich füge BEI» {adjunto} en lugar de HINZU {agrego}. (Son dos cosas distintas: *Ich füge eine Probe der Waare* BEI {adjunto una muestra de la mercancía}; *ich füge noch Folgendes* HINZU {agrego todavía lo siguiente}: así hay que escribir.)⁴⁷²

* Donde abunda, donde es superfluo.

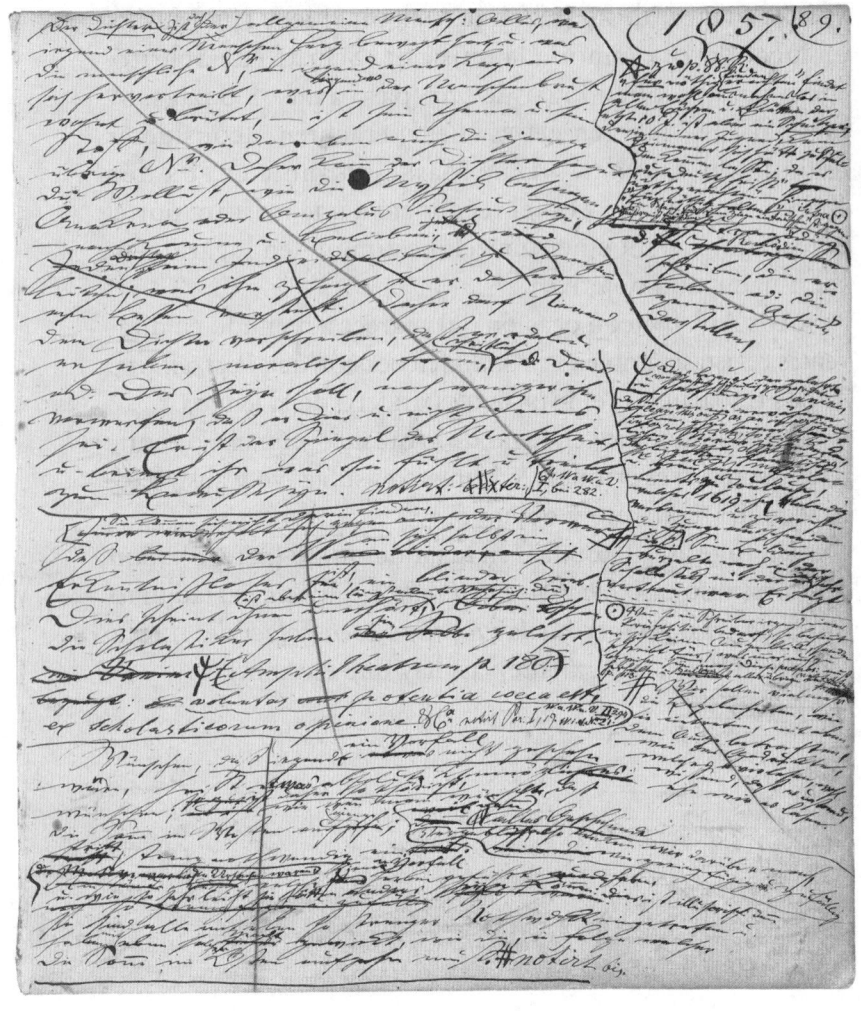

Página 89 del manuscrito

1857

[Página 89]

*/ El poeta es ciertamente el hombre universal: todo lo que de alguna manera ha movido el corazón humano y lo que la naturaleza humana produce de sí en alguna situación, lo que anida y se incuba en el pecho del hombre, ése es su tema, ésa su materia, como lo es, a la par, también todo el resto de la naturaleza. Por eso, el poeta puede cantar tanto a la voluptuosidad como a la mística, ser Anacreonte o Angelus Silesius, escribir tragedias o comedias, representar el ánimo sublime o el ordinario, y todo ello según le plazca y desee. Sin embargo, cada poeta orientará su individualidad hacia aquello que le agrada y que, por tanto, mejor comprende. Por eso, nadie debe prescribir al poeta que sea noble y sublime, moral, piadoso, cristiano, esto o aquello, ni menos aún reprocharle que sea esto o aquello. Él es el espejo de la humanidad, y le trae a la consciencia lo que ella misma siente y lleva adelante.
| Anotado: ter: cfr. Welt als Wille und Vorstellung I, junto a 282. /*473 | 89,1

*/ [Siempre de nuevo se formula en mi contra el reproche] 89,2
No pueden conformarse con que la voluntad sea en sí misma un instinto sin conocimiento, ciego. Les parece inaudito, pero es una verdad reconocida hace mucho. En efecto, ya los escolásticos la enseñaron. Lo atestigua el erudito y agudo Vanini, vergonzosamente asesinado por los curas, a quien nunca debemos mencionar sin recordar a sus

ignominiosos asesinos, el santurrón, fanático y cruel Parlamento[474] de Toulouse, que en 1619 lo hizo quemar vivo y, antes, le hizo cortar la lengua. Su formación hundía aún sus raíces en la escolástica, con la que, por eso, estaba muy familiarizado. Dice él en *Amphitheatrum*, pág. 180: *voluntas potentia coeca est, ex scholasticorum opinione*[*] etc.
| ANOTADO PARERGA I, 19. WELT ALS WILLE UND VORSTELLUNG II, 294. WILLE IN DER NATUR 21. /*[475] |

89,3 */ Desear QUE ALGÚN SUCESO NO HUBIESE OCURRIDO significa desear algo absolutamente imposible. De ahí que eso sea tan necio como si se deseara que el sol saliera por el Oeste. Pues todo lo que sucede ocurre DE FORMA ESTRICTAMENTE NECESARIA. Por eso, inútilmente reflexionamos acerca de lo nimias y aleatorias que fueron las causas que produjeron tal suceso y de cuán fácilmente podrían haber sido distintas. Eso es ilusorio, pues ellas se dieron con una necesidad igualmente estricta y actuaron con igual poder que aquellas a consecuencia de las cuales el sol tiene que salir en el Este. Antes bien, los sucesos, tal como se dan, tenemos que contemplarlos con el mismo ojo con que contemplamos lo impreso que leemos, sabiendo bien que ya estaba allí antes de que lo leyésemos. /*
| ANOTADO BIS[476] |

89,4 S a pág. 88 margen[477]
«FÜR nöthig finden, erachten» {hallar, considerar necesario} se lo encuentra casi sin excepciones en todos los libros y diarios de los últimos diez años, pero es un SOLECISMO en el cual en mi juventud no habría incurrido ningún alumno del último curso de enseñanza secundaria. En efecto, en alemán se dice «nothig erachten», pero, en cambio, «für nötig

---

[*] La voluntad es una potencia ciega, según la opinión de los escolásticos.

halten». «Ein Schaaf FÜR eine Ziege eintauschen» en lugar de *gegen* {cambiar una oveja por una cabra}. «Besorgniß FÜR» {preocupación para} en lugar de *um* {(preocupación) por}.

Cuando un escribidor tal necesita alguna preposición, no se detiene a pensar ni por un momento, sino que escribe FÜR, con independencia de lo que haya que significar. Esta preposición tiene que aguantárselo y representar ella sola a todas las otras pág. 113.[478]

[PÁGINA 90]

Así como NO SENTIMOS la salud de nuestro cuerpo en su totalidad, sino sólo el pequeño punto donde nos aprieta el zapato, así tampoco pensamos en todas aquellas cuestiones nuestras que andan a la perfección, sino en alguna nimiedad insignificante que nos contraría. 90,1

| ANOTADO[479] |

KANT desveló la terrible verdad de que la filosofía tiene que ser algo diferente de la MITOLOGÍA JUDÍA. 90,2
| ANOTADO BIS[480] |

CONTINUACIÓN DE LA PÁG. 88. 90,3
¿Qué habría sido de la lengua latina, qué de la griega, si griegos y romanos se hubiesen abandonado a un tan vil conteo de letras?
Hasta todo escritor inglés, francés, italiano o español se esmera en escribir de modo elegante, pero en cualquier caso correcto. Sólo el alemán deja de hacerlo. Y hasta parece esmerarse en borronear sus cosas con la mayor desidia posible, de forma ordinaria e incomprensible. Su único principio rector en lo estilístico es el más vil conteo de letras. Y esto vale para casi todos: raras son las excepciones.

Ya por esa sola razón, por no mencionar siquiera otras, prefiero leer en cualquier otra lengua que en alemán. Es más: siento un verdadero alivio cuando he despachado por necesidad un libro alemán semejante y puedo volverme hacia las otras lenguas, sean nuevas o antiguas. En efecto, en éstas tengo frente a mí una lengua fijada conforme a reglas, con una gramática y una ortografía completamente establecidas y fielmente observadas, y me encuentro totalmente entregado a las ideas. En cambio, en alemán me veo perturbado a cada momento por la impertinencia del escritor, que quiere imponer sus caprichos y bulbosos antojos gramaticales y ortográficos, produciéndome repugnancia el pavoneo insolente de tal insensatez. Más aún, es un verdadero tormento ver que ignorantes y asnos maltratan una lengua que posee escritos bellos, antiguos, clásicos.

La lengua alemana está siendo metódicamente estropeada en la actualidad por EL GANADO DE LA PLUMA (como designó recientemente un literato a sus colegas). Una era impotente, que no es capaz de presentar siquiera un solo escritor cuyas obras puedan prometerse perduración alguna más allá de la vida del autor, pretende reformar la lengua de la época clásica, y ello haciendo que el imperfecto reemplace a todos los demás pretéritos y eliminando todos los prefijos y afijos que modulan el sentido. Tal procedimiento terminó retrotrayendo la lengua a sus expresiones de raíz. */ No hay aquí ocasión para cortesías y buen trato, sino para hablar de bueyes y de asnos. /* Y en ninguna parte (en Alemania) hay un poco de sensatez, un poco de juicio, un poco de buen gusto como para oponerse a ese abuso. Por el contrario, los escribidores, unánimes y concordes, se lanzan al asalto de la lengua para estropearla. */ Ese ejército de cacareadores está integrado enteramente por gentuza literaria, es decir, aquella en la que no hay ni uno solo que pudiese esperar seguir siendo leído en el año 1900. /* Ninguno que muestre un solo rastro de AUTONOMÍA, oponiéndose al abuso, sino que, tan pronto como algún jornalero de librería ha lanzado al mundo un nuevo solecismo lingüístico, éste pasa a ser de uso general y de moda.

¡Lanzad al mundo con vuestra pluma trivialidades y sinsentidos cuantos queráis, que no daña porque irá a parar a la tumba junto con vosotros. Es más: ya antes. Pero dejad la lengua sin chapuzas ni borrones, que ella perdura.
A pág. 86.
Es una verdadera CONSPIRACIÓN generalizada contra la lengua. Todos caen sobre ella: uno desgarra por aquí, el otro por allá, arranca un trozo, una sílaba cuando puede, y cuando no, una letra, o por lo menos un signo de puntuación. Y triunfa sobre su botín. ¡Y no aparece oposición alguna: ¡ayuda, oh cielo! ¡Estamos en Alemania! Es como una peste que ha contagiado a todos.[481]

[PÁGINA 91]

Sumándose a lo ya dicho acerca de «GEMSJAGD» {«caza de la gamuza»}, «FELSWAND» {«muro de roca»}, «Felsstein» {«piedra rocosa»}, etc., he encontrado lo siguiente: DEUTSCHORDEN en lugar de *deutscher Orden* {Orden Teutónica}, *Gottingische gelehrte Anzeigen;* habría que decir, también, «HAASJAGD» {«caza de la liebre»}. Además, hay que evitar la ACUMULACIÓN DE LAS CONSONANTES, o por lo menos reemplazarlas por *liquidae* con intención eufónica. Esto lo observaban nuestros ancestros, que tenían oídos: por ejemplo, no escribían, como sucede sólo desde hace unos veinte años, SUNDZOLL {peaje del Sund}, en analogía con *Elbzoll* {peaje del Elba}, *Rheinzoll* {peaje del Rin}, sino *Sunderzoll* {peaje del Sund}, y lo mismo *Felsenwand* {pared de rocas}, *Gemsenjagd* {caza de gamuzas}. Sus descendientes parecen no tener más que unos

91,1

oídos alegóricos: tan insensibles son a toda cacofonía (*cfr.* pág. 81), y no les alcanzan las consonantes para acumular a fin de pronunciarlas con la distorsión de sus embrutecidas bocazas. El sonido de una lengua no es escuchado propiamente por el que la entiende, pues su atención se dirige de forma inmediata y necesaria del signo al significado, al sentido. Por eso sólo el que, como yo en otro tiempo, no haya entendido el alemán, sabe qué feo suena, por lo que es la menos apta para cantar. Así pues, éste se cuidará muy bien de multiplicar sus cacofonías eliminando vocales o multiplicando las líquidas. ¡Qué sacrificios han hecho la lengua italiana y la española por la eufonía!

Siempre «Deß» en lugar de *Deßen* {del} escribe Graul, Koral. El orientalista, por lo demás meritorio, aunque caracterizado por muchas palabras de mal gusto de su propia producción, tiene semejante TIMIDEZ FRENTE A LAS VOCALES que, cuando la siguiente palabra comienza por vocal, deja siempre de lado la «e» al final de una palabra y la reemplaza por un apóstrofo. Según ello, habría que escribir, por ejemplo: «Mein' alt' arm' Amm' aß ein' Auster» {mi pobre anciana nodriza comió una ostra}. El mismo autor escribe también: «DAMIT bewenden laßen» {darse por satisfecho} en lugar de «DABEI»: ¡Con tal que no lo vean los otros! Comenzarían de inmediato a copiarlo, tratándose de un golpe tan directo a la cara del idioma.

El pronombre «welche, welches, welcher» está totalmente proscrito por la mayor parte de nuestros escribidores en razón de su indebida longitud, de modo que está siempre representado por die, das y der, lo que, sobre todo con el «das», confiere al estilo una peculiar vulgaridad y da a menudo también ocasión a malentendidos momentáneos. Uno llega incluso a escribir, en lugar de «als welche», «als die», que da por resultado una frase directamente incomprensible.

Graul, *Koral*, pág. 195, escribe: «um damit DAS REIS, das BEIfallen möchte» {para (recoger) con ello el arroz que pudiese caer}, en lugar de «das Reiskorn, welche VORbeifallen möchte» {el grano de arroz, que pudiese pasar al caer}. *Ibidem* pág. 192: DIE *spricht*, DIE, DIE, *nicht* DIE *Gottheit, nein den Gemahl anbetend, sich vom Lager erhebt* {ella habla, la que —no la divinidad, no— adorando al esposo, se levanta del lecho}, en lugar de WELCHE. Véase página siguiente margen. *Ibidem* v. 314 «DAMIT bewenden laßen» {darse por satisfecho} en lugar de *dabei*. Es un lenguaje en el que yo tendría que decir: «Die, die Die, die die Buchstaben zählen, für klägliche Tröpfe halten, möchten vielleicht nicht so ganz Unrecht haben» {aquellos que consideran a los que cuentan letras como lamentables idiotas, seguramente no se equivocan por completo}.[482]

No sé qué les habrá hecho a nuestros escribidores la palabra ZUGLEICH (ὁμοῦ, *simul*) {simultáneamente}: pero está proscrita y la representa siempre GLEICHZEITIG {al mismo tiempo} (véase al respecto más arriba). Yo los llamo sin más rodeos ESCRIBIDORES, a pesar de que sé muy bien que, por lo menos, son 10 000. Pero eso no me intimida ni por un momento: el POPULACHO ha sido siempre numeroso, pero a pesar de ello debe ser tratado como tal.

En lugar de «dieses, jenes, welches», siempre *das:* esto confiere al estilo una cierta ingenuidad amena de cervecería, que les agrada. En la medida en que el objeto <lo permita>, se ha de escribir siempre en un tono noble, sabiendo que se habla al público y no a los propios compadres.

Así, cada cual trata la lengua como le place y no hay tonto que se considere demasiado poca cosa para introducir reformas. Y aunque (tal como parece) me encuentre totalmente solo contra 10 000 escribidores, no quiero dejar de fustigar la canallada que se comete contra el idioma alemán.

¡No tienen oídos, no tienen oídos, nuestros tacañeasílabas y letras! A no ser que sean alegóricos.[483]

[PÁGINA 92]

92,1 Uno se siente tentado de colocar ocasionalmente un par de letras o de sílabas más de las que serían necesarias a fin de poner de manifiesto el propio desprecio por el VIL CONTEO DE LETRAS, que ha hecho desaparecer del discurso alemán toda gracia y agradable ligereza, pues los escribidores no piensan más que en el ahorro de una sílaba o de una letra. (¿No es esto acaso un accionar despreciable?). Pero también porque estos escribidores no leen ni saben leer a los antiguos, esos eternos modelos del estilo bello y gracioso. En la increíble celeridad con la que circula cada solecismo de reciente invención y nos mira ya desde todos los rincones, se ve qué leen nuestros escribidores: nada más que tinta fresca. Ésa es su única lectura. Por eso piensan y escriben uno igual que el otro.

Escriben: «ÜBER» en lugar de «übrig» (sobrante, superfluo); «ÜBER bleiben» {sobrar} (Graul).

Todos escriben: «die Frage VON einer Sache» {la pregunta de una cosa}; pero no se pregunta VON {de}, sino *nach* {por} una cosa.

«Schwinden» {decrecer, disminuir} en lugar de «Verschwinden» {desaparecer}, «wandeln» {caminar, andar} en lugar de «verwandeln» {mudar, mutar, cambiar}: Graul, *Kural*, v. 452. «Löschen» en lugar de «erlöschen» {apagar}, sc. la lámpara. *Dito* v. 601. ¡«FAHR» en lugar de *Gefahr* {peligro}! ¡¡Graul, *Kural* v. 674!! *Ibidem* pág. 15: «Pflichten LÖSEN» {resolver deberes} en lugar de ERFÜLLEN {cumplir}.

En lugar de «dieses, jenes, solches, daßelbe» {este, aquel, tal, el mismo}, colocan en todas partes «DAS» {el}, que confiere al discurso una naturalidad muy propia de una cervecería. Pero aún más ordinario es el motivo para hacerlo: el vil conteo de letras. ¡La horrible manía de contraer dos y hasta tres palabras en una sola! —a fin de ahorrar espacio entre dos palabras—.⁴⁸⁴

Los chapuceros deben descargar su estupidez en algo distinto que el idioma alemán. ¡Todo breve, sólo breve! ¡Es que tienen mucha prisa! Su propia vida, en efecto, es una vida abreviada: ellos, es más, ya sus padres la tienen sólo dada en feudo por el virus vacuna, que salva a todos los débiles del mundo infantil que en el pasado sucumbían sobre la piedra de toque de la verdadera viruela y dejaban espacio para los fuertes, que debían vivir y engendrar. La que tiene tan breve vida sólo en feudo y que, por eso mismo, es un linaje tan extremadamente presionado, es justamente esa estirpe de enanos de largas barbas que le corre a uno por todas partes entre las piernas. De ella ha surgido también sin duda el corrector de la lengua que se dedica a contar letras y a ahorrar palabras: el parentesco es visible. *Curtail'd in their fair proportion** *(Richard 3.)* es ambas cosas.

«Koburg wird BILLIGER regiert als Gotha» {«Coburgo es gobernada con mayor justicia (más barato) que Gotha»}, POSTZEITUNG. Pareciera que significa MIT NACHSICHT {con indulgencia}, pero no: significa WOHLFEILER {más barato}. «BILLIG» es un predicado moral, no mercantil. S margen siguiente.⁴⁸⁵

No se trata aquí de un *delictum veniale*,** sino de una ignominiosa violencia cometida de forma planeada y premeditada por la sinrazón más cerril.

92,2

---

* Recortado en su bella proporción. Shakespeare, *Richard III*, acto 1, escena 1, verso 18; más precisamente: *curtail'd of this faire proportion* [recortado en esta bella proporción].
** Delito venial (perdonable); más correctamente: *peccatum veniale* [pecado venial].

En toda lengua, un escritor utiliza las preposiciones teniendo en cuenta su sentido y su valor. Sólo el escribidor alemán escoge, sin otra selección que la de su capricho, la primera, la mejor que le viene a la pluma en ese momento.

El brillante período de la literatura alemana ha llegado a su fin al comienzo de este siglo. Pero para que tampoco perdure el lenguaje de esa literatura se esmeran ahora celosamente periodistas, jornaleros de librería y escribidores en general en hacerla trizas y pedazos, animados por un auténtico entusiasmo por el vil conteo de letras.

Ahora vemos la lengua alemana directamente entregada en manos de la estupidez, de la ignorancia, de la ausencia de juicio, a fin de disponer sobre ella según dicte el humor y la diversión.

En lugar de «hohe Schule» {escuela superior} escriben HOCHSCHULE, al parecer por pura preferencia por lo carente de sentido.

«SEITENS», una palabra indeseable. Uno escribe [Zeller] «Abschätzig» en lugar de *geringschätzig* {despreciativo}, sin considerar que *abschätzen* significa TAXIEREN {tasar, valorar, estimar}. El vil conteo de letras los hace ciegos frente a todo. Y en general, ninguno se detiene a pensar al perfeccionar la lengua, sino que, tan pronto como ha contado las letras con los dedos, escribe lo que le pasa en el momento por la cabeza. Cuantas veces (como sucede actualmente día a día) se hace ocupar por una palabra el lugar de dos, que hasta entonces designaban dos conceptos distintos, la lengua SE EMPOBRECE.[486]

[PÁGINA 93]

93,1 La CRÍTICA PERIODÍSTICA no tiene, como presume, poder sobre el JUICIO, sino sólo sobre la ATENCIÓN del público. Por eso, su única forma de violencia estriba en el silencio.

Por el contrario, a todo escritor meritorio tiene que serle tan bienvenida su crítica como su alabanza. Da totalmente lo mismo.⁴⁸⁷

La VIDA debe verse enteramente como una SEVERA LECCIÓN que se nos da, aun cuando, con nuestras formas de pensamiento, orientadas hacia objetivos totalmente distintos, no podamos entender cómo hemos podido llegar a necesitarla. Según ello hemos de mirar hacia atrás, a nuestros amigos fallecidos, considerando que ellos superaron su lección, y con el sincero deseo de que les haya aprovechado. Y desde la misma perspectiva tenemos que mirar hacia nuestra propia muerte como hacia un hecho feliz y deseado, en lugar de hacerlo, como sucede las más de las veces, con temor y espanto.
| ANOTADO BIS⁴⁸⁸ | 93,2

*/ LAS LUCHAS ENTRE ANIMALES son el medio más cruel de poner gráficamente a la vista la escisión interior de la voluntad de vivir que surge del *principium individuationis*.*
| ANOTADO. /*⁴⁸⁹ | 93,3

En la *Revue des deux mondes* del 15 de marzo de 1857 hay un artículo: «Les Anglais et l'Inde», de un tal mayor Fridolin, que estuvo en la India. El autor relata, basándose en parte hasta en el informe especial y personal de un oficial inglés, un fenómeno sumamente digno de nota, a saber, que en el reino de Oude, en los bosques situados no lejos de Lucknow, ha sucedido a menudo que UN LOBO ROBARA A NIÑOS, incluso ya de tres años de edad, y que los haya criado junto con sus cachorros, después de lo cual el niño humano se volvió y siguió siendo totalmente animal. Capturado, incluso teniendo 93,4

---

* Principio de individuación (según la concepción de Schopenhauer: el tiempo y el espacio).

ya nueve años, no se pudo volver a educar nunca más a un niño tal en la humanidad, el lenguaje y la razón. A uno de ellos se llegó a encerrarlo, junto a otros animales,[490]

93,5 S a pág. 92[491]
Postzeitung del 9 de noviembre de 1858, carta desde Berlín: «Todos los diarios democráticos denigran a los ministros derrocados; so BILLIG {tan equitativo (barato)} es ahora echar pestes». La carta quiere decir: *jam parvi constat convitiari,*[*] pero dice: *jam aequum est convitiari.*[**]
BILLIG, proviene de los tenderos: «billige Behandlung der Kunden» {tratamiento equitativo de los clientes}. Así, la mercancía se hizo BILLIG {barata}; finalmente, BILLIGE *Ochsen auf dem Viehmarkt* {bueyes baratos en el mercado ganadero}.
BILLIG es un predicado enteramente moral, razón por la cual sólo debe utilizarse para referirse a seres humanos.
«Ich füge AN» {agrego} en lugar de HINZU: una pieza selecta de conteo de letras. (Corresponde agregar arriba a «ich füge BEI»).
Alicubi: a nuestros perfeccionadores de la lengua les faltan conocimientos, entendimiento, buen gusto y sentido por la belleza. ¿Por qué escribió Winkelmann de forma tan indescriptiblemente hermosa y graciosa hace más de cien años, cuando sus contemporáneos escribían todavía un alemán de peluca, rígido y torpe? Porque poseía un alto grado de buen gusto y sentido para la belleza, cualidades de las que no se encuentra ni rastro en nuestros perfeccionadores del idioma.[492]

---

[*] Ahora cuesta poco echar pestes.
[**] Ahora es equitativo echar pestes.

[Página 94]

⁴⁹³ en la jaula de la exposición de fieras. Según ello, la historia de Rómulo y Remo no sería fabulosa. Hay que considerar que el hambre del lobo quisiera devorar al niño, y tiene que ser primero superado por algo más fuerte, o sea, por el deseo de agregar a ese niño a su camada. ¿No es muy significativo aquí el hecho de que, así como el hombre, a través de la domesticación y humanización de una especie de lobo, obtuvo a su más fiel amigo, el perro, al que Frederic Cuvier [comprobar] designa como su conquista más valiosa, precisamente el lobo se apropie de niños humanos? ¿No da testimonio de una especial SIMPATÍA, de una secreta afinidad electiva entre ambos *generibus*?* Una afinidad que puede servir después para explicar el amor a menudo ilimitado que existe entre amo y perro. También se podría considerar como análogo explicativo el caso contrario, a saber, la fuerte ANTIPATÍA, y hasta la terrible aversión que tienen muchos hombres por los sapos, aversión que tiene que basarse no en razones físicas ni estéticas, sino en una secreta razón metafísica. Aunque hay que sopesar también el hecho de que, desde siempre, se han utilizado sapos para artes mágicas, y no, por ejemplo, serpientes venenosas.
| Anotado.⁴⁹⁴ |

94,1

Los GRIEGOS, al igual que los GERMANOS, eran un linaje —horda— procedente de Asia, y ambos, lejos de su patria, se formaron totalmente POR SUS PROPIOS MEDIOS. Pero ¡qué llegaron a ser los GRIEGOS, y qué los GERMANOS! Compárese, por ejemplo, sólo las mitologías de ambos. Efectivamente, en ella basaron los griegos más tarde su poesía y su filosofía, sus

94,2

---

* Géneros, taxón que agrupa a especies que comparten ciertos caracteres.

primeros educadores fueron los antiguos cantores, Orfeo, Museo, Anfión, Lino, y por último Homero. A éstos siguieron los siete sabios, y finalmente vinieron los filósofos. Así pasaron los griegos de algún modo a través de las tres clases de su escuela, de lo cual nada se dice en los germanos (antes de la migración de los pueblos).
| Vide infra |
| Anotado. Parerga II, 333.[495] |

94,3   Al Dios que era inicialmente Yahveh, los filósofos y teólogos fueron retirándole un velo tras otro, hasta que, al final, no quedo más que la palabra.
| Anotado[496] |

94,4   En los INSTITUTOS DE ENSEÑANZA SECUNDARIA no debería enseñarse nada de literatura alemana antigua, ni los NIBELUNGOS ni otros poetas de la Edad Media, etc. Si bien esas cosas son sumamente dignas de reparo, como también de leerse, no contribuyen nada a la formación del buen gusto y roban el tiempo que pertenece a la literatura antigua verdaderamente clásica. Nobles germanos y patriotas alemanes, si colocáis las rimas antiguas alemanas en el lugar de los clásicos griegos y romanos, no educaréis otra cosa más que pieles de oso. Y comparar los *Nibelungos* con la *Ilíada* es una BLASFEMIA hecha y derecha de la que deberían quedar preservados los oídos, sobre todo de la juventud.
| Anotado, vide supra[497] |

[PÁGINA 95]

95,1   Así como el LALITAVISTARA, al comienzo bastante sencillo y natural, en cada nueva redacción como la que experimentó en cada uno de los subsiguientes concilios, se volvió más

complicado y admirable, así le sucedió también al DOGMA MISMO, cuyas pocas doctrinas, simples y grandiosas, a través de consideraciones más detalladas, exposiciones espaciales y temporales, personificaciones, localizaciones empíricas, etc., se fueron haciendo poco a poco variopintas, confusas y complicadas, porque al espíritu de la gran multitud le gusta de ese modo, en cuanto quiere tener ocupación para la imaginación y no se conforma con lo sencillo y abstracto. Los DOGMAS BRAHMANES y las distinciones de Brahmán y Brahma, de Paramatma y Jivatma, Hiranyagarbha, Prajapati, Púrusha y Prakriti, etc. (como se los expone muy bien expuestos de forma breve en el excelente libro de Obry titulado *Du Nirvana*, India 1856) son en el fondo meras ficciones mitológicas, forjadas con la intención de exponer OBJETIVAMENTE aquello que, esencial y absolutamente, sólo tiene una existencia SUBJETIVA. Justamente por eso, BUDA las dejó de lado y no reconoce más que el samsara y el nirvana. Pues cuanto más confusos, variopintos y complejos se hicieron los dogmas, tanto más mitológicos se volvieron. Quien mejor lo entiende es el yogui o SANIASSI, que, preparándose metódicamente, retira todos sus sentidos hacia su propio interior, olvida el mundo entero y también a sí mismo: lo único que queda en su consciencia es el ser primordial. Sólo que la cosa se dice más fácilmente de lo que se la realiza.
| ANOTADO.[498] |

El MATERIALISMO MODERNO es el estiércol para abonar el suelo de la filosofía.[499]   95,2

El pasaje frecuentemente citado de LEIBNIZ contra LOCKE, pero que sería mucho más importante y correcto en labios de KANT, debe de estar en los *Nouveaux Essays sur l'entendement <humain>*, lib. II, ch: 1 § 6 (pág. 223 Erdmann) y reza: *On*   95,3 *m'opposera cet axiome reçû parmi les philosophes: nihil est in intellectu, quod non fuerit in sensu: – excipe:* NISI INTELLECTUS IPSE.*⁵⁰⁰

[PÁGINA 96]

96,1 Pido a los señores profesores que no sigan haciendo esfuerzos: yo mismo digo directamente, por más que se extrañen, que yo no reconozco mi oficio en enseñar MITOLOGÍA JUDÍA bajo la firma de filosofía.
 Y aunque se siguieran contando todavía cien años más las mismas historietas, ¿os llevaría eso un paso adelante?⁵⁰¹

96,2 CONTINUACIÓN DE LA PÁG. 92. A PÁG. 87.
 Él considerará lo que tiene que decir digno de ser expresado de forma íntegra y completa, o sea, no estará pensando en sustraer aquí una palabra, allá una sílaba, y allá una letra. Qué poco contenido tiene que atribuir a sus pensamientos para pensar que no pueden llenar y sostener toda la medida de palabras y sílabas que les corresponden.
 Nadie, incluso si se trata de uno que tan sólo ha escrito cuatro líneas como anuncio en el periódico, es tan rácano que no haga un esfuerzo por la dilapidación del lenguaje y no aporte el óbolo de renunciar al recorte de sílabas que, según el parecer de su ignorancia, son inútiles.
 [A «DER Synod» {el sínodo}], arriba, «Dies ist ein Sophismus» {«Esto es un sofismo»}. *Postzeitung* del 19 de mayo de 1857, suplemento. Nadie me tomará ahora como hipérbole

---

* Se me opondrá el axioma corriente entre los filósofos: nada hay en el intelecto que no esté antes en los sentidos: – exceptúa el mismo intelecto. Leibniz, *Nouveaux essais*, II, 1, § 6, en: *Opera Philosophica*, pág. 223. Texto correcto: *ipse intellectus*.

que diga que, entre los reformadores del idioma alemán, hay limpiabotas.

El «BEREGTE» en lugar de ANGEREGTE {animado} libro: BEREGEN no es palabra alguna. Sólo se la ha construido para ahorrarse el aumento, ese honorable rasgo de afinidad de la lengua alemana con la griega.

Ad pág. 80 margen S «Wenn» y «so» son objeto de proscripción en interés del conteo de letras: en lugar de «wenn er es gewußt hätte; so würde er nicht gekommen seyn» {si él lo hubiese sabido, no habría venido}, escriben, con un galicismo: «hätte er es gewußt, er wäre nicht gekommen». Sólo las partículas lógicas «wenn» y «so» son la expresión propia del juicio hipotético, o sea, están adaptadas a una forma del entendimiento, y lo están de manera inmediata a esa forma. Si una lengua posee formas tales, es una gran necedad desdeñarlas para ahorrar un par de sílabas y reducir la lengua al nivel de germanía de vecindario.

¡«Das Volk MAHNEN» {intimar} en lugar de ER*mahnen* {exhortar, amonestar}! (Hase, *S. Franciscus*) Se intima a los deudores.

Colocan, en lugar de «Anzahl» {número o cantidad concretos}, ZAHL {número}: sólo que ZAHL significa aquel ser abstracto que constituye la materia de la aritmética y POR MEDIO DEL CUAL se cuenta; ANZAHL, en cambio, es lo CONTADO, aquello QUE (pág. 136) se cuenta, el número empírico, las cosas según su número.

En el diario *Postzeitung* del 16 de junio de 1857 dice: «Die Königin war durch die Zeitschrift N. N. auf DIE MÄNGEL einer Kirche und einer Schule in zwei Gemeinden hingewiesen» {la revista N. N. señaló a la reina las fallas de una iglesia y de una escuela en dos comunidades}. Frente a esto, cualquiera pensará que las instituciones mencionadas tenían fallas, pero, del conjunto de sentido surge que se está haciendo referencia a una ERMANGELUNG {falta, carencia}. Que los diarios alemanes escriben un alemán miserablemente incorrecto es algo cotidiano y no merece ser siquiera mencionado: pero aquí tenemos UN VERDADERO CASO MODELO y un prototipo de las consecuencias de la tacañería con las sílabas y del conteo de letras. Y por esa razón lo menciono. En efecto, no sólo se está diciendo otra cosa de la que se pretendía, sino que, al indicarse según esa economía lingüística dos conceptos dispares con la misma palabra, se conduce la lengua a su empobrecimiento: de dos palabras que poseía ella para designar dos conceptos, sólo se deja una, por supuesto la más corta, que tiene que servir ahora en lugar de las dos, y frente a lo cual el lector tiene que adivinar cada vez qué es lo que se quiere decir. Y así proceden nuestros indignos perfeccionadores del idioma en un centenar de casos.

El escritor de diarios y el ordinario ESCRIBIDOR-QUE-SE-GANA-EL-PAN tienen que escribir sin más una lengua diferente de la que surgió de los escritores clásicos de su nación.

En un telegrama ministerial, tal como lo transmite el diario, dice «VERHALTEN» en lugar de «VORENTHALTEN» {retener, detentar, escatimar}. Aunque hay esperanzas de que se trate de un error de imprenta; pero tal esperanza es débil. «War nicht zu ERBRINGEN» {no se podía producir} en lugar de *aufzubringen* {procurar}. Pág. 125 *infra*

EINIG *(concors)* {concorde} en lugar de EINZIG *(unicus)* {único}, y en lugar de EINFACH *(simplex)* {simple}.[502]

[PÁGINA 97]

97,1 El hombre prefiere fiarse de la gracia ajena que de sus propios méritos: éste es el basamento principal del TEÍSMO.
| ANOTADO[503] |

Los caprichos originados en el INSTINTO SEXUAL guardan una 97,2
completa analogía con los FUEGOS FATUOS: confunden de la
forma más vívida. Pero, si los seguimos, nos llevan a la sentina, y desaparecen.

| ANOTADO, VIDI[504] |

¿No tendrá todo GENIO su raíz en la perfección y vivacidad 97,3
de la memoria que se tiene del curso de la propia vida? Pues
sólo en virtud de esta última, que reúne propiamente nuestra vida haciéndola un gran todo conjunto, alcanzamos una
comprensión más global y profunda de la misma vida que la
que poseen los demás.[505]

El DIABLO es en el CRISTIANISMO una persona sumamente 97,4
necesaria como contrapeso a la bondad, sabiduría y poder
omnímodos de Dios, en los cuales no puede verse de dónde
han de provenir los males del mundo, predominantes, innumerables y enormes, si no existe el diablo para cargarlos a
su propia cuenta. Por eso, desde que los racionalistas lo han
eliminado, la desventaja que de ello ha derivado para la otra
parte se ha hecho cada vez más perceptible, tal como era
previsible y fue previsto por los ortodoxos. Pues no se puede
quitar un pilar de un edificio sin poner en peligro el resto. En
esto se confirma lo que se constata también de otras maneras, a saber, que Yahveh es una transformación de Ormuz y
Satanás lo es de su inseparable Ahrimán; Ormuz, a su vez,
es una transformación de Indra.[506]

Ut mundus, sive homo, summam ac veram felicitatem adipis- 97,5
ceretur, ante omnia opporteret, TEMPUS SISTERE.* *Ego*[507]

---

* Para que el mundo, o el hombre, alcance la felicidad suprema y
verdadera haría falta sobre todo detener el tiempo.

97,6 */ Bajo la CUBIERTA VARIABLE de sus años, de sus relaciones, incluso de sus conocimientos y formas de ver, se esconde, como un cangrejo en su caparazón, el HOMBRE IDÉNTICO y AUTÉNTICO, totalmente invariable y siempre el mismo.
| ANOTADO, BIS /*⁵⁰⁸ |

97,7 De los miles de seres humanos que cada instante suscita en este planeta (y sin duda igualmente en otros innumerables), mientras al mismo tiempo destruye otros tantos, cada uno exige después de su par de años de vida UNA PERDURACIÓN SIN FIN en otros mundos (sabe el Cielo en cuáles), cerrando los ojos al mundo animal. Evidentemente, se trata de una exigencia irrisoria:⁵⁰⁹

[PÁGINA 98]

98,1 ⁵¹⁰ no obstante, ella se justifica y también se cumple, aunque sólo porque la individualidad es una mera apariencia producida por el *principium individuationis:*˟ todos ellos perduran en la esencia que aparece en todos ellos, y TODA en cada uno. Ése es también el sentido en que propiamente se la plantea, sólo que ella no se entiende a sí misma.
| ANOTADO⁵¹¹ |

98,2 El CATOLICISMO ALEMÁN *{Deutschkatholizismus}* o NEOCATOLICISMO no es otra cosa que HEGELIANISMO popularizado. Al igual que éste, deja el mundo sin explicar: está ahí, sin más explicaciones. Sólo recibe el nombre de DIOS, y la humanidad el nombre de CRISTO. Ambos son «fines en sí mismos», es decir, están ahí para pasarla bien mientras dure la breve vida.

˟ Principio de individuación (según la concepción de Schopenhauer: el tiempo y el espacio).

Gaudeamus igitur!* Y la apoteosis hegeliana del Estado es proseguida hasta el comunismo. Una exposición muy a fondo del neocatolicismo en este sentido ofrece F. Kampe, *Geschichte der religiösen Bewegung neuerer Zeit*, TOMO 3, 1856.
| ANOTADO.⁵¹² |

Ad Parerga vol. I, pág. 180.⁵¹³ Esto sigue en pie: 98,3
La CONSCIENCIA DE DIOS dice, pues, que tenemos consciencia inmediata y a priori de que un ser personal ha hecho el mundo. Ciertamente, tal consciencia está presente, sólo que no a priori. Antes bien, últimamente hemos recibido incluso una exposición gráfica de la GÉNESIS DE LA CONSCIENCIA DE DIOS que puede servir para hacérsela palmaria incluso al más perplejo: a través de un muy difundido grabado que muestra a un niño de tres años arrodillado sobre la cama con las manos juntas y la cabeza dirigida hacia lo alto. Junto a él está su madre, que lo adiestra de ese modo y pronuncia las palabras para que el niño las repita. Aquel que, a los tres años, con un tierno y blando cerebro en crecimiento, es preparado de ese modo, adquirirá por cierto para toda su vida una indestructible consciencia de Dios, y no debe extrañarnos que se la considere innata. Pero, en general, un proceder semejante, sin importar hacia qué se aplique, debe verse como la inoculación de una idea fija, cualquiera sea, y aunque fuese la más estupenda. La idea permanecerá hasta el fin de esa persona, y la considerará innata, como una revelación inmediata y sabe Dios qué cosas más.
/ Esto es y sigue siendo así para la gran mayoría de los hombres que son educados en el judaísmo o en las religiones que de él provienen. /
| ANOTADO PARERGA I, 180⁵¹⁴ |

* ¡Alegrémonos, pues!

[Página 99]

99,1 */ A Jesucristo hay que concebirlo siempre en general, como el símbolo o la personificación de la NEGACIÓN DE LA VOLUNTAD DE VIVIR; pero no de forma individual, sea según su historia mítica en los evangelios o en la historia presumiblemente verdadera que le subyace: pues ni una ni otra satisfará por completo. Son sólo el vehículo de aquella primera versión para el pueblo, que siempre exige algo fáctico.
| Anotado Welt als Wille und Vorstellung I, 457. /*515 |

99,2 Continuación de la pág. 96
Interrumpir un período por la mitad para insertar en el hueco algo que no le pertenece es una manifiesta impertinencia contra el lector, una falta que, no obstante, todos nuestros escribidores se permiten en este momento porque resulta cómodo a su desidia, pereza y desvalimiento: al hacerlo les parece que son ligeros, juguetones, en una agradable negligencia.

«Seitens», «Betreffs», «Behufs», o incluso «Hinsichts», son dislocaciones de palabras que provienen de un indigno conteo de letras. En alemán se dice: «von Seiten {de parte de; del lado de}; im Betreff {con respecto a}; zum Behuf {a efecto de}; hinsichtlich {con vistas a}». A este conjunto pertenece también Weitaus en lugar de bei Weitem {con mucho; con gran ventaja}.

(108) Hace ya largo tiempo que, con ocasión de las tan queridas palabras «Hilfe» {ayuda}* y «Giltig» {válido},** se había suscitado en mí la negra sospecha de que no sólo CONTABAN las letras, sino que las MEDÍAN: esa sospecha se convirtió en certeza cuando encontré «Hilsenfrüchte»

---

* Debería ser *Hülfe*, en grafía antigua. *(N. del T.)*
** Debería ser *gültig*. *(N. del T.)*

{legumbres; leguminosas}* y sólo entonces pude decir, con el príncipe Enrique de Shakespeare: *now I have touched the lowest cord etc.*** (sic fere)

Hay que considerar que está creciendo una juventud que lee periódicos de todo tipo y sólo lo más reciente, y nada más, por lo que, consecuentemente, piensa que eso es alemán y que no hay más alemán que esa INFAME GERMANÍA DE APRENDICES DE LITERATOS Y FABRICANTES DE LIBROS, según la cual escribe durante toda su vida «Gescheidt» {sagaz, astuto}*** y «Giltig» {válido} y «Hilfe» {ayuda} y, en general, todos los solecismos arriba enumerados. Sería una falta de escrúpulos guardar silencio al respecto.

Sobre «GESCHEIDT» y «LÖSLICH» {soluble}, con referencias a cosas más antiguas al respecto; asimismo sobre *termini technici* alemanes.

Pero ¿qué era es ésta que tiene permiso para ejercer dominio sobre la lengua y modificarla? ¿Qué ha producido, como para fundamentar semejante arrogación? Grandes filósofos, como Hegel, y grandes poetas, como el señor Uhland, cuyas malas baladas han tenido treinta ediciones para vergüenza del buen gusto alemán y tienen cien lectores por cada uno del ciudadano que conozca realmente las baladas inmortales. Mídaseme SEGÚN ESO la nación y el siglo. SEGÚN ESO.

S a pág. 86 margen abajo.[516]

Diario *Postzeitung* del 17 de agosto de 1857: «WÜRDE FRÜHER bekannt geworden seyn, daß etc.», en lugar de: «wäre

---

* Debería ser *Hülsenfrüchte*. (N. del T.)
** Ahora he tocado la cuerda más profunda, etc. Más exactamente: *I have sounded the very base string of humility* [he hecho resonar la cuerda más baja de la humillación]. Shakespeare, *King Henry IV*, 1.ª parte, II, 4 al comienzo. Schopenhauer empezó a escribir en el manuscrito de forma correcta colocando las letras «str», pero luego las tachó y reemplazó por *cord*.
*** Debería ser *Gescheid*. (N. del T.)

früher bekannt geworden, daß» {se habría sabido antes que...}, y, para colmo, este solecismo se comete a costa de la tacañería con las sílabas, tan apasionadamente querida en los demás casos. («Wenn er dies THUN WÜRDE», en lugar de *thäte* {Si hiciera eso} *¡Göttingische gelehrte Anzeigen!*) O sea que lo hacen por puro amor desinteresado hacia lo erróneo, equivocado, pesado e insípido. Un período sólo debe iniciarse con WÜRDE si es una PREGUNTA, o bien si el verbo está en VOZ PASIVA; por eso puede decirse: «würde er getödtet» {si se le diese muerte}, pero no: «würde er sterben» sino «stürbe er» {si él muriera}. Pero nadie piensa un poco más esas cosas; su argumento universal es: «si el compadre Hinze así lo ha escrito, está bien que yo, Kunze, lo escriba de igual modo». Actuar según ejemplo, por instinto de imitación, sello de la ordinariez.[517]

[PÁGINA 100]

100,1 «Er sitzt nieder», en lugar de «setzt sich nieder», para arrebatar una sílaba, pero justamente se trata de un solecismo como el que se cometería si, en latín, se escribiera *sedēre* en lugar de *sidĕre*.* Pero también, en lugar de NIEDRIG {bajo}, son lo suficientemente atrevidos para poner NIEDER {abajo}.**

En lugar de «Begriff, Ansicht, Meinung» {concepto, modo de ver, opinión}, y otros términos semejantes, utilizan siempre el afectado, AMANERADO y extático ANSCHAUUNG {visión}.

Esa germanía vergonzosa en la que están escritos las más de las veces los periódicos alemanes debería por lo menos estigmatizarse públicamente como «ZEITUNGSDEUTSCH» {alemán de periódico}, con advertencia a la juventud de que no

---

* «Estar sentado» en lugar de «sentarse».
** Prefijo que señala un movimiento descendente de la acción del verbo, en sentido real o traslativo. *(N. del T.)*

aprenda gramática y ortografía de esas publicaciones, sino que vea en ellas cómo NO se ha de escribir. En alemán se dice «SCHMIEDEN» {forjar} y «die SCHMIEDE» {la forja}, pero *der* SCHMIDT {el herrero}; y sin embargo, *¿des Schmiedes?* {¿del herrero?} Esto es lo que atestiguan los innumerables nombres propios, que con toda seguridad provienen del oficio: todos éstos se escriben SCHMIDT: todavía no se me ha presentado ningún SCHMIED, aunque sí SCHMIEDER.

[Sobre lo dicho arriba] La lengua es la ÚNICA decidida primacía que tienen los alemanes por sobre otras naciones. En efecto, ella es de índole muy superior a la del resto de las lenguas europeas, que, comparadas con ella, son meros *patois*.* Ella es (al igual que sus lenguas hermanas, el sueco y el danés) hija de la lengua GÓTICA, que proviene directamente del sánscrito. De ahí su gramática, afín a la del griego y del latín. ¿Y hemos de entregar una lengua semejante a la arbitrariedad, el humor y la estúpida falta de entendimiento de ignorantes chapuceros, escribidores de periódicos, jornaleros de librería y fabricantes de libros necesitados de dinero? – *Ubi est judicium?*** ¿Habéis perdido el juicio? ¡Escribid, y hasta HABLAD como lo hace esa bonita chusma!

«ÜBER» en lugar de *übrig* {de más, restante, sobrante}; NIEDER {abajo} es adverbio, y NIEDRIG {bajo} adjetivo; del mismo modo que HOCH*schule* en lugar de *hohe Schule* {escuela superior; universidad}. 110 margen. ¡Y hasta forman con ello el superlativo: DER NIEDERSTE {el de más abajo}! *Heidelberger Jahrbücher*.

Declinan por tacañería con las letras: DER PRINZ {el príncipe}, DES PRINZ, etc. Entonces tienen que declinar del igual modo *der Fall, der Riese*.

«Die Häuser STREICHEN» {rozar, acariciar las casas} en lugar de *anstreichen* {pintar}.

* Dialecto, jerga, argot.
** ¿Dónde está el juicio?

Como su único conocimiento de idiomas es un poco de francés, para los fines del periódico llenan la lengua de galicismos, que ellos tienen después constantemente en la bocaza. Entre ellos están «Tragweite», *i. e. la portée* {el alcance}; «Rechnung tragen», *tenir compte* {tener en cuenta}, «gegenüber», *vis à vis de* {frente a}, en lugar de *in Hinsicht auf* {con vistas a}. Los galicismos más ignominiosos son por eso los gramaticales.

En cualquier caso, un capítulo dedicado especialmente: «SOBRE EL GRAVE (VERGONZOSO) ABUSO que se comete EN EL TIEMPO ACTUAL CON EL IDIOMA ALEMÁN».

Por supuesto, los barbarizadores de la lengua contra los que tengo que luchar aquí son legión: pues son todos los que, con la mediación de los libreros, del público, roban año a año tiempo y dinero. O sea, todos los fabricantes de libros para cada feria, y los innumerables escribidores de los males crónicos que aparecen con periodicidad diaria, semanal, mensual y trimestral, hombres que aprovechan su talento, es decir que, a lo largo de treinta o cuarenta años, sirven al público diariamente en diferentes preparaciones el acervo extremadamente exiguo de sus conocimientos y el estrecho círculo de sus ideas. Si algún escritor honesto que escribió solamente porque tenía algo que comunicar se ve afectado, proviene del hecho de que se ha dejado dominar y atropellar por esa turba de chusma escribidora y, justamente, escribe también en la germanía de los chapuceros a sueldo.

«Selbstverständlich» {evidente} no tiene sentido: por lo menos, debería decir «vonselbstverständlich» {evidente a partir de sí mismo}: pero en esto no hay ganancia alguna; «selbstredend» {que habla por sí mismo}, utilizado en el mismo sentido, dice algo muy diferente, a saber, que habla uno mismo, y no a través de otro. Pero estos señores creen poder hablar a sus compadres y decir: «Usted sabe por cierto lo que quiero decir con esto».

Todos los ejemplos han sido encontrados realmente en libros, revistas y diarios, aunque no citados: se los encontrará en cada libro que se abra. Todos se afanan: creen los miserables que eso es avance: es un avance como el que se dio del gusto antiguo al rococó. Desde que la legislación protegió el comercio librero contra la reproducción, la profesión literaria se ha convertido en lo que nunca debería ser: en un ramo comercial, casi querría decirse en un oficio artesanal que florece solamente por el hecho de que el público sólo quiere leer lo nuevo, en lo posible lo que ha sido impreso hoy mismo, con la estúpida ilusión de que se trata del resultado de todo lo habido hasta ahora, por lo cual, en lugar de leer los escritos de los espíritus pensantes o de verdaderos eruditos, se leen las chapuzas de ignorantes y ordinarios jornaleros de librería. Estos hombres son los que ahora reforman la lengua.[518]

[Página 101]

/ Cuando consideramos, mirando hacia fuera, que ὁ βίος βραχυς, ἡ δὲ τεχνη μακρα, y cómo los GENIOS MAYORES Y MÁS HERMOSOS, a menudo cuando apenas han alcanzado la cumbre de su capacidad de rendimiento, y grandes eruditos cuando acaban de llegar a una intelección fundamental de su propia ciencia, son arrebatados por la muerte (como, p. ej., Rafael, Mozart y otros), se nos confirma también que el sentido y el fin de la vida no es INTELECTUAL, sino MORAL.
| ANOTADO, WELT ALS WILLE UND VORSTELLUNG II, 233, 236. /*[519] |

101,1

---

* Más precisamente: ὁ βίος βραχὺς, ἡ δὲ τέχνη μακρὰ [la vida es corta, el arte, largo]. Hipócrates, *Aphorismi*, I, 1.

PÁGINA

101,2 La LUZ no puede ser explicada de forma mecánica, como tampoco la fuerza de gravitación. Al comienzo se intentó explicar también esta fuerza por el empuje de un éter. En efecto, hasta el mismo NEWTON planteó esto como hipótesis, que dejó, no obstante, pronto de lado. En cambio, LEIBNIZ, que no admitía la gravitación, estaba muy inclinado hacia esa tesis. Esto mismo lo confirma también una carta de Leibniz en sus *Lettres et opuscules inédits*, editadas por Careil en 1854, pág. 63. El inventor del ÉTER ES DESCARTES: «Aether ille Cartesianus, quem EULERUS ad luminis propagandi doctrinam adornavit»,* dice Plattner en su disertación *De principio vitali*, pág. 17. Sin duda, la luz se encuentra en una cierta relación con la gravitación, aunque de forma indirecta y en el sentido de un reflejo, como su contrario absoluto. La primera es una fuerza que, esencialmente, se extiende, mientras que la segunda, una fuerza que se contrae. Ambas actúan siempre en línea recta.
[Martin: vol. 1, *preface*]
/ Tal vez podría decirse, pero de forma totalmente parabólica, que la luz es a la gravitación lo que la sombra al cuerpo que la arroja. /
Tal vez pueda designarse la luz en sentido figurado como el reflejo de la gravitación. Mi cuerpo puede actuar por medio de EMPUJE, de un empuje que no es a la vez PESADO: la luz es un *imponderabile:* es decir, no puede actuar mecánicamente, o sea, por empuje.
| VÉASE 120. |
| (ANOTADO, PARERGA II, PÁG. 95)[520] |

101,3 */ Aquellos que otorgan a la HISTORIA un lugar principal en la filosofía, construyéndola según un presunto PLAN UNIVERSAL de acuerdo con el cual todo es conducido hacia el bien, que

---

* El éter cartesiano, que Euler adaptó para la teoría de la propagación de la luz. Platner, *De principio vitali*, pág. 17.

finalmente aparecerá y será una gran gloria, toman el mundo como plenamente real y colocan la finalidad del mundo en la miserable DICHA TERRENA, que, por más que sea cultivada por los hombres y favorecida por el destino, es una cosa hueca, engañosa, caduca y triste, de la cual ni constituciones ni legislaciones, ni máquinas de vapor ni telégrafos podrán hacer jamás algo mejor.

Según lo dicho, los filósofos y glorificadores de la historia son realistas, optimistas y eudemonistas, o sea, tipos triviales y encarnizados filisteos, y además también malos cristianos, pues el auténtico espíritu y núcleo del CRISTIANISMO (al igual que del brahmanismo y del budismo) es el conocimiento de la nulidad de la felicidad terrena, el completo desprecio hacia esa dicha y la orientación hacia una existencia de índole totalmente distinta, y hasta contrapuesta: éste es, digo yo, el espíritu y el fin del cristianismo, el verdadero «humor de la cosa», y no, como ellos piensan, el monoteísmo. Justamente por eso el budismo ateo es más afín al cristianismo que el judaísmo optimista y el islam.

| ANOTADO /*521 |

[PÁGINA 102]

¡Qué hermosas y significativas se presentan en el recuerdo algunas escenas y procesos de nuestra vida pasada, a pesar de que, en su momento, las dejamos pasar sin estima especial alguna! Pero tenían que pasar, estimadas o no: son justamente las TESELAS de las que se compone la imagen de la memoria del curso de nuestra vida.

| ANOTADO⁵²² |

102,1

El hecho de que, detrás de la ANGUSTIA, se encuentre de inmediato el ABURRIMIENTO, que afecta hasta a los animales más

102,2

inteligentes, es consecuencia de que la vida no tiene ningún CONTENIDO VERDADERO Y AUTÉNTICO, sino que sólo se mantiene en movimiento por necesidad e ilusión: y tan pronto como el movimiento se detiene, aparece toda la esterilidad y el vacío de la existencia.
| ANOTADO[523] |

102,3 */ Cada vez que es engendrado y nace un ser humano, se da cuerda nuevamente al RELOJ DE LA VIDA HUMANA, para reiterar ahora una vez más su cantilena tantas veces entonada, frase por frase y compás por compás, con variaciones insignificantes.
| ANOTADO /*[524] |

102,4 *Ad Parerga*, pág. 310: o WELT ALS WILLE UND VORSTELLUNG II, 611.

*/ Por el otro lado merece tenerse en cuenta que SAN FRANCISCO —cuyo paso voluntario del bienestar económico a la vida de mendigo tiene la mayor semejanza con el igual paso dado por el Buda Shakyamuni, y cuya vida, como también su fundación, era una suerte de SANIASSISMO—, que este santo cristiano, digo, pone también de manifiesto su espíritu indio a través de su gran amor por los animales y de su frecuente trato amistoso con ellos, en que los llama siempre hermanas y hermanos suyos. (*Franz von Aßisi*, de Karl Hase, 1856, capítulo 10; *et* san Buenaventura, *Vita Sancti Francisci*, cap. 8). Del mismo modo anuncia su innato espíritu indio su hermoso Cántico a través de la alabanza del sol, de la luna, de las estrellas, del viento, del agua, del fuego, de la tierra. (*I Cantici S. Francesco d'Assisi* editi da Schlosser e Stinle, Francoforto sul Meno 1842).
| ANOTADO /*[525] |

S a pág. 104.⁵²⁶   102,5
Incluso donde no es necesario pronombre alguno introducen ellos ese DAS {artículo o pronombre neutro singular}, tanto les agrada. De ese modo todos, tanto uno como otro, uno como otro, desde el académico hasta el último escribidor de periódico, cometen el abuso del *das*, tan repentinamente extendido. Esa maldita uniformidad, como signo seguro de la falta de juicio, es para desesperarse. Todos están llenos de DAS; por eso, es tan GENERALIZADO *{allgemein}* como ORDINARIO *{gemein}*: cada página está salpicada de arriba abajo con el *das*. Imagínese el efecto si en inglés se abusara de ese modo del *that* y se lo colocara en lugar de los pronombres afines.⁵²⁷

[PÁGINA 103]

A la ASCESIS CRISTIANA le falta un MOTIVO propiamente claro, nítido e inmediato: no tiene otro más que la imitación de Cristo. Pero éste no practicó propiamente ninguna ascesis: no obstante, aconseja la pobreza voluntaria, Mateo 10,9. Además, la mera imitación de otro, quienquiera que sea, no es motivo suficiente en sí mismo para explicar el sentido y el fin de la cosa.   103,1

| ANOTADO⁵²⁸ |

El hombre que no entiende NADA DE LATÍN se asemeja a uno que se encuentra en una hermosa región en tiempo de niebla: su horizonte está sumamente limitado, sólo ve con claridad lo inmediato, pocos pasos más allá se pierde en lo indeterminado. En cambio, el horizonte del que sabe latín se extiende hasta muy lejos, atravesando los siglos más recientes, la Edad Media, la Antigüedad. Por supuesto, el griego, cuando no el sánscrito, amplían todavía considerablemente más el horizonte.   103,2

El que no entiende NADA DE LATÍN pertenece al pueblo, aun cuando fuese un gran virtuoso con la máquina electrostática y pudiese mostrar en el crisol el radical del ácido fluorhídrico.

| ANOTADO[529] |

103,3 Continuación de la pág. 100
Los domina la más sórdida avaricia de letras.

Su principio rector es: «no la palabra CORRECTA, sino la MÁS CORTA, con tal de que designe la cosa sólo *à peu près*:* queda librado al lector adivinar nuestra opinión». P. ej., «dem Bramanenthum ERBORGT» {tomado en préstamo del brahmanismo} (Köppen, *Buddha*), en lugar de, o bien «ABgeborg» o bien VON *dem Bramanenthum erborgt*. «Bueno, ya sabe usted lo que opino», piensa un escribidor semejante.

No tienen otra cosa en la mente y en el corazón que escatimar de alguna manera un par de letras: y que la gramática, el sentido, el entendimiento, la lógica, el buen gusto, la eufonía y todo se vaya al diablo, sólo con tal de suprimir** un par de letras. Y esa monomanía es tan generalizada, que tan pronto como un chapucerillo cualquiera ha producido una noble economía de ese tipo, todos se afanan por copiársela. Cada cual es para los otros un Cicerón, aunque, por supuesto, lo más deprimente es contemplar la completa ausencia de toda oposición. No hay nadie que examine una innovación y siga su propio juicio, sino que, sin entendimiento, gusto ni confianza en sí mismos, asumen todo nuevo solecismo que algún chapucero cualquiera les ha impuesto como modelo de mejoramiento de la lengua, del mismo modo como toman también

---

*   Aproximadamente, más o menos.
** En el original *eskrokiren*, del francés *escroquer* [robar, arrebatar]. (*N. del T.*)

a todo miserable sinvergüenza como modelo tan pronto como ha cometido una nueva trapaza contra la ortografía alemana.

En todas las cosas y circunstancias, el signo distintivo y característico de la NATURALEZA ORDINARIA, más aún, el sello de la ordinariez, es actuar por imitación y dejarse llevar por el ejemplo de otros: el gran montón está determinado en todas sus acciones y omisiones casi exclusivamente por ese motivo. En cambio, toda mente aunque sólo sea un poco reflexiva se reconoce ante todo por el hecho de que juzga por sí misma, critica y procede según su propia reflexión. Pero de esto no hay ni rastro en cuanto a la lengua, la ortografía y el estilo en la república de los eruditos alemanes, sino que cada cual admira el nuevo solecismo del otro y lo adopta. De ese modo, la lengua es maltratada y desgarrada sin resistencia alguna, ni siquiera PASIVA.[530]

[PÁGINA 104]

Entre las economías de letras más populares y al mismo tiempo más celosamente imitadas por la generalidad en los últimos tiempos se cuenta también el que, en lugar de «dieses» {este}, «es» {se}, «welches» {que, el cual} o «jenes» {aquel}, se coloque siempre «DAS», que confiere al estilo una naturalidad muy propia de una cervecería.

| PÁG. 102 MARGEN JUNTO A S[531] |
    Se ha llegado a que nuestros escribidores utilicen las PREPOSICIONES de forma totalmente *promiscue** y sin selección: el chapucero coge la primera, la mejor que se le ocurre: «AUS Anlaß» *(auf)* {en ocasión de}, «AUS Dank» (en lugar de *zum*) {en gratitud}. «AUS ANLAß» lo escribe incluso un célebre filólogo (Creuzer, en la revista *Münchner Gelerten Nachrichten*

104,1

---

* Sin diferencia, indiferenciado.

de julio de 1857, también en la revista *Göttinger Anzeigen*). Se dice: «AUS Gründen, AUS Ursachen» {por razón de, por causa de}, pero «AUF Anlaß»: pág. 105 margen S,⁵³² así lo quiere la lengua alemana. Pero, en lugar de hablar alemán, chapurrear —basándose en la autoridad de los escribidores de periódicos y emborronadores— es muy indigno de un célebre filólogo. Análogamente a lo anterior: «beruht IN» en lugar de *beruht* AUF {se basa en}.

Occasionaliter:* no sólo en diarios, revistas y otros trabajos manuales de literatos, sino también en libros respetables y en periódicos literarios HONESTOS, o sea que citan los nombres de los críticos, encuentro etc. Así no ha escrito nunca un alemán. A menudo se han formulado quejas por libertades poéticas, pero éstas son reducidas en comparación con las libertades prosaicas que se toma hoy en día todo chapucero.

Pero ¿y eso qué importa? Al señor Schmierax** se le ocurre escribir de este modo y no tiene reparo alguno en hacerlo: los otros escribidores, en lugar de castigarlo, lo siguen, pues el señor Schmierax es su Cicerón, la autoridad decisiva para su uso del lenguaje: AUS ANLAß, el solecismo digno de alumnos de tercer curso de instituto, es seguido por la generalidad.

FINALE: [Citar «Dem Buchstabensparer» de Goethe. *Nachlaß*, vol. 16, pág. 90].

He escrito largamente y sermoneado, algo a lo que no me hubiese prestado si la lengua alemana no estuviese amenazada. De nada participo más en Alemania que de su lengua: es la única decidida primacía que tienen los alemanes por sobre otras naciones y, al igual que sus lenguas hermanas, el sueco y el danés, es un dialecto de la lengua GÓTICA, que, como el griego y el latín, proviene directamente del sánscrito. Ver maltratar y dilapidar con toda intención y de la forma más

* Ocasionalmente.
** De *schmieren* [emborronar]. *(N. del T.)*

estúpida una lengua semejante por ignorantes chapuceros, escribidores a sueldo, jornaleros de librería, reporteros y toda la ralea del ganado de la pluma es más de lo que yo pueda y deba soportar en silencio. Si la nación no quiere oír mi voz sino la autoridad y la praxis de los recién mencionados, no habrá sido digna de su propia lengua.

Variante: pero si a los alemanes les resulta más válida la autoridad de los chapuceros, por ser legión en su número, que la mía, que procedan según su comprensión y la pongan así de manifiesto.[533]

A PÁG. 80. Véase pág. 119   104,2
La sustitución del IMPERFECTO por cada PRETÉRITO merece ser estigmatizada como una INFAMIA. Es directamente INFAME mutilar una lengua robándole el perfecto y el pluscuamperfecto, y eso, ¡sólo por lucrar un par de letras! ¡Miserables, mezquinos avaros y ganado irracional!

En lugar de «DASELBST» {allí mismo} coloca uno simplemente DA; y ello de tal modo que el lector tiene que entender primero *quum* en lugar de *ibi*.*

Pág. 107. Asombrosa es la rapidez con la que ganan terreno solecismos de todo tipo. No hay juicio autónomo, conocimiento, sano sentido ni buen gusto que se les opongan: en ninguna parte. Apenas han sido puestos en el mundo por alguna mente extravagante, proliferan por todas partes acompañados del aplauso general. Apenas me he espantado por un solecismo, ya me mira fijamente otro desde cada libro que abro. Enseguida junto a S[534]

ZUVERLÄßIG {fiable}, emparentado con ZUVERSICHTLICH {confiado}, ZUTRAULICH {confiado, familiar}, etc., es reemplazado por VERLÄßLICH {fiable, seguro}, sólo para tacañear una letra.

* «Pues, porque» en lugar de «allí».

AHORRO DE LETRAS es todo lo que estos necios tienen en la cabeza: a ese elevado fin se sacrifican la lógica, la gramática, la eufonía, la claridad y definición de la expresión y la belleza del estilo. A todo esto, el carácter generalizado de estos afanes resulta verdaderamente deprimente, pues da prueba de una rara sinrazón que se extiende por todo el mundo de la escritura en Alemania, tal vez con tres a cuatro excepciones, a las que pido cordialmente perdón por desconocerlas.[535]

[PÁGINA 105]

105,1 Puede decirse que la VOLUNTAD se la ha dado el ser humano a sí mismo. Pues ella ES él mismo. El INTELECTO, por el contrario, es un equipamiento que ha recibido del cielo, es decir, del eterno y misterioso destino y de su necesidad, y cuyo mero instrumento fue su madre.
| ANOTADO, PARERGA I, 434, */ ET WELT ALS WILLE UND VORSTELLUNG II. /*[536] |

105,2 En lo que atañe a la FUERZA DE REPULSIÓN Y DE ATRACCIÓN, de Kant, acotó que esta última no queda subsumida y desaparece, como la primera, en su producto, la materia. Pues la FUERZA DE REPULSIÓN, cuya función es la impenetrabilidad, sólo puede actuar CUANDO un cuerpo extraño intenta penetrar en el volumen del cuerpo dado, o sea, no más allá de él. Por el contrario, en la naturaleza propia de la fuerza de ATRACCIÓN se encuentra el no ser suprimida por el límite de UN cuerpo, sino de actuar también más allá del volumen del cuerpo dado. De otro modo, cada parte del cuerpo, tan pronto como se la hubiese SEPARADO de él, quedaría inmediatamente sustraída a su acción. Pero la fuerza de atracción atrae a TODA materia, también desde la lejanía, en cuanto la considera toda como

perteneciente a un cuerpo, ante todo al cuerpo de la Tierra, y después, lo ulterior. Ahora bien, desde este punto de vista puede contemplarse debidamente también la pesantez como parte de las cualidades de la materia cognoscibles a priori. Sin embargo, sólo en el contacto más estrecho de sus partes, que llamamos COHESIÓN, se concentra suficientemente el poder de esta atracción como para ser capaz de resistir la atracción del gran cuerpo de la Tierra, millones de veces mayor, de modo que las partes del cuerpo separado existente no caigan en línea recta hacia ella. Pero si la cohesión es demasiado débil, sucede lo siguiente: el cuerpo se desmenuza y desmorona por la mera pesantez de sus partes. Sin embargo, esa misma cohesión es un estado misterioso que sólo podemos obtener por medio de fusión y congelamiento, o por disolución y evaporación, o sea, sólo por el tránsito del estado líquido al sólido.
| CFR. PÁG. 109, VIDI AD III, ANOTADO.[537] |

Si no pueden elevarse hasta nuestro nivel, no les queda otra alternativa que bajarnos a nosotros al suyo: según ello, éste será su afán.
| ANOTADO, PARERGA I, 406[538] |

S[539] Esta aceptación e imitación generalizada y entusiasta de lo falso y de mal gusto es realmente un síntoma espantoso. De los escribidores de esta era no llegará nada a la posteridad que no sea su ruina de la lengua. En efecto, ésta se transmite por herencia, como la sífilis, a no ser que haya todavía un puñado de eruditos con pensamiento y comprensión que detengan a tiempo la cosa. Si esto continúa así, en el año 1900 no se entenderá más a los clásicos, puesto que no se conocerá ninguna otra lengua que no sea la germanía miserable del noble «tiempo actual», cuyo rasgo fundamental de carácter es la impotencia. Como no pueden hacerlo con otra cosa, quieren estropear la lengua.

105,3

105,4

S⁵⁴⁰ AL MARGEN ANTERIOR JUNTO A S:⁵⁴¹ porque un suceso SURGE DE su causa, DE su fundamento, pero no de la ocasión: A ésta, sólo le sigue en el tiempo. Pero nuestros escribidores a sueldo no tienen idea alguna de las finezas del idioma alemán y quieren perfeccionarlo. P. ej., también IN DER STRASSE {dentro de la calle}, pág. 107, *infra*. *Er* IST *gestanden!* {ha estado o se ha puesto de pie} ¡También *gelegen* {puesto, apoyado, acostado}!: con mucha frecuencia. Encuentro también: «in seinem Plane GELEGEN GEWESEN WAR» {había estado en sus planes}, en lugar de «HATTE». *(Nürnberger Korrespondent)* Tan gruesos solecismos no se dejarían pasar en ninguna otra lengua europea.⁵⁴²

[PÁGINA 106]

106,1 *Cfr.* pág. 70.

Sólo a partir del total desconocimiento de la filosofía kantiana en los franceses e ingleses desde siempre, y del descuido y el olvido de dicha filosofía entre los alemanes desde el proceso hegeliano de estupidización, puede explicarse la increíble TOSQUEDAD DE LA FÍSICA MECÁNICA ACTUAL, cuyos adeptos quieren atribuir toda fuerza natural de tipo superior, la luz, el calor, la electricidad, los procesos químicos, etc., a las leyes del movimiento, del empuje y de la presión y a la conformación geométrica, a saber, a sus átomos imaginarios, que en la mayoría de los casos llaman vergonzosamente sólo «molécula». Como también, por la misma vergüenza, no se aventuran con sus explicaciones a la pesantez y, a la manera de Descartes, infieren también ésta a partir de un empuje, a fin de que no haya en el mundo más que empujar y ser empujado, lo único que les resulta concebible. De lo más divertidos son cuando hablan de las moléculas del aire, o del oxígeno del aire. Según ello, los tres estados de agregación serían sólo un polvo de cierta finura, y aún más fino, y otra vez más fino. Esto les resulta CONCEBIBLE. Por consiguiente, esta gente, que ha experimentado mucho y pensado poco, son realistas del tipo más tosco, consideran justamente la materia y las leyes de empuje como algo dado absolutamente e inteligible desde sus fundamentos, razón por la cual una atribución a ellas les parece una explicación plenamente satisfactoria, cuando, en verdad, esas cualidades mecánicas de la materia son igualmente misteriosas que las que se han de explicar por medio de ellas. Por eso no entendemos mejor, por ejemplo, la COHESIÓN que la luz o la electricidad.

La gran cantidad de trabajo manual propio de la experimentación enajena realmente a nuestros físicos del pensamiento, como de la lectura: olvidan que los experimentos no pueden ofrecer nunca la verdad misma, sino sólo los datos para encontrarla. Afines a ellos son los fisiólogos, que niegan la fuerza vital y quieren sustituirla por fuerzas químicas.
| Anotado Parerga II, 94.[543] |

Continuación de 104. 106,2
Hoy en día no hay en Alemania escritor alguno (como sí los hay en otros países) que se esfuerce por escribir ante todo CORRECTAMENTE. Antes bien, cada cual procura manifestar su completa sinrazón a través de las más absurdas barbarizaciones del idioma, que tienen como efecto la tacañería con las letras. Y el resto da fe de su aprobación aceptando sus barbarizaciones. Todo chapucero piensa que es señor y maestro de la lengua y que puede tratarla como mejor le parezca, que está autorizado a utilizar palabras en un sentido que nunca han tenido, a eliminar sílabas, a componer nuevas palabras o incluso a inventarlas, así como a utilizar preposiciones sin elección alguna, como se dé en el momento: p. ej., «beruht IN» en lugar de «beruht AUF» {se apoya en, se basa en}. Un conspicuo teólogo nos habla de un profesor ENTSETZT, pero

no está pensando en PERTERRITUS,* sino en ABGESETZT {destituido, relevado}. Y sólo a fin de ahorrar UNA letra escribe ese disparate. En ello se ve qué tan lejos llega la monomanía.

(es Hase, *Leben Fichtes*)
«Tiefer GREIFEND» (en lugar de EINGREIFEND) {que penetra, llega hondo}; otro escribe: ¡«eine Stelle in der Weltgeschichte NEHMEN» en lugar de EINNEHMEN! {ocupar un lugar en la historia universal} (W. Menzel).

Si escribís, en lugar de «anderweitig» {por otra vía, de otro modo}, *anderweit*, tenéis que escribir también, en lugar de «zeitig» {a tiempo}, *zeit*.

En el «DAS»: en su lengua habría que decir: «Die, die Die, die die Buchstaben zählen, für klägliche Tröpfe halten, kommen vielleicht der Wahrheit nahe» {aquellos que consideran a los que cuentan letras como lamentables idiotas, se acercan tal vez a la verdad}.[544]

[PÁGINA 107]

107,1 «ZEICHNEN» en lugar de UNTERZEICHNEN {firmar} podrá pasar como jerga de la bolsa, pero, utilizado fuera de ella (como ya sucede), no es más que un archiordinario solecismo propio de hijos de judío.

DURCHSTICH der *Landenge* {perforación del istmo}, en lugar de *Durchstechung*.

En el *Times* se ha discutido *pro et contra*** sobre la licitud de la palabra TELEGRAMM {telegrama} a lo largo de seis hojas, en extensas consideraciones. En Alemania se abrevia el procedimiento: si a algún loco se le ocurre una nueva monstruosidad ortográfica por la que se ahorra una letra, la pone de

* Horrorizado.
** A favor y en contra.

inmediato por escrito y es considerado por otros cien locos como una autoridad clásica: éstos la copian. El alemán no se arredra ante disparate alguno cuando se trata de ahorrar una letra.

¡Todos ponen siempre «NOTHWENDIG» {necesario}, hasta «nothwendig haben» {tener necesidad de}! *Münchner Gelehrte Anzeigen (necessarium, necesse est)* en lugar de NÖTHIG *(opportet, opus est);** NOTHWENDIG se refiere (como efecto) a la *causa efficiens;* NÖTHIG, a la *causa finalis.***

«VERHALTEN» en lugar de VORENTHALTEN {retener, detentar, escatimar} lo he encontrado ya tres veces. También en Rosenkranz. Hay *Urinverhaltungen* {retenciones de orina}; en cambio, verdades se escatiman, se omite comunicarlas *{werden vorenthalten}.*

Sin tener idea de que lo importante es lo acertado, indicativo, preciso [inmediatamente actuante] de la expresión, sólo se esfuerzan por contar sílabas y letras, dispuestos a contentarse en todos los casos con el *à peu près**** y dejar algo al lector para que adivine, con tal de que haya un par de letras menos. Hacia allí se dirige todo su pensamiento y su afán, y todo chapucero mete sin cumplidos sus zarpas para perfeccionar el idioma alemán.⁵⁴⁵

A pág. 104 abajo   107,2
Lo MÁS VIL en el asunto es el *tutti unisono***** con el que se entona de inmediato cada nuevo solecismo que se inventa. Pues eso revela la ausencia de toda pretensión de autonomía y de juicio propio, como también que nuestros escribidores no leen para nada a los auténticos escritores alemanes, todos

*   «Necesario, es necesario» en lugar de «es preciso, ha de ser».
**   Respectivamente, «causa eficiente» y «causa final».
***   Aproximadamente, más o menos.
****   Todo el conjunto al unísono, a una sola voz.

del siglo pasado, como tampoco otros libros más antiguos cualesquiera. Sólo se leen mutuamente entre ellos los monstruos de su escribidera de actualidad fraguados la noche anterior. En efecto, cuando uno de ellos ha lanzado al mundo un nuevo y bien descerebrado solecismo, p. ej., cuando ha escrito AUS *Anlaß* {con ocasión de}, se apresuran de inmediato cientos de ellos a aceptarlo como hijo adoptivo y a mostrarlo triunfalmente al mundo por todas partes como una nueva conquista, como un avance del siglo. Así, todo chapucero es para el otro un Cicerón, una autoridad lingüística, y lo que ha visto impreso, lo copia.

GALICISMOS repugnantes: «IN DER STRAßE» {dentro de la calle}. *Straße* {calle} es *via strata*, o sea, el empedrado o pavimentado: por eso se dice AUF der *Straße* {en (= encima de) la calle}. Pero estos inocentes no lo saben, pues no entienden latín. No obstante, sí saben que se dice *dans la rue*,* conocimiento que quisieran demostrar. ¡Nuestros escribidores a sueldo de mente roma no tienen idea alguna de las finezas del idioma alemán, y quieren perfeccionarlo! Véase pág. 104 «AUS Anlaß».

VARIANTE

A la corrección del idioma alemán parecen aplicados sobre todo los escribidores de periódicos. Con qué capacitación lo hacen surge claramente de que, en un periódico semejante, por lo demás de gran reputación, he encontrado, y varias veces, «der Synod, des Synods» —puesto que se dice *synodus*—. Al ver esto, ¿no se acuerda uno espontáneamente de verdaderos limpiabotas en la realización activa de su propio servicio? Ésa es, pues, la gente que ha puesto en tratamiento la lengua alemana.

En la INTERRUPCIÓN IMPERTINENTE entre rayas. Es una impertinencia de generalizada popularidad —como se sabe,

---

* En la calle.

los ejemplos explican de la mejor manera una cosa— escribir como acabo de hacerlo, es decir, comenzar a decirle al lector una cosa y después, interrumpiendo el propio discurso, decir entre medias otra cosa. Se lo encuentra por todas partes tres veces por página. Tal vez creen dar de ese modo vivacidad a su estilo. Pero para eso hace falta más. Cosas como ésta son perdonables en la lengua hablada, pero el que escribe, y para el público, tiene que haber ordenado previamente sus ideas y exponerlas en la debida sucesión. Además, ese modo produce la repugnante ilusión de una comunicación verbal de un hombre con el que no se querría hablar.[546]

[PÁGINA 108]

Otro GALICISMO: «Diese Leute, sie sind» {esta gente, ellos son}. 108,1

El «VON», a saber, ablativo en lugar de genitivo, es el «de» francés.

«Die Sammlung besteht IN» {la colección consta en}, en lugar de *aus* {(consta) de}: «en».*

S PÁG. 109 MARGEN.[547]

Pág. 99. Cuando vi «HILFE UND GILTIG» {ayuda y válido},** se suscitó en mí una sombría sospecha de que estos escribidores no sólo CONTABAN las letras, sino que las MEDÍAN: esa sospecha se convirtió en certeza cuando encontré «HILSENFRÜCHTE» {legumbres; leguminosas}.***

Éstos [la barbarización de la lengua] son los primeros frutos del descuido de las lenguas antiguas: y a éstos seguirán

---

*   Preposición francesa. *(N. del T.)*
**   Deberían ser, respectivamente, *Hülfe*, en grafía antigua, y *gültig*. *(N. del T.)*
***   Debería ser *Hülsenfrüchte*. *(N. del T.)*

todavía más, y peores. Apuesto a que, de nuestros ingeniosos perfeccionadores del idioma, casi ni uno de cada diez está en condiciones de escribir, sin ayuda, una correcta carta en latín.

Cuando crezca una nueva generación que asuma como norma este infame chapurreo de la incapaz actualidad, la lengua alemana se habrá perdido.

En lugar de vuestras rayas —— utilizad preferiblemente honestos paréntesis, si es que no estáis en condiciones de exponer ordenadamente vuestras ideas.

Escribir «Kabinete» {gabinetes} y «Briten» {británicos} con una sola t es como si se escribiera «Rolle» {rollo; papel} con una sola l.

«Abbruch der Unterhandlungen» {derribo de las conversaciones} en lugar de *Abbrechung* {interrupción}. Se dice «der Abbruch eines Hauses» {el derribo de una casa}.

«Unterkunft finden» {encontrar alojamiento} en lugar de Unterkommen {alojarse}: por cierto, pronto tendremos, en lugar de Auskommen {alcanzar, tener bastante}, «Auskunft» {información}, y veremos desaparecer del mundo esta última palabra alemana, muy útil.

«Sicher» {seguro} en lugar de gewiß {con seguridad, seguramente}: *vide supra*. Entre las palabras proscritas están «gewiß» y zugleich {al mismo tiempo, simultáneamente}: no sé qué pecado habrán cometido ellas. Un bonito ejemplo: «Die Armeereduktion wird als sicher betrachtet»: en alemán, eso significa que el ejército está exento de peligro; el escribidor quiere decir «gewiß» {seguramente}. *Ich kann dies* «allein» {Sé / puedo hacer esto solo}, en lugar de *selbst* {yo mismo, por mí mismo}.

«Schwinden» *(tabescere)* {decrecer, disminuir} en lugar de verschwinden *(evanescere)* {desaparecer, desvanecerse}; «ernst» {serio} en lugar de ernstlich {seriamente}, con un desdibujamiento de la diferencia entre adverbio y adjetivo.

Y también «etwas ERNSTHAFT angreifen» {atacar / acometer algo seriamente}, en lugar de *ernstlich*. «SIEDELEI» en lugar de *Einsiedelei* {ermita, eremitorio}. No se debe colocar «BEILÄUFIG» *(obiter)* {al pasar} en lugar de UNGEFÄHR *(circiter)* (aproximadamente). «SCHLUß» {conclusión} en lugar de *Beschluß* {resolución}. «WILLIGEN» {conceder} en lugar de *Bewilligen* {aprobar, permitir}, *Verwilligen* {consentir, aprobar}, *Einwiligen* {consentir}. «REGLOS» en lugar de *regungslos* {sin movimiento, tranquilo}. «SOHIN» en lugar de *mithin* {por tanto, por consiguiente} *[Post-Zeitung]* carece de sentido. Todo PERRO MISERABLE es señor de la lengua, p. ej., todo muchacho escapado del escritorio o del mostrador de una tienda y puesto al servicio de un escribidor de diarios. De la forma más espléndida lo hacen los diarios, sobre todo los del sur de Alemania, de modo que a veces se empieza a creer que imitan y parodian esta mejora del idioma que está en auge. Sólo que lo hacen de buena fe.[548]

Todo escribidor contrae sin problemas adjetivo y sustantivo en una única palabra al tiempo que contempla con aire triunfal a su perplejo lector. Pág. 110

Su accionar consiste en su mayor parte en que, de las dos palabras, dejan de lado la más larga y la hacen representar en todas partes por la más corta, aunque propiamente no diga lo mismo, sino algo semejante. De ese modo, la lengua se empobrece y, en muchos casos, se nos priva de la posibilidad de expresar una idea de forma exacta y, así, acertada, precisa y concisa.

¿¡Qué puede ser más absurdo que abandonar o desmedrar el buen estilo, la expresión debida, la claridad o incluso el sentido de una frase a fin de ahorrar un par de sílabas!? Ni siquiera la eufonía de la frase debe abandonarse para ello.

Suo loco:* entre las actuales lenguas europeas, la lengua alemana es la única que, por la estructura más artística y orgánica de su parte gramatical y la concomitante posibilidad de una construcción más libre de los períodos, se encuentra casi a la altura de las dos lenguas antiguas, clásicas.

A un semejante tacañealetras habría que fotografiarlo por daguerrotipia mientras pronuncia A LADRIDOS LANGWEIL {aburrimiento},** a fin de ver cómo las consonantes acumuladas distorsionan su animal bocaza.

Durezas que desgarran el oído y distorsionan la boca, como «Felsmauer {muro de roca}, Felsgurt {cinturón de roca}, Felsring {anillo de roca}, Felswand {pared de roca}, Felsgrund {basamento de roca}» y, en lugar de *Lange*WEILE {aburrimiento} «Langweil». 110 margen.

«UEBEN» {ejercitar, practicar} en lugar de *Ausüben* {ejercer}, y también en lugar de EINÜBEN {ensayar, ejercitarse}. El alumno practica *{übt}* el arte, o se ejercita *{übt sich}* en él; el maestro lo ejerce *{übt sie aus};* el virtuoso ensaya una pieza, el actor un papel *{übt ein}*.

Pero, sin comprensión alguna del valor de las sílabas, en lo único que piensan es en contar y eliminar letras. Cuando las mentes más incapaces y faltas de juicio, por las cuales está formada la gran mayoría del género humano, y en consecuencia también de los eruditos, coloca día a día libros de mala calidad en el mundo, no hay por qué temer un perjuicio serio: un necio es quien los lee, y su influencia nunca llega lejos. Otra cosa es cuando tales cabezas se meten con la lengua y quieren reformarla y perfeccionarla según alguna tontería. Allí, la cosa se pone crítica, pues pueden meter tan hondo sus zarpas en la lengua que la huella se hace permanente, puesto que tienen detrás el gran séquito[549]

---

*   En su lugar.
** Por *Langeweile*. (*N. del T.*)

[PÁGINA 109]

La satisfacción perfecta, la tranquilidad final, el verdadero 109,1
estado deseable se nos representan siempre sólo en el cuadro,
en la OBRA DE ARTE, en la poesía, en la música. Por supuesto,
de ahí puede cobrarse la esperanza de que tienen que estar
en algún lugar.
| ANOTADO */ WELT ALS WILLE I, 302 /* ET PARERGA II,
344.[550] |

No reconocemos con facilidad LO SIGNIFICATIVO de los pro- 109,2
cesos y las personas en el PRESENTE: sólo cuando ya se encuentran en el pasado surgen de la memoria, de la narración, de
la exposición, enaltecidos en su significación.
| ANOTADO[551] |

Si en el espacio absoluto (es decir, dejando fuera de conside- 109,3
ración todo el entorno) dos cuerpos se acercan uno a otro en
línea recta, resulta FORONÓMICAMENTE lo mismo e indiferente
que yo diga que A va hacia B o a la inversa. Pero, DINÁMICAMENTE, la diferencia estriba en si la CAUSA motora actúa
o ha actuado en A o en B, de acuerdo con lo cual, según yo
INHIBA A o B, el movimiento cesa.

Así son también las cosas en el movimiento circular: FORONÓMICAMENTE, da lo mismo si el Sol discurre en torno a la
Tierra o ésta rota en torno a sí misma (en el espacio absoluto); pero, dinámicamente, la diferencia del movimiento arriba
mencionado existe, y también la siguiente: que, en el cuerpo
EN ROTACIÓN, la FUERZA TANGENCIAL entra en conflicto con
su cohesión; y, justamente en virtud de esa fuerza, la CIRCULANTE, escaparían de ese movimiento si otra fuerza no los
atara al centro de su movimiento.
| ANOTADO CFR. PÁG. 105.[552] |

PÁGINA

109,4 */ La FUERZA VITAL APROVECHA Y UTILIZA por cierto las fuerzas de la naturaleza orgánica, pero en modo alguno CONSISTE en ellas, como tampoco consiste el herrero en martillo y yunque. De ahí que ni siquiera la vida de las plantas, sumamente simple, podrá explicarse nunca a partir de ellas, por ejemplo, a partir de la fuerza de los tubos capilares o de la endósmosis; y ni hablar de la vida animal.
| ANOTADO BIS: WELT ALS WILLE I, 161, ET PARERGA II, 127. /*553 |

109,5 554 de sus semejantes, que, como el pueblo ordinario, es guiado en todas las cosas siempre y sólo por el ejemplo y la imitación, y ahora se apresuran a emular la estupidez.
| S AL MARGEN PRECEDENTE555 |
«Italiänisch wißen» {conocer italiano} en lugar de *können* {saber (italiano)}. He encontrado lo siguiente: «SIE HATTEN FURCHT» {tenían miedo}. ¿Qué se diría en Francia si uno escribiera *ils se peuroient*.*
Alicubi. ¡El celoso afán por eliminar vocales! El idioma alemán ya es suficientemente pobre en vocales: no hay que erradicar las que todavía están presentes.556

[PÁGINA 110]

110,1 Continuación de 108.
En lugar de «dunkles Zimmer» {habitación oscura} DUNKELZIMMER; en lugar de «die ganze Länge» {toda la longitud}, die «GESAMTLÄNGE», y del mismo modo en cientos de casos, ¡PARTIENDO DE ADJETIVO Y SUSTANTIVO SE FORMA UNA SOLA PALABRA! S557 111 margen. ¿Para qué? ¿Para qué? Por el más

---

* Expresión imposible en la lengua francesa, de *peur*, temor, formada sobre la base del alemán *sie fürchteten sich* [temieron].

inmundo ahorro del espacio de una letra y del intersticio entre dos palabras. Y, además, en tan viles maniobras no puede dejar de reconocerse una cierta presuntuosidad: cada cual presenta en el mercado con aire triunfal, como prueba de su ingenio, una nueva barbarización de la lengua. ¡Dioses del Olimpo! ¿Hay una visión más penosa que la sinrazón exultante y satisfecha? ¿No sobrepasa incluso a la coqueta fealdad? */ Pues éste, y no otro, es el suelo fecundo del que brota todo. Si fuese locura, habría esperanza: pero la ESTUPIDEZ es incurable. /*
«Die Behauptung ALS OB» {la afirmación como si}: en lugar de DAß {(la afirmación) de que}.

El idioma alemán ha quedado ahora abandonado en completa privación de derechos ante todo escribidor que emborrone papel al servicio de un librero o de un escribidor de diarios. Si esto continúa de este modo, pasados cien años la LENGUA ALEMANA, la lengua en que escribieron nuestros clásicos, será una lengua MUERTA, y, en su lugar, se hablará en Alemania una germanía pobre en vocablos y gramaticalmente torpe, obra de los reformadores arriba mencionados. Efectivamente, por ese camino sucumbieron las antiguas y gloriosas lenguas primordiales: llegó chusma, chusma, chusma, semianimal para sustituirla por una germanía apropiada a sus animales bocazas. Así sucederá también aquí.

«BEREITEN» {disponer, hacer, preparar} en lugar de *Vorbereiten* {preparar}: se hace *{bereitet}* una comida, una cama; pero se prepara *{vorbereitet}* una sorpresa, un asalto, etc.

Les parece que son finos y ocurrentes en cuanto, en lugar de *Zuhörer* {oyentes}, escriben siempre «HÖRER»: pero son dos cosas distintas: todo aquel que oye algo, también en contra de su voluntad, es un HÖRER; pero sólo el que escucha con intención es un *Zuhörer*. Semejante cosa no la percibe un paquidermo, y de esa manera son eliminadas de la lengua alemana todas las modificaciones de los conceptos, todos los matices, las modulaciones; sólo por el vil e inmundo conteo de letras.

Los PERIÓDICOS políticos son especialmente activos en la dilapidación de la lengua, esa última calaña de todos los escribidores de impresos, que escriben por el día, para el día, en el día. En tal sentido los he encomendado ya a la vigilancia policial.

«EINANDER» {uno a otro} es un vocablo demasiado largo para los cuentaletras: en lugar de ello ponen, pues, «SICH ähnlich, SICH entsprechend» {semejantes entre sí, correspondientes entre sí}, etc., sin sentido ni entendimiento. Pero, al diablo con el sentido y el entendimiento con tal de que lucremos letras: ésa es su consigna.

Variante: Quisiera poder decir que ES UNA MANÍA: pues a menudo la manía es curable, pero me temo que se trata de una enfermedad incurable, y su nombre es estupidez.

EN DÄNNEMARK {Dinamarca} no hay que hacer concesiones al sucio conteo de letras a costa de la corrección.[558]

110,2 A *Parerga* 439. El ABLATIVO con VON se ha convertido en toda forma en sinónimo del GENITIVO. Cada cual piensa que tiene la opción acerca de cuál elegir. Poco a poco pasará a ocupar completamente el lugar del genitivo y se escribirá como un DEUTSCHFRANZOS {alemán-francés}. Ahora bien, eso es vergonzoso: la gramática ha perdido toda autoridad y la arbitrariedad de los chapuceros ha pasado a ocupar su lugar.[559]

110,3 *Alicubi*

Es indignante ver la lengua alemana destrizada, descompuesta y desgarrada, y encima de ello la triunfante sinrazón, que sonríe con autocomplacencia ante su propia obra, mientras que habría que considerar que la lengua es una herencia recibida de los antecesores y que ha de dejarse a los sucesores, una herencia que, por eso, se ha de honrar y no violar intencionalmente.

*/ En lugar de *hohe Schule*, «HOCHSCHULE» {escuela superior}, *Hochaltar* {altar mayor}, *Hochgericht* {tribunal superior}. *Hoch* {sumamente, altamente} es un adverbio y, por tanto, corresponde utilizarse sólo con verbos; un adjetivo como HOHE corresponde al sustantivo, corresponde un adjetivo como «DER, DIE, DAS HOHE» {el, la, lo alto / alta}. Pero entendimiento y gramática son arrojados fuera por escribidores ignorantes. 108 margen /*
«SORGLICH» en lugar de *sorgfältig* {cuidadosamente}.
¡ZWEIUNG en lugar de *Entzweiung* {escisión}! *Post-Zeitung*. Entonces, él puede escribir también, en lugar de *Entsetzen* {espantar, espanto}, *Setzen* {colocar}, en lugar de *Entführen* {llevarse, secuestrar}, *Führen* {llevar, conducir}, en lugar de *Entstehn* {surgir}, *Stehn* {estar, estar de pie}. «Ent» significa el separarse, divergir.[560]

1858

[Página 111]

111,1 */ Si el budista define el NIRVANA como la nada, quiere expresar con ello que el SAMSARA no tiene ni un pelo de bueno, es decir, que no contiene ningún elemento que pudiese servir para la explicación o la construcción del nirvana.
| VIDI AD 3, ANOTADO /*561 |

111,2 MISANTROPÍA y amor a la soledad son conceptos intercambiables.562

111,3 Uno puede tener en todas las cosas el juicio más correcto, más acertado, menos en sus propios asuntos. Porque aquí, la voluntad trastorna inmediatamente el concepto al intelecto. Hay que asesorarse, por la misma razón por la cual un médico cura a todo el mundo pero no a sí mismo, sino que, en tal caso, llama a un colega.
| ANOTADO, PARERGA II, 494563 |

111,4 Esto es el SAMSARA, y todo lo que hay en él lo anuncia, pero más que nada el mundo de los hombres, en la medida en que dentro de él predominan de forma horrible en lo moral la maldad y la vileza, y en lo intelectual la incapacidad y la estupidez. No obstante, en él aparecen, aunque de forma muy esporádica, pero sorprendiéndonos constantemente de nuevo, manifestaciones de honestidad, de bondad, de nobleza, e igualmente de gran entendimiento, de mente pensante, y

hasta de genio. Éstas nunca se extinguen: con tenue luz nos envían su resplandor desde la gran masa oscura, como aislados puntos brillantes. Tenemos que tomarlos como una prenda de que en el SAMSARA anida un principio bueno y redentor que puede imponerse, y liberar, y llenar el conjunto.
| ANOTADO, VIDI AD 3.⁵⁶⁴ |

En el número del 1 de enero de 1858 de la *Revue des deux mondes* dice Babinet que, en el eclipse de marzo, puesto que, siendo casi total, sólo dejará visible una décima parte del sol, la luz que llegará de él no proyectará sobre la pared un círculo, como en otras ocasiones, sino una lúnula, un angosto segmento de luna ☽, como sucede después de la luna nueva. Lo confirma la DOCTRINA DE LOS COLORES DE GOETHE, en cuanto demuestra que, como él enseña, a través del *foramen exiguum** no entra un haz de rayos sino una pequeña IMAGEN DEL SOL que, después, es desplazada por la refracción.
| ANOTADO.⁵⁶⁵ |

111,5

S a 110.⁵⁶⁶

111,6

A eso corresponde también GÖTHEMONUMENT {monumento a Goethe}, *Schillermonument* {monumento a Schiller}, en lugar de *Goethe's Monument*. Y SCHILLERHAUS {casa de Schiller} suena como *Schilderhaus* {garita}. ¡Qué falto de buen gusto sonaría en Inglaterra si uno dijera *Shakespearemonument*!⁵⁶⁷

[PÁGINA 112]

1 kilogramo de plata 200 fr.
1 kilogramo de aluminio 300 fr.

112,1

*   Pequeño agujero, pequeña abertura.

— 281 —

1 kilogramo de platino 800 fr.
1 kilogramo de oro 3 000 fr.
Babinet
Los seis satélites de Urano son todos de movimiento retrógrado, o sea, van del Este al Oeste. ¡Fatal! Arago.

112,2 */ La UNIDAD DE LA ACCIÓN ha sido entendida de tal modo en los dramas franceses que el curso dramático se asemeja a una línea geométrica sin anchura: en ella, la consigna es siempre «sólo avanzar», *pensez à votre affaire!** y el asunto se expide de forma totalmente rutinaria y telegráfica, sin detenerse en tonterías que no forman parte de ella ni mirar a la derecha o a la izquierda.

Por el contrario, el drama de Shakespeare se parece a una línea que posee asimismo anchura: se deja su tiempo, *exspatiatur*:** aparecen discursos y hasta escenas enteras que no llevan la acción adelante, e incluso que no le incumben propiamente, pero a través de las cuales conocemos más de cerca a los personajes de la acción y sus circunstancias, según lo cual después comprendemos también mejor la acción. Si bien ésta sigue siendo lo principal, no lo es de forma tan exclusiva que, por ella, olvidáramos que, en última instancia, se apunta a la exposición de la esencia y la existencia humanas en general.
| ANOTADO, WELT ALS WILLE UND VORSTELLUNG II, 436 /*568 |

112,3 Cuanto MENOS PIENSA uno, tanto más tiene los ojos en todas partes: en él, el ver tiene que ocupar el lugar del pensar.[569]

112,4 */ La contraposición que dio ocasión a la suposición de dos sustancias fundamentalmente distintas, EL CUERPO Y EL ALMA,

---

* ¡Pensad en vuestro asunto!
** *Exspatior*: abandonar el camino, apartarse, divagar.

es en verdad la de lo OBJETIVO Y SUBJETIVO: si el hombre se concibe de forma OBJETIVA en la visión exterior, encuentra un ser extenso y, en general, totalmente corpóreo; por el contrario, si se concibe en su mera autoconsciencia, o sea, de forma puramente subjetiva, encuentra un ser que sólo quiere y se representa, libre de toda forma de visión, es decir, carente también de cualquiera de los atributos que corresponden a los cuerpos. El hecho de que ambas son una y la misma cosa vista desde dos lados ya lo ha dicho SPINOZA. /*570

«Er reist FÜR sein Vergnügen» {él viaja para su entretenimiento}, en lugar de ZUM. *Mitleid* FÜR MICH {compasión para mí}, en lugar de *mit mir* {conmigo / de mí}. (En una anticrítica) «Er fand es FÜR zweckmäßiger» {lo halló más conveniente} *(Postzeitung)*.⁵⁷¹   112,5
S a 113.⁵⁷² «Beweis FÜR» {prueba para} en lugar de *Beweis* DER *Sache* {prueba de la cosa}. «Ist nicht ohne Einfluß FÜR die Dauer des Lebens!» {no carece de influencia para la duración de la vida} en lugar de AUF {en, sobre}. El profesor Sucknow en Jena. «Schritt FÜR Schritt» {paso para paso} en lugar de VOR {(paso) a (paso)}. «FÜR einige Zeit verreist» {de viaje por un tiempo}. (FÜR significa pro y sólo debe utilizarse donde puede estar pro en latín.) «Indignation FÜR die Grausamkeiten» {indignación para las crueldades} en lugar de *über* {por}, *(Postzeitung)*. «Abneigung FÜR» {aversión para} en lugar de *gegen* {a, contra}. «FÜR schuldig erkennen» {reconocer por culpable}; también «erklären» {declarar}, *ubi abundat*.* «Das Motiv daFÜR» {el motivo por ello} en lugar de *dazu* {para}. «Verwendung FÜR diesen Zweck» {utilización por ese fin} en lugar de *zu* {para}. *Unempfindlichkeit* FÜR *Eindrücke* {insensibilidad para las impresiones} en lugar de *gegen* {a}. Título: «Beiträge FÜR die Kunde des Indischen Alterthums» {Apor-

* Donde abunda, donde es superfluo.

— 283 —

taciones para el conocimiento de la antigüedad india} en lugar de ZUR {a(l conocimiento)}. «Die Verdienste unseres Königs FÜR Landwirtschaft, Handel und Gewerbe» {los méritos de nuestro rey para la agricultura, el comercio y la industria}, en lugar de UM {en}, *Postzeitung*. *Ein Heilmittel* FÜR *ein Übel* {un remedio PARA un mal} en lugar de *gegen* {contra}. «Neues Werk: das Manuskript DAFÜR ist fertig» {nueva obra: el manuscrito por ella está terminado} en lugar de *dazu* {para ella}. «Schritt FÜR Schritt» es escrito POR TODOS, y carece de sentido: en lugar de «Schritt VOR Schritt». «Freundschaftliche Gesinnung für» {ánimo amistoso por}, en lugar de *gegen* {hacia}. *Unempfindlich* FÜR *die Schmerzensrufe* {insensible para los gritos de dolor} en lugar de *gegen* {a}, «Er wurde FÜR todt gesagt» {fue declarado por muerto},
| ANOTADO BIS [573] |

[PÁGINA 113]

113,1 Continuación de la pág. 110

«Die MAAẞE» {las medidas} y *die* MAẞE {la masa} son distintos en la pronunciación como en el significado: ¿por qué no han de serlo también en la ortografía, como hasta ahora? Para lucrar una letra.

«BEDAUERLICH» {lamentable} en lugar de *bedauernswerth* {digno de lamentarse}, es erróneo: lo primero indica lo que se PUEDE lamentar cuando se tiene ganas de hacerlo; y lo segundo, aquello que merece ser lamentado.

Todas las citadas palabras y formas de escribir no son en modo alguno ἅπαξ λεγομενα,* sino que el lector las habrá encontrado con suficiente frecuencia en libros, revistas y diarios.

* Más exactamente: ἅπαξ λεγόμενα [expresiones que aparecen una sola vez].

«Nahezu» en lugar de *beinahe* {cerca de, casi}. Weitaus en lugar de *bei Weitem* {con mucho}. «Bislang» en lugar de bisher {hasta ahora, hasta la fecha}, sin sentido.

Algunas de las nuevas palabras introducidas por ellos no aportan siquiera el ahorro de una letra, sino que han aparecido porque a nuestros escritores les gusta tener algo propio, y como no pueden ofrecer pensamientos propios, aportan palabras propias.

Toda la actual generación de escritores, que no dejará en herencia una sola obra duradera, no debe perpetuar la memoria de su existencia efímera y sin gloria barbarizando, según su propio capricho carente de entendimiento, gusto y oído, la preciosa lengua alemana, ese verdadero tesoro nacional, y transmitiéndola a las próximas generaciones, tal vez más nobles, maltratada de ese modo y con las huellas de sus zarpas.[574]

Parerga 438.

113,2

«Gesuch für die Gestatung» {solicitud para la autorización} en lugar de um {de (autorización)}. Für! «Für die Dauer» {para el tiempo} en lugar de *auf* {con (el tiempo)}. «Für» *den Fall* {para el caso} en lugar de *auf*. S 112.[575] «Gleichgültig für» {indiferente para} en lugar de *gegen* {(indiferente) a}, «Mitleid für Jemandn» {compasión para alguien} en lugar de *mit* {(compasión) de (alguien)}. «Rechenschaft für eine Sache geben» {dar cuenta para una cosa} en lugar de *von* {de}. «Dafür befähigt» {capacitado por eso} en lugar de *dazu* {para eso}. «Der König von Korea will an Frankreich ein Grundstück für eine Niederlaßung abtreten»: *Postzeitung*, indica en alemán que Francia da al rey una filial a cambio de un terreno. «Für den Fall des Todes des Herzogs muß sein Bruder auf den Thron kommen» {para el caso de muerte del duque tiene que ascender al trono su hermano}, en lugar de *im* {en (caso de muerte…)}. «Für Lord R. wird ein neuer

Englischer Gesandter ernannt werden» {para lord R. se nombrará un nuevo enviado inglés}: *an Stelle* {en lugar de (lord R...)}. «Schlüßel FÜR das Verständniß» {clave por entender}, en lugar de *zum* {para}. «Die Gründe FÜR diesen Schritt» {los motivos para este paso} en lugar de *zu* {de}. «Ist eine Beleidigung FÜR den Kaiser» {es una ofensa para el emperador} en lugar de *des Kaisers* {al emperador}.⁵⁷⁶

113,3 «NAMENS» en lugar de IM NAMEN {en el nombre}, p. ej., «Namens meiner» {en mi nombre}, «Namens des Gerichts» {en nombre del tribunal}. Por el contrario, en alemán NAMENS no significa IM {en el (nombre de)}, sino MIT *Namen* {de nombre, llamado}: p. ej., *ein Kaufmann Namens Meier* {un comerciante de nombre Meier}. Pero cuando se trata de lucrar UNA letra, ellos están dispuestos a cualquier barbarización del idioma.

Siempre «BEZÜGE» en lugar de *Beziehungen* {relaciones}. Los almohadones, los sofás y las sillas tienen BEZÜGE {fundas}, los hombres y las cosas tienen *Beziehungen* {relaciones}. Así es en alemán. Pero detrás de ello está la miserable tacañería con las sílabas, y nada más que eso. Pág. 85.

«Sólo UN pretérito: ¡el imperfecto! Y sólo UNA preposición: *für!* En ellas tenemos dos sucedáneos de todos los otros y las otras». Ésta es la consigna de nuestros agudos perfeccionadores del idioma.

Continuación 116.

[SUSCITAR indignación; NO EXPRESARLA]
Si contraéis dos, tres o más palabras en una sola, con el mismo derecho podéis dejar de lado todos los espacios, como en las antiguas inscripciones lapidarias griegas y romanas.

Se ha de introducir la menor cantidad posible de palabras nuevas; por el contrario, se han de introducir tantos pensamientos nuevos como sea posible. Pero ellos lo hacen al revés.

En lugar de APPELATION {apelación} escriben BERUFUNG {llamamiento, nombramiento (invocación; apelación, recurso)}. El que quiere cultivar el espíritu del Michel alemán,* tendría por lo menos que entender alemán: debería decirse ANRUFUNG {apelación}. *Berufung* {llamamiento, nombramiento} es el de un funcionario a su puesto. «Menschthum» en lugar de «Menschenthum» {humanidad}; es como *Gemsjagd* {caza de la gamuza}, *Felswand* {pared de roca}, etc. Eliminan las líquidas, algo que no debería hacerse, pues las líquidas pueden agregarse a otras consonantes sin producir una cacofonía. Por eso, nuestros ancestros decían «Sunderzoll», mientras que nuestros duros de oído dicen, con especial cuidado, SUNDZOLL.

MOZART-GEIGE {violín de Mozart}, SCHILLERHAUS! {casa de Schiller}, contracción indebida. Véase más arriba: la primera palabra tiene que designar el fin de la segunda: *Spazierstock* {bastón de paseo}, *Obstgarten* {jardín de frutas}, *Reitpeitsche* {fusta de montar}, *Vogelflinte* {escopeta de perdigones para cazar aves}, *Arzneiglas* {vaso de medicina}, *Uhrkette* {cadena de reloj}, *Schilderhaus* {garita de centinela}, *Postkutsche* {coche de correos}, *Schreibtisch* {mesa de escritorio}. Se dice: *Wilddieb* {cazador furtivo}; pero no *Wildschwein* {jabalí}. Pág. 119.

A PÁG. 87. En ninguna lengua se le deja a uno con dudas acerca de si se tiene delante el NOMINATIVO o el DATIVO, como no sea en alemán: no, no en alemán, sino en la miserable germanía de los literatos. Antes bien, en alemán, en los nombres propios, el *casus obliquus*** se designa en general por una n sufija.

Que el uso del imperfecto en lugar del perfecto y del pluscuamperfecto ofende la LÓGICA se funda en que tal uso expresa lo terminado y acabado como algo sin terminar y en

---

* Personificación nacional de los alemanes, originaria de la Edad Moderna. *(N. del T.)*
** Caso oblicuo, genitivo, acusativo, ablativo.

curso actual, por lo que, en el contexto más amplio, se suscita contradicción y hasta contrasentido.⁵⁷⁷

113,4 [En los AORISTOS, arriba] Qué pena que nuestros geniales perfeccionadores del idioma no hayan vivido ya entre los griegos: también habrían hecho pedazos la gramática griega, de modo que se hubiese convertido en una gramática de hotentotes.⁵⁷⁸

[PÁGINA 114]

114,1 El abismado estado de los HINDÚES, en otro tiempo de cultura tan elevada, es consecuencia de la horrible opresión que han sufrido durante SETECIENTOS AÑOS por parte de los mahometanos, que querían convertirlos por la fuerza al islam. Ahora, sólo una octava parte de la población de India es MAHOMETANA. *Edinburg Review*, enero de 1858.

| ANOTADO⁵⁷⁹ |

114,2 */ Una LEY DE LA NATURALEZA no es otra cosa más que un hecho generalizado. Según ello, un conocimiento completo de las leyes de la naturaleza sería sólo un registro de hechos. El conocimiento de las leyes de la naturaleza tiene mayor importancia para la praxis —en la que lo importante es uncir la naturaleza al arado— que para la teoría, en la que plantea más preguntas de las que resuelve.

| ANOTADO /*⁵⁸⁰ |

114,3 La MIRADA DE LA PRUDENCIA, hasta de la más fina, se diferencia de aquella de la GENIALIDAD en la medida en que lleva el cuño del servicio a la voluntad; la otra, en cambio, está libre de él.

| ANOTADO⁵⁸¹ |

	PÁGINA
El MAESTRO ECKHARD tiene un conocimiento profundo y correcto. (En la revista «Protestantische MONATSSCHRIFT» de abril de 1858 hay un buen artículo sobre el MAESTRO ECKHARD de Steffensen. El Maestro Eckhard estuvo en auge en 1307 en Erfurt, es mayor que TAULERO, que lo cita invocando su nombre. Aproximadamente un tercio de lo publicado por Pfeiffer se encuentra en las ediciones más antiguas de Taulero como anexo al final y fue omitido en las ediciones posteriores. Como los mejores sermones menciona Steffensen los que llevan los números 56 y 87. Como prueba de los modos de ver de Eckhard señala un pasaje muy hermoso de unas cinco páginas, cuya mayor parte está tomada de un sermón.) Ya la sola comunicación de ese conocimiento está corrompida en su caso por el hecho de que, a consecuencia de su educación, la mitología cristiana se convirtió en él completamente en idea fija y, entonces, para unirla con su propio conocimiento, o por lo menos para poder hablar en su lenguaje, anda siempre al pelo con Dios, con las tres personas de la Trinidad y con la santa Virgen, a la que, sin embargo, toma alegóricamente. Es una lucha en la que su Dios se le convierte a cada momento entre las manos en su propio yo. Y llega tan lejos en esto que alcanza el límite de lo ridículo: p. ej., en pág. 465, una piadosa penitente acude a su confesor para decirle: «Reverendo, alegraos conmigo, me he vuelto Dios». Surge así un discurso difícilmente comprensible y que hasta se contradice a veces a sí mismo.	114,4

/ Considerándolo bien, el MAESTRO ECKHARD utiliza la mitología cristiana sólo como un lenguaje de imágenes o como jeroglíficos a partir de los cuales interpreta cosas totalmente distintas de las que están ahí a la vista. Él concibe el cristianismo de forma enteramente ALEGÓRICA, casi como los neoplatónicos [volumen 201][582] utilizaban la {religión} pagana. / Y su doctrina es profundamente diferente del cristianismo bíblico.

Con esto tiene que ver el hecho de que escribiera mucho. Como no se satisface, como no logra llegar a una expresión clara, comienza siempre de nuevo y se repite incesantemente. Buda, Eckhard y yo enseñamos esencialmente lo mismo; Eckhard, en las cadenas de su mitología cristiana. En el BUDISMO se encuentran las mismas ideas, no desmedradas por tal mitología, y por eso simples y claras, hasta donde puede ser clara una religión. En mí está la claridad plena.

/ Si se va al fondo de las cosas, se pone de manifiesto que el MAESTRO ECKHARD y Shakyamuni enseñan lo mismo, sólo que aquél no debe ni puede, como sí éste, expresar sus ideas de forma directa, sino que se ve forzado a traducirlas al lenguaje de la mitología del cristianismo, / de donde le viene una gran dificultad y fatiga, y a su lector, incomprensibilidad. Pues dice lo que no piensa y piensa lo que no dice. Por eso el pasaje, tomado de un códice, que se antepone a la edición de Pfeiffer reza: «un hombre se quejó al Maestro Eckhard de que nadie podía entender sus sermones». *Verte*[583]

[PÁGINA 115]

115,1 */ El MATERIALISMO llevado a la práctica es el intento de explicar lo dado a partir de lo mediatamente dado. Todo lo objetivo, extenso, actuante, o sea, lo material, que el materialismo considera como un fundamento tan sólido de todas las explicaciones que una reducción a ello, en especial cuando se resume en empuje y rechazo, no puede dejar nada que desear, todo eso, digo, es algo dado sólo de forma sumamente mediata y, por tanto, algo que existe sólo de manera muy relativa. Pues ha pasado por la maquinaria y la fabricación del cerebro, y entró después en sus formas, espacio, y tiempo, y

causalidad, que son las únicas a través de las cuales se presenta como extenso en el espacio y actuante en el tiempo. O sea que, partiendo de algo dado DE ESA MANERA, queréis explicar incluso lo dado de forma inmediata, la representación (en la que todo aquello está presente) y hasta la voluntad. Antes bien, es a partir de esta última que hay que explicar todas aquellas FUERZAS fundamentales que se manifiestan al hilo de las causas y que, por eso, lo hacen a modo de leyes.
| ANOTADO /*584

Por lo visto, estos PANTEÍSTAS dan al SAMSARA el nombre de 115,2 DIOS. En cambio, los místicos dan ese mismo nombre al NIRVANA. Pero ellos narran acerca de éste más de lo que pueden saber, cosa que los budistas no hacen. Por eso, su nirvana es justamente una nada relativa. En su recto y propio sentido utilizan la palabra Dios la Sinagoga, la Iglesia y el Islam. /* Si entre los TEÍSTAS hay algunos que entienden bajo el nombre Dios el NIRVANA, no queremos disputar con ellos sobre el nombre. Son los MÍSTICOS los que parecen entenderlo de ese modo. /* *Re intellecta, in verbis simus faciles.**
| VIDE AD 3, ANOTADO, BIS.585 |

En la REPÚBLICA DE LOS ERUDITOS, las cosas van, tomadas 115,3 en conjunto, como en la República de México, en cuanto cada uno piensa sólo en SU ventaja, buscando PARA sí prestigio y poder sin preocuparse para nada del conjunto, que con eso sucumbe. Del mismo modo, en la república de los eruditos cada cual procura hacerse valer A SÍ MISMO con el fin de obtener prestigio: lo único en que todos coinciden es en no permitir que surja una mente realmente eminente, si acaso se manifestara, puesto que es peligrosa para todos a

* Si nos hemos entendido en la cosa, no disputemos sobre las palabras.

PÁGINA

la vez. Cómo anda con ello el conjunto de las ciencias se ve con facilidad.
| ANOTADO.[586] |

115,4 En las iglesias PROTESTANTES el objeto que más salta a la vista es el PÚLPITO; en las CATÓLICAS, el ALTAR. Esto simboliza que el protestantismo se dirige primeramente al entendimiento; el catolicismo, a la fe.
| ANOTADO[587] |

115,5 [588] */ Por el contrario, su *Theologia Deutsch* está en su mayor parte exenta de todos sus errores. No obstante, Eckhard es por cierto el mejor de los tres. /*[589]

[PÁGINA 116]

116,1 Continuación de la pág. 113
    Como los cazadores de ratas, se lanzan a la caza de LOS PREFIJOS de todos los verbos y sustantivos a fin de cortarlos sin más trámite, puesto que no conocen, no entienden, no sienten su significado y su valor. La identificación que se lleva a cabo entre palabras diferentes a través de la ablación de los prefijos conduce a la confusión de los conceptos. Y además, ellos lo hacen con visible autocomplacencia, por lo que dan el penoso espectáculo de la sinrazón exultante por la obra devastadora de su arbitrariedad.
    «VOR» en lugar de BEVOR {antes}, con lo que se dan frases de cuyo significado no hay cómo enterarse. «Er that es, vor er mir es gesagt» {lo hizo antes de decírmelo}.
    Por todas partes lleva el timón la sinrazón y la falta de buen gusto para aprontar el idioma.
    En lugar de ANREGEN {estimular} escriben «beregen», que no es palabra alguna, pero tiene el objetivo de ahorrar en el

PARTICIPIO el aumento, y, de ese modo, dos letras. En general se tiende a evitar y, finalmente, a eliminar todos los verbos que tengan en el participio el tan bello aumento alemán, que documenta el parentesco con el griego. Propongo que, en lugar de decirse *Lumpenhunde*, se escriba LUMPHUNDE {sinvergüenzas} y *Dummesel* {asnos estúpidos}:* simplemente, acaba de ocurrírseme de ese modo.

«Der Kern der Beweisführung RUHT DARIN» {el núcleo de la demostración descansa en}, en lugar de *beruht darauf* {se basa en}.

INITIUM *Capitis de infamia:*** una extraña monomanía se ha apoderado de todos los escribientes alemanes y amenaza con estropear para siempre nuestra hermosa lengua. La idea fija es lograr la brevedad de la expresión. Ahora bien, en lugar de buscarla por la vía que hemos señalado en el capítulo anterior, quieren lograrla por medio de la abreviación de las diferentes palabras.

«ETWA» no es palabra alguna, sino la pronunciación DEL SUR DE ALEMANIA de ETWAN, *aliquando* {en algún momento; tal vez; acaso}, que deja de lado la n final, como sucede también con los verbos en infinitivo. ¡Pero después hacen de ella el enojoso adjetivo diptongado ETWAIGE, con el asqueroso diptongo!

Cfr. pág. 117 S[590] Aquí he censurado solamente los errores lingüísticos y los barbarismos propiamente dichos. Pero, aparte de ellos, uno encuentra por todas partes una cantidad de ERRORES DE ESTILO de la mayor torpeza, de modo que, a través de la omisión de palabras necesarias o de la elección de una más corta en lugar de la que corresponde, se compone una escribidera sumamente fragosa y difícil de entender,

---

*   Debería decir *dumme Esel.* (*N. del T.*)
** Comienzo del capítulo sobre la infamia; *Cfr.* D, 5, págs. 545ss: Sobre la escritura y el estilo.

aparentemente sólo al servicio de aquella monomanía que lo pisotea todo —lógica, gramática, decencia, gracia, eufonía— para colocar una sílaba menos. ¡Éste es el triunfo que se tiene intención de obtener! ¡Oh, debo abstenerme de todas las comparaciones zoológicas!

En todos los casos escriben: «WÜRDE er zu mir kommen, ich würde ihm sagen», en lugar de «käme er zu mir, so würde ich ihm sagen» {si viniera a mí, le diría}, con lo que actúan justamente en contra de su tacañería con las letras. Pero no saben hacerlo de otro modo: tanto se les ha perdido toda gramática. Una frase sólo debe comenzar con WÜRDE cuando el verbo está en voz pasiva («würde ich verurtheilt» {si yo fuese condenado}) o cuando se trata de una pregunta: (*würden Sie Dies thun?* {¿haría usted esto?}).

«Die Verbindung Babylons DEM Aßyrischen Reich» {la vinculación de Babilonia al Imperio asirio}, en lugar de MIT DEM {con el}; *scilicet*, porque se dice DEM *Reich verbunden* {vinculado AL Imperio}. De igual modo: «Karbon oxydirt im Sauerstoff» {el carbón oxida en el oxígeno} en lugar de *oxydirt* SICH {se oxida}.[591]

[PÁGINA 117]

117,1   HINGABE {entrega} en lugar de *Hingebung* {don, entrega} y hasta DAHINGABE {abandono}. Hay autoridades de la Administración que escriben «letzte Willensordnung» {última orden de voluntad, testamento} en lugar de *Willensverordnung* {disponer de voluntad}. ¡Ordenar algo y disponer algo son dos cosas sumamente distintas! Pero no importa, con tal de que ahorremos una sílaba: que el sentido, el entendimiento, la lógica, la gramática y todo se vayan al diablo.

La decadencia de la lengua es siempre un signo seguro de la degeneración de la literatura de un pueblo. ¡Ojalá la sinrazón se buscara una palestra distinta de la del idioma alemán! Pues en ninguna parte su hierbajo es tan difícil, casi imposible de erradicar como aquí, donde a veces se prende al espaldar de la costumbre. Los IMPOTENTES BARBILUENGOS de este miserable tiempo de utilitarismo amenazan con estropear para siempre el idioma alemán.

Escriben STÄNDIG {permanente} en lugar de *beständig* {constante, estable}; entonces, tienen que escribir también *Stand* {puesto, sitio, lugar, estado} en lugar de *Bestand* {permanencia, estabilidad, duración, consistencia}.

En lugar de «gegenwärtig {actualmente}, einstweilen {por de pronto}, jetzt {ahora}, zu jetziger Zeit {en este tiempo}», escriben de forma irrisoria siempre AUGENBLICKLICH {momentáneamente}, y lo hacen todos, uno tras otro. Y ésta es la vergüenza. Pues si uno de ellos cometiese por su propia cuenta idiotismos o solecismos gramaticales y ortográficos, sería justamente su extravagancia y conservaría, no obstante, la dignidad de la originalidad. Pero la imitación bien dispuesta, celosa y generalizada de todo descerebrado solecismo es lo más denigrante de tal accionar. Este consentir, este hacer coro a cada solecismo de nueva invención es justamente lo más deleznable. Pues en todas partes la imitación ciega es el AUTÉNTICO SELLO DE LA ORDINARIEZ: el gran montón, la plebe se guía casi en todo su actuar exclusivamente por el ejemplo, y es movida por imitación, como el autómata lo es por ruedas. Una consecuencia especialmente irrisoria de ese abuso de la palabra AUGENBLICKLICH {momentáneamente} es que, cuando de veras quieren decir AUGENBLICKLICH, dicen «im Nu» {en un instante}: una palabra de la niñez. Una corrección muy estética que ahorra letras en esa palabra es «AUGENBLICKS», que he encontrado realmente en lugar de «jetzt». Como suena como *Blix (Blitz)* {relámpago}, se vuelve figurativa y, de ese modo, sumamente bella y digna de imitarse.

Cfr. pág. 116 S⁵⁹² Aquí he tenido solamente en cuenta los errores lingüísticos y no hablo de los meros errores de estilo que trae consigo la monomanía generalizada de la abreviación de la lengua. Allí, cuando hay que ahorrar dos palabras, se unen los períodos más encastrados, retorcidos, penosos e incomprensibles, sobre cuyo sentido podrá después cavilar el lector. Pero no vaya a pensarse que este registro de pecados esté completo: ¡el Cielo nos libre! En ese caso, tendría que ser el triple de largo. Pues todo chapucero trata con la lengua de la forma más liviana y licenciosa según su capricho, y lo que no estaría permitido contra ninguna otra lengua en Europa, lo está contra la alemana.

El éxito de este accionar consiste en que, en la escribidera alemana, la cosa se pone cada vez peor con la difícil comprensibilidad y la torpeza de los períodos: a menudo no se sabe en absoluto lo que el que escribe quiere decir, hasta que se descubre que el miserable, para ahorrar un par de sílabas, ha omitido palabras y ha retorcido y estropeado por completo su frase.⁵⁹³

[PÁGINA 118]

118,1 Un tal escribidor alemán de la noble «actualidad» no reflexiona, dado el caso, como infaliblemente lo hacen respecto de la lengua su camarada inglés, francés o italiano, considerando si lo que quiere poner por escrito es también correcto alemán, o alemán, absolutamente hablando: ¡ni pensarlo! Tales preocupaciones ya no se conocen; *ejusmodi nugas philosophus non curat*,* sino que todo muchacho a sueldo que se dedica a emborronar es señor y maestro sobre la lengua, la modela

---

* De semejantes nimiedades no se preocupa el filósofo.

y hace según su antojo y a su semianimal arbitrio. O bien, si siente acaso un escrúpulo, recuerda que otro chapucero como él ha escrito de ese modo: y ése es para él Cicerón y Salustio. Pues en la veloz y generalizada imitación que encuentra cada nuevo solecismo puede verse que se admiran mutuamente. Así, por ejemplo, escriben «GEDANKLICH» {de las ideas}, una palabra por él improvisada cuyo sentido él nos hace adivinar, y otros ejemplos más.[594]

A *Parerga* pág. 439. El genitivo se expresa en alemán por medio de «DES» y «DER», y VON designa el ablativo: ¡que de una vez por todas no se os olvide, mis queridos, si es que queréis escribir alemán, y no una germanía alemano-francesa![595]

118,2

Lo peor del asunto es que poco a poco crece una generación joven que, como sólo lee siempre lo más reciente, ya no conoce otro alemán que esta germanía retorcida de la barbiluenga era impotente, castrada por Hegel, que, como no sabe hacer nada mejor, ha hecho de la demolición del idioma alemán una industria.

118,3

He encontrado «DAS UNÄNDERLICHE» en lugar de *Unabänderliche* {inalterable}, una corrección de la lengua que, seguramente, será recibida con admiración e imitada celosamente por todas las mentes de oveja. Por lo que la lengua alemana se empobrecerá en dos palabras más, es decir, con la pérdida del medio para distinguir dos conceptos totalmente dispares: «unabänderlich» {inalterable} y «unveränderlich» {inmutable}.

Además: «UNRECHTES GUT» {bien equivocado} en lugar de *ungerechtes* {bien injusto}: se dice *die unrechte Thür* {la puerta equivocada}, *der unrechte Hut* {el sombrero equivocado}, *der unrechte Weg* {el camino equivocado}; UNGERECHT es algo totalmente diferente. Pero ¿¡qué nos importa el sentido y el entendimiento si podemos ahorrar dos letras!? *Item* «Friedens STAND» en lugar de zu*stand* {estado de paz}.

«Die WÄRMEBILDUNG des Körpers» {la formación de calor del cuerpo}: erróneo y sin sentido, en lugar de *Wärmeerzeugung* {producción de calor} (CENTRALBLATT); *ibidem:* «von Physiologie habe ich nichts gefunden, AUßER das Wort» {no he hallado nada de fisiología fuera de la palabra}. GROSERO SOLECISMO: en lugar de *ausgenommen* {excepto}.

CAPÍTULO PROPIO: «Sobre la metódica barbarización del idioma alemán, realizada de forma generalizada y universal».

«VORWIEGEND» en lugar de ÜBER*wiegend* {preponderante, preponderantemente}: ¿o sea que también *Vorgewicht* {prepeso}?* Solecismo estúpido, SIN SENTIDO, para ahorrar UNA letra. «ÜBER» se refiere a la línea perpendicular, VOR a la horizontal: pero ¿quién querría dirigirse a nuestros perfeccionadores del idioma con semejantes sutilezas? Ellos están acostumbrados a tallar madera tosca: cuentan letras, y con eso basta.

HEIC VEL ALIBI:** «¡Quia! Sentido o sinsentido, ¿qué importa? ¡Con tal de que ahorremos una letra! Eso es lo que importa. Que el lector adivine lo que hemos querido decir con eso: que cada cual vea cómo lo averigua. Nosotros decimos, como Petrarca, *Intendami chi può, che m'intend'io*»*** [comprobar].

No sé qué ignorante escribió primero AUS ANLAß {con ocasión de}: sólo sé que este grueso solecismo ha hallado enseguida un aplauso e imitación entusiastas etc. ¡Ahora escriben algunos «IN Anlaß» {en ocasión de}!

* En lugar de *Übergewicht* [sobrepeso]. *(N. del T.)*
** Aquí o en otra parte.
*** Que me entienda quien pueda, que yo me entiendo a mí mismo. Más exactamente: *Intendami chi può, ch'i' m'intend'io*. Petrarca, *Canzone* XI, vers. 17.

«Raubhorden» {hordas de robo} en lugar de *Räuberhorden* {hordas de ladrones}: Ritter. «Friedbruch» en lugar de *Friedensbruch* {violación de la paz}, tan erróneo como cacofónico. *Deutschorden* en lugar de *Deutscher Orden* {Orden Teutónica}.[596]

[Página 119]

Entre los galicismos se cuentan: (véase pág. 107 abajo.) Von, como ablativo, en lugar del genitivo. *Dito* en lugar de aus: p. ej., von *Berlin* {de Berlín}. 119,1
Parerga 439 abajo.
Vergonzoso galicismo: «er hatte Furcht» {él tenía miedo}.
Igualmente
In der Straße {en la calle}: *vide supra*[597]
Für, *pour, pour, pour*,* en representación de todas las preposiciones. *Parerga* II, junto a 468.[598]
«Dieser Mann, er ist» {ese hombre, él es}, en lugar de *der Mann ist* {el hombre es}. «Wenn er Dies thäte, er wäre verloren» {si hiciera eso, estaría perdido} en lugar de *so wäre er verloren* {entonces estaría perdido}.
«Rechnung tragen»: *tenir compte* {tener en cuenta}, repetido hasta el hastío, en lugar de *berücksichtigen* {tener en cuenta}; «in Anschlag bringen» {tener en cuenta}, etc. Palabra igualmente amada por todos: «die Tragweite»: *la portée* {el alcance}, es un galicismo y, además, una expresión de cañonero que habría que utilizar en casos especiales, en lugar de hacerlo en cada ocasión. Del mismo modo, «Früchte» {frutos} en lugar de Obst {fruta}: se trata de

---

* Para, para, para.

una superioridad que posee la lengua alemana frente a todas las otras, puesto que designa a los frutos que se consumen frescos con una expresión especial y, de ese modo, coloca aparte el concepto correspondiente, con lo cual el discurso se hace de inmediato más significativo y determinado: pero nuestros escribidores prefieren dormitar en la niebla de lo general. En cambio, no hay ningún problema con la aceptación de expresiones extranjeras: se las asimila. Pero justamente contra ellas se dirigen los puristas. En lugar de APPELATION {apelación} escriben BERUFUNG {llamamiento, nombramiento (invocación; apelación, recurso)}: ¡erróneo! Debería decir «Anrufung» {apelación}. Si queréis ser el Michel alemán,* entended al menos alemán. Pero el periódico *Postzeitung* del 28 de octubre de 1858 dice: «Die BERUFUNG Proudhon's an den Kaiserlichen Gerichtshof wird zur Verhandlung kommen» {el nombramiento de Proudhon al tribunal imperial será objeto de tratamiento}. Ante esto hay que pensar que se lo NOMBRÓ asesor del tribunal, pero ¡él es el delincuente, y apeló![599]

119,2 A *Parerga* 439. ¿Piensan realmente estos señores que el imperfecto y el perfecto tienen el mismo significado, y que, por tanto, se puede utilizar *promiscue*** tanto uno como el otro? Si eso piensan, hay que conseguirles un lugar en el cuarto curso de enseñanza media. ¿Qué habría sido de los antiguos autores si hubiesen escrito con tanta negligencia?
| CFR. ARRIBA, PÁG. 104.[600] |

---

* Personificación nacional de los alemanes, originaria de la Edad Moderna. *(N. del T.)*
** De forma mezclada, sin orden.

Stein-Monument {monumento de piedra};* ya todo monu- 119,3
mento es tal cosa, con excepción del busto de madera de
Bürger en el Jardín de Ulrich *(Ulrichs Garten)*.** ¡Bronce!
«Das Göthemonument» {el monumento a Goethe} en
lugar de *Göthe's Monument*, lo que no sólo es más correcto,
sino hasta más breve.
 A pág. 113 margen. *Schillermonument* {monumento a
Schiller}, *Schillerhaus* {casa de Schiller}, como *Schilderhaus*
{garita}: ¡si un inglés dijera *Shakespearemonument* o *Shakespearehouse*, qué tonto parecería! ¡Oh, si pudiese importarse
entendimiento inglés, como otros importan mercancías inglesas! Pero la Unión Aduanera establecería para ello elevados
derechos aduaneros.
 ¡Oh, por una Crusca*** para Alemania!
 No debéis dejar de lado las SÍLABAS que os parecen superfluas, sino las palabras superfluas.
 */ La sinrazón escribe «MIẞVERSTAND» {mal entendimiento} (su pariente cercano) en lugar de MIẞVERSTÄNDNIẞ
{malentendido}. /*
 En DÄNEMARK: esta DÄNEMARK alargada es tan insoportable que, en todo caso, quiero admitirles que escriban DÄNMARK (con lo que se lucran dos letras). Pero con la condición
de que no revelen que he transigido con gente como ellos.
En danés se dice *Dannemark* [así lo he visto impreso en un
paquete danés de mercancías].
 Sobre las (pág. 127) PALABRAS, QUE NO SON TALES: «Diese
Affaire kann man nunmehr als völig BEREINIGT betrachten»

* Intención: monumento a Stein. *(N. del T.)*
** Lugar de esparcimiento en Gotinga, redenominado, hacia 1850,
von Sehlensche Garten [Jardín de von Sehlen].
*** Accademia della Crusca, es decir, «Academia del Salvado», porque
esa erudita sociedad quería limpiar la lengua italiana como se limpia
la harina del salvado; fue fundada en 1852, en Florencia.

{Este *affaire* puede considerarse ya como plenamente resuelto}. (*Postzeitung* 1858, junio). Sé lo que significa *beschmutz* {ensuciado}, etc.

Después tienen (y la gran generalidad, tal vez sin excepción) la estúpida superstición de que no se pueden poner dos genitivos uno detrás de otro: tan pronto como ya hay uno, introducen un falso ablativo, a menudo contradiciendo todo buen sentido. Se pueden colocar veinte genitivos uno detrás de otro, y sucede en todas las lenguas: του, του, του.*

Continuación en 124.

«Die Kaße hat VEREINNAHMT» {la caja ha cobrado}, en lugar de *eingenomen:* un digno correlato de BEANSPRUCHEN {requerir, pretender, reivindicar}, insípido y, por eso, de popularidad generalizada.

Me he abstenido de todas las expresiones vulgares que sirven para una digna calificación de nuestros perfeccionadores del idioma. Especialmente he omitido la contribución de la zoología. Por eso, solicito al lector coincidente llenar ese hueco.[601]

[PÁGINA 120]

120,1 LOS PROFESORES DE FILOSOFÍA deben aprender a comprender que la filosofía tiene otros fines que completar la educación de los futuros licenciados en derecho, pastores y médicos de familia.
| ANOTADO.[602] |

120,2 En el fondo, hay sólo UNA FORMA DE ACCIÓN MECÁNICA, que consiste en el querer penetrar, por parte de un cuerpo, en el espacio que posee otro: a ello se ejerce, en sentido contrario,

---

* Más precisamente: τοῦ, τοῦ, τοῦ [del, del, del].

tanto PRESIÓN como empuje, que como tales se distinguen por lo paulatino y lo repentino, si bien a través de esto último la fuerza se hace «viva». Por tanto, en ésas se apoya todo lo que desarrolla la mecánica. La TRACCIÓN es sólo aparente: p. ej., la cuerda con la que se tira de un cuerpo lo empuja, es decir, ejerce presión sobre él desde atrás. Pero ahora quieren explicar toda la naturaleza a partir de eso: la acción de la luz sobre la retina consiste en empujes mecánicos sobre la retina, unas veces más lentos, otras más rápidos. Para ese fin han imaginado un éter que tiene que EMPUJAR, aunque ven que, en la más fuerte tormenta, que todo lo doblega, el RAYO DE LUZ permanece tan inmóvil como un fantasma.

| ANOTADO, BIS, VIDI AD 3[603] |

La vida del «TIEMPO ACTUAL» es una gran GALLOPADE.* En la literatura se manifiesta como una extremada fugacidad y falta de esmero. 120,3

| ANOTADO[604] |

A *Welt als Wille und Vorstellung* tomo II, pág. 267. 120,4
NOTA
Bichat ha arrojado una profunda mirada a la naturaleza humana y, como resultado de dicha mirada, */ ha hecho una exposición admirable que forma parte de aquellas cosas que más profundamente se han pensado en toda la literatura francesa. Sesenta años después viene el señor Flourens y, en su escrito más reciente, *De la vie et de l'intelligence*,** tiene la osadía de presentarse en tono polémico y de declarar falso, sin cumplido alguno, todo lo que Bichat sacara a la luz sobre ese tema tan importante y tan suyo propio.

* O *galop*, danza rápida y vivaz de moda en las capitales europeas a partir de 1820. *(N. del T.)*
** Sobre la vida y la inteligencia.

¿Y qué aduce contra él? ¿Razones en contra? No: afirmaciones contrarias */ y autoridades, y tan improcedentes como extrañas: a saber, Descartes... ¡y Gall! Sucede que el señor Flourens es de fe cartesiana y, para él, Descartes es, todavía en el año 1858, «le philosophe par excellence». Ahora bien, Descartes es por cierto un gran hombre, pero sólo como pionero: en cambio, en todos sus dogmas no hay una sola palabra verdadera. E invocar hoy en día esa autoridad es directamente irrisorio. En efecto, en el siglo XIX un cartesiano es en la filosofía lo mismo que sería un tolomeano en astronomía y un stahliano en química. Pero para el señor Flourens los dogmas de Descartes son artículos de fe. Descartes enseñó que */ en el cerebro *residire* (reside) un alma inmortal y, por tanto, simple, y *vouloir c'est penser*, que el /* querer es pensar, *les volontés sont des pensées** [Flourens pág. 72, I]: o sea, es así, aunque /*

«*Tout ce qui est relatif à l'entendement appartient à la vie animale*», dit Bichat, et *jusque-là point de doute*, «*tout ce qui est relatif aux passions appartient à la vie organique*», et ceci (esto último) *est absolument faux.*** 605

[PÁGINA 121]

121,1 */ 606 Todo el mundo siente en su interior que querer y pensar son distintos como blanco y negro, y yo he expuesto esto mismo más arriba, en el capítulo 19, de forma extensa, a fondo y

* Los actos de voluntad son pensamientos. Frase de Descartes.
** «Todo lo que se relaciona con el entendimiento pertenece a la vida animal», dice Bichat, y hasta ahí no hay duda alguna, «todo lo que se relaciona con las pasiones pertenece a la vida orgánica», y esto último es absolutamente falso. Flourens, *De la vie et de l'intelligence*, II, pág. 134, abreviado.

siempre siguiendo el hilo de la experiencia. Según Descartes, el oráculo del señor Flourens, hay sobre todo dos sustancias fundamentalmente distintas: cuerpo y alma, */ esta última es una sustancia simple en la que querer y pensar son inseparables. /* En consecuencia dice el señor Flourens (I, pág. 72) como cartesiano ortodoxo: *le premier point est de séparer, même par les mots, ce qui est du corps de ce qui est de l'âme.** Además, el señor Flourens nos enseña (II, 137) que esta *âme réside uniquement et exclusivement dans le cerveau:*** desde donde, según un pasaje de Descartes, envía a los músculos como mensajeros los *spiritus animales*,*** pero ella misma sólo pude ser afectada por el cerebro. Por eso, si bien las pasiones tienen su SEDE *(siège)* en el corazón, en cuanto puede ser alterado por ellas, tienen su LUGAR *(place)* en el cerebro. Así, así habla realmente el oráculo del señor Flourens, quien está tan edificado por él, que hasta lo reza dos veces (I, 33 y II, 135) para victoria infalible sobre el ignorante BICHAT, en cuanto no conoce alma ni cuerpo, sino una vida animal y una orgánica, y al que enseña aquí con despreciativa condescendencia que hay que distinguir a fondo las partes donde tienen su SEDE *(siègent)* las pasiones, de aquellas a las que AFECTAN. O sea que, según ello, las pasiones ACTÚAN en UN LUGAR, mientras que están en otro. Cosas corpóreas suelen actuar sólo donde están: pero con un alma inmaterial semejante, las cosas pueden ser diferentes. ¿Qué habrán pensado propiamente él y su oráculo con esta distinción de *place* y *siège* y de *siéger* y *affecter*? El error fundamental del señor Flourens

---

* El primer punto es separar, incluso en las palabras, aquello que es del cuerpo de aquello que es del alma. Flourens, *ibid.*, I, pág. 72; abreviado.
** Esta alma reside única y exclusivamente en el cerebro. Flourens, *ibid.*, II, pág. 137.
*** Espíritus animales, vivientes. Término de Descartes.

y de su Descartes surge en realidad de que confunden los motivos o las ocasiones de las pasiones, que se encuentran como representaciones, aunque en el intelecto, es decir, en el cerebro, con las pasiones mismas, que, como movimientos de la voluntad, se encuentran en todo el cuerpo, que (como sabemos) es la misma voluntad intuida.

ALICUBI; pág. 123. El señor Flourens es un hombre de gran mérito, pero ha obtenido dicho mérito exclusivamente por la vía experimental. Ahora bien, las verdades más importantes no pueden extraerse por experimentación, sino por agudeza y reflexión. Así, pues, también Bichat ha sacado a la luz, a través de su reflexión y de la profundidad de su mirada, una verdad que se cuenta entre aquellas que permanecen inaccesibles a los esfuerzos experimentales del señor Flourens, aun cuando atormente hasta la muerte todavía a cien animales más. Pero debería percatarse un poco de ello y pensar, en consecuencia: «Cuídate, cabrón, que quema».

| No obstante [sigue en la pág. 23 arriba] /*607 |

[PÁGINA 122]

122,1 */ Como se ha mencionado, la segunda autoridad del señor Flourens es GALL. Por supuesto, yo ya he dicho en nuestro capítulo 20 (y ya en edición anterior, pág. 249):[608] «El mayor error de la frenología de Gall es que establece también órganos del cerebro para las cualidades morales». Pero lo que reprocho y rechazo es justamente lo que el señor Flourens elogia y admira. En efecto, él lleva en el corazón el *les volontés sont des pensées*,* de Descartes. Según ello dice (pág. 144): *le premier service que Gall a rendu à la* PHYSIOLOGIE (?) *a été de ramener le moral à l'intellectuel, et de faire voir que les*

---

* Los actos de voluntad son los pensamientos. Frase de Descartes.

facultés morales et les facultés intellectuelles sont des facultés du même ordre, et de les placer toutes, autant les unes que les autres, uniquement et exclusivement dans le cerveau.* En cierta medida toda mi filosofía, pero en especial el capítulo 19 de este volumen, consiste en la confutación de este error fundamental. En cambio, el señor Flourens no se cansa de ensalzarlo como una gran verdad y a Gall como su descubridor: p. ej., pág. 147: *si j'en étais à classer les services que nous a rendu Gall, je dirais que le premier a été de ramener les qualités morales au cerveau.*** Pág. 153: *le cerveau seul est l'organe de* L'ÂME, *et de* L'ÂME *dans toute la plénitude de ses fonctions* (se ve que todavía se encuentra detrás el ALMA simple cartesiana), *il est le siège de toutes les facultés morales, comme de toutes les facultés intellectuelles.* – – – *Gall a ramené le* MORAL *à* L'INTELLECTUEL, *il a ramené les qualités morales au même siège, au même organe, que les facultés intellectuelles.**** ¡Oh, cuánto tenemos que avergonzarnos Bichat y yo ante semejante sabiduría! Pero, hablando en serio, qué puede resultar más deprimente, o más bien indignante, que ver rechazado lo correcto y pensado a fondo, y preconizado,

---

*   El primer servicio que ha prestado Gall a la fisiología ha sido reducir lo moral a lo intelectual y hacer ver que las facultades morales y las facultades intelectuales son facultades del mismo orden; y colocarlas todas, tanto unas como otras, sola y exclusivamente en el cerebro. Flourens: *De la vie et de l'intelligence*, II, pág. 144; casi textualmente.
** Si yo tuviese que clasificar los servicios que nos ha prestado Gall, diría que el primero ha sido el trasladar las cualidades morales al cerebro. Flourens: *ibid.*, págs. 147-148.
*** Sólo el cerebro es el órgano del alma, y del alma en toda la plenitud de sus funciones; él es la sede de todas las facultades morales, como también de todas las facultades intelectuales. – – – Gall ha reducido lo moral a lo intelectual, ha reconducido las cualidades morales a la misma sede, al mismo órgano que las facultades intelectuales. Flourens: *ibid.*, págs. 153-154; casi textualmente.

en cambio, lo falso y trastocado. Y experimentar que verdades importantes, que estaban profundamente escondidas y que fueron conquistadas con dificultad y tardíamente, son arrancadas de nuevo, y que, en su lugar, ha de colocarse nuevamente el antiguo, burdo error, tardíamente superado. ¡Y hasta verse constreñido a temer que, por semejante proceder, vayan a retrotraerse de nuevo los tan difíciles progresos del saber humano. Pero ¡permanezcamos serenos! Pues *magna est vis veritatis et praevalebit*.*

Aquí pág. 121 abajo. /*⁶⁰⁹

[PÁGINA 123]

123,1 */ Ahora bien, la osadía y suficiencia, como sólo las da la superficialidad, con la que el señor Flourens se pone a refutar a un hombre como Bichat por medio de meras afirmaciones contrarias y de autoridades fútiles, más aún, a reprenderlo, censurarlo y casi hacerlo objeto de escarnio, */ por lo que en este caso particular cae directamente en poder del *Sus Minervam*** /* tiene su origen en el sistema académico y en sus sillones, en los que estos señores, entronizados y saludándose unos a otros como *illustres confrères*,*** ya no pueden sino equipararse a sí mismos a los mejores que hayan existido jamás, y hasta decretar lo que es erróneo y lo que debe ser verdad. Esto me mueve a decir directamente que las verdade-

---

* Grande es la fuerza de la verdad, y prevalecerá.
** Más exactamente: *sus Minervam (docet)* [el cerdo da enseñanzas a Minerva]. *Nam etsi non sus Minervam, ut aiunt, tamen inepte, quisquis Minervam docet* [Pues aunque no sea el cerdo el que, como dicen, da enseñanzas a Minerva, sin embargo, quienquiera que se las dé, con torpeza lo hace]. Marco Tulio Cicerón, *Academicorum Posteriorum Liber primus*, V.
*** Ilustres colegas.

ras mentes superiores y privilegiadas, que nacen propiamente para iluminar al resto y entre las que se cuenta por cierto también Bichat, lo son por gracia de Dios y, según ello, son a las academias (en las que se les ha destinado en la mayoría de los casos el 41.º sillón) lo que los príncipes a los numerosos representantes de una república, tomados del montón. Por eso, un secreto (cierto) instinto *(a secret awe)** debería advertir a los señores académicos antes de que se enfrenten con uno de ellos, a no ser que fuese con las razones sólidas, y no con meras afirmaciones contrarias y referencias a *placita*** de Descartes, cosa que hoy en día es totalmente ridícula. /★610

El doctor Sederholm, párroco en Moscú, que sabe sueco, dice 123,2 que «SEELIG» {bienaventurado} no viene de SEELE {alma}, sino de la palabra sueca SAL, que significa plenitud, gloria, bienaventuranza (aunque no en sentido teológico), y que en alemán sólo ha quedado en sus *derivativis**** *Trübsal* {tristeza}, *Schicksal* {destino}, etc.; por tanto, en lugar de SEELIG hay que escribir *sälig*.[611]

★/ La MUERTE suprime el engaño que separa nuestra conscien- 123,3 cia de la de los demás. Ese engaño es la PERDURACIÓN. /★
| ANOTADO, QUATER.[612] |

Ἡ αλαζονεια της ἡδονης**** 123,4
El engaño que nos deparan los placeres eróticos debe compararse con ciertas estatuas, que, a consecuencia del lugar en que están emplazadas, están calculadas para ser vistas desde

*   Un secreto sobrecogimiento.
** Opiniones, creencias, consideraciones.
*** Derivados.
**** Más exactamente: ἡ ἀλαζονεία τῆς ἡδονῆς [la arrogancia del placer].

el frente y, en ese caso, tienen un aspecto bello, mientras que, desde atrás, ofrecen una vista desagradable. Analogía con esto guarda lo que nos aparenta el enamoramiento mientras lo tenemos delante y lo vemos venir hacia nosotros, un paraíso de delicias; pero, cuando ha pasado y se lo ve después desde atrás, se muestra como algo fútil e insignificante, cuando no hasta repugnante.

| Anotado vidi[613] |

[Página 124]

124,1 Lo que se sabe tiene doble valor si, al mismo tiempo, se admite no saber lo que no se sabe. Pues de ese modo lo primero se libra de la sospecha a la que se lo expone cuando, como hacen, por ejemplo, los schellinguianos, se finge saber también lo que no se sabe.
| Anotado, Parerga II, 12[614] |

124,2 */ Los hombres son como mecanismos de relojería, a los que se da cuerda y andan, sin saber por qué.
| Anotado bis, Welt als Wille und Vorstellung I, 363 et II, 358. /*[615] |

124,3 */ La putrefacción es la descomposición de un cuerpo orgánico primeramente en sus componentes químicos próximos. De éstos, puesto que son más o menos los mismos en todos los seres vivientes, puede apoderarse la voluntad de vivir a fin de engendrar por generatio aequivoca* nuevos seres que, más tarde (asumiendo forma apropiada), se forman a partir de ellos como el polluelo del líquido del huevo. Pero, si esto no sucede, se descomponen en los componentes remotos,

* Generación espontánea.

que son las sustancias químicas primordiales, y pasan al gran ciclo del mundo.
| Anotado. /*⁶¹⁶ |

Continuación de la pág. 119.   124,4
Initium capitis ad hoc*
Sobre la barbarización de la lengua alemana, llevada adelante metódicamente desde hace algunos años. Una idea fija se ha apoderado de todos los escritores y escribidores alemanes de todo tipo, tal vez con pocas excepciones, que no conozco: quieren contraer la lengua alemana, abreviarla, hacerla más compacta, concisa. Para ese fin, su principio supremo es dar preferencia en todas partes a la palabra más breve antes que a la correspondiente o a la apropiada. Se lo impone unas veces a costa de la gramática, otras a costa del sentido, después también en lo lexical, y finalmente y por lo menos a costa de la eufonía, de tal modo que se permiten atentados de todo tipo contra la lengua: ella tiene que doblegarse, o quebrarse.
   I. El primero es la erradicación de todas las dobles vocales y de las H con función de alargamiento, y el lucrativo recorte de los prefijos y afijos de las palabras, y en general de todas las sílabas cuyo valor y significado el escribidor no entiende ni percibe bajo su cráneo de dos pulgadas de espesor. Por ejemplo, escribe «erstreben» {ambicionar, apetecer} en lugar de anstreben {aspirar a}, hace de ambas una sola palabra, y la lengua se empobrece en una de ellas. Y ello cuando la diferencia de ambos conceptos es colosal: se aspira a *[strebt an]* lo que se quisiera poseer; se ambiciona lo que se consigue: «sutilezas», dice él, «¡es todo lo mismo! Yo cuento las letras y con eso basta: aquí se lucra una letra en el participio pasivo: ¡pues hala!».

* Comienzo del capítulo sobre el particular.

II. La SEGUNDA [N. B.: la segunda tiene que llegar a ser LA primera, y a la inversa, pero PRIMO LOCO* la eliminación de las dobles vocales y de las h.] (en cuanto a la dignidad y repercusión) es el destierro de los pluscuamperfectos y perfectos de la lengua, en cuyo lugar tiene que funcionar en todas partes el imperfecto, sin importar que lo que salga sea algo con sentido o sin sentido. Es más corto.

III. La TERCERA es la construcción de {períodos} contrarios a las reglas, afectados, absurdos, fragosos, de mal gusto y medio carentes de sentido[617]

Y si ahora, recurriendo a toda maña, ardid y artificio en la utilización de tiempos erróneos, en la omisión de palabras adecuadas, en el recorte de sílabas y en la eliminación de letras a despecho y pesar de toda gramática y lógica, y para dificultad de comprensión del lector y escarnio del buen gusto, realmente logran que en la página se ahorre una línea, ¿vale esa ganancia la pena de esos grandes sacrificios? Tal vez haya todavía en nuestra república de los eruditos suficiente sentido común como para poder juzgar rectamente al respecto.

Una vez que han visto impreso tres veces un solecismo, es para ellos alemán clásico.[618]

[PÁGINA 125]

125,1 {períodos} que hay que leer tres veces para adivinar qué se quiere decir con ellos. Según lo cual, pues, uno se da cuenta al mismo tiempo de que el fin de todo ese galimatías era eliminar y, de ese modo, lucrar una que otra palabrilla, aun exigida por el sentido y por la lengua. Aunque se trata de un descubrimiento en el cual se corre el riesgo de que, de pronto, la imaginación le presente a uno el estúpido triunfo en el

---

* En primer lugar.

estúpido rostro del escribidor (por dicho logro): una visión provocativa. Vamos a considerar ahora esos artificios de forma pormenorizada. [Después de haberlo hecho extensamente, sigue la meditación de las «barbarizaciones GRATUITAS de la siguiente manera».]
Una vez que, a través de todas estas tonterías y atrevimientos, se ha instalado la costumbre de tratar con la lengua como venga en gana, como con un perro sin amo, se llega a emprender por pura petulancia correcciones lingüísticas que no tienen ya como fin el acortamiento y el ahorro de letras.

En efecto, como se está en la bancarrota total en cuanto a nuevas ideas, se quiere llevar al mercado nuevas palabras, sólo para manifestar de ese modo la propia originalidad. Logros de este tipo son, por ejemplo, los siguientes:

Cuando una palabra sin prefijo tiene UN significado, pero con el prefijo otro, utilizan la primera también con el significado de la segunda, empobreciendo así la lengua en una palabra. Y como tal cosa sucede en cientos de palabras, el empobrecimiento se hace significativo. P. ej., *Beßerung* {mejora} en lugar de *Verbeßerung* {perfeccionamiento}, *Ausbeßerung* {enmienda, reparación} etc., o *Kürzen* {abreviar} en lugar de *Verkürzen* {cercenar, escatimar}, *Abkürzen* {acortar}, etc., *vide supra hujusmodi exempla innumera.**

*/ Aquí corresponde «lösen und Lösung» {soltar, desprender y solución, separación} en lugar de *Auflösung* {disolución}, de los químicos. /* «Er stürzte den Thurm» {él derribó la torre} en lugar de *stürzte ihn um (Deutsches Museum)* es como *ruit* en lugar de *deruit.***

*/ Se sueltan o desprenden *Bändel* {cordones}, *Cämente* {piedras de cantera} de los conglomerados; se disuelve, etc. Si queréis poner LÖSEN {soltar, desprender} en lugar de AUFLÖ-

* Véanse más arriba los innumerables ejemplos de este tipo.
** «Se derribó» en lugar de «derribó».

SEN {disolver} (127), entonces tenéis que ponerlo también en lugar de *ablösen* {suceder}, *auslösen* {desencadenar}, *einlösen* {cumplir, pagar, reembolsar, y otros varios significados}, etc. según *Welt als Wille und Vorstellung*, II, pág. 124. /*619

125,2 En lugar de «MITHIN» {por tanto, por consiguiente}, «SOHIN». Y tan estúpidas correcciones se permiten los más indignos escribidores de periódicos a sueldo, el populacho de la literatura. En lugar de ZEITWEILIG {temporal, temporalmente} escribe uno ZEITIG, que, sin embargo, significa REIF {maduro, en sazón}.

«Ein UNWEIT anziehendes Gemählde» {una pintura no lejos atractiva}, *Göttingische gelehrte Anzeigen*, septiembre de 1858, en lugar de UNGLEICH {incomparablemente}; UNWEIT significa NAHE {cerca}. Pero ésta es la costumbre actual: cada escribidor escribe la palabra que le pasa en el momento por la cabeza, tenga o no el significado necesario para el caso. Que el lector adivine lo que se quiere decir.

«VERVORHTEILUNG seiner Gläubiger» {timo a sus acreedores}, en lugar de *Uebervortheilung* (pág. 96: «beregte»)⁶²⁰ (*Postzeitung*, 15 de julio de 1858). Por tanto, el chapucero crea una palabra inexistente a fin de lucrar UNA letra: ¡tan lejos llega la locura! EL IDIOMA ALEMÁN ESTÁ EN PELIGRO: yo hago lo que puedo por salvarlo, pero soy consciente de que estoy solo frente a un ejército de 10 000 locos. *But what for that?**

Gramática, lógica, adecuación y corrección de la expresión, estilo, eufonía, ¡puras farsas! Nosotros contamos las letras y hemos lucrado tres, de modo que...

Empobrecer la lengua en una palabra (por recorte de los prefijos) significa empobrecer la nación en un prefijo. Toda modalidad bella de escritura consiste en la acertada exactitud

* ¿Qué hay en ello?

de la expresión para indicar el pensamiento. Tal exactitud se hace imposible si se suprimen las diferentes modulaciones de cada concepto a través de los prefijos y afijos.

«In der Versammlung erschien ein Müller, Schulmeister und Acceßist» {En la reunión se presentó un molinero, maestro de escuela y jurista practicante}: en alemán, esto indica que el hombre practicaba tres profesiones, pero, en realidad, el que escribe está pensando en tres personas y se quiso ahorrar dos veces el EIN {un}. (Menzel, *Litteraturblatt*.)[621]

[Página 126]

«SCHMIED» no es una palabra alemana, sino un engendro de la CURIOSIDAD, que ha descubierto, con agudeza, que se habla de SCHMIEDEN {forjar} y de SCHMIEDE {forja}. Es como si se quisiera escribir $\theta\eta\sigma\iota\varsigma$ en lugar de $\theta\epsilon\sigma\iota\varsigma$ porque proviene de $\tau\iota\theta\eta\mu\iota$.* En alemán, la palabra ha sido y se ha escrito en todos los tiempos «SCHMIDT» {el herrero}: lo atestiguan también los innumerables nombres propios SCHMIDT. Por el contario, tiene por plural DIE SCHMIEDE {los herreros}.

126,1

De la misma curiosidad proviene «DER Bauer, DES BAUERS» {la jaula, de la jaula}, porque se imaginan que se trata de labrador y proviene de bauen {labrar, construir} —es el BOOR inglés—. De ahí der Bauer, des Bauern, plural die Bauern.

«SICHER» {seguro} en lugar de SICHERLICH {seguramente}; «SICHTBAR» {visible} en lugar de SICHTBARLICH {visiblemente}, como si se quisiera escribir *similis* en lugar de *similiter*, *credibilis* en lugar de *credibiliter*.** Pág. 127.

* Más exactamente: $\theta\acute{\eta}\sigma\iota\varsigma$ [acción de poner] en lugar de $\theta\acute{\epsilon}\sigma\iota\varsigma$ [posición] porque proviene de $\tau\acute{\iota}\theta\eta\mu\iota$ [poner].
** «Similar» en lugar de «similarmente»; «creíble» en lugar de «creíblemente».

En las FLEXIONES DE LOS NOMINA PROPRIA* que se dejan de lado sin reemplazarlas por artículo alguno a veces no se sabe realmente cuál de las dos personas está en nominativo, cuál en ablativo, es decir, cuál es el paciente y cuál el agente. ¿Qué han hecho en todo el mundo los VERBOS AUXILIARES (*bin, ist, war, sind, haben, hatten* {soy, es, era, son, han, habían}), que se los omite y salta? El lector tiene que agregarlos necesariamente por sus propios medios, y como esto exige cierta reflexión, requiere diez veces más tiempo que su mera lectura. Es decir, con esa economía se apunta meramente a la preciosa línea cuadrada de papel.

Aritméticamente han contado bien que DER, DIE, DAS {él, la, lo (artículo neutro)} tienen menos letras que *welcher, welche, welches* {el cual, la cual, lo cual}, *Dieser, Diese, Dieses* {éste, ésta, esto}, *Solcher, solche, Solches* {tal (forma masculina, femenina, neutra)}, etc. Ahora todo debe afrontarse con DER, DIE, DAS, que a menudo hace difícil la comprensión de las frases, y todo eso sólo para ahorrar una o dos letras. No debería considerarse posible semejante miseria. En una revista erudita encontré, en lugar de «ALS WELCHER» {en cuanto aquel que}, ALS DER, que el lector tiene que considerar como comparativo, confundiéndose por completo.

A– y, como la ocasión más frecuente es con el DAS (utilizado con la mayor frecuencia), es en (pero además, colocan) sus páginas la décima palabra y confiere a su discurso una (cierta) amenidad de cervecería, de modo que se cree oír hablar al que escribe y uno (se avergüenza) tiene la sensación de estar en mala compañía. [Aquí lo de arriba *Die die die*, etc.]

Pág. 127, arriba –A

«Ich fühle mich bewogen, diese Weise der Beurtheilung NUR auf das Freudigste anzuerkennen» {me siento impulsado a reconocer SÓLO con la mayor alegría esta manera de juzgar}

---

* Nombres propios.

(Marggraf, *Litterarische Blätter*, agosto). En este sentido BLOß es = *pure, only* {puramente, sólo }; NUR es *tantummodo* {nada más que}. «BERUHT IN» {se basa en} en lugar de *auf*. IST *erwartet* {es esperado} en lugar de WIRD: lo primero sólo sería correcto después de que ya llegó. «VENEDIGER» en lugar de *Venetianer* {veneciano}. *Zeitung*.⁶²²

A *Parerga* II, 444: p. ej. «FÜHREN» [llevar, conducir]: 126,2 *mitführen* {llevar consigo}, *ausführen* {ejecutar, realizar}, *verführen* {seducir}, *einführen* {introducir}, *aufführen* {presentar, exponer}, *abführen* {evacuar, trasladar a otra parte}, *durchführen* {llevar a cabo}.⁶²³

¡«Dies ZEUGT» *(generat)* {engendra, genera} en lugar de 126,3 BEZEUGT *(testatur)* {atestigua}! *Testat*, en lugar de *attestat*.* Se deslizan insidiosamente en torno a la lengua y buscan alguna sílaba que todavía pueda recortarse. Empobrecer la lengua en una palabra significa empobrecer a la nación en un concepto.

«In Dresden, "FINDET" sich kein Sardinischer Gesandter» {En Dresde no se halla ningún enviado de Cerdeña}, en lugar de BEFINDET {se encuentra}: lo que «no se halla» ha desaparecido. *Ich* «brauche» *(mihi opus est)* {necesito} en lugar de «gebrauche» *(utor)* {utilizo}.

Es como si desesperaran de dejar una huella de su existencia por medio de sus ESCRITOS y, por eso, quieren imprimir tal huella en la lengua a través de su barbarización. En ello trabajan de manera unánime.⁶²⁴

---

* «Es testigo, da testimonio» en lugar de «prueba, confirma, testifica».

[PÁGINA 127]

127,1 En DER DIE DAS {el, la, lo}, en lugar de *welcher* {el cual}, *solcher* {tal}, *jener* {aquél}, *dieser* {éste}
A pág. 126 abajo
De especial popularidad goza la utilización sustantiva del DAS {lo}, a tal punto que todas las páginas están salpicadas de él, cosa que confiere al estilo una cierta familiaridad y amenidad propia de cervecería, tan vivaz que se piensa estar oyendo al que escribe y uno se siente como si estuviese en mala compañía.
Tampoco entienden la diferencia entre ALS {que} y WIE {como}, sino que utilizan ambas palabras *promiscue*.* ALS sólo debe estar en el comparativo propiamente dicho: «er ist größer ALS ich, und so groß WIE du» {él es mayor que yo y tan grande como tú».
PALABRAS QUE NO SON TALES: pág. 119. BISLANG {hasta aquí, hasta ahora} (arriba en alguna parte hay varias). *Beweise* ERBRINGEN {producir pruebas} en lugar de *aufbringen* {suministrar}. *(Heidelberger <Jahrbücher>)*. «NAHEZU» en lugar de *beinahe* {casi, cerca de} no es palabra alguna, tampoco una composición permitida: se dice «nahe BEI dem Baum» {cerca del árbol}, no ZU dem Baum. ¿«Behäbig» {cómodo}? In «Bälde» {pronto}. VERwilligen en lugar de *bewilligen* {conceder}; VERWILLIGEN no es palabra alguna, y tampoco tiene ahorro de letras: pero al señor Schimierax** le gusta así, se cree original al utilizarla. Entonces tiene que decir también VER*suchen* {ensayar, tentar} en lugar de BESUCHEN {visitar}, *vernehmen* {escuchar, percibir} en lugar de *benehmen* {comportarse}.

---

* Mezcladamente, sin diferencia.
** De *schmieren* [emborronar]. *(N. del T.)*

En LÖSEN {soltar, desprender} en lugar de *auflösen* {disolver}: 125, ¿qué se diría si un francés escribiera *soudre* en lugar de *dissoudre*?* La partícula DAß ha sido totalmente desterrada del lenguaje y no debe aparecer. En lugar de: «er sagte, DAß Dies oder Jenes geschehn sei» {dijo que sucedió esto o aquello}, dicen (sabe el Cielo por qué) siempre WIE {cómo}. Como si QUE algo suceda y CÓMO sucede no fuesen cosas muy diferentes. En otros casos se elimina el DAß a través de un desplazamiento de la posición de las palabras: p. ej., en lugar de: «es schien, daß der Feind heranrücke» {parecía que el enemigo se acercaba}, «es schien, der Feind rücke heran»; hay que acotar, por cierto, que tal cosa no sucede de vez en cuando y ocasionalmente, sino de forma constante y en todas partes, a menudo de la forma más forzada, haciendo consecuentemente que el período entero se torne incomprensible, sólo porque ahorra la sílaba DAß. A ello se agrega la archiordinaria uniformidad de todos los escribidores y la sinrazón que en ella se manifiesta.

EINZIG {único, únicamente} en lugar de *allein* {solo}, y SICHER {seguro} en lugar de *gewiß* {seguramente, ciertamente} forman una unidad. PÁG. 126.

Los ardides y las mañas a los que recurren nuestros escribidores de imprenta por ahorrar UNA única sílaba son a menudo graciosos: p. ej., en lugar de «es scheint, daß er vergeßen hatte» {parece que había olvidado} escribe uno de ellos: «er hatte, SCHEINT's, vergeßen» {él había, parece, olvidado}, sin que la cacofonía SCHEINT's hiera su grueso oído.

La raíz del mal es que nuestros perfeccionadores de la lengua no poseen propia y debidamente el LATÍN: con el latín no es posible andar con esos tratos. Sólo a través de la escritura del latín se aprende a tener respeto por la lengua, a sopesar el valor y el sentido de las palabras. Aprender

* «Disolver» en lugar de «descomponer».

latín significa en general conocer propiamente el lenguaje humano.[625]

127,2 AD PARERGA 450.
Quien escribe un semejante PERÍODO EXTENSO Y APRETADO sabe dónde termina el asunto y qué resultará al final. Por eso se siente muy alegre de construir su laberinto. Pero el lector no lo sabe y se encuentra en el tormento: ahora debe aprender de memoria todas esas cláusulas, hasta que, en las últimas palabras, se le encienda una luz y pueda enterarse por fin de qué se está hablando.
Continuación en 129[626]

127,3 La escalofriante, maldita unanimidad en la aceptación de cada nuevo solecismo surge del INSTINTO DE IMITACIÓN, que constituye para la gran masa, o sea, también para nuestros perfeccionadores del idioma, casi el único norte de todo su actuar y, lamentablemente, también de su escribir: lo escrito por alguien cualquiera, y aunque se trate de un grueso solecismo, lo imitan basándose en su autoridad. De ese modo se extiende la peste de la barbarización de la lengua. Es para desesperarse que ni uno solo de ellos muestre un rastro de juicio propio a través del rechazo y del escarnio de un solecismo de reciente aparición. No: cada cual lo adopta tan alegremente como la curruca elige al joven cuco, y estos perfeccionadores de la lengua son objeto de admiración e imitación recíprocas.
Apenas un ignorante ha escrito «AUS Anlaß» {con ocasión de}, y otro «beruht IN» {se basa en}, ambas expresiones nos miran fijo con aire triunfal desde todos los libros y revistas. Es que tienen una autoridad en sí: *Schnitzerus dixit.**

Gran importancia reviste el que la correcta pronunciación conste en la ortografía y que, de ese modo, quede fijada. Ya

---

* Schnitzer lo dijo.

ahora, algunas personas pronuncian «Spaß»: con el tiempo, dirán «Märrchen» {cuento}.* Gracias a nuestros TACAÑOS CON LAS LETRAS. Creer que la pronunciación se va a mantener por TRADICIÓN es completamente vano: el habla se atiene a la ortografía.⁶²⁷

[PÁGINA 128]

La tan intrincada, enredada y hasta bulbosa MITOLOGÍA DEL CRISTIANISMO, con la muerte vicaria de CRISTO que opera la reconciliación, con la PREDESTINACIÓN, la justificación por la fe, etc., es hija de dos padres muy heterogéneos, pues surgió del conflicto de la VERDAD SENTIDA con el monoteísmo judío DADO, que está esencialmente contrapuesto a aquélla. 128,1

De ahí proviene también el contraste entre los pasajes MORALES del Nuevo Testamento, que son excelentes, del cual sólo llenan unas diez a quince páginas, y todo lo demás, que está formado, primero, por una metafísica inauditamente barroca, forzada contra todo entendimiento humano, y después, por cuentos de hadas.

Mi filosofía ha aclarado y manifestado ostensiblemente esa verdad siempre SENTIDA: de ahí el entusiasmo de tantos.

| Anotado Welt als Wille und Vorstellung I, 458. Vidi ad 3⁶²⁸ |

★/ Lo propiamente ESENCIAL DEL MUNDO, de las cosas, del hombre, es siempre una única y misma cosa, constante y permanente en el *nunc stans*,** fijo e inmóvil: el cambio de los fenómenos y de los sucesos es mera consecuencia de la 128,2

---

* Con la «r» duplicada, con vibración múltiple. *(N. del T.)*
** El ahora permanente.

captación que tenemos de ellos por medio de nuestra forma de intuición del tiempo. /*
| REGISTRADO. ANOTADO.⁶²⁹ |

128,3 Hay DOS HISTORIAS: la POLÍTICA, y la de la LITERATURA y del arte. Aquélla es la de la VOLUNTAD, ésta, la del INTELECTO. Por eso, aquélla es generalmente angustiante, hasta terrible: angustia, agobio, fraude y espantosos asesinatos en masa. En cambio, la otra es siempre dichosa y alegre, como el intelecto aislado, aun cuando describe extravíos. Su rama principal es la historia de la filosofía. En realidad, ésta es su bajo continuo, que se hace oír hasta en la otra historia, y que dirige también allí, desde el fundamento, la opinión: ésta a su vez domina el mundo. Por eso, la filosofía, propiamente y bien entendida, es también el poder material más formidable, aunque actúa muy lentamente.
Cfr. Pandectae 128.
| ANOTADO.⁶³⁰ |

[PÁGINA 129]

129,1 El parámetro correcto para JUZGAR A CADA SER HUMANO estriba en que él es propiamente un ser que no debería existir en absoluto, sino que expía su existencia a través de multiforme sufrimiento y de la muerte. ¿Qué puede esperarse de un ser tal? ¿No somos acaso todos pecadores condenados a muerte? Esto lo alegoriza también el PECADO ORIGINAL.
| ANOTADO, BIS⁶³¹ |

129,2 Hay una cantidad de seres de dos y cuatro patas que no existen para NADA más que para EXISTIR.⁶³²

Qué poca honestidad se da entre los ESCRITORES puede ver- 129,3
se en la falta de consciencia con la que falsean sus citas de
escritos ajenos. Los pasajes de mis escritos los encuentro
en general citados de forma falsada, y sólo mis declarados
seguidores constituyen en esto una excepción. A menudo,
el falseamiento se da por negligencia, en cuanto tienen ya
en la pluma sus triviales y banales expresiones y giros y los
escriben por costumbre. A veces sucede, por insolencia, que
quiere corregirme: y entonces es una vileza vergonzosa y
una bribonada que, como la falsificación de moneda, retira
a su autor de una vez para siempre el carácter de hombre
honesto.
| ANOTADO[633] |

El SUFRIMIENTO DEL MUNDO ANIMAL sólo puede justificarse 129,4
por el hecho de que la voluntad de vivir, como fuera de ella
no hay nada en el mundo fenoménico y ella es una voluntad
hambrienta, tiene que ALIMENTARSE DE SU PROPIA CARNE. De
ahí la gradación sucesiva de sus manifestaciones, cada una de
las cuales vive a costa de otra.
| ANOTADO |
| PARERGA II, 268. |
| COLOCADO (EN LA 3.ª EDICIÓN) EN WELT ALS WILLE UND
VORSTELLUNG, TOMO I, PÁG. 183.[634] |

CONTINUACIÓN DE 127   129,5
¿Con qué derecho se atreven los escribidores de periódicos
y periodistas de un período literariamente decaído a reformar
la lengua? No obstante, lo hacen según el parámetro de su
ignorancia, falta de juicio y ordinariez. Pero los eruditos y
profesores que aceptan sus correcciones se extienden de ese
modo a sí mismos un diploma de ignorancia y ordinariez.
INITIO: han oído algo así como que hay que escribir de
forma breve y concisa. Piensan, entonces: lo comenzamos

de este modo: tacañeamos con todos los prefijos y afijos de las palabras, todos de alguna manera etc.

Un orientalista muy meritorio escribe, para decir «dies Wort ist AUS der Sprache verschwunden» {esta palabra ha desaparecido de la lengua}, «dies Wort ist (≡) der Sprache ENTschwunden», es decir, elige una forma de hablar afectada, medio poética y totalmente inadecuada a fin de ahorrar la preposición AUS. Esto es característico del espíritu en que se lleva adelante la cosa. BEßERN {mejorar} en lugar de VERBEßERN {perfeccionar}: son dos cosas. Un pecador, un enfermo MEJORA: «beßere Dich» {mejórate}. Un invento, un instrumento, un libro, un contenido, se perfecciona. AENDERN {cambiar} EN LUGAR DE VERÄNDERN {modificar}: la diferencia es análoga, aunque no tan clara. «Sein Kleid ÄNDERN» {cambiar su vestido} es ponerse otro; *sein Kleid verändern* {modificar su vestido} es asunto del sastre. «AENDERN» {cambiar} tiene que ver siempre con la totalidad de la cosa; VERÄNDERN {modificar}, con una parte. «FÄLSCHEN» {falsear, falsificar} (el cambio) en lugar de *Verfälschen* {adulterar} (vino) pág. 131 margen. SE FALSEA, FALSIFICA lo que se reemplaza por otra cosa totalmente distinta, como documentos, el cambio, los billetes bancarios. SE ADULTERA lo que se mezcla con algo inauténtico: el vino, un texto, un juicio, la doctrina de la fe, etc.: yo ADULTERO el acta cuando borro un pasaje y pongo algo en su lugar; la FALSIFICO cuando la hago por completo.[635]

[PÁGINA 130]

130,1   En INNOVACIONES DE LA LENGUA SIN ABREVIACIONES. Con citas de las más ociosas y petulantes mutilaciones y tergiversaciones de las palabras.

La raíz del mal estriba en que la mayoría de los escritores son LITERATOS, es decir, escritores de profesión, que se ganan su pan de cada día mediante su escribir cotidiano. En tal circunstancia, la reserva de sus conocimientos, muy reducida, y la aún más pequeña reserva de sus pensamientos tienen que aguantar continuamente, recalentadas, preparadas de otro modo y servidas con aparente novedad. Al sentir la monotonía del asunto y la completa carencia de nuevas ideas, buscan suscitar la apariencia de novedad por todos los medios posibles y recurren así a palabras de nuevo cuño o a palabras antiguas transformadas. Siguen ejemplos. La mayoría de nuestros perfeccionadores de la lengua pertenece a esta clase. Por eso, queremos tratarlos con el respeto que merecen. ¿Y por estos POBRES DE ESPÍRITU ha de ser formada la lengua? Y que en Alemania no haya un número de eruditos que se hagan cargo de la lengua y ofrezcan resistencia es sumamente deplorable.

¡«Er hatte MIßRATHEN» {malogrado, fracasado} en lugar de *abgerathen* {desaconsejado}! *Heidelberger Jahrbücher.*

Variante: es tan malo e impertinente como hoy en día generalizado —los ejemplos explican siempre de la mejor manera todo asunto— escribir del modo en que acabo de hacerlo. Las llamadas rayas de incisos, que por lo demás no son más que tapa-agujeros para ideas, son aquí paréntesis avergonzados, y, por eso, tendidos de panza. Quien habla al público debe haber reflexionado antes lo que quiere decir y haber ordenado sus pensamientos etc.

«RECHNUNG TRAGEN» {tener en cuenta} (tres veces por página, en lugar de *in Betracht nehmen* {tomar en consideración} *in Anschlag bringen* {tener en cuenta}, *berücksichtigen* {considerar, tener presente, tomar en cuenta}, etc.) no es solamente un GALICISMO, sino también una torpe traducción de *tenir compte* que, en sí misma e inmediatamente, carece de sentido.

PÁGINA

Si escribís SPAß {chiste, broma, diversión}, tenéis que pronunciarlo como *naß* {mojado}, *Baß* {bajo}, *daß* {que}, *laß'* {deja, haz}, *Faß* {tonel, barril}, *Haß* {odio}, *Gaß* {calleja}.
Escribir latín confiere respeto por la gramática y consideración del léxico.
Utilizan las preposiciones totalmente a su arbitrio[636]
Cuanto más RAYAS haya en un libro introduciendo incisos, tantas menos serán las ideas.
«BÄLDE»* no es una palabra alemana.
S a 131 margen.[637]
El Real Ministerio del Tribunal Inferior público de Sajonia, en una «Notificación relativa al seminario de maestras» fechada el 1 de junio de 1859, dice «Führung» {conducción} en lugar de Auf*führung* {comportamiento, conducta}. Según ello, también en lugar de *Ausführung* {ejecución}, *Verführung* {seducción}, *Durchführung* {realización}, *Überführung* {traslado, viaducto}, *Anführung* {entrecomillado}, *Entführung* {secuestro, sustracción}, *Abführung* {evacuación, traslado}, *Einführung* {introducción}, etc., puede decirse siempre y sólo Führung. Ya adivinará el lector qué es lo que queremos decir. También en *Heidelberger Jahrbücher* de octubre de 1859: Führung en lugar de Aufführung.
(126 margen abajo)
El ya muy frecuente solecismo «beruht in» {se basa en, se apoya en} en lugar de *auf* tiene realmente como único fundamento el ahorro de una letra. Parece increíble, pero la vileza del conteo de letras es una perfecta monomanía que hace estragos entre chapuceros y escribidores. Cuando cincuenta *animalia scribacia*** se han copiado unos a otros un solecismo, éste pasa a estar autorizado, y el hecho se invoca como fundamento.

---

* Utilizada en la locución *in Bälde* para significar «pronto». *(N. del T.)*
** Animales emborronadores.

— 326 —

Los ejemplos mencionados están tomados todos de libros, revistas y diarios. Tampoco dudará nadie de su autenticidad, pues con seguridad no se trata de ἅπαξ λεγομενα:* antes bien, casi todos ellos deben de habérsele presentado también al lector.⁶³⁸

[PÁGINA 131]

⁶³⁹ y, cuando se da el caso, cogen la primera que les parezca: 131,1 después de FÜR {para, por}, su favorita es AUS {en, por, en razón de, por causa de}: «AUS Anlaß» {en ocasión}; «AUS Dank dafür» {en gratitud por eso} en lugar de ZUM; «er fiel um AUS Schrecken» {se cayó del susto} en lugar de VOR.

BILLIG {equitativo} en lugar de *wohlfeil* {barato} es tan erróneo y ORDINARIO como GENERALIZADO.

EINFACH {simple} es adjetivo, no adverbio. ¿Qué se diría si uno escribiese *simplex* en lugar de *simpliciter*, *simple* en lugar de *simplement*, *simple* en lugar de *simply*, *semplice* en lugar de *semplicemente*. ¡Pero todo está permitido contra el idioma alemán! Está en manos de los escribidores de la industria, de los escribidores del pan querido, de los literatos y profesores mal pagados. ¡Ay de él!

Un tribunal regional de Darmstadt fija una fecha para una demanda por «EHEVERSPRUCH».** Enero de 1859.

¿«Nichts» nada, con N mayúscula? *Cur?*** (FARB*fläche* {superficie de color}).

(*¡Freudlos! Freudenlos* {carente de alegría})

* Más exactamente: ἅπαξ λεγόμενα [expresiones que aparecen una sola vez].
** Por *Eheversprechen* [promesa matrimonial]. *(N. del T.)*
*** ¿Por qué?

«Was es denn seyn WÜRDE, wenn der Krieg wirklich eintreten würde» {Qué sería si realmente se produjera la guerra}. (*Thauen thuen thät* {si cayera rocío}).

Aspiran a borrar la DIFERENCIA entre ADJETIVO y ADVERBIO: «SICHER» {seguro} en lugar de *sicherlich* {seguramente}, ¡«ERNST»! {serio} en lugar *ernstlich* {seriamente}. Ahora bien, si los que establecieron por separado el adjetivo y el adverbio eran mentecatos, vosotros sois sabios. Pero, de lo contrario, es a la inversa.

«Seither» {desde entonces}, etc. No sé qué *animal scribax** ha cometido primero este solecismo, pero ha encontrado aplauso y seguimiento como entre los latinistas una expresión de Cicerón. Gracias a ello, el vocablo «Zeither» {hasta ahora, desde entonces} ha sido totalmente eliminado de la lengua y se lo encuentra a lo sumo en algún viejo erudito que se ha quedado atrás respecto de los avances del tiempo.

¡«ERFUND» en lugar de *Erfindung* {invención, invento}! *Heidelberger Jahrbücher*, Bähr. Alemán de literatos.

La IMITACIÓN CIEGA Y ACRÍTICA es lo MÁS ORDINARIO (ARCHIORDINARIO) que hay. La arbitrariedad con la que el más miserable de los escribidores trata con la lengua es escandalosa.

Index verborum prohibitorum.** PALABRAS QUE ESTÁN EN DESCRÉDITO y que nadie debe tocar: GEWIß {seguramente} PÁG. 144, *zugleich* {al mismo tiempo, simultáneamente}, «ausgenommen» {excepto} (*außer* {fuera de} produce a menudo cosas sin sentido), «ernsthaft» {seriamente} (*ernst* {serio}), *wenn – so* {si – entonces}, *welcher, welche, welches* {el cual, la cual, lo cual}, DAß {que} (*wie* {cómo}), *allein* {solo} (EINZIG {único}), *im Stande seyn* {estar en condiciones de} (*in der* LAGE

---

* Animal emborronador.
** Índice de las palabras prohibidas. Alusión al *Index librorum prohibitorum* [Índice de libros prohibidos], editado por la Iglesia católica.

{estar en la situación de}); *bei Weitem* {con mucho} *(weitaus)*, FERNER {además} *(weiter)*, BEINAHE {casi, cerca de} *(nahezu)*, incluso «nahebei», NAHEBEI en lugar de BEINAHE: *Leipziger Repertorium*, o sea, el correcto BEINAHE puesto patas arriba, sin beneficios, sólo para no hablar alemán, sino germanía de literatos). *(Postzeitung) Ausgenommen* {excepto} («außer» {fuera de}, aunque produzca un sinsentido), UNGEFÄHR {más o menos, aproximadamente} *(etwa* o *beiläufig:* ambas palabras, ERRÓNEAS), BEZEICHNEN {designar} «kennzeichnen» {caracterizar}. Todos los perfectos y pluscuamperfectos: en todas partes colocamos el imperfecto, tenga o no sentido. ¡Lo mismo da! Contamos las sílabas.

Cuando EL CASO no se expresa para nada, el alemán es el más imperfecto de los idiomas.

Continuación en la pág. 136.

«BEILÄUFIG» *(i. e. obiter, en passant)* {al pasar} en lugar de *ungefähr (circiter, à peu près)* {más o menos, aproximadamente}. UMFÄNGLICH en lugar de *umfangreich* {espacioso, amplio, de gran volumen, que abarca mucho): es lo contrario, en cuanto expresa «lo que se deja abarcar».

EINWÄNDE en vez de *Einwendungen* {objeciones}. Grävel HINGABE {entrega} en lugar de *Hingebung* {don, entrega}.

SORGLICH en lugar de SORGFÄLTIG {cuidadosamente}, de SORG*falt* {cuidado}; el primero, de SORGE {preocupación}, como también *Besorglich* {preocupante}, *Besorgniß* {preocupación, inquietud}. Pero sólo eliminar sílabas, sin preocuparse de que, de ese modo, la lengua se empobrezca en muchas palabras: tal es el espíritu de nuestros perfeccionadores de la lengua.

Del mismo modo: en lugar de «er wollte ihm dazu VERHELFEN» {él quería ayudarle a alcanzarlo}, sólo «helfen» {ayudar}. Dos conceptos muy diferentes.

«Die BILLIGSTE Litteratur-Zeitung ist… die etc.» {La más equitativa revista de literatura es… la que etc.}, comienza

diciendo una revista literaria. Según ello, habría que creer que las recensiones fueron escritas con gran equidad. Pero está queriendo decir: la más barata.
Des «Bauers» en lugar de *des Bauern* {de la jaula}: etc. Piensan que se trata del labrador, etc. Nada es más enojoso que solecismos impertinentes.
El recorte de sílabas significativas produce un empobrecimiento de la lengua.
¡THEIDIGEN en lugar de *Vertheidigen* {defender}! Y THEIDIGUNG en lugar de VERTHEIDIGUNG {defensa}. Encontrado en un diario.
129 margen, pág. 130 margen S[640]
EINIGE {unos, unidos, algunos} en vez de *Einzige* {únicos}.
Quien en lugar de la palabra propiamente ADECUADA elige siempre la MÁS BREVE, necesariamente tiene que escribir mal. El tacañear sílabas y letras es una forma tan mala de lograr la brevedad de la expresión que hay que rechazarla por completo.[641]

[PÁGINA 132]

132,1 Las POESÍAS no pueden traducirse, sino sólo RECOMPONERSE EN VERSO. Cosa que es siempre dudosa.
| ANOTADO.[642] |

132,2 VÉASE PÁG. 11
La GENERATIO AEQUIVOCA* ha sido rechazada desde hace entre diez y quince años por la mayoría de los zoólogos. No obstante, en *Comptes rendus* de diciembre de 1858 (cuartilla), Pouchet ha corroborado su realidad por medio de experimentos. Sin embargo, el 5 de enero se manifesta-

* Generación espontánea.

ron en contra, invocando experimentos más antiguos, Milne Edwards, Quatrefage y otros dos. Y todavía uno más en el número subsiguiente de *Comptes rendus*. Pero en el número de *Comptes rendus* del 17 de enero sigue una refutación de diez páginas de todos ellos por parte de Pouchet, que tiene al final la razón. El 21 de marzo, Pouchet demuestra la no existencia de huevos suspendidos en el aire así como la producción de infusorios a partir de cualquier sustancia capaz de experimentar fermentación.

La afirmación de éstos consiste en que heno fuertemente esterilizado en agua largamente hervida sólo produce infusorios cuando se produce la entrada de aire real de la atmósfera, y no cuando se trata de aire compuesto por 79 {por ciento de} nitrógeno y 21 {por ciento de} oxígeno recientemente separados de combinaciones químicas. Tampoco cuando, como lo hacen ellos, se hace pasar el aire a través de toda suerte de ácidos y álcalis y sólo después se le da acceso al heno. Esto también fue dicho a posteriori por Pouchet, el 17 de enero. Ahora bien, de aquí surge la consecuencia extraída por ellos en el sentido de que en el aire atmosférico flotan constantemente billones de gérmenes de todo tipo de moho y de infusorios, hasta que uno u otro encuentra el medio que le es adecuado. (Al respecto habla ya Oken «Die Zeugung»). En lugar de extraer por consecuencia esa enorme hipótesis, yo concluiría que una condición PARA EL SURGIMIENTO DE NUEVA VIDA (vegetal o animal) es el aire ATMOSFÉRICO REAL, y no su imitación química sin vida, ni tampoco el aire al que se le ha quitado la virtud VIVIFICANTE a través de reactivos químicos (como arriba), puesto que aquél contiene alguna cosa que no nos resulta perceptible, del tipo del ozono, por ejemplo, que a éste le falta:

Encheiresin naturae lo llama* etc.[643]

---

* Más precisamente: *Encheiresin naturae nennts die Chemie, Spottet*

[PÁGINA 133]

133,1 Pero, en general, mis *illustres confrères*,* la *generatio aequivoca*** es de una certeza en cierta medida a priori, en razón de que realmente EXISTEN animales de toda especie. ¿De dónde, si no, han de haber venido de alguna forma que sea CONCEBIBLE? ¿Qué piensan los señores? ¿Que han caído acaso del cielo? El ÚNICO pensamiento POSIBLE es que hayan surgido de lo inorgánico las plantas inferiores, de los restos en putrefacción de estas últimas los animales inferiores, y de éstos, gradualmente, los superiores.
(Quiero esperar que los señores no sean JUDÍOS, aunque creo percibir algo así como *foetor Judaicus*.)*** [644]

133,2 La EDAD MEDIA es la superstición personificada.[645]

133,3 */ PRUDENCIA significa exclusivamente el ENTENDIMIENTO que está al servicio de la VOLUNTAD. /*[646]

133,4 La RELIGIÓN ha amordazado durante mil ochocientos años a la RAZÓN. La tarea de los profesores de filosofía es introducir clandestinamente MITOLOGÍA JUDÍA como filosofía.[647]

133,5 A la naturaleza le importa sólo nuestra EXISTENCIA, no nuestro BIENESTAR. − ?[648]

---

ihrer selbst und weiß nicht wie [*Encheiresin naturae* (operación de la naturaleza) lo llama la química, burlándose de sí misma sin darse cuenta]. Goethe, *Fausto* I, *Studierzimmer* [Gabinete de estudio], versos 1940-1941.
* Ilustres colegas.
** Generación espontánea.
*** Hedor judío; olor a ajo.

| | PÁGINA |

Los antiguos americanos precolombinos desconocían la SEMANA DE SIETE DÍAS: según Brasseur, *Histoire des nations civilisées du Mexique*, 1859.[649] 133,6

La VIDA HUMANA no debe llamarse propiamente larga ni corta, porque, en el fondo, es el parámetro según el cual estimamos todas las demás extensiones de tiempo.[650] 133,7

A *Parerga* II pág. 464. 133,8
Por eso es muy raro que pueda traducirse literalmente una frase significativa [véase arriba, pág. 132] de una lengua más reciente al LATÍN, más bien hay que despojar la idea de todas las palabras que la sostienen de modo que esté desnuda en la consciencia, sin palabra alguna, como un espíritu sin cuerpo,[651]

[PÁGINA 134]

[652] pero después hay que revestirla de nuevo con un cuerpo totalmente distinto, con las palabras latinas, que le otorgan una forma totalmente diferente, de modo tal que, por ejemplo, lo que en el original estaba expresado mediante sustantivos, ahora lo esté por verbos, etc. La gestión de tal metempsicosis promueve el pensamiento real. Sucede con ella como con el *status nascens** en la química: al salir una sustancia simple de una combinación para entrar en otra, tiene durante ese tránsito una fuerza y eficacia muy especial, como no la tiene nunca fuera de él, y logra algo que, de otro modo, no puede alcanzar. Exactamente así sucede también con la idea despojada de toda palabra en su tránsito de una lengua a otra. Por eso las LENGUAS ANTIGUAS desarrollan una acción que es inmediatamente formativa y que fortalece la mente.[653] 134,1

* Condición original, estado inicial.

134,2 A *Parerga* II, pág. 449.

En cualquier caso, la PALABRA HEMBRA no ha incurrido en culpa alguna, ni por su sonido ni por su etimología, si es que tuviese anejo algún significado negativo. Tal significado no debe atribuirse a la palabra, sino al objeto, por lo que inficionaría cualquier otra palabra con que se la sustituyera. Sucede con ella como con los judíos, que quieren llamarse ISRAELITAS, a pesar de que, desde el rey Salmanasar, de gloriosa memoria, no hay ya más israelitas. Véase pág. 81.[654]

134,3 Lo que los FRANCESES llaman en sentido bélico GLOIRE* debe entenderse como símbolo de *butin*.** Dice Voltaire: *dans toutes les guerres il ne s'agit pas que de voler*.*** Él era francés.[655]

134,4 Ad *Parerga* II, pág. 86

Para mi asombro, encuentro que los físicos [p. ej., Pouillet, Baumgärtner, *Reich der Wolken* pág. 97, etc.] consideran siempre (tal vez sin excepción) la CAPACIDAD DE CALOR y EL CALOR ESPECÍFICO como lo mismo y como sinónimos recíprocos. Yo considero, más bien, que son opuestos. Cuanto más CALOR ESPECÍFICO tiene un cuerpo, menos calor aportado por otros puede recibir, sino que lo entrega de nuevo inmediatamente, o sea, tanto menor es su CAPACIDAD DE CALOR, y viceversa.[656]

---

* Gloria.
** Botín.
*** En todas las guerras no se trata más que de robar.

[Página 135]

Continuación de la pág. 134   135,1

Cuando un cuerpo, para ser elevado a un determinado grado de temperatura, tiene mayor necesidad que otro cuerpo de recibir calor procedente de fuera, decimos que posee una superior CAPACIDAD DE CALOR (por ejemplo, el aceite de linaza tiene la mitad de capacidad que el agua. Para llevar una libra de AGUA a 60° Reaumur se requiere tanto calor como para derretir una libra de hielo, con lo que el calor queda latente. En cambio, el ACEITE DE LINAZA es llevado a 60° por la mitad de calor aportado, pero, al entregar de nuevo ese calor y descender a 0, sólo puede derretir media libra de hielo). [Según Stromeier, HEFTE, tomo III, y su CHEMIE, tomo I, pág. 131; también Schelling, *Weltseele*, pág. 49ss. EXACTAMENTE COMO YO lo digo no lo tiene NADIE: andan a tientas en torno a ello.] Por eso, el aceite de linaza tiene otro tanto más del CALOR ESPECÍFICO que posee el agua, y por tanto la mitad de su capacidad. En efecto, sólo puede entregar de nuevo el calor que se le ha aportado, no el específico. O sea, cuanto más CALOR ESPECÍFICO, ES DECIR, CALOR PROPIO tiene un cuerpo, tanto menor es su CAPACIDAD, es decir, con tanta mayor facilidad repele el calor que se le ha aportado, que actúa sobre el termómetro. Cuanto más calor aportado es necesario para ello, tanto mayor es su capacidad y tanto menor su calor ESPECÍFICO propio e inalienable. Según ello entrega nuevamente el calor que se le ha aportado. Por eso, una libra de AGUA a 60° de temperatura disuelve una libra de hielo, con lo que desciende a 0; una libra de ACEITE DE LINAZA a 60° de temperatura puede derretir solamente media libra de hielo. Cuanto más CALOR ESPECÍFICO posee un cuerpo, tanto menos calor exterior se necesita para calentarlo, pero también tanto menos calor puede entregar: se enfría rápidamente, del mismo modo como se ha calentado rápida-

mente. Todo el asunto se encuentra de forma perfectamente correcta en la FÍSICA DE TOBIAS MEIER § 350ss; pero también confunde en § 356 la capacidad con el calor específico y los toma como idénticos. El cuerpo líquido pierde su calor específico sólo cuando modifica su estado de agregación, o sea, cuando se congela: según ello, ese calor sería en los cuerpos líquidos calor latente. Pero también los cuerpos sólidos tienen su calor específico. Baumgärtner menciona la limadura de hierro.
Es ridículo decir que el agua tiene más calor específico que el aceite.[657]

135,2 Otra expresión de los químicos que me resulta chocante es AMONÍACO en lugar de amonio. Amoníaco corresponde a *ammoniaeum*, es decir, es el derivado, el adjetivo, como en sal AMMONIACUM. Por tanto, la base de la sal amoniacal, que consiste en nitrógeno e hidrógeno, tiene que llamarse AMMONICUM.

135,3 */ SCHILLER-ALBUM: pensaría que, aun sin mí, el coro ya sería suficientemente grande. /*

135,4 Venales mercenarios de la MITOLOGÍA JUDÍA.

135,5 El buen Dios, previendo en su sabiduría que su PUEBLO ELEGIDO habría de ser dispersado por todo el mundo, dio a sus miembros un OLOR ESPECÍFICO por el cual él puede reconocerlo y encontrarlo en todas partes: el *foetor Judaicus*.* [658]

---

* Hedor judío; olor a ajo.

[Página 136]

Continuación de la pág. 131:   136,1
El FUROR POR PODAR PALABRAS es GENERALIZADO: lo sé, pero debéis saber que lo GENERALIZADO *(das Allgemeine)* es tan afín a lo ORDINARIO *(das Gemeine)* como ambas palabras lo son entre sí. Por eso, no se ha de tener respeto alguno por la generalidad; antes bien, lo contrario.

«Con tal de que lucremos un par de letras, ¡que la gramática, la lógica y el buen sentido se vayan al diablo!»
La PERFECCIÓN de una lengua consiste en que en ella pueda expresarse cada idea de forma exacta y clara, con todos sus matices y modificaciones, tanto por la vía gramatical como lexical. Por arrebatarle esta perfección a la lengua alemana se esfuerza la legión de nuestros descerebrados y chabacanos agentes del deterioro de la lengua a través de la eliminación de tiempos enteros (perfecto, pluscuamperfecto, futuro perfecto), del recorte de los prefijos, sufijos, afijos, del reemplazo de la palabra correcta por una más breve, del pegado sin sentido de dos palabras, y demás necedades, que exigen poco entendimiento pero mucha desfachatez. Si se los deja actuar libremente, la lengua alemana se convertirá en una pobre germanía como ya lo son las demás lenguas europeas, y la pérdida es irreparable.

Después de «que el caso TIENE que expresarse». Sé por cierto que podéis burlaros de mis palabras y decir *stat pro ratione voluntas*.* Pero, a pesar de ello, alguna vez podéis encontraros fácilmente con uno que os diga sin rodeos lo que sois.

---

* Más exactamente: *hoc volo, sic iubeo, sit pro ratione voluntas* [esto es lo que quiero, así lo ordeno, pongo la voluntad en lugar de la razón]. Juvenal, *Saturae* VI, 223.

«Unbill» {injusticia, injuria} etc. Esto no es alemán; es una vergonzosa GERMANÍA DE LITERATOS. «Hingabe» {entrega} en lugar de *Hingebung* {don de sí, entrega}. La imitación acrítica de solecismos ajenos es una cumbre de la ordinariez.

Escribid cuanto fárrago queráis: será llevado a la tumba junto con vosotros y no producirá más daño; pero dejad la lengua intacta, que ella es propiedad de la nación y el instrumento del que han de servirse las verdaderas mentes pensantes del futuro. Por eso no debéis estropeársela. Continuación 139.

«Hingabe» {entrega} en lugar de Hingebung {don de sí, entrega}: *Gabe* {don} y *Gebung* {donación} son dos cosas distintas. El acto y la cosa.

«Zahl» {número} en lugar de Anzahl {número o cantidad concretos}: pero el primero es el número abstracto, puro, no mencionado; el segundo, es el número concreto, aplicado, contado, de cosas individuales. Pág. 96.

La ESTÚPIDA PETULANCIA que cada cabeza hueca practica actualmente con las sílabas, cuyo significado no entiende ni siente, no tiene límites y amenaza con DEBILITAR y EMPOBRECER la lengua. Más ejemplos al respecto: ¡«er suchte ihn in seinem Irrthum zu STÄRKEN» {procuró fortalecerlo en su error} en lugar de BESTÄRKEN {confirmar}! *(Gottingische Anzeigen)*. Se procura FORTALECER a alguien en la desgracia, en la enfermedad, etc.; pero en su opinión, en su error, etc., hay que CONFIRMARLO. No obstante, hacer que UNA palabra cumpla el servicio de dos, por lo cual la lengua se EMPOBRECE, aunque se lucran dos letras, ése es el humor de la cosa.

«Von» es para ellos la traducción del francés DE y, por tanto, puede estar en alemán en todos aquellos lugares en los que está en francés. Ahora bien, en esa mísera germanía romance, el DE tiene que desempeñar el papel tanto de ABLATIVO como de GENITIVO, porque no es como en italiano, donde aquél se expresa mediante DA, y éste mediante DI. Pero el francés es, calladamente, su *beau idéal*.* Por eso, el genitivo se expresa ahora en alemán por medio de VON, a pesar de que, en alemán, VON designa irrevocablemente el ablativo, como *da* en italiano. Y el genitivo debe designarse por «des, der, des» y por la flexión, como en el italiano por medio del *di*. Además, se escribe CON SOLECISMOS, como un sirviente francés que ha aprendido alemán.⁶⁵⁹

[PÁGINA 137]

Que las mentes limitadas estén tan expuestas al ABURRIMIENTO proviene de que su intelecto no es nada más que el MEDIO DE LOS MOTIVOS para su voluntad. Si no hay a mano ningún motivo que pueda captarse, entonces la voluntad descansa y el intelecto huelga —y éste lo hace porque, en igual medida que aquélla, no entra en actividad por iniciativa propia—. El resultado es un terrible estancamiento de todas las fuerzas en el hombre entero, el aburrimiento. Para enfrentarlo se presentan entonces a la voluntad motivos nimios, sólo transitorios y escogidos al azar, a fin de estimularla y, de ese modo, estimular a entrar en actividad también el intelecto, que tiene que concebirlos. Estos motivos son a los reales y naturales como billetes bancarios a la plata, puesto que su validez es una suposición arbitraria. Ahora bien, tales motivos son los JUEGOS, de cartas, etc., que han sido inventados para dicho fin. Si faltan, el hombre limitado se ayuda sonsoneteando y batiendo marcha con todo lo que le viene a la mano. También el cigarro es para él un bienvenido sucedáneo de las ideas.
| ANOTADO⁶⁶⁰ |

137,1

* Ideal de belleza.

137,2 Cada DÍA ES UNA PEQUEÑA VIDA, cada despertar y levantarse un pequeño nacimiento, cada fresca mañana una pequeña juventud y cada irse a la cama y dormirse una pequeña muerte.
| ANOTADO[661] |

137,3 Sobre *Welt als Wille und Vorstellung* 3.ª edición, tomo 2, pág. 734 o pág. 699.
Si no perdemos de vista la esencial INMANENCIA DE NUESTRO CONOCIMIENTO Y DE TODO CONOCIMIENTO, expuesta en las págs. 734-736, que proviene de que el conocimiento es algo que ha surgido de forma secundaria solamente para los fines de la voluntad, se nos hace explicable que todos los místicos de todas las religiones lleguen al final a una suerte de ÉXTASIS en el que todo CONOCIMIENTO, junto con su forma fundamental de OBJETO Y SUJETO, cesa por completo, y afirmen haber alcanzado, en eso situado más allá de todo conocimiento, su meta suprema, en cuanto han llegado a donde ya no hay sujeto ni objeto, y consiguientemente ningún tipo de conocimiento, justamente porque ya no hay voluntad alguna, servir a la cual es el destino único del conocimiento.

Quien haya comprendido esto no considerará ya tan sobremanera prodigioso que los faquires se sienten y, mirándose la punta de la nariz, intenten desterrar todo pensamiento y representación, y que en algunos pasajes del Upanishad (comprobar) se dé una guía para, mediante una silenciosa pronunciación interior del misterioso *Oum*, sumergirse totalmente en la propia interioridad, donde cesan el sujeto y el objeto y todo conocimiento.[662]

[PÁGINA 138]

Si contemplo cualquier objeto, por ejemplo unas vistas, y pienso que, en ese momento, me fuese cortada la cabeza, sé que el objeto permanecería allí fijo y sin conmoverse. Pero, en lo más hondo, esto implica que, del mismo modo, también yo existiría todavía. Esto sólo resultará convincente a unos pocos, pero para esos pocos sea dicho.

| Anotado⁶⁶³ |

PRÓLOGO A OPERA OMNIA:* pág. 149. CONCLUSIO.** Lleno de indignación por la vergonzosa mutilación de la lengua alemana, llevada adelante de forma metódica y con amor desde hace una serie de años con igual celo que sinrazón por las manos de varios miles de malos escritores y de hombres faltos de juicio, me veo obligado a hacer la siguiente declaración: vaya mi maldición contra todo aquel que, en futuras impresiones de mis obras, modifique algo en ellas a sabiendas, sea un período o aunque sólo fuese una palabra, una sílaba, una letra, un signo de puntuación.

Ya he planteado hace largo tiempo la exigencia de que, para alcanzar una comprensión a fondo de mi filosofía, hay que haber leído cada línea de mis pocas obras. A esta exigencia se ajusta de una forma que me alegra la presente edición completa, en la cual su poseedor encontrará de inmediato todo junto y podrá leerlo en un orden adecuado. Tal orden es el siguiente: 1) *Vierfache Wurzel*, 2) *Welt als Wille und Vorstellung*, 3) *Wille in der Natur*, 4) *Ethik*, 5) *Parerga*. *Farbenlehre* va aparte.⁶⁶⁴

---

*   Obras completas.
** Conclusión.

[Página 139]

139,1 Continuación de 136
En el periódico *Postzeitung* del 22 de diciembre de 1859 dice: «ob der Herr P. die Aechtheit der Anlage zu VERABREDEN vermöge» {si el señor P. puede convenir la autenticidad del anexo»: ¡o sea, VERABREDEN {convenir} en lugar de *in* ABREDE STELLEN {poner en tela de juicio}! ¡Por lo tanto, *inter se convenire** en lugar de *negare*! Es decir, escribir un sinsentido total para lucrar dos sílabas.

En lugar de ANREGEN {alentar, estimular} *ibidem* muy a menudo BEREGEN, que no es palabra alguna, y tampoco ahorra letras: el prefijo AN designa siempre el *estimulus* hacia delante: como en *antreiben* {impulsar}, *anspornen* {acicatear}, *anfeuern* {excitar, enardecer}, *anstiften* {causar, provocar}, *anfangen* {comenzar}, etc. Al no sentir ni entender esto, un mísero emborronador coloca sin razón ni ventaja una palabra totalmente ajena al alemán, BEREGEN, sólo por estúpida insolencia, para demostrar su autocracia sobre la lengua y exhibir que todo indigno escribidor puede tratarla como le plazca: */ *tel est votre plaisir*.** (Así se puede tratar impunemente la bella lengua alemana.) /* Dejo al lector decidir qué merece un proceder semejante.

Por la más miserable tacañería con las letras escriben ERSCHRECKT en lugar de *erschrocken* {asustado}. En alemán se dice: «ich habe ihn erschreckt, und er ist erschrocken» {yo le he asustado, él está asustado}.

* Acordar.
** Más exactamente: *Car tel est notre plaisir* [Porque así nos place]. Fórmula de conclusión al pie de las disposiciones de los reyes de Francia, originalmente en latín: *Nam ita nobis placet*, desde Luis XI (1461-1483) con fecha del 31 de octubre de 1472 en la versión francesa.

En lugar de «Ausgenommen» {excepto}, siempre Außer {fuera de}, p. ej., «Außer es wäre der Wille des Kaisers» {fuera de que fuese voluntad del emperador}, cosa que a menudo produce un sinsentido, en cuanto se entiende *foris* o *extra** donde se quiere decir excepto. Análogamente, escriben en lugar de seitdem {desde que} sólo seit {desde}, p. ej. «seit die Buchdruckerei efunden ist» {desde se inventó la imprenta}, un solecismo. [Aquí sobre «seither» {desde entonces}].

La manía de escribir «Nichts» {nada} con N mayúscula: esto sólo es correcto en el caso excepcional de que se encuentre *substantive*,** o sea, de que exprese *le* néant.*** El *tutti***** de los que estropean la lengua es incalculablemente grande: por supuesto, podéis reíros de mis palabras y seguir estropeando metódicamente la bella lengua alemana. *Dixi et animam salvavi.******

«Zwei Soldaten wurden von der gleichen Kugel getroffen» {dos soldados fueron alcanzados por la igual bala}; «Der gleiche Gensd'armes trat herein» {el igual gendarme entró} (*eine Kriminalgeschichte* {una historia criminal}, diario).

Está a la vista que, en estos perfeccionamientos del idioma, ocupa la presidencia la estupidez extrema, y la sigue la ordinariez extrema por medio de la imitación ciega del querido prójimo, habiendo asumido así el poder ejecutivo.

Los prefijos y afijos son la modulación de la lengua, y vosotros, incapaces escribidores, queréis eliminarla, porque no entendéis ni sentís su sentido.

Alicubi: lo más digno de admiración es la rapidez con la que tales solecismos de nuestros cuentaletras se reproducen

* «Fuera de» o «fuera».
** Como sustantivo, sustantivada.
*** La nada.
**** Conjunto.
***** Lo dije y salvé mi alma. *Cfr.* D, 6, pág. 872.

— 343 —

y extienden por todo el mundo de la escritura. Apenas algún escribidorcillo cualquiera ha tenido una ocurrencia luminosa de ese tipo, ha recortado una sílaba cuya utilidad y valor su <insignificancia> cerebral no podía captar, dichos solecismos se ven pronto en revistas y libros, provenientes incluso de la pluma de eruditos de alto nivel.[665]

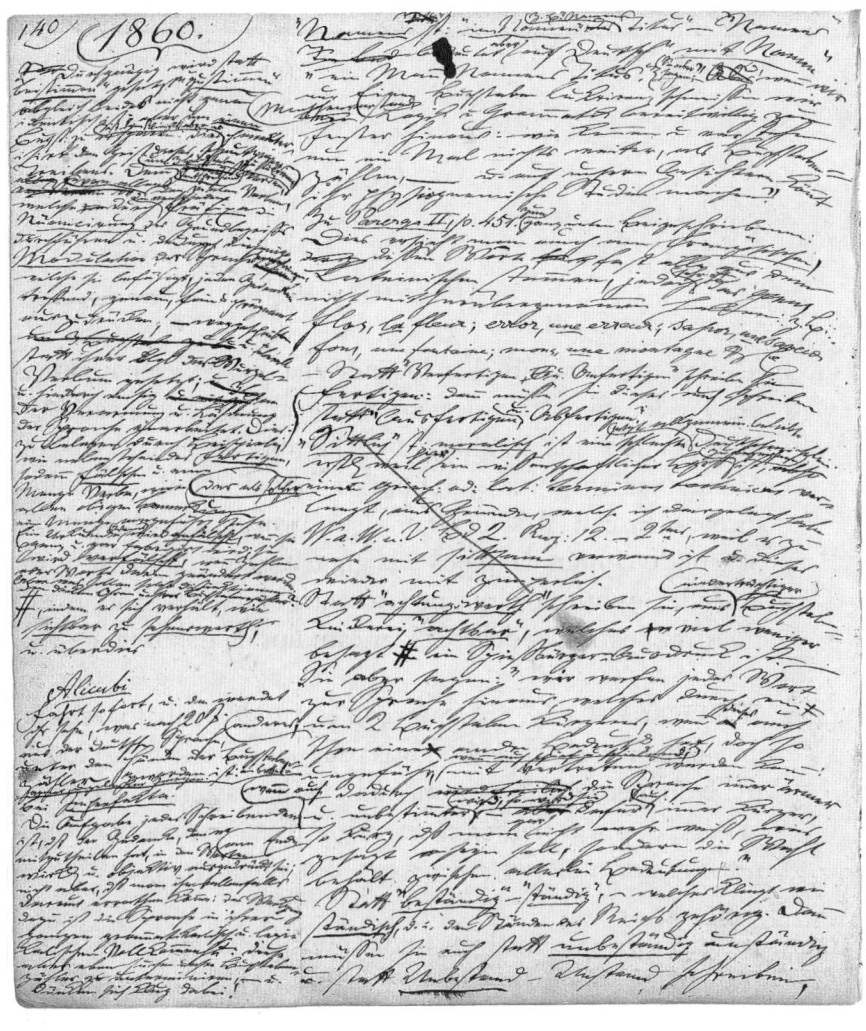

Página 140 del manuscrito

1860

[PÁGINA 140]

140,1 «Namens» {de nombre} en lugar de «im Namen» {en nombre de}. P. ej. «Namens Titus»: pero, en alemán, «Namens» significa «mit Namen» {de nombre, con el nombre de, llamado}, «ein Mann, Namens Titus» {un hombre llamado Tito}. Pero ellos dicen: «Oh, con tal de lucrar una letra arrojamos por la ventana el sentido común, la lógica y la gramática: no conocemos ni entendemos otra cosa que no sea contar letras, y basándoos en nuestros rostros podéis realizar estudios de fisonomía».[666]

140,2 A Parerga II, pág. 451. Sobre lo escrito bien abajo: esto se ve también en el francés, cuyas palabras proceden casi todas del latín, pero que muy a menudo no han asumido también el género: p. ej., *flos*, la *fleur*; *error*, une *erreur*; *sapor*, une *saveur*; *fons*, une *fontaine*; *mons*, une *montagne*,* etc.[667]

140,3 En lugar de «Verfertigen und Anfertigen» {elaborar, confeccionar, fabricar, producir} escriben Fertigen: entonces, tendrían que escribirlo también en lugar de «Ausfertigen und Abfertigen» {redactar, extender, otorgar, librar y despachar, expedir}.

*/ «Sittlich» {ético, decente} en lugar de moralisch {moral} es una expresión propia del Michel alemán,** una

---

* Flor, error, gusto, fuente, montaña.
** Personificación nacional de los alemanes, originaria de la Edad

mala expresión que goza ahora de popularidad generalizada. En primer lugar, porque aquí debe significarse un concepto científico que, en cuanto tal, exige un *terminus technicus* griego o latino, y ello por razones que he expuesto en *Welt als Wille und Vorstellung*, tomo 2, capítulo 12; y, en segundo lugar, porque guarda un parentesco demasiado cercano con SITTSAM {honesto, casto}, y éste, a su vez, con *zimperlich* {melindroso}. /*668

En lugar de «ACHTUNGSWERTH» {digno de respeto} escriben, por vil tacañería con las letras, «ACHTBAR» {respetable}, que dice mucho menos, en cuanto se comporta como SICHTBAR {visible} respecto de SEHENSWERT {digno de verse}, a lo que se agrega que se trata de una expresión cursi. Pero ellos dicen: «arrojamos fuera del idioma toda palabra que pueda ser representada más o menos, aunque de forma equívoca y bizqueando, por otra que sea dos letras más breve, aun cuando ésta tenga ya otro significado, y aunque de ese modo la lengua se vuelva cada vez más pobre e indeterminada. De ese modo se hará también cada vez más breve, al final tan breve que ya no se sabrá más qué es lo que se quiere decir, sino que se tendrá la posibilidad de elegir entre todo tipo de significados».

En lugar de «BESTÄNDIG» {constante, estable}, «STÄNDIG», que suena como STÄNDISCH, es decir, lo correspondiente a los estamentos del Imperio. Entonces, deberían escribir también, en lugar de UNBESTÄNDIG {inconstante, inestable}, *unständig*, y en lugar de UNBESTAND {inconsistencia, insustancialidad}, *Unstand*,[669]

En general se coloca en lugar de «BEISTIMMEN» {asentir, adherir a algo, aprobar, dar conformidad}, «ZUSTIMMEN» {consentir, aprobar}, a pesar de que ambas cosas no son exactamente idénticas. Pero, para ahorrar UNA letra, eso es una

Moderna. *(N. del T.)*

nimiedad. Caracteriza, sin embargo, el espíritu de este sucio accionar. En correspondencia con ello, para lucrar tres letras se extirpan de todos los muchos verbos que a través de los diferentes prefijos introducen la MATIZACIÓN del concepto fundamental y, de ese modo, suscitan la MODULACIÓN de la lengua que la hace capaz de expresar cada idea de forma acertada, exacta, fina y concisa, y se coloca en todas partes en su lugar el mero verbo raíz. De ese modo, se trabaja con ahínco en el empobrecimiento y el entorpecimiento de la lengua. Para documentar esto por medio de ejemplos, como FERTIGEN, expuesto en lo escrito aquí al lado, y después FÄL-SCHEN {falsear, falsificar}, y una cantidad de verbos, tal como están citados en cantidad en todas las observaciones hechas más arriba.

Un testamento se FALSIFICA *{wird gefälscht}* cuando se lo fabrica en su totalidad; se lo ADULTERA *{wird verfälscht}* cuando se modifican en su interior números o palabras. Pero ¿para qué sirven semejantes distinciones a los oídos de nuestros cuentaletras?

ALICUBI

Seguid de ese modo, y veréis qué habrá sido de la lengua alemana después de veinte años en manos de los cuentaletras: una germanía miserable y torpe.

En los IMPERFECTOS.

La tarea de todo aquel que escribe consiste en que la idea que tiene que comunicar se exprese en las palabras de forma real y objetiva. Y no que, en todo caso, pueda adivinarse de ellas. El instrumento para ello es la lengua en toda su perfección gramatical y lexical. Pero justamente ésa es la que nuestros cuentaletras quieren transformar en sus términos. ¡Y piensan que, al hacerlo, son inteligentes![670]

[Página 141]

⁶⁷¹ y además, en lugar de *instándig* {férvido, urgente; encarecidamente}, de *ausständig* {pendiente}, de *zuständig* {competente}, de *geständig* {confeso}, de *rückständig* {restante, atrasado, vencido}... siempre sólo «STÄNDIG». Pero nuestros perfeccionadores de la lengua no son capaces de ir tan lejos con su pensamiento: lo suyo es contar letras.

ITALIA pasa a ser ITALIEN a fin de asimilarse al idioma alemán: pero eso no debe dar pie para formar de nuevo el adjetivo y escribir ITALIENISCH {italiano}, como ahora lo hacen *tutti unisono*,* sino que el adjetivo se forma a partir de Italia: o sea, ITALIÄNISCH. Así lo pronuncia todo aquel que tenga un poco de cultura; no ITALIEHNISCH, como un barrendero.

«INDEß» en lugar de *Indeßen* {entretanto}, por MÍSERA tacañería con las letras: es genitivo, y representa la locución UNTER DEßEN, WÄHREND DEßEN: DEß no es palabra alguna.

«Dem Christentum ERBORGT» {tomado en préstamo para el cristianismo} (Köppen, tomo 2) en lugar de «ABGEBORGT». Quien realiza para mí *{mir}* el acto de tomar un préstamo *{erborgen}*, lo obtiene PARA mí de otro. Por tanto, se está utilizando la palabra errónea y produciendo un sentido erróneo por tacañear dos letras. SIEDELEI {asentamiento} en lugar de EINSIEDELEI {asentamiento de ermitaños, eremitorio}: se ha eliminado justamente lo característico y distintivo.

Maltratada por TACAÑEASÍLABAS Y CUENTALETRAS en casi cada una de las líneas, la lengua se encuentra bajo las zarpas más indignas: ¡Que Ganesha, Atenea y Hermes la salven!

En lugar de *Solcher, Solche, Solches* {tal (forma masculina, femenina, neutra)}, siempre y sólo «SOLCH»: por ejemplo, «solch aufrichtiger Mann» {hombre de tal sinceridad}. Y

---

* Todos a una voz.

encima de todo, uno se da cuenta de que se sienten amables al escribir de ese modo.

Que una palabra tan tonta como BEANSPRUCHEN pudiese llegar a ser de uso generalizado caracteriza el espíritu de nuestros perfeccionadores de la lengua y de quienes los siguen. CONCLUSIÓN: este registro de pecadores no es para nada completo. El lector benévolo podrá agregar aún otro tanto. Con todo, el hecho de que algunos miles de malos escribidores escriban de este modo carece de toda importancia: lo erróneo sigue siendo erróneo, lo malo sigue siendo malo, y lo generalizado *(Allgemeine)* tiene parentesco con lo ordinario *(Gemeine)*. Por otra parte, en toda ciencia se puede anular de nuevo todo error, aunque haya estado en vigencia durante siglos. Pero una lengua estropeada ya no puede restaurarse.

Invito a todos los escritores pensantes a despreciar de forma expresa e intencional todo este insensato accionar, o sea, a elegir siempre la palabra significativa y acertada, sin preocuparse de si hay alguna otra de significado aproximadamente semejante pero con dos letras menos. Los invito también a hacer plena justicia a la gramática en todo, y especialmente en lo tocante a los tiempos, casos y preposiciones, sin tacañería. Y en general, a no contar nunca sílabas y letras, sino dejar esto a la chusma de los literatos. De modo que, junto a esta germanía actual de orejas de burro propia de los cuentaletras, conservemos todavía una LENGUA ALEMANA. Pues la corrupción de una lengua es un asunto peligroso: una vez que se propaga y ha penetrado en la escritura y en el pueblo, la lengua ya no puede restaurarse, como tampoco puede suceder con un miembro paralizado por una herida y después curado.[672]

141,2 FÜR {para, por}:
«Rücksicht für Ihre Gesundheit» {cuidado para su salud} en lugar de AUF {por}. «Rücksicht für Sie» {cuidado para

usted} en lugar de GEGEN {hacia, para con}. «Erforderniß FÜR den Aufschwung» {exigencia para el nuevo impulso} en lugar de ZU {de}. «Neigung und Beruf FÜR Komödie» {inclinación y vocación PARA la comedia} en lugar de ZUR {a}. Las últimas dos cosas las escribe un célebre germanista (Jacob Grimm, *Rede über Schiller*, según el extracto publicado en *Litterarische Blätter*, enero de 1860).⁶⁷³ «Dasjenige, was früher FÜR nothwendig erschienen, jetzt...» {aquello que antes parecía necesario, ahora...} *(Postzeitung)*.⁶⁷⁴

Loco suo,* en WILDSCHWEIN {jabalí}: en el anuario *Heidelberger Jahrbücher* de diciembre de 1859 aparece WILDESEL {asno salvaje}. Como parte de la familia podrá aplicarse aquí asimismo DUMMESEL {asno estúpido}. También allí utiliza uno UEBUNG {ejercicio} en lugar de GEBRAUCH {uso}, sólo porque *tel est notre plaisir*.** Con tanta indecencia se permite todo escribidor tratar con la lengua alemana. ¡Un físico [Birnbaum] escribe, en lugar de PERIODISCHER REGEN {lluvia periódica} «PERIODENREGEN» {lluvia de períodos}! La literatura alemana está inundada por una lluvia de períodos.

«LÄNGSAUSDEHNUNG» {extensión longitudinal} *(Göttingische Anzeigen)*

HINGABE {entrega} en lugar de *Hingebung* {don de sí, entrega}; es como *Niederlage* {derrota} en lugar de *Niederlegung* {rendición; colocación; derribo}.

VERBAND {unión; consorcio} en lugar de *Verbindung* {unión, relación}. – EINWÄNDE {objeciones}.⁶⁷⁵

141,3

---

* En su lugar.
** Más exactamente: *Car tel est notre (bon) plaisir* [Porque así nos place (complace)]. Fórmula oficial de conclusión al pie de las disposiciones de los reyes de Francia.

[Página 142]

142,1 La historia de una ardillita atraída MÁGICAMENTE por una SERPIENTE hasta sus fauces, muy bellamente descrita en *Siècle*, 10 de abril de 1859, y partiendo de allí en *Dupotet's Journal du Magnétisme*, del 25 de mayo de 1859.
 Esta historia no es importante solamente en cuanto a lo mágico, sino también como argumento a favor del PESIMISMO: que un animal sea atacado y devorado por otro es malo, pero uno puede estar tranquilo al respecto; mas que una pobre e inocente ardilla apostada junto al nido de sus cachorros se vea forzada a encaminarse paso a paso, vacilando, luchando consigo misma y quejándose, hacia las fauces abiertas de la serpiente, y arrojarse conscientemente a ellas, es tan indignante y clama tanto al cielo que uno siente cuánta razón tiene Aristóteles de decir: ἡ φυσις δαιμονια πεν εστι, οὐ δε θεια.* ¡Qué espantosa naturaleza es ésta a la que pertenecemos!
 | ANOTADO[676] |

142,2 El GÉNERO HUMANO, del que se hacen tres ediciones cada cien años...

142,3 Para asegurarse la permanente ATENCIÓN Y PARTICIPACIÓN del público hay que escribir algo que tenga valor permanente o bien escribir una y otra vez algo nuevo, que, justamente por eso, saldrá cada vez peor.
 Si quiero quedarme sólo a mediana altura,
 tengo que escribir para cada feria.
 sic fere, Tieck.
 | ANOTADO[677] |

* Más exactamente: ἡ φύσις δαιμονία ἀλλ' οὐ θεία ἐστί [la naturaleza no es divina, sino demoníaca]. Aristóteles, *De divinatione per somnum*, 463*b*, 14 (ed. Bekker).

Aquella existencia que permanece indiferente ante la MUERTE 142,4
del individuo no tiene por forma el tiempo y el espacio. Ahora
bien, todo lo que para nosotros es real aparece en esas formas.
Por eso, la muerte se nos presenta como aniquilación.
| ANOTADO[678] |

[PÁGINA 143]

Entre los astrónomos no se discute que la FUERZA DE GRA- 143,1
VEDAD no necesita, como la luz, etc., de tiempo alguno para
transmitir su efecto, sino que es MOMENTÁNEA a cualquier
distancia. O sea, propiamente *actio in distans*,* de un tipo
superior a todas aquellas fuerzas físicas.[679]

Según Max Müller, la redacción de los VEDAS tuvo lugar hacia 143,2
el año 1300 a. C., y la de los UPANISHADS, entre el 600 y el
800 a. C.[680]

La suspensión de las FUNCIONES ANIMALES es el sueño; la de 143,3
las ORGÁNICAS, la muerte.
| ANOTADO[681] |

Sólo hay UN PRESENTE, y éste es siempre, pues es la única for- 143,4
ma de la existencia real. Hay que llegar a comprender que el
PASADO no es EN sí diferente del presente, sino sólo en nuestra
aprehensión, en cuanto que ésta tiene por forma EL TIEMPO,
única causa por la cual lo presente se presenta como distinto
de lo pasado. Para fomentar esta comprensión evóquense en
el pensamiento todos los PROCESOS Y ESCENAS DE LA VIDA
DEL HOMBRE, buenos y malos, felices y desdichados, alegres
y terribles, tal como se nos presentan sucesivamente en vario-

* Acción a distancia.

pinta multiformidad y variación a lo largo de los tiempos y en la diferencia de los lugares como DE UNA VEZ Y AL MISMO TIEMPO y siempre presentes, en el *nunc stans*,* mientras que sólo en apariencia ahora es esto, y ahora aquello: entonces se entenderá lo que quiere decir propiamente la objetivación de la voluntad de vivir. También nuestra complacencia en los cuadros de género se basa principalmente en que fijan las escenas fugaces de la vida. Del sentir la verdad que se acaba de expresar ha surgido el dogma de la metempsicosis.
| ANOTADO[682] |

143,5 La VULGARIDAD consiste en el fondo en que en la consciencia tiene total preponderancia el querer sobre el conocer, con lo cual alcanza el grado en que el entendimiento sólo se presenta al servicio de la voluntad y, consecuentemente, donde ese servicio no lo requiere, o sea, donde justamente no hay motivaciones grandes ni pequeñas, el entendimiento cesa por completo y se produce por consiguiente un vacío total de ideas. Ahora bien, el acto de querer sin conocimiento es lo más ordinario que existe: todo trozo de madera lo tiene, y lo muestra por lo menos cuando cae. Por eso, ese estado constituye la vulgaridad. En él sólo permanecen activos los instrumentos de los sentidos y la reducida actividad del entendimiento que se requiere para la aprehensión de sus datos, por lo cual el hombre vulgar está constantemente abierto a todas las impresiones, o sea, percibe todo lo que sucede momentáneamente a su alrededor, de modo que el tono más tenue y la circunstancia aun más insignificante despierta de inmediato su atención: de la misma manera que en los animales. Todo este estado se hace visible en su rostro y en todo su exterior, de donde surge el aspecto vulgar cuya impresión es aún más repugnante cuando, como en la mayoría de los

---

* Ahora permanente.

casos, la voluntad que llena aquí por completo la consciencia es baja, egoísta y, en general, mala.
| Anotado, bis⁶⁸³ |

[Página 144]

Continuación de 141. 144,1
En lugar de HINZUFÜGEN {agregar, añadir}, escriben «BEI-FÜGEN» {adjuntar, acompañar}, cosa que no es lo mismo: lo primero vale respecto de cosas HOMOGÉNEAS, mientras que lo segundo vale de cosas HETEROGÉNEAS. Adjunto *{ich füge bei}* a mi carta un pequeño paquete, y le agrego *{füge hinzu}* una posdata. Pero también aquí, ¡una palabra ha de desempeñar en la lengua el servicio de DOS, a fin de ahorrar ocasionalmente dos letras! La EXACTITUD de una lengua tiene cien veces precedencia respecto de su BREVEDAD: ella consiste en que cada MATIZ de un concepto se exprese por medio de una palabra de igual matiz. Sólo bajo esta condición es posible expresarse en una lengua de forma totalmente clara, significativa, acertada, fina, vigorosa, y de tal modo que el lector entienda de inmediato lo que se quiere decir y no tenga que adivinarlo sólo a partir del contexto. Es imposible excederse en el desprecio de esta SUCIA MEZQUINDAD CON LAS LETRAS, que pisotea la gramática, la lógica, el sentido y el entendimiento para escatimar de vez en cuando unas letras: ella proclama en alta voz que los que están poseídos por ella carecen de conocimiento, de entendimiento y de buen gusto. El hecho de que sean legión no mejora su causa: lo generalizado *{Allgemeine}* está emparentado con lo ordinario *{Gemeinen}*.

El IMPERFECTO se llama de ese modo porque designa la acción que todavía se encuentra en progreso, que no ha sido completada. Por tanto, no debe utilizarse para referirse a acciones completadas y terminadas.

Si escriben, en lugar de *Vorlegung* {(acto de) presentación}, VORLAGE {presentación (lo presentado)}, tienen que colocar también, en lugar de *Niederlegung* {rendición; colocación; renuncia}, NIEDERLAGE {derrota}.

El gran valor del ESTUDIO DE LAS LENGUAS ANTIGUAS se basa en parte en que aprendemos a tener respeto por la gramática y el léxico; si con respecto a lo primero no estuviesen las cosas en un estado tan miserable entre nuestros perfeccionadores de la lengua, no violarían de forma tan descarada las reglas y palabras del idioma alemán.

Gemsjagd {caza de la gamuza}, *Felswand* {pared de roca}, FREUDLOS {carente de alegría}: la sílaba descartada designaba el GENITIVO: además, los señores Dickohr & Co. {oídos gruesos y compañía} no perciben que la n descartada puede asumir, como *líquida*,* el lugar que la consonante habitual torna cacofónico.

Sobre el *Catalogus librorum prohibitorum* PÁG. 131.

«SEITHER» {desde entonces}, una palabra inexistente: pero el señor Scriblerus** la ha impuesto y el señor Schmieracius*** la ha refrendado y todo el mundo de los eruditos respeta la orden: «ZEITHER» (que es lo correcto) ha sido desterrado por completo: en todas partes se escribe SEITHER.

Una vez que he encontrado un solecismo, lo veo enseguida por todas partes. Porque cada escribidor es para el otro un modelo, en lugar de ser, como debiera, un objeto de horror.

«BEGLICHEN» {pagado, cancelado} en lugar de AUSGEGLICHEN {liquidado, saldado}, ¡una palabra inexistente!

«GEWIß» {con seguridad, seguramente}: esta palabra ha sido desterrada de la lengua alemana y puesta en entredicho por las altas autoridades SKRIBLERUS y SCHMIERACIUS: todo el

---

* Consonante líquida, p. ej. «l» y «r» en griego.
** De *Skribler* [escribidor]. *(N. del T.)*
*** De *schmieren* [emborronar]. *(N. del T.)*

mundo de los eruditos alemanes se ha sometido con la debida obediencia a esa orden. De ahí que, desde hace dos años, la palabra no puede dejarse ver en libros ni en diarios, sino que, en su lugar, aparece «SICHER» {seguro}, que es adjetivo pero que, ahora, tiene que funcionar también como adverbio, en lugar de SICHERLICH {seguramente, con seguridad}, de lo que en ocasiones surge contrasentido: p. ej., etc.

«BEIFÜGEN» {adjuntar} en lugar de *Hinzufügen* {agregar, añadir}, y «ZUSTIMMEN» {consentir, aprobar} en lugar de «BEISTIMMEN» {asentir, adherir a algo, aprobar, dar conformidad}, a pesar de que no es exactamente lo mismo. Pero se ahorra una letra, y ¡victoria! ¡El idioma alemán se ha empobrecido nuevamente en una palabra!, exclama con aire triunfal la piojosa economía de mendigos[684]

Refrán general

«Der Verfaßer hat noch einen Theil ZURÜCKHALTEN MÜßEN» {el autor ha tenido que contener todavía una parte} en lugar de ZURÜCKBEHALTEN {reservar}, escribe un crítico en el *Repertorium*. ¡Dos conceptos muy diferentes!, pero deben confundirse y la lengua tiene que empobrecerse en una palabra. Y por tales burros se es criticado en un anónimo corral de burros como ése.

«¡Von einer Sache die SPRACHE (Rede) sein» {hablar de una cosa}! *(Postzeitung)*. No hay barbarización intencional de la lengua que no se permita hoy en día sin cumplidos el más vil de los Schmierax,* porque sabe que no conlleva pena de azotes. La chusma literaria quiere ser original y no conoce otro camino de serlo que utilizar palabras en un sentido inaudito o barbarizarlas, o bien introducir nuevas.

«GEDENKFEUER» en lugar de *Gedächtnisfeier* {celebración conmemorativa}: se celebra la memoria *{das Gedächtniß}*, es decir, el recuerdo de alguien; no el «Gedenk».

* Emborronadores, de *schmieren* [emborronar]. *(N. del T.)*

En lugar de «NIEDRIG» {bajo} escriben «NIEDER» {abajo},*
por un vil ánimo ahorraletras propio de Lumpacivagabundus.** Pero NIEDER contiene en sí el concepto de movimiento:
la piedra cae *(fällt nieder)*: el valle queda a baja altura *(liegt
niedrig)*.[685]

[PÁGINA 145]

145,1 [686] de estos cuentaletras. Y además, ver la orgullosa autoconsciencia con la que el señor Schmierax*** mira a su alrededor después de cada nueva mutilación de palabras, y el celo con que todo el mundo de la escritura se lanza a hacerla propia y aplicarla. Esta maldita uniformidad imprime a todo este accionar el sello de la ORDINARIEZ.

Me parece estar viendo el conjunto de nuestros escritores corriendo tras la lengua alemana cada uno con una tijera en las manos a fin de cortarle en alguna parte una sílaba, o por lo menos una letra.

Si escribís, en lugar de «BEZIEHUNG» {relación}, *Bezug* {funda}, tenéis que escribir también, en lugar de «ANZIEHUNG» {atracción}, *Anzug* {traje}.

En lugar de «in der Kürze» *(ut brevi dicam)* {por decirlo brevemente}, «KÜRZLICH» *(nuper)* {recientemente}. *Göttingische gelehrte Anzeigen.* Dejan la lengua en ruinas cuando se trata de lucrar una sílaba.

* Prefijo que señala un movimiento descendente de la acción del verbo, en sentido real o traslativo. *(N. del T.)*
** Personaje de la comedia de magia *Der böse Geist Lumpazivagabundus oder Das liederliche Kleeblatt* (1831), de Johann Nestroy (1801-1862), cuyo nombre se compone de los vocablos *Lump* [miserable] y *Vagabundus* [vagabundo]. *(N. del T.)*
*** De *schmieren* [emborronar]. *(N. del T.)*

«Beregen» en lugar de «Anregen» (por una sílaba en el participio pasivo). Opinan que un prefijo es tan bueno como el otro, puesto que no sienten ni entienden por qué nuestros ancestros dijeron «BEgießen {regar}, betrügen {timar}, begehn {recorrer, cometer, celebrar}, bethören {trastornar, fascinar, deslumbrar}, beschenken {hacer objeto de regalo}», etc., pero «anfangen {comenzar}, anreden {dirigir la palabra}, anbeten {adorar}, anziehen {atraer; vestirse}, anmuthen {causar una impresión}». Estos señores tienen que aprender todavía que los prefijos tienen un sentido y un significado, que no han sido puestos arbitrariamente, o sea que no pueden ser intercambiados de forma arbitraria.

«Zugestehn» {conceder} en lugar de EINgestehen {confesar}: ¡son tan diferentes como *Eingeständnis* {confesión} y *Zugeständnis* {concesión}! Lo menciono solamente para señalar cuán lejos llega la vileza del conteo de letras.

«Es entfällt» {cae, se cae, se escapa de la memoria o de las manos} en lugar de fällt dahin {queda sin efecto; cesa en su vigencia}.

Al conjunto de los que escriben en la actualidad se les nota en cada línea que cada cual piensa a la hora de escribir nada más que en mañas y ardides a fin de ahorrar *per fas et nefas*[*] una sílaba o aunque sea una letra en todo lugar donde sea posible. Cosa que después pone por obra a costa de la ortografía, de la gramática, de la lógica, del sentido y del entendimiento.

Si, por el agregado de una sílaba o de otra prolongación de una palabra, la expresión de la idea a comunicar gana aunque sólo fuese un poco de claridad y definición, es la mayor insensatez y equivocación querer ahorrar esa sílaba, y escribir, por ejemplo, *Hingabe* {entrega} en lugar de *Hingebung* {don de sí, entrega}.

[*] Con razón o sin ella, con derecho o sin él, de forma permitida o no permitida.

El zoólogo Bronn lucra una sílaba escribiendo Echse {reptil, lagarto} en lugar de Eidechse {lagarto}. ¿Es una palabra fósil que se ha descubierto, o *generatio spontanea*?* [687]

145,2 Hasta «Freundschaft für Jemand» {amistad por alguien} es erróneo: debe decir «gegen» {hacia}. Pues esto significa en alemán tanto *adversus* como *contra*.** [688]

145,3 En lugar de Stelle {lugar, posición}, «Platz» {lugar, sitio}: una expresión que cunde. En lugar de «verdorben» {corrompido, corrupto}, «verderbt»! Sólo por el conteo de letras. ¡Escribid también gesterbt en lugar de *gestorben* {muerto}!
Una idea tiene que ser digna del espacio que ocupa su expresión, sin que éste necesite ser abreviado y, de ese modo, mutilado.
«Hindern» {estorbar}: en lugar de ver*hindern* {impedir}. Estorbo *{hindere}* lo que dificulto, impido *{verhindere}* lo que hago imposible.[689]

[Página 146]

146,1 Cada cosa tiene dos tipos de cualidades: las que pueden conocerse a priori y las que sólo pueden conocerse a posteriori. Las primeras surgen del intelecto que concibe; las segundas, de la esencia en sí de la cosa, que es aquello que encontramos en nosotros como voluntad.
| Anotado, ter.[690] |

146,2 La escala correcta para medir la jerarquía de las inteligencias la ofrece el grado en que conciben las cosas sólo

* Generación espontánea.
** Tanto «hacia, de cara a» como «contra, opuesto a».

INDIVIDUALMENTE, o de forma cada vez más GENERAL. El animal conoce sólo lo individual en cuanto tal, es decir, permanece preso por completo en la concepción de lo individual. Pero todo ser humano resume lo individual en conceptos, en lo que consiste precisamente el uso de la razón, y estos conceptos se hacen cada vez más generales cuanto más elevada es su inteligencia. Si esta concepción de lo general pasa al conocimiento INTUITIVO y no sólo se conciben como generales los conceptos, sino también lo que se contempla de forma inmediata, surge el conocimiento de las IDEAS (platónicas). Esta concepción es estética, se volverá, cuando actúe por sí sola, en genial, y alcanza su grado sumo cuando se hace filosófica, en la medida en que aparece entonces el conjunto de la vida, de los seres y de su transitoriedad, del mundo y de su consistencia, captado intuitivamente en su verdadera constitución, y se impone en ESA forma a la consciencia como objeto de meditación. Es el grado supremo de la reflexión. Es decir que entre este conocimiento y el conocimiento meramente animal hay innumerables grados que se distinguen entre sí por la concepción, que se va haciendo cada vez más general.
| ANOTADO[691]

*/ S a margen de 147.[692]   146,3
Si, después de estas consideraciones sobre el rey Midas y su destino, nos volvemos hacia la Academia Danesa, cuyo juicio se encuentra al final de este volumen *in perpetuam memoriam*,* estaremos preparados para tener para con ella la indulgencia que requiere su infeliz caso. Despachar una obra como ésta con *nobis non satisfecit*,** y reprender, además, públicamente al autor etc. ...

*   Para memoria perpetua.
** No nos ha satisfecho. *Cfr.* D, 3, págs. 880-881.

El caso es malo: lo primero habrá de atribuirse a una especial e infrecuente capacidad, la llamada testarudez, prueba de un descaro inaudito. A propósito de lo primero cabrá observar que, si bien no se espera de academias que inventen la pólvora, sí se espera que, si se les da un golpe en la nariz, perciban algo, es decir que tengan un cierto talento, un cierto olfato para el venteo que las aparte de tener bajo los pies lo sobremanera infrecuente, verdaderamente justo, bueno y auténtico sin hacerse idea alguna de su valor. Y a propósito de lo segundo, se preguntará qué derecho etc. /*

[PÁGINA 147]

147,1 Levantan MONUMENTOS a gente con la cual la posteridad no sabrá en absoluto qué hacer. Pero a CIUDADANOS no levantan ninguno.[693]

147,2 Prólogo a la *Ethik*
*/ Después de veinte años quiero hablar todavía una palabrita adicional con la Academia Danesa.
1. El tratado que hace veinte años fuera rechazado y sólo premiado mediante una represión pública por parte de la Academia Danesa se publica aquí en su segunda edición.
3 El destino del hegelianismo pronosticado a partir de la alegoría de Gracián se ha verificado desde entonces ya en gran parte, y hágase lo que se haga, cualquiera sea la peluca que se utilice, viene un peluquero indiscreto, una caña indiscreta, y el mundo se entera. S 146 margen.[694]
De forma cada vez más generalizada se reconoce en Alemania la completa carencia de valor de la charlatanería hegeliana. Dentro de pocos años, la opinión general coincidirá enteramente con aquella por la cual hace veinte años he causado gran escándalo en la Academia Danesa. Cuartilla /*

PÁGINA

AL FINAL. Que los profesores de filosofía no hayan dedicado por su parte consideración alguna a estos dos tratados, */ en cuanto mentes tan excelsas no prestan atención a lo que dice alguien como yo, y que, de acuerdo con ello, /* hayan permanecido, sin molestarse, en su posición respecto del libre albedrío y de la ley moral, ya lo he tratado junto a las razones del asunto en la segunda edición de *Vierfache Wurzel*, pág. 49, a la que remito al benévolo lector con promesa de entretenimiento.[695] Profesores de filosofía: que los señores prosigan a su propio riesgo no considerándome digno de consideración alguna, a no ser para criticarme. ¡A su propio riesgo! Hasta que merezcan convertirse todos sin excepción en miembros de la Academia Danesa. */ Ya comienza a mostrarse que, entre todas mis obras, esta ética pertenece a la doctrina PERMANENTE, y no se encamina *ad patres** con la collera de la Academia Danesa.

2. [Mejor adelante, en la tapa del libro]

Oprimir en lo posible el espíritu y la verdad: ¿es éste el destino de las academias? ¿O su destino es defender la torpe charlatanería de una miserable hechura de ministro como Hegel?

Al juicio de Midas sigue el destino de Midas. ¿Piensan los señores que fueron injustos? En verdad que no. Sí, señores míos, me los he colgado de la espuela y los arrastro al bello averno, donde de otro modo nunca habrían llegado: es de agradecer.

No veo por qué debería cavar primer un hoyo en la tierra para sólo después decir esto.

Rechazar lo tomado en serio, profundamente pensado, o sea, lo infrecuente, y ser además tan descarado, sin sombra ni aspecto de justificación – – –

* Más exactamente: *ad patres ire* [ir hacia los padres, morir].

Hegel, ese miserable charlatán reverenciado por la Academia Danesa, se hunde ahora cada día más en el desprecio que aguarda a su nombre.

Si los señores no tienen juicio alguno, no es preciso que propongan temas de concurso: de otro modo, estarán tomando el pelo a todo el mundo de los eruditos.

Todo académico que tenga que emitir juicio sobre una obra presentada a concurso reciba este caso para su advertencia y, si tiene acaso ganas de desconocer, según su *bon plaisir** o sus caprichos y antojos, obras del espíritu seriamente pensadas, que tiemble en sus pantuflas, para que no lo alcance un día Némesis y sea llevado por el canto al burro, etc.

ALICUBI
Han retenido la medalla que con el más pleno derecho me corresponde: ¡sabiamente! Todavía ahora pueden presumir con ella después de otras presentaciones a concurso que le dan materia para juicios semejantes.

EXORDIUM: si nos representamos el triste destino del rey Midas, no podremos negarle nuestra compasión: ¿tiene él la culpa de que, a sus oídos, la flauta de pan de Marsias sonara mejor que la flauta de Apolo? ¡Y por eso las flautas tienen que incrementarse tan considerablemente en su longitud!

Sic:
No sólo me han retenido el premio que me correspondía con derecho diez veces mayor, sino que cometieron el descaro de formular, sin sombra de justificación, una crítica PÚBLICA en mi contra. ¿Y sobre qué? Sobre que yo asumía su posición en... Al juicio de Midas sigue el destino de Midas, y yo no necesito cavar hoyo alguno en la tierra para anunciarlos. Y como recuerdo voy a decirles cuatro verdades mediante un verso de Goethe: etc.

---

* Arbitrio, antojo, deseo.

Sic: Y aunque, usando de fino cuidado, no quisiese yo mencionar a Midas, éste le vendría al lector espontáneamente a la memoria.

Si se juzga como Midas, las consecuencias no se hacen esperar, y para decirlo no necesito cavar ningún hoyo en la tierra.

Debo tener respeto por farsantes y charlatanes, porque los muy tontos se han dejado engañar creyéndose grandes kantianos, que saben ética. A eso no puedo prestarme, pero en lugar de ello puedo darles a los señores un consejo. Hoja /*[696]

[PÁGINA 148]

El PRESENTE tiene dos mitades: una OBJETIVA y una SUBJETIVA. Sólo la objetiva tiene por forma el aspecto del TIEMPO y, por tanto, sigue corriendo inconteniblemente. La subjetiva está fija y, por tanto, es siempre la misma. De aquí surge nuestra vivaz memoria de lo que ha pasado hace mucho tiempo y la consciencia de nuestra inmortalidad, a pesar del reconocimiento de la fugacidad de nuestra existencia.
| VIDE INFRA, BIS. ANOTADO |
   De mi frase inicial «EL MUNDO ES MI REPRESENTACIÓN» se sigue, ante todo: «primero soy yo, después, el mundo». Ciertamente, esto habría que retenerlo como antídoto contra la confusión de la muerte con la aniquilación.
| ANOTADO[697] |

148,1

En todas las cosas [variante: respecto de cada objeto], la verdad ha sido reconocida siempre individualmente por algunos y ha hallado expresión [se ha desahogado] en sentencias aisladas, hasta que fue comprendida por mí en su conjunto.
| VIDE INFRA, ANOTADO[698] |

148,2

148,3 Lo que caracteriza a los GRANDES escritores (en el género superior) así como también a los artistas y, por eso mismo, es común a todos ellos, es que TOMAN EN SERIO lo suyo: los demás no toman nada en serio como no sea su provecho y ganancia.
Alicubi
Y como los señores son mentes cotidianas, quieren que no haya más que mentes cotidianas.
| ANOTADO[699] |

148,4 *Vide supra*
Que cada cual piense que su núcleo más íntimo es algo que contiene EL PRESENTE y lo lleva consigo.[700]

148,5 Todas las CIENCIAS NATURALES están sometidas a la inevitable desventaja de que conciben la naturaleza exclusivamente DESDE EL LADO OBJETIVO, sin preocuparse por el SUBJETIVO. Pero en este último lado anida necesariamente lo principal: esto corresponde a la filosofía.
| ANOTADO, BIS[701] |

148,6 Que en breve los gusanos roerán mi cuerpo es una idea que puedo soportar. Pero que los profesores de filosofía lo hagan con mi filosofía, eso me horroriza.
| REGISTRADO[702] |

148,7 Los hombres son intelectualmente miserables, pero no pueden ni quieren soportar superioridad alguna. «Que los aguante el demonio», dijeron todos los grandes genios, y se quedaron solos.[703]

[PÁGINA 149]

Dice la MUERTE: tú eres el producto de un acto que no debería   149,1
haber sido: por eso, para cancelarlo, tienes que morir.⁷⁰⁴

ANIMALES: seres conscientes que comparten con nosotros   149,2
esta enigmática existencia.⁷⁰⁵

Frente a los MÉRITOS hay dos modos de comportarse: bien   149,3
tener algunos, o bien no admitir ninguno.⁷⁰⁶

Si se lo piensa bien, se hallará que, en realidad, todo LO PERE-   149,4
CEDERO nunca ha existido verdaderamente.⁷⁰⁷

Cfr. pág. 138   149,5
Proemium IN OPERA OMNIA.*
Alicubi.
Los profesores de filosofía me tratan con frío desprecio, detrás del cual se esconde el odio más encendido, un odio que continuaré procurando ganarme siempre también en el futuro. Creo tener derecho al título honorífico de OLIGÓGRAFO, puesto que estos cinco tomos contienen todo lo que he escrito alguna vez y son el producto entero de mis setenta y tres años de vida. La causa estriba en que yo quería estar siempre seguro de la constante atención de mis lectores y, por eso, siempre he escrito sólo cuando tenía algo que decir. Si este principio se hiciese universal, las bibliografías tendrían que experimentar una gran reducción.⁷⁰⁸

---

* Proemio a las obras completas.

[PÁGINA 150]

150,1 Lo esencial, lo importante, son los ACONTECIMIENTOS EN LA VIDA de todos los hombres, pero ante todo esos mismos hombres, las ειδωλα και κουφηαι σκιαι* que aparecen en escena. El MECANISMO por el cual es llevado todo a cabo es el DESTINO, el *Fatum*, con su instrumento, la necesidad, es decir, la cadena causal.[709]

150,2 Un provecho principal del ESTUDIO DE LOS ANTIGUOS es que nos preserva de la verbosidad, puesto que los antiguos se esfuerzan siempre por escribir de forma concisa y sucinta, y la falta de casi todos los modernos es la verbosidad, que los más recientes procuran reparar por medio de la supresión de sílabas y letras. Por eso hay que continuar toda la vida con el estudio de los antiguos, aunque limitando el tiempo utilizado para ello.

Los antiguos sabían que no se ha de escribir como se habla: en cambio, los más recientes tienen incluso la desvergüenza de hacer imprimir lecciones que han dado.[710]

150,3 El MUNDO existe, y existe como lo muestra la figura: yo quisiera saber quién extrae algún provecho de ello.[711]

---

* Más exactamente: εἴδωλα καὶ κοῦφαι σκιαί [figuras engañosas y sombras fugaces]. Sófocles, *Ajax*, 125: «Veo que todos los vivientes no somos más / que figuras engañosas y sombras fugaces».

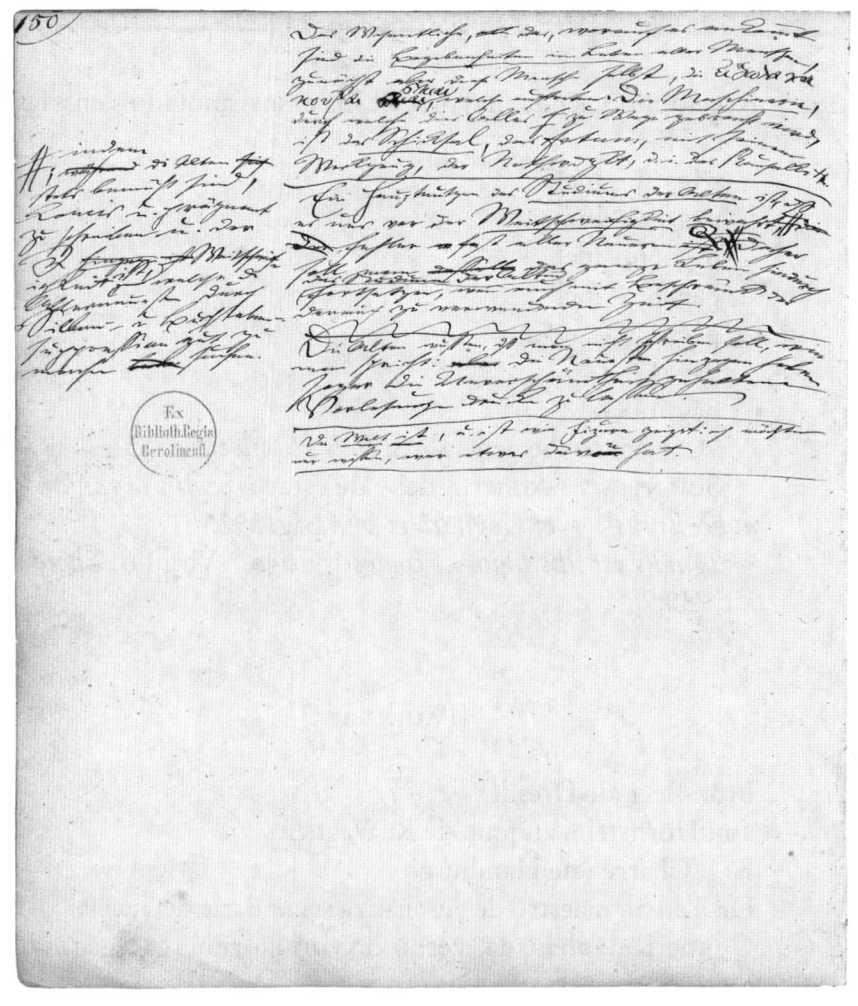

Última página (pág. 150) del manuscrito

[Página 272]

272 Registrado y, en la mayoría de los casos, anotado <en> las obras, bis
 pág. 11 – incl.
 pág. 46 – incl.
 pág. 66 – incl.
 pág. 83 – incl.
 pág. 115 – incl.
 pág. 128 –
 pág. 148 –
 «Caviare to the general»* stands Hamlet pág. 251
 SCIENTIA Y POTENTIA debe de estar *Novum organum* I aphorismus 3, – et Cogitata et visa pág. 592.
 *Igneus est illis vigor et coelestis origo.*** Virgilio, *Eneida* VI, 730.[712]

[Página 273]

273 Prof. Beer, de Dresde
 von Hornstein, alumno de R. Wagner
 K. J. Charrer, de Hamburgo
 Dr. Yethal, maestro de enseñanza secundaria de Suecia
 Conde Kniephausen, yerno de von Dörnberg, legado de Hessen
 El señor von Bülow cree que el autor de las puertas del cielo es la señorita Adah von Treskow
 Condesa de Königsmark

---

 * Caviar para la generalidad.
 ** Más exactamente: *igneus est ollis vigor et coelestis origo seminibus* [estas simientes de vida poseen ígneo vigor y son de origen celeste]. Virgilio, *Eneida* VI, 730-731.

Condesa de Stollberg, con apellido de soltera Lichtenau, de Stollberg
Hehn, bibliotecario de Petersburgo.⁷¹³
Legendum*
*/ Platón, *Alcibíades* /*
Plutarco *de genio Socratis*
*/ Apuleyo: *de Deo Socratis* /*
Plutarco sobre Ormuz Ahrimán – ensalzado por Bayle, vol. 1, pág. 289. Pero no citado
En Montesquieu *the chapitres on religion*
Voltaire, *questions sur l'Encyclopédie*.
*/ *Plinius de malis vitae humanae* /* (*vide* Bayle II, 392.)
*/ Sobre Platón elector de matrimonio, según se afirma en *Teeteto* —¿en la *República*?—.
Lema para Frauenstädt: <...> III pág. 62.
The author of Iconoclasm in German philosophy is JOHN OXENFORD.
GLISSON, *de natura substantiae energetica*. – (*de quo argumenta Platonis* pág. 316.)
Porphyrius thelogion? – (*Christus, jure necatus*)
Porphyrius de regressa animalis Augustinus memorat.
Diodori Siculi priores libros, – *de generatio aequivoca alia*
Diderot: *pensées philosophique.*
Diderot: *lettre sur les aveugles*
*/ *Hippocrates de diaeta* /*
/ Comprobar /
*/ *Aristoteles: Spherae.* /*
*/ *Das deutsche Vaterland.* /*⁷¹⁴

---

*   Leer; lo que se debe leer.

ANEXO

Página 20 del manuscrito

Notas a la Introducción

1 GBr (1978), pág. 481.
   Cfr. al respecto *Die Reisetagebücher von Arthur Schopenhauer*, Zúrich, 1987 y 1988.
2 GBr (1978), págs. 260-262.
3 HN I, págs. 326, 338-339. HN II, págs. XIX-XX.
4 HN II, págs. VII-XXX, 1-247: Cuadernos de lecciones de los años 1809-1813; págs. 249-426: Cuadernos de estudio de 1811-1818.
5 GBr (1978), págs. 654-655.
6 Hb, 1, pág. 1.
7 GBr (1978), pág. 655.
8 GBr (1978), págs. 655-656.
9 GBr (1978). pág. 647.
   D, 9, págs. V-XXXII, 5-24.
10 D, 9, págs. IX-XIV.
11 GBr (1978), págs. 91-92.
12 GBr (1978), págs. 131-132, 522.
   D, 9, págs. XII-XIII.
13 GBr (1978), págs. 111-113, 131-132, 518.
   HN IV (2), págs. X-XIX.
14 GBr (1978), págs. 131-132, 499.
   HN IV (2), pág. XIV.
15 HN IV (2), pág. XVII.
   Cfr. Al respecto Estermann, Alfred, *Schopenhauers Kampf um sein Werk, Der Philosoph und seine Verleger*, Fráncfort del Meno y Leipzig, 2005, págs. 75-79.

NOTAS A LA INTRODUCCIÓN

HN IV (2), págs. 131-284: *Balthazar Gracian's Hand-Orakel und Kunst der Weltklugheit, aus dessen Werken gezogen von D. Vincencio Juan de Lastanosa und aus dem Spanischen Original treu und sorgfältig übersetzt.*

16 D, 3, págs. 458-465. Aquí citado según Arthur Schopenhauer, *Los dos problemas fundamentales de la ética*, traducción, introducción y notas de Pilar López de Santa María, 3.ª edición revisada, Madrid, Siglo XXI, 2007, pág. 26.

17 *Cfr.* Baltasar Gracián, *El Criticón,* introducción de Emilio Hidalgo-Serna, edición de Elena Cantarino, Madrid, Espasa-Calpe, [12]2007, págs. 606-611.

18 D, 3, págs. 463 y 465. Aquí citado según Arthur Schopenhauer, *Los dos problemas fundamentales de la ética, op. cit.,* págs. 29-30 (donde se remite a: Baltasar Gracián, *El Criticón,* edición al cuidado del P. Ismael Quiles, S. I., Madrid, Espasa Calpe, [8]1975, págs. 305-308).

19 D, 3, pág. 323. Citado según *Sobre la voluntad en la naturaleza,* traducción de M. de Unamuno, prólogo y notas de Santiago González Noriega, Madrid, Alianza, [3]1982, págs. 77s. *Cfr.* Baltasar Gracián, *El Criticón,* introducción de Emilio Hidalgo-Serna, edición de Elena Cantarino, Madrid, Espasa-Calpe, [12]2007, págs. 125s y 131. El traductor coloca al pie una nota donde dice lo siguiente: «Como no he podido haber a mano *El Criticón*, de Gracián, en vez de copiar este pasaje de su original como debería haber hecho, me he visto precisado a retraducirlo, o sea traducirlo al castellano de traducción de Schopenhauer».

20 *Die Schopenhauer-Welt,* Ausstellung der Staatsbibliothek Preußischer Kulturbesitz Berlin und der Stadt- und Universitätsbibliothek Frankfurt am Main zu Arthur Schopenhauers 200, Geburtstag, Fráncfort del Meno, 1988, págs. 108-110.

21 GBr (1978), pág. 263.

22 GBr (1978), págs. 152, 432.

Gwinner, Wilhelm, *Schopenhauer's Leben,* Leipzig, 1878, pág. 528.

NOTAS A LA INTRODUCCIÓN

23 GBr (1978), pág. 46.
Gespr, pág. 386.
24 Wagner, Mandred, «"...daß man wohl ein Philosoph seyn kann, ohne deshalb ein Narr zu sein," Schopenhauer und das Geld», en: *Schopenhauer-Jahrbuch*, Würzburgo, 2008, tomo 89, pág. 270.
25 Arthur Schopenhauer, *Die Kunst, mit Frauen umzugehen*, ed. Franco Volpi, Múnich, 2003, págs. 19-20.
26 Arthur Schopenhauer, *Die Kunst, alt zu werden oder Senilia*, Aufgrund der Transkription von Ernst Ziegler, ed. Franco Volpi, Múnich, 2009, págs. 7-8, 10-11.
27 HN IV (1), pág. 142.
28 Libro manuscrito Escrito en
   Cogitata I, págs. 1-332 Feb. de 1830 a agosto de 1831
   Cholerabuch, págs. 1-158 5 de sept. de 1831 a sept. 1832
   Pandectae I, págs. 1-44 Sept. de 1832 a nov. de 1832
   Cogitata II, págs. 332-424 Nov. de 1832 a nov. de 1833
   Pandectae II, págs. 44-370 Nov. de 1833 a abril de 1837
   Spicilegia, págs. 1-471 Abril de 1837 a abril de 1852
   Editados por Arthur Hübscher en HN IV (1), *Senilia* en HN IV (2), págs. 1-87, extractos.
29 *Aus Arthur Schopenhauer's handschriftlichem Nachlaß, Abhandlungen, Anmerkungen, Aphorismen und Fragmente*, ed. por Julius Frauenstädt, Leipzig, 1864, pág. VI. *Cfr.* Pág. XVIII: «Los que él ya utilizó están tachados con lápiz en los libros manuscritos».
30 HN III, pág. VII.
31 HN IV (2), págs. VIII, 285: «La recolección de material para el tratado *Über die Verhunzung der deutschen Sprache* comienza en 1856, en la pág. 80 de *Senilia*. Schopenhauer la prosigue, mezclada con otros aforismos y anotaciones, hasta la última página (150) de su libro manuscrito en intervalos irregulares y con variada frecuencia».
32 HN III, pág. VII.

Cfr. al respecto D, 1, págs. V-XII.

La denominación «libro de pensamientos» se encuentra en una carta de Arthur Schopenhauer a Friedrich Arnold Brockhaus del 8 de agosto de 1858: «[…] se encuentran repartidos en parte en varios libros de pensamientos». GBr (1978), pág. 432. *Cfr.* al respecto Estermann, *Schopenhauers Kampf um sein Werk, Der Philosoph und sein Verleger, op. cit.*, págs. 148-149.

33 *Die Kunst, alt zu werden oder Senilia, op. cit.*, pág. 5.
34 HN IV (2), pág. VIII.
35 HN IV (2), pág. 285.
36 H, pág. XIV.
37 GBr (1978), pág. 262, 12 de abril de 1851.
38 *Die Schopenhauers, Der Familien-Briefwechsel von Adele, Arthur, Heinrich Floris und Johanna Schopenhauer*, ed. y prefacio de Ludger Lütkehaus, Zúrich, 1991, pág. 65.
39 GBr (1978), pág. 559.
40 HN IV (2), págs. 1-35.
41 HN IV (2), págs. 308-309.
42 *Die Kunst, alt zu werden oder Senilia, op. cit.*, pág. 5.
43 *Senilia*, párrafos 41,4; 61,3; 61,1; 83,4; 51,1. *Cfr.* también párrafos 6,4; 24,3; 48,3; 82,2.
44 *Die Kunst, alt zu werden oder Senilia, op. cit.*, págs. 16-17.
45 HN I, pág. XIV.
46 «El lugar del texto donde deben insertarse estas numerosas adiciones fue indicado por Schopenhauer en la mayoría de los casos por signos determinados y propios, como cruces, cruces dobles, caracoles, arbolitos, pentagramas y pequeños soles. En algunos casos, los signos se encuentran en parte sin más indicación acerca del lugar donde hay que efectuar la inserción, sólo con el agregado de la palabra «alicubi» o «irgendwo» [en algún lugar], o también sin agregado alguno, y a menudo resulta difícil encontrar el lugar en el que pueden insertarse de forma apropiada sin interrumpir el curso del contexto».
D, 4, pág. VI.

NOTAS A LA INTRODUCCIÓN

47 D, 6, pág. XXXV.
48 HN I, pág. XIV.
49 HN I, pág. XIV.
50 HN IV (2), pág. 285.
51 HN IV (2), págs. VII–VIII.
52 HN IV (2), pág. 285.
53 *Cfr.* HN IV (2), págs. VIII–X.

Notas al texto

[Página 1]
1 HN IV (2), pág. 1,1.
  D, 2, págs. 9-12. | Hb, 3, págs. 9-12.
2 HN IV (2), S, 1,2.
3 HN IV (2), pág. 1,3.
4 D, 5, pág. 704. | Hb, 6, pág. 77.
5 «El modo como esta nulidad de todos los objetos de la voluntad se manifiesta y hace comprensible al intelecto arraigado en el individuo es ante todo EL TIEMPO. El tiempo es la forma por medio de la cual esa nulidad de las cosas aparece como su carácter perecedero [...].» Schopenhauer, Arthur, *Die Welt als Wille und Vorstellung*, Zweite, durchgängig verbesserte und sehr vermehrte Auflage, Leipzig, 1844, tomo 2, pág. 571.
  D, 2, pág. 656. | Hb, 3, pág. 658. | D, 5, pág. 308. | Hb, 6, pág. 301.
6 D, 5, pág. 403. | Hb, 6, págs. 394-395.
7 D, 5, pág. 488. | Hb, 6, pág. 476.

[Página 2]
8 Pouillet, Claude-Servais-Matthias, *Éléments de physique expérimentale et de météorologie,* Ouvrage adopté par le Conseil royal de l'Instruction publique, pour l'enseignement de la physique dans les établissements de l'Université, 5.ª edición, tomos I y II, París, 1847. HN V, págs. 275-277.
  D, 3, págs. 185-186. | Hb, 1, págs. 77-78.
9 [Euler, Leonhard], *Briefe an eine deutsche Prinzessinn über verschiedene Gegenstände aus der Physik und Philosophie*, Aus

dem Französischen übersetzt, drei Teile, 2.ª y 3.ª ed., Leipzig, 1773-1784. HN V, págs. 250-251.

[PÁGINA 3]
10 Pouillet: *Éléments de physique expérimentale et de météorologie.*

[PÁGINA 4]
11 Euler, *Briefe an eine deutsche Prinzessinn über verschiedene Gegenstände aus der Physik und Philosophie.*
Pouillet, *Éléments de physique expérimentale et de météorologie.*

[PÁGINA 5]
12 D, 5, pág. 314. | Hb, 6, pág. 306.
13 Los corchetes y signos de pregunta están en el manuscrito.
D, 5, pág. 314. | Hb, 6, pág. 307.
14 D, 3, págs. 329-330. | Hb, 4, pág. 39.
15 D, 5, pág. 324. | Hb, 6, pág. 318.
16 D, 5, pág. 512. | Hb, 6, págs. 500-501.
17 Josué 24,16-18. | D, 4, pág. 134. | Hb, 5, pág. 125.
18 D, 4, págs. 498-499. | Hb, 5, pág. 481.

[PÁGINA 6]
19 D, 4, págs. 505-506. | Hb, 5, págs. 487-488.
20 HN IV (2), página 1,4.
21 Continúa en la página 7 al margen.
22 Wöhler, F[riedrich], *Grundriß der Chemie, 1. Theil: Unorganische Chemie, 2. Theil: Organische Chemie,* Berlín, 1841, 1842. HN V, pág. 283.
Schelling, Fr[iedrich] W[ilhelm] J[oseph von], *Ideen zu einer Philosophie der Natur, Als Einleitung in das Studium dieser Wissenschaft,* Landshut, 1803. HN V, pág. 146.
D, 5, págs. 118-120. | Hb, 6, págs. 117-118.

NOTAS AL TEXTO

23 D, 2, pág. 661. | Hb, 3, pág. 663.
24 HN IV (2), pág. 2,5.
25 HN IV (2), pág. 2,6.

[PÁGINA 7]

26 D, 5, pág. 181. | Hb, 6, pág. 178.
27 D, 5, pág. 59. | Hb, 6, pág. 55.
28 HN IV (2), pág. 2,7.
29 D, 6, págs. 565-566. | Hb, 1, págs. 90-91 (segunda parte).

[PÁGINA 8]

30 D, 6, págs. 566-567. | Hb, 1, pág. 91 (segunda parte).

[PÁGINA 9]

31 D, 6, pág. 567. | Hb, 1, págs. 91-92 (segunda parte).
32 «Según mi modo de ver, al DERECHO PENAL debería subyacer como principio el que propiamente no se castigue al HOMBRE, sino la acción, a fin de que, en el futuro, no se produzca.» Schopenhauer, *Die Welt als Wille und Vorstellung*, 1844, tomo 2, pág. 593.
D, 2, pág. 683.

[PÁGINA 10]

33 D, 5, págs. 338-339. | Hb, 6, págs. 331-332.
34 D, 4, pág. 145. | Hb, 5, pág. 135.
35 D, 4, pág. 519. | Hb, 5, págs. 500-501.
36 D, 5, pág. 186. | Hb, 6, pág. 183.
37 D, 1, pág. 213. | Hb, 2, pág. 213.
38 Así está escrito por Schopenhauer en el manuscrito.
39 HN IV (2), pág. 2,8.

[PÁGINA 11]

40 D, 5, pág. 316. | Hb, 6, pág. 308.
41 HN IV (2), págs. 2-3,9.

[Página 12]

42 D, 2, pág. 421. | Hb, 3, pág. 423.
43 D, 5, págs. 115-116. | Hb, 6, pág. 114.
44 HN IV (2), pág. 3,10. | D, 4, pág. 230. | Hb, 6, págs. 217-218.
45 HN IV (2), pág. 3,11.

[Página 13]

46 HN IV (2), pág. 4,12.
47 HN IV (2), pág. 5.
48 Signo (estrella) remite a la página 13,1.
49 HN IV (2), pág. 4,13.
50 HN IV (2), pág. 4,13. | D, 3, pág. 279. | Hb, 4, pág. XVIII.
51 HN IV (2), págs. 4-5. | D, 3, pág. 287. | Hb, 4, pág. XXVII.
52 HN IV (2), pág. 5,13.
53 Después de «consejeros áulicos», puntos en el manuscrito.
54 HN IV (2), pág. 5,14.
55 HN IV (2), pág. 5,15.
56 D, 1, pág. 292. | Hb, 2, pág. 292.
57 HN IV (2), pág. 5,16.

[Página 14]

58 D, 3, págs. 271-289: *Ueber den Willen in der Natur*, Prólogo. Hb, 4, págs. IX-XXIX. | *Cfr.* HN IV (2), pág. VII.
59 *Cfr.* D, 4, pág. 162.
60 Signo (círculo con punto) remite a la página 20,2.
61 Los corchetes están en el manuscrito.
62 D, 4, págs. 157-221.
63 Signo (rectángulo con cruz) remite a la página 15,6, arriba.
64 Signo (almohadilla) remite a la página 20,3.
65 Los corchetes están en el manuscrito.
66 Signo (almohadilla) remite a la página 17,3.
67 Signo (almohadilla) remite a la página 17,3.
68 D, 4, pág. 165. | D, 5, pág. 510.

NOTAS AL TEXTO

[PÁGINA 15]
69 HN IV (2), pág. 6,17.
70 D, 2, págs. 505-506. | Hb, 3, págs. 507-508.
71 D, 2, pág. 191. | Hb, 3, pág. 191.
72 D, 5, pág. 325. | Hb, 6, pág. 319. | *Cfr.* pág. 1,6.
73 D, 5, págs. 314-315 | Hb, 6, pág. 307.
74 Signo (rectángulo con cruz) remite a la página 14, abajo.
75 Signo (almohadilla) remite a la página 14,1, margen, arriba.

[PÁGINA 16]
76 D, 4, pág. 276. | Hb, 5, pág. 264.
77 D, 4, pág. 501. | Hb, 5, pág. 483.
78 HN IV (2), pág. 6,18.
79 D, 5, pág. 681. | Hb, 6, pág. 655.
80 HN IV (2), págs. 6-7,19.

[PÁGINA 17]
81 D, 5, pág. 458. | Hb, 6, pág. 447.
82 *Cfr.* D, 5, págs. 109, 220-221. | Hb, 6, págs. 108, 214-215.
83 *Cfr.* GBr (1978), pág. 305, Arthur Schopenhauer a Julius Frauenstädt, 26 de febrero de 1853: «Hoy le escribo solamente para llamarle la atención acerca de un nuevo libro del profesor Noack en Giessen: *Die Theologie als Religionsphilosophie*, 250 págs. En sí mismo sin importancia, tiene mucha importancia para mi filosofía. Pues en las primeras 20 páginas se expone por extenso mi metafísica y filosofía de la naturaleza, aunque en la jerga de Hegel, pero utilizando mis expresiones (voluntad de vivir que se objetiva gradualmente, etc.), y hasta se transcriben también los pasajes de Euler y de Goethe que he citado: a pesar de todo ello, no se me menciona en todo el libro [...]».
Ibid., págs. 307, 319, 351, 354, 460, 462, 464.
84 HN IV (1), págs. 308, 172.
85 HN IV (2), pág. 7,20.
86 *Cfr.* D, 3, págs. 280-281.

87   HN IV (2), pág. 7,20.
     El que habla con un necio, habla con un dormido: cuando se ha terminado pregunta: qué ha pasado. Eclesiástico 22,8 [10]: «Conversa con un dormido quien conversa con un necio; éste al final dirá: "¿De qué me hablabas?"»
88   *Cfr.* D, 3, pág. 282 und HN IV (2), pág. 93 (¿cuartilla?).
89   Sobre Noack, Frauenstädt, Rosenkranz, Reichlin-Meldegg, Ritter *cfr.* Índice de nombres y HN IV (2), pág. 319. HN IV (2), pág. 7,20. | *Cfr.* D, 3, págs. 279-282.

[Página 18]
90   *Cfr.* D, 3, pág. 287.
91   HN IV (2), pág. 8,21.
92   D, 2, pág. 492. | Hb, 3, pág. 494.

[Página 19]
93   D, 5, pág. 296. | Hb, 6, pág. 288.
94   D, 3, pág. 272. | Hb, 4, pág. X.
95   D, 5, falta. | Hb, 6, pág. 296.
96   D, 3, págs. 272-273. | Hb, 4, págs. X-XII.

[Página 20]
97   D, 3, pág. 273. | Hb, 4, pág. XII.
98   Signo (círculo con punto) remite a la página 14,1.
99   D, 3, pág. 275. | Hb, 4, pág. XIV.
100 Signo (almohadilla).
101 D, 2, pág. 254. | Hb, 3, pág. 254. | D, 5, pág. 503. | Hb, 6, pág. 491.
102 Signo (rectángulo con cruz) remite a la página 21,5.
103 Página 20,3 y 20,4 *cfr.* D, 3, págs. 274, 277, 278, 285, 286, 287, 288.

[Página 21]
104 D, 5, pág. 643. | Hb, 6, pág. 617.
105 D, 5, pág. 330. | Hb, 6, pág. 323.

NOTAS AL TEXTO

106 D, 2, pág. 576. | Hb, 3, pág. 578.
107 D, 5, pág. 77. | Hb, 6, pág. 72.
108 D, 5, pág. 77. | Hb, 6, págs. 72-73.
109 Signo (rectángulo con cruz) remite a la página 20,4.
110 Página 21,6 *cfr.* D, 3, págs. 286, 287, 288.

[PÁGINA 22]

111 D, 5, pág. 78. | Hb, 6, pág. 73.
112 D, 1, págs. 518-519. | Hb, 2, págs. 518-519.
113 HN IV (2), pág. 8,22.
114 D, 5, falta. | Hb, 6, pág. 296.

[PÁGINA 23]

115 D, 5, pág. 330. | Hb, 6, págs. 323-324.
116 D, 5, págs. 330-331. | Hb, 6, pág. 324.
117 HN IV (2), pág. 8,23.

[PÁGINA 23-24]

118 D, 5, págs. 487-488. | Hb, 6, págs. 475-476.
119 HN IV (2), pág. 8,24.
120 Salmo 90,10.
Hb, 5, pág. 527: «En el *Upanishad* del *Veda* (Oupnekhat, Vol. II, pág. 53) se indica la duración de la vida en cien años». *Cfr. Sechzig Upanishad's des Veda,* con la traducción del sánscrito e introducción y notas de Paul Deussen, Leipzig, 1897, pág. 36: «No te quiebres ni vaciles: ¡Vive cien otoños!»; pág. 524: «De todos modos, llevando adelante la propia obra, deséense para sí cien años!». *Cfr.* GBr (1978), pág. 423, Arthur Schopenhauer a Johann August Becker, 1 de marzo de 1858: «Muchísimas gracias por sus buenos deseos y por el augurio del salmo. Que el A.T. diga en dos pasajes 70-80 años me importaría poco; pero Herodoto dice lo mismo, también en dos lugares. Esto es más significativo. Sólo el santo Upanishad dice, en dos lugares: cien años es la vida del hombre:

y Mr. Flourens, *De la longevité*, la calcula también de ese modo. Es un consuelo».
D, 4, págs. 547-548. | Hb, 5, pág. 528.

[Página 25]
121 D, 5, pág. 349. | Hb, 6, pág. 342.
Cfr. D, 4, pág. 525; D, 5, pág. 318; Hb, 5, pág. 506; Hb, 6, pág. 310.
122 HN IV (2), págs. 8-9,25.

[Página 26]
123 Herodoto, *Geschichten und Geschichte*, libros 1-4, trad. de Walter Marg, Zúrich y Múnich, 1990 (Die Bibliothek der alten Welt, MCMXC), pág. 119.
HN IV (2), pág. 9,26.
124 D, 5, pág. 436. | Hb, 6, pág. 426.
125 D, 5, pág. 8. | Hb, 6, pág. 4.
126 Schopenhauer, *Die Welt als Wille und Vorstellung*, 1844, tomo 2, pág. 618.
D, 2, págs. 714-715. | Hb, 3, pág. 717.

[Página 27]
127 Hb, 7, pág. 257. | D, 2, pág. 521. | Hb, 3, pág. 523.
128 *Cfr.* GBr (1978), n. 316, pág. 330, Arthur Schopenhauer a Julius Frauenstädt, 28 de enero de 1854.
129 D, 4, págs. 251-344.
130 HN IV (2), págs. 9-10,27; pág. 359.
131 D, 3, pág. 340. | Hb, 4, pág. 50.

[Página 28]
132 HN IV (2), pág. 10,28.
133 Página 28,2 *Cfr.* D, 3, pág. 274.
134 *Caji Antibarbari logicus:* Cajus, *Des Antibarbarus Logicus*, 2.ª edición corregida y aumentada, parte 1, Halle, 1853. HN V, 98.

NOTAS AL TEXTO

   HN IV (2), pág. 10,29; pág. 319.
135 D, 1, pág. 566. | Hb, 2, pág. 566.
136 D, 2, pág. 418. | Hb, 3, pág. 420.
137 D, 5, pág. 315. | Hb, 6, pág. 308.

[Página 29]
138 D, 5, págs. 315-316. | Hb, 6, pág. 308.
139 HN IV (2), pág. 10,30.
140 D, 1, págs. 81-82. | Hb, 2, págs. 81-82.
141 Schopenhauer, *Die Welt als Wille und Vorstellung*, 1844, tomo 1, pág. 397.
   HN IV (2), pág. 11,31.

[Página 30]
142 Schopenhauer, *Die Welt als Wille und Vorstellung*, 1844, tomo 2, pág. 60.
   D, 2, pág. 65. | Hb, 3, pág. 65.
143 D, 2, pág. 198. | Hb, 3, pág. 198.
144 D, 2, pág. 294. | Hb, 3, pág. 294.
145 *Joannis Stobaei Florilegium*, ad manuscriptorum fidem emendavit et supplevit Thomas Gaisford, vols. I-IV, Leipzig, 1823-1824.
   HN V, pág. 383.
   D, 5, pág. 325. | Hb, 6, pág. 318.
146 D, 5, pág. 77. | Hb, 6, pág. 73.

[Página 31]
147 Schopenhauer, *Die Welt als Wille und Vorstellung*, 1844, tomo 2, pág. 469.
   D, 3, pág. 667. | Hb, 4, pág. 197.
148 HN IV (2), pág. 11,32.
149 D, 5, págs. 476-477. | Hb, 6, pág. 465.
150 HN IV (2), pág. 11,33.
151 D, 5, pág. 88. | Hb, 6, pág. 84.

NOTAS AL TEXTO

[PÁGINA 32]
152 HN IV (2), pág. 11,34.
153 D, 5, pág. 619. | Hb, 6, pág. 594.
154 D, 4, pág. 62. | Hb, 5, págs. 55-56.

[PÁGINA 33]
155 D, 4, págs. 476-477. | Hb, 5, pág. 460.
156 HN IV (2), pág. 12,35.
157 HN IV (2), pág. 12,36.

[PÁGINA 34]
158 D, 4, pág. 101. | Hb, 5, pág. 92.
159 HN IV (2), pág. 12,37.
160 D, 5, págs. 329-330. | Hb, 6, pág. 323.
161 HN IV (2), págs. 12-13,38; pág. 319.
162 *Œuvres complètes de Vauvenargues*, París, 1806, vol. 2: *Réflexions et Maximes*, pág. 20 (127), pág. 85 (372). HN IV (2), pág. 13,39; págs. 319-320.
163 D, 5, pág. 180. | Hb, 6, pág. 177.
164 Strauss, David Friedrich, *Die christliche Glaubenslehre in ihrer geschichtlichen Entwicklung und im Kampfe mit der modernen Wissenschaft dargestellt*, 2 tomos, Tubinga, Stuttgart, 1840, 1841. En el tomo 2, pág. 46, sobre el preexistencialismo, el creacionismo y el traducianismo.
Cfr. al respecto HN IV (2), pág. 320 y HN V, pág. 229.
Priestley, Joseph, *Disquisitions relating to Matter and Spirit, To which is added the history of the philosophical doctrine concerning the Origin of the Soul and the Nature of Matter, with its influence on Christianity, especially with respect to the Doctrine of the Preexistence of Christ*, Birmingham, 1782.
Cfr. al respecto HN V, pág. 129.
HV (2), pág. 13,40.
165 Signo (rectángulo con cruz) remite a la pág. 35.

NOTAS AL TEXTO

[PÁGINA 35]
166 Página 35,1 *cfr.* D, 3, pág. 287.
Göttingische gelehrte Anzeigen, unter der Aufsicht der Königl. Gesellschaft der Wissenschaften, primer fragmento, 1 de enero de 1835: Leipzig, F. A. Brockhaus, 1852, *Genetische Geschichte der Philosophie seit Kant,* von C. Fortlage, außerordentlichem Professor der Philosophie an der Universität Jena, X. y 488 págs. en octavo. Recensión de H. Ritter págs. 1-16, pág. 8: «No podía ignorarse que la doctrina de Kant es el teísmo habitual, y que poco o nada ha aportado para una reforma de las extendidas opiniones sobre Dios y su relación con el mundo».
167 Página 35,2 *Cfr.* D, 3, págs. 273, 278, 286; D. 4, págs. 168, 211. Todo el párrafo de 35,2 está varias veces tachado y complementado por agregados marginales, también tachados. La reconstrucción y la transcripción son difíciles y, en algunos lugares, inseguras.
168 D, 5, pág. 645. | Hb, 6. pág. 619.
169 Signo (Q) remite a la página 28, margen.
170 Página 35,4 *Cfr.* D, 3, pág. 274; D, 4, pág. 155.

[PÁGINA 36]
171 Signo (cuadrado con cruz) remite a la página 37. Página 36,1 *cfr.* D, 3, págs. 274-275.
172 Página 36,2 *cfr.* D, 3, pág. 275.
173 Página 36,3 *Cfr.* D, 3, págs. 274-275.
174 Frauenstädt [Christian Martin] Julius, *Briefe über die Schopenhauer'sche Philosophie,* Leipzig, 1854.
Sobre Fortlage *cfr.* GBr (1978), págs. 335, 548, 582-583.
175 *Deutsche Jahrbücher für Wissenschaft und Kunst,* 10 de julio de 1841-16 de julio de 1841, n.ºs 8-13, págs. 29-51: Recensión sobre «Ueber den Willen in der Natur» y «Die beiden Grundprobleme der Ethik» de *Spiritus asper.*
176 Página 36,6 *cfr.* D, 3, pág. 283.

[PÁGINA 37]
177 D, 5, pág. 295. | Hb, 6, pág. 288.
178 D, 3, págs. 667-668. | Hb, 4, págs. 197-198.
179 D, 1, pág. 349. | Hb, 2, pág. 349.
180 Stahl, Friedrich Julius, *Die Philosophie des Rechts*, 2.º tomo, *Rechts- und Staatslehre auf der Grundlage christlicher Weltanschauung*, 1.ª sección, lecciones generales y derecho privado, Heidelberg, 1854, 3.ª edición, págs. 280-281.
HN IV (2), pág. 13,41.
181 Eclesiástico 22,8 [10]: «Conversa con un dormido quien conversa con un necio».
Página 37,5 *cfr.* D, 3, págs. 281-282.
182 Signo (almohadilla) remite a la página 40, margen, almohadilla.
183 página 37,5 *cfr.* D, 3, págs. 280, 285.
«Según creo, en ciertos años, la posibilidad de aprender filosofía kantiana es tan reducida como la de aprender el equilibrismo.» *Georg Christoph Lichtenberg's Vermischte Schriften*, nueva edición, Gotinga, 1867, tomo primero, pág. 107.
184 Signo (cuadrado con cruz) remite a la página 36,1.
185 Página 37,6 *cfr.* D, 3, pág. 274.
186 Signo (círculo con punto) remite a la página 36,5.

[PÁGINA 38]
187 Página 38,2 *cfr.* D, 3, págs. 277, 286, 287.
188 Página 38,3 *cfr.* D, 3, pág. 287.
189 Página 38,4 *cfr.* D, 3, págs. 278, 279.
Reinhold, Ernst, *System der Metaphysik, Zweite Bearbeitung*, Jena, 1842.
190 Página 38,5 *cfr.* D, 3, págs. 278-279.

[PÁGINA 39]
191 Página 39,1 *Cfr.* D, 3, págs. 276-278.
192 Signo (estrella) remite a la página 40 margen, arriba.

NOTAS AL TEXTO

193 Página 39,3 *cfr.* D, 3, pág. 285; allí también está el pasaje de Lichtenberg: D, 3, pág. 849: «Según creo, en ciertos años, la posibilidad de aprender filosofía kantiana es tan reducida como la de aprender equilibrismo». *Cfr.* página 37,5.
194 Página 39,4 *cfr.* D, 3, pág. 271. Dos signos (Q) remiten a la página 14,3.

[PÁGINA 40]
195 Signo (estrella) remite a la página 39, margen, abajo.
196 página 40,1 *cfr.* D, 3, pág. 278.
197 Signo (estrella) remite a la página 40,1; pero allí: «está mejor 39 margen abajo».
198 Página 40,3 *cfr.* D, 3, pág. 287.
199 Fichte, Schelling, Hegel.
200 *Cfr.* D, 4, págs. 200-201; Hb, 5, págs. 189-190.
201 Signo (almohadilla) remite a la página 37,5.
202 Página 40,6 *cfr.* D, 3, pág. 282.
203 Página 40,7 *cfr.* D, 3, pág. 286.
204 (Véase *Göttinger Blatt*) *cfr.* página 36,4.
Página 40,8 *cfr.* D, 3, págs. 275, 286.

[PÁGINA 41]
205 D, 2, págs. 185-186. I Hb, 3, págs. 185-186.
206 D, 5, pág. 98. I Hb, 6, pág. 97.
207 HN IV (2), pág. 13,42.
208 HN IV (2), pág. 14,43.
209 41,6 *cfr.* D, 3, pág. 283.

[PÁGINA 42]
210 Signo (cruz con cuatro puntos) remite a la página 36.
211 Página 42,1 *cfr.* D, 3, pág. 275.
212 46: remite a la página 46.
213 Página 42,2 *cfr.* D, 3, págs. 275-277.
214 Signo (estrella) remite a la página 43, margen.

NOTAS AL TEXTO

215 Verso de Goethe: «El lulú de nuestro establo, etc.»
KLÄFFER
*Wir reiten in die Kreuz und Quer
Nach Freuden und Geschäften;
Doch immer kläfft es hinterher
Und billt aus allen Kräften.
So will der Spitz aus unserm Stall
Uns immerfort begleiten,
Und seines Bellens lauter Schall
Beweist nur, daß wir reiten.*
{Cabalgamos de un lado a otro
tras alegrías y negocios;
pero siempre nos persigue, con sus ladridos,
y ladra con todas sus fuerzas.
Así, el lulú de nuestro establo quiere
acompañarnos de continuo,
y el resonar de su ladrido
sólo prueba que cabalgamos.}
Johann Wolfgang Goethe: *Sämtliche Gedichte*, 2.ª parte, *Die Gedichte der Ausgabe letzter Hand*, 2.ª sección, Múnich, 1961 (dtv Gesamtausgabe 2), págs. 47-48.
página 42,4 *cfr.* D, 3, págs. 288-289.

[PÁGINA 43]
216 Página 43,1 *cfr.* D, 3, págs. 280-281.
217 Página 43,2 *cfr.* D, 3, pág. 281.
218 Página 43,3 *cfr.* D, 3, pág. 284.
219 Continuación en la página 44,1.
página 43,4 *cfr.* D, 3, págs. 279, 284.
220 Signo (estrella) remite a la página 42,4.
221 Signo (almohadilla) remite al párrafo que se encuentra encima, al margen.
222 Signo (almohadilla) remite a lo que sigue *(infra)*.
223 En este punto, el texto se interrumpe.

NOTAS AL TEXTO

Página 43,5 *cfr.* D, 3, pág. 288.
224 *Cfr.* página 42,4, nota 215.
Página 43,6 *cfr.* D, 3, págs. 288, 289.

[PÁGINA 44]

225 Continuación de la página 43,4.
226 *Cfr.* al respecto D, 3, págs. 279, 284-285.
227 *Ibid.*, pág. 282.
228 *Ibid.*, págs. 276, 279.
229 *Cfr.* al respecto HN IV, 1, pág. 308: «El profesor de filosofía Reichlin-Meldegg demuestra un horroroso desconocimiento de la filosofía kantiana en su recensión de *Geist in der Natur*, de Oersted, en la revista *Heidelberger Jahrbücher*, número 57, de Nov.-Dic. de 1850, pág. 908. (Exactamente lo mismo aparece otra vez en el número de mayo de 1854, en una recensión sobre el mismo libro en otra traducción.) El autor polemiza contra la frase de Oersted tomada en préstamo de Kant según la cual "los cuerpos son espacios llenos de fuerza". Y demuestra que no tiene la más pálida idea de los principios metafísicos de las ciencias naturales de Kant; por el contrario, afirma (págs. 899s y 907ss) con ingenuidad que "la fuerza no puede llenar el espacio sin algo material = materia". (correc. pág. 899. Al ver esto temo casi haber sido injusto con él al haberlo enumerado más arriba entre los que procuran minar la filosofía kantiana; antes bien, ha escrito frases sumamente chocantes como "El espacio etc." con toda inocencia...). En la pág. 907 habla sobre el espacio como alguien que jamás ha leído una línea de la *Crítica de la razón pura*, tosco y tonto como un muchacho campesino frente al arado. Correct.: "El espacio es sólo la relación de la yuxtaposición de las cosas pág. 899"».
Cfr. al respecto D, 3, págs. 279, 284-285.
Cfr. además GBr (1978), págs. 268-269, 292, Arthur Schopenhauer a Julius Frauenstädt, 30 de octubre de 1851 y 21 de agosto de 1852.

[PÁGINA 45]
230 *Cfr.* al respecto D, 3, pág. 280.
231 *Ibid.*, pág. 288.
232 *Ibid.*, págs. 286-287.
233 *Ibid.*, pág. 287.
234 *Ibid.*, págs. 282-283.
235 *Ibid.*, pág. 287.

[PÁGINA 46]
236 *Cfr.* al respecto, por ejemplo, D, 1, págs. 259-260: «Pero si tuviésemos que dar al observador la explicación sobre su ser interior también para la reflexión y en una sola palabra, lo mejor sería que utilizáramos para ello aquella fórmula del sánscrito que aparece tan a menudo en los libros sagrados de los hindúes y se denomina *Mahavakya*, es decir, la gran palabra: "Tat twam asi", es decir: "ese viviente eres tú"».
237 *Cfr.* al respecto D, 2, pág. 591: «Así, por ejemplo, encontrará en dos hermanos de forma pareja esa inclinación especial a la mentira que es propia de ciertos seres humanos, porque la han heredado de su padre». Y en D, 5, pág. 713: «El perro es, con justa razón, el símbolo de la fidelidad: pero entre las plantas debería serlo el abeto».
238 *Georg Christoph Lichtenberg's vermischte Schriften nach dessen Tode aus den hinterlassenen Papieren gesammelt und hg. von Ludwig Christian Lichtenberg und Friedrich Kries*, tomo 2, Gotinga, 1801.
    Cfr. HN V, págs. 425-426: Incluso después de la aparición de la nueva edición (1844-1854), Schopenhauer siguió citando preferentemente la vieja edición (1800-1806).
239 Signo (Q) remite a la página 42,2, margen.
240 Página 46,3 *cfr.* D, 3, págs. 276-277.
241 Página 46,4 *cfr.* D, 3, págs. 277, 286.

[PÁGINA 47]
242 D, 4, pág. 464. | Hb, 5, pág. 448.
243 Página 47,2 cfr. D, 3, pág. 283.
244 Anotación a lápiz al margen, presumiblemente: «Observación sobre la segunda edición de *Parerga*».
245 *Du Tüchtiger* etc. {Tú, hábil, etc.}:
«*Du Kräftiger, sei nicht so still,*
Wenn auch sich andere scheuen.»
Wer den Teufel erschrecken will,
Der muß laut schreien.
{«Tú, forzudo, no estés tan callado
aun cuando otros teman».
El que quiera asustar al diablo
tiene que dar grandes voces.}
Goethe: *Sämtliche Gedichte*, 2.ª parte, *Zahme Xenien*, pág. 234.
Página 47,4 cfr. D, 3, págs. 281, 286.
246 D, 5, pág. 296. | Hb, 6, pág. 288.
247 HN IV (2), pág. 14,44.
248 D, 4, pág. 161. | Hb, 5, pág. 151.

[PÁGINA 48]
249 Página 48,1 cfr. D, 6, pág. 118: *Ueber das Sehn und die Farben: Vorrede zur zweiten Auflage*, págs. 117-120.
250 Página 48,2 cfr. D, 6, pág. 118.
Cfr. al respecto D, 3, págs. 269-427, pág. 306: «Pero a partir de entonces pude conocer mejor a los eruditos alemanes y a los académicos de Copenhague, entre los que se contaba Brandis, y llegué a la convicción de que él me conocía muy bien. Las razones de tal convicción las expuse ya en 1844 en el segundo tomo de *Welt als Wille und Vorstellung*, cap. 20, pág. 263 [...]».
Schopenhauer, *Die Welt als Wille und Vorstellung*, 1844, tomo 2, pág. 263: sobre el ensayo de Joachim Dietrich Brandis «Versuch über die Lebenskraft» {«Ensayo sobre la fuerza vital»}, de 1795:

NOTAS AL TEXTO

«[...] si tengo todavía en cuenta que se sirve precisamente de mis expresiones "Wille und Vorstellung", y no de las mucho más usuales "Begehungs- und Erkenntnisvermögen", me inclino a pensar, a pesar de todo y en contra de mi anterior suposición, que ha tomado de mí su idea fundamental y que, con la honestidad usual en el mundo erudito de hoy, ha guardado silencio al respecto». *Cfr.* al respecto HN V, pág. 241.

251 *Cfr.* al respecto D, 6, págs. VII-XXVII, 57-113.
252 D, 5, págs. 194-219: Sobre la doctrina de los colores.
253 Signo (triángulo con punto) remite a la página 49,6.
254 Página 48,3 *cfr.* D, 6. págs. 118-119.
255 Página 48,4 *cfr.* D, 6, pág. 118.

[PÁGINA 49]
256 *Cfr.* al respecto D, 6, págs. 127, 162.
257 *Cfr.* al respecto D, 5, pág. 122: «[...] que en la tormenta más fuerte, que todo lo doblega, el rayo de luz está tan inmóvil como un fantasma».
258 *Cfr.* al respecto D, 6, 207, 208, 564: «las líneas de Frauenhofer».
259 Página 49,2 *cfr.* D, 6, pág. 117.
260 *Cfr.* página 48,2.
261 Página 49,4 *cfr.* D, 6, págs. 119-120.

[PÁGINA 50]
262 HN IV (2), pág. 14,45.
263 *Cfr.* al respecto D, 1, pág. 277.
    D, 2, págs. 416-417. | Hb, 3, págs. 418-419.
264 D, 1, págs. 462-463. | Hb, 2, págs. 462-463.
265 *Cfr.* al respecto, por ejemplo, D, 4, págs. 203, 205, 216-217.
266 *Cfr.* al respecto D, 2, pág. 447.

[PÁGINA 51]
267 D, 2, pág. 269. | Hb, 3, pág. 269.
268 D, 2, pág. 669. | Hb, 3, pág. 671.

NOTAS AL TEXTO

269 D, 5, pág. 299. | Hb, 6, pág. 291.
270 D, 5, pág. 416. | Hb, 6, pág. 407.
271 D, 4, págs. 489-490. | Hb, 5, pág. 472.
272 D, 6, pág. 564. | Hb, 1, pág. 90, tomo 2.
273 HN IV (2), pág. 14,46.

[PÁGINA 52]

274 D, 5, pág. 687. | Hb, 6, pág. 661.
275 Davis, John Francis, *The Chinese: a general Description of the Empire of China and its inhabitants*, in two volumes illustrated with wood-cuts, Londres, 1836. HN V, pág. 325.
China oder allgemeine Beschreibung der Sitten und Gebräuche, der Regierungsverfassung, der Gesetze, Religion, Wissenschaften, Literatur, Naturerzeugnisse, Künste, Fabriken und des Handels der Chinesen, von J. F. Davis, Deutsch von F. Wesenfeld, Zwei Theile, Illustrirt mit 55 Holzschnitten, Magdeburgo, 1839, 2.ª parte, pág. 66: «[...] cada uno engendró un ser de segundo orden *Boddhisatwa*. Los chinos formaron a partir de ese nombre, por abreviación, Pu-sa, con el que no sólo designan a esos cinco seres espirituales inferiores, sino también a todas las almas que han alcanzado el mismo grado de elevación».
276 D, 6, pág. 558. | Hb, 1, págs. 77-78.
277 D, 4, pág. 383. | Hb, 5, pág. 368.
278 Schopenhauer, *Die Welt als Wille und Vorstellung*, 1844, tomo 2, pág. 571.
HN IV (2), pág. 14,47. | D, 2, pág. 656. | Hb, 3, pág. 658.

[PÁGINA 53]

279 D, 5, pág. 624. | Hb, 6, pág. 599.
280 D, 4, pág. 349. | Hb, 5, pág. 335.
281 HN IV (2), pág. 15,48.
282 D, 4, pág. 198. | Hb, 5, pág. 187.
283 D, 5, pág. 417. | Hb, 6, pág. 408.
284 HN IV (2), pág. 15,49.

285 Signo (rectángulo con cruz) remite a la página 55,2.
286 D, 3, pág. 776.
Hb, 4, pág. 4, notas.

[PÁGINA 54]

287 HN IV (2), pág. 15,50.
288 Continúa en la página 55,1. I D, 2, págs. 283-284. I Hb, 3, págs. 283-284.
289 Signo (estrella) remite a la página 55, abajo.
290 *Cfr.* al respecto D, 3, pág. 311, 315; Hb, 4, págs. 19, 24.
291 *Cfr.* al respecto HN V, págs. 247-248; HN IV (2), págs. 91-92, 100.
292 *Cfr.* al respecto D, 2, págs. 453-454; Hb, 3, págs. 445-455.
293 Signo (rectángulo con cruz) remite a la página 56,3.
294 D, 3, pág. 776. I Hb, 4, pág. 4, notas.

[PÁGINA 55]

295 Continuación de la página 54,2.
296 D, 2, págs. 284-285. I Hb, 3, págs. 284-285.
297 Signo (estrella) remite a la página 54,3.
298 Schopenhauer, *Die Welt als Wille und Vorstellung*, 1844, tomo 2, págs. 252-254.
299 D, 3, pág. 776. I Hb, 4, pág. 4, notas.
300 Signo (rectángulo con cruz) remite a la página 53,7.

[PÁGINA 56]

301 D, 3, págs. 272, 772. I Hb, 4, pág. X.
302 Continúa en la página 57,1. I D, 2, págs. 434-436. I Hb, 3, págs. 436-437.
303 Signo (rectángulo con cruz) remite a la página 54,3.
304 D, 2, págs. 285-286. I Hb, 3, págs. 285-286. I *Cfr.* pág. 54,3.
305 D, 2, págs. 272, 281-282. I Hb, 3, págs. 272, 281-282.

[Página 57]
306 Continuación de la página 56,2.
307 D, 2, pág. 436. | Hb, 3, pág. 437.
308 Schopenhauer, *Die Welt als Wille und Vorstellung*, 1844, tomo 2, pág. 382.
      D, 5, pág. 656. | Hb, 6, pág. 630.
309 D, 6, págs. 564-565. | Hb, 1, pág. 90.
310 HN IV (2), pág. 15,51. | Hb, 1, pág. 16, notas.
311 *Cfr.* D, 5, págs. 559-560; Hb, 6, págs. 546-547.
312 D, 3, pág. 289. | Hb, 4, pág. XXIX.
313 Continuación en la página 58,1.
      Maestros, doctores, escritores y curas: doctores, maestros, escritores y curas: Goethe, *Fausto*, primera parte, verso 367.
      Carta a Rosenkranz *cfr.* GBr (1978), págs. 165-174; al respecto págs. 364-366, Arthur Schopenhauer a Julius Frauenstädt, 29 de junio de 1855: «Después recurre a una MENTIRA INDISIMULADA, pues afirma, en la pág. 12, que yo cité, entre los motivos de Kant, su "temor de ser considerado un loco paradójico", y que lo describí como "receloso ante la apariencia de lo paradójico", mientras que en mis cartas no se encuentra NI UNA SOLA SÍLABA, NI UN RASTRO de tal sugerencia, y la palabra "paradójico" no figura para nada: así es como miente a… su senado académico y al público».
      HN IV (2), págs. 15,52-16.
      Cfr. al respecto D, 1, págs. XXXIX-XXXXII.

[Página 58]
314 HN IV (2), pág. 16.
315 HN IV (2), pág. 17.
316 Signo (círculo con punto) remite a la página 59,2.
      HN IV (2), pág. 17.

[Página 59]
317 Continuación en la página 60,1. | D, 5, págs. 673-674. | Hb, 6, pág. 648.

NOTAS AL TEXTO

318   Signo (círculo con punto) remite a la página 58,3.
      HN IV (2), pág. 17.

[PÁGINA 60]

319   Continuación de la página 59,1.
320   Engel, J[ohann] J[akob], *Ideen zu einer Mimik*, partes primera y segunda, Reutlingen, 1804.
      D, 5, págs. 674-675. | Hb, 6, págs. 648-649, 731.
321   D, 5, págs. 673-675. | Hb, 6, pág. 649.
322   *Cfr.* GBr (1978), págs. 405-406, 614, Arthur Schopenhauer a David Asher, 12 de noviembre de 1856: «Ya en 1855 había leído en el TIMES que Max Müller (sea en su introducción al "Rig Veda", que editó en 1854 en texto anotado, o bien también en su SMALL ESSAY, como lo llaman el TIMES, ON THE VEDA & THE ZEND-AVESTA), dijo: "BRAHM MEANS ORIGINALLY FORCE, WILL, WISH, & THE PROPULSIVE POWER OF CREATION"».
      GBr (1978), págs. 413-414, Arthur Schopenhauer a Christian Karl Josias Bunsen, 28 de marzo de 1857: «Al final le hará usted todavía un favor a mi paganismo, a saber, el favor de que, cuando venga para aquí, traiga consigo el volumen de su *Hippolytus* inglés, en el que, según me han dicho, se hace referencia a un tratado de MAX MÜLLER sobre los Vedas que contiene una derivación de la palabra Brahma de "voluntad, deseo", etc. El italiano BRAMARE me ha dado ya muchas veces que pensar. Más tarde le enviaré el libro de regreso».
      HN IV (2), págs. 17,53-18, 320-321.

[PÁGINA 61]

323   D, 4, pág. 443. | Hb, 5, pág. 427.
324   HN IV (2), pág. 17.
325   HN IV (2), pág. 18,54.
326   D, 5, págs. 186, 732. | Hb, 6, pág. 183.
327   D, 4, pág. 533. | Hb, 5, pág. 514.
328   D, 4, pág. 271. | Hb, 5, pág. 259.

[Página 62]
329 HN IV (2), pág. 18,55. I D, 5, pág. 669. I Hb, 6, pág. 644.
330 A– ... –A: texto incompleto de este modo en el manuscrito.
331 Schopenhauer, *Die Welt als Wille und Vorstellung*, 1844, tomo 2, págs. 305-306.
D, 2, págs. 345-346. I Hb, 3, págs. 345-346.
332 Continuación en la página 63,1. I D, 5, pág. 121. I Hb, 6, pág. 120.

[Página 63]
333 Continuación de la página 62,3.
334 D, 5, págs. 121-122. I Hb, 6, pág. 120.

[Página 64]
335 D, 5, págs. 301-302. I Hb, 6, págs. 293-294.
336 Cfr. al respecto D, 1, págs. 384, 607; Hb, 2, págs. 384, 607.
337 D, 5, pág. 427. I Hb, 6, pág. 417.
338 D, 1, pág. 384. I Hb, 2, pág. 384.
339 *Asiatic Researches, or transactions of the society instituted in Bengal, for inquiring into the history and antiquities, the arts, sciences etc. of Asia, With plates*, vols. I-XI, Londres, 1806-1812. HN V, págs. 319-320.
D, 2, págs. 696-697. I Hb, 3, págs. 698-699; Hb, 7, pág. 272.
340 Continuación en la página 65,1.

[Página 65]
341 Continuación de la página 64,6.
342 HN IV (2), págs. 18,56-19.
343 HN IV (2), pág. 19,57.
344 D, 2, pág. 77. I Hb, 3, pág. 77.
345 Hardy, R[obert] Spence, *A Manual of Budishm, in its modern development; translated from Singhalese manuscripts*, Londres, 1853. HN V, pág. 328 y D, 2, págs. 574, 576, 581.
Sangermano, P. [Vincentius], *A description of the Burmese*

Empire, compiled chiefly from native documents by the reverend father Sangermano and translated from his manuscript by William Tandy, [Londres], 1833.
HN V, pág. 344 und D, 2, págs. 574, 581.
Sobre Vincentius Sangermano y Francis Buchanan véase Atzert, Stephan, *Schopenhauer und seine Quellen: Zum Buddhismusbild in den frühen Asiatick Researches*, en: *Schopenhauer-Jahrbuch,* Wurzburgo, 2007, tomo 88, págs. 15-27. *Cfr.* al respecto HN V, págs. 319-320, 351 y los trabajos de von Urs App en *Schopenhauer-Jahrbuch,* 1998, Wurzburgo, 1997, tomo 79, págs. 11-56.
D, 5, págs. 302, 737; D, 3, págs. 411-412, 788.
Hb, 6, pág. 294; Hb, 4, págs. 130-131.
346 *Cfr.* D, 2, pág. 721; Hb, 3, págs. 723-724.
HN IV (2), pág. 19,58.

[PÁGINA 66]
347 Respecto de Michelet *cfr.* en el Índice bajo Michelet.
Respecto de las referencias a la revista *Heidelberger Jahrbücher der Literatur cfr.* en el Índice bajo Reichlin-Meldegg.
D, 3, pág. 773.
Hb, 4, págs. XXIV-XXV, pág. 4, notas.
348 *Clementis Alexandrini Opera quae extant,* vols. I y II, Wurzburgo, 1778, 1779. HN V, pág. 208.
D, 5, pág. 85. | Hb, 6, pág. 80.

[PÁGINA 67]
349 D, 5, pág. 650. | Hb, 6, pág. 620.
350 D, 5, pág. 239. | Hb, 6, pág. 232.
351 D, 5, pág. 252. | Hb, 6, pág. 245.
352 D, 2, pág. 660. | Hb, 3, pág. 663.
353 *Cfr.* D, 2, pág. 352; Hb, 3, pág. 352. | HN IV (2), págs. 19,59-20.

[Página 68]
354 HN IV (2), pág. 20,60.
355 D, 5, pág. 643. | Hb, 6, pág. 617.
356 D, 5, pág. 175. | Hb, 6, pág. 173.
357 D, 5, pág. 417. | Hb, 6, pág. 408.
358 Continuación en la página 69,1.
D, 4, págs. 123-134. | Hb, 5, págs. 114-115.
359 Signo (estrella) remite a la página 69,2.
360 D, 5, pág. 131. | Hb, 6, pág. 130.

[Página 69]
361 Continuación de la página 68,5.
362 D, 4, pág. 124. | Hb, 5, pág. 115.
363 *Cfr.* D, 2, pág. 50; Hb, 3, pág. 50.
364 Respecto de Babinet *cfr.* en el Índice bajo Babinet.
365 Signo (estrella) remite a la página 68,6.
366 D, 5, pág. 131. | Hb, 6, pág. 130.
367 D, 5, pág. 401. | Hb, 6, págs. 392-393.
368 Respecto de Grimm y de la revista *Deutsche Vierteljahrs Schrift cfr.* en el Índice bajo Grimm. Continuación en la página 70,1.
D, 5, pág. 638. | Hb, 6, págs. 612-613.

[Página 70]
369 Continuación de la página 69,4.
370 Wachter, Johann Georg, *Glossarium Germanicum, continens origines et antiquitates lingua Germanicae hodiernae, Specimen ex ampliore farragine decerptum*, Leipzig, 1727 (pequeño diccionario).
Gotthold Ephraim Lessings Kollektaneen zur Literatur, ed. y ulteriormente desarrollada por von Johann Joachim Eschenburg, tomo 1: A-J, tomo 2: K-Z, Berlín, 1790. HN V, pág. 424.
Señor, más sabe el necio en su casa, que el sabio en la ajena. *Cfr.* D, 5, págs. 71-72, 552; Hb, 6, págs. 67, 539.
D, 5, págs. 638-639. | Hb, 6, pág. 613.

371 Continuación en la página 71,1.
HN IV (2), pág. 20,61. | Hb, 4, pág. 5, notas.

[PÁGINA 71]
372 Continuación de la página 70,2.
373 HN IV (2), págs. 20,61-21. | Hb, 4, pág. 5, notas.
374 D, 5, pág. 318. | Hb, 6, pág. 310.
375 HN IV (2), pág. 21,62.

[PÁGINA 72]
376 Schopenhauer, *Die Welt als Wille und Vorstellung*, 1844, tomo 2, pág. 617.
D, 2, págs. 710-713. | Hb, 3, págs. 712-716.
377 Continuación en la página 73,1.
D, 2, págs. 710-711. | Hb, 3, págs. 713-714.

[PÁGINA 73]
378 Continuación de la página 72,1.
379 *Alle die Weisesten aller der Zeiten:*
Lasset Gelehrte sich zanken und streiten,
Streng und bedächtig die Lehrer auch sein!
Alle die Weisesten aller der Zeiten
Lächeln und winken und stimmen mit ein:
Töricht, auf Beßrung der Toren zu harren!
Kinder der Klugheit, o habet die Narren
Eben zum Narren auch, wie sichs gehört!
{Dejad que los eruditos se peleen y disputen,
y que los maestros sean rigurosos y reflexivos.
Los más sabios de todos los tiempos
Sonríen todos, hacen señas y se unen a coro:
¡Es necio esperar que los insensatos mejoren!
Hijos de la prudencia, considerad a los necios
como necios, como corresponde.}
Goethe, *Sämtliche Gedichte*, 1.ª parte, *Kophtisches Lied*, pág. 80.

NOTAS AL TEXTO

D, 2, pág. 712. | Hb, 3, págs. 714-715.

[PÁGINA 74]

380 *Cfr.* D, 2, pág. 807 y GBr (1978), pág. 384, Arthur Schopenhauer a Adam von Doß, 27 de febrero de 1856: «Muy especialmente le recomiendo DHAMMAPADAM PALICE EDIDIT FAUSSBÖLL, Copenhague 1855, aunque sólo son legibles 36 páginas —la versión latina del texto—; lo demás es comentario en lengua PALI, con pocos pasajes paralelos en inglés [...]».

Dhammapadam, Ex tribus codicibus Hauniensibus, palice edidit, latine vertit, excerptis ex commentario Palico notisque illustravit V[iggo Michael] Fausbøll, Copenhague, 1855. HN V, págs. 325-326.

Hardy, R[obert] Spence: *Eastern monachism: an account of the origin, laws, discipline ... of the order of mendicants founded by Gôtama Buddha*, Londres, 1850. HN V, págs. 328-329.

Asiatic Researches, or transactions of the society instituted in Bengal, for inquiring into the history and antiquities, the arts, sciences etc. of Asia, Londres, 1806-1812. HN V, págs. 319-320.

Hardy, R[obert] Spence, *A Manual of Budhism, in its modern development; translated from Singhalese manuscripts*, Londres 1853. HN V, pág. 328.

D, 2, pág. 713. | Hb, 3, págs. 715-716.

381 D, 2, págs. 712-713. | Hb, 3, pág. 715.

382 Signo (cuadrado con cruz), pero falta signo indicador en el texto; presumiblemente: los *gnósticos* tienen el auténtico espíritu del cristianismo neotestamentario, que es realmente afín al indio...

383 Abajo en la página, *cfr.* Schopenhauer, *Die Welt als Wille und Vorstellung*, 1844, tomo 2, pág. 617.

D, 2, pág. 713. | Hb, 3, págs. 715-716.

[Página 75]

384 D, 2, pág. 108. | Hb, 3, pág. 108.
385 D, 5, pág. 315. | Hb, 6, págs. 307-308.
386 Signo (rectángulo con cruz) remite a la página 76,5.
387 Vanini, Giulio Cesare, *Amphitheatrum aeternae Providentiae divinomagicum, christiano-physicum, nec non astrologo-catholicum, adversus veteres philosophos, Atheos, Epicureos, Peripatheticos, et Stoicos*, Lyon, 1615. HN V, pág. 180.

Si nollet Deus pessimas ac nefarias in orbe vigere actiones, procul dubio uno nutu extra mundi limites omnia flagitia exterminaret profligaretque: quis enim nostrum divinae potest resistere voluntati? quomodo invito Deo patrantur scelera, si in actu quoque peccandi scelestis vires subministrat? Ad haec, si contra Dei voluntatem homo labitur, Deus erit inferior homine, qui ei adversatur, et praevalet. Hinc deducunt, Deus ita desiderat hunc mundum qualis est, si meliorem vellet, meliorem haberet {Si Dios no quisiera que hubiera en el mundo acciones pésimas e indignas, sin duda exterminaría y expulsaría con una señal suya todas las infamias fuera de los límites del mundo. Pues ¿quién de nosotros puede resistir a la voluntad divina? ¿Cómo pueden cometerse delitos en contra de Dios si en el acto mismo de pecar él otorga a los criminales las fuerzas para hacerlo? Y si el hombre cae sin que Dios lo quiera, ¿será Dios inferior al hombre, que se le opone y prevalece? De aquí se deduce que Dios quiere el mundo tal como es. Si lo quisiera mejor, lo tendría}. Vanini, *Amphitheatrum*, pág. 104.
D, 5, págs. 741-742.
D, 5, págs. 398-399. | Hb, 6, pág. 390.

[Página 76]

388 D, 4, pág. 161. | Hb, 5, págs. 151-152.
389 «Este conocimiento, para el cual la expresión constante en sánscrito es la fórmula *tat-twam asi*, es decir, "esto eres tú", [...]».

NOTAS AL TEXTO

D, 3, pág. 741. | Hb, 4, pág. 271. | D, 3, págs. 741-742. | Hb, 4, págs. 271-272.
390 D, 1, pág. 415. | Hb, 2, pág. 415.
391 Schopenhauer, *Die Welt als Wille und Vorstellung*, 1844, tomo 2, pág. 381.
D, 2, pág. 434. | Hb, 3, pág. 435. | D, 5, págs. 82s. | Hb, 6, págs. 77s.
HN IV (2), pág. 21,63.
392 Signo (rectángulo con cruz) remite a la página 75,3.
393 D, 5, págs. 397-398. | Hb, 6, págs. 389-390.

[PÁGINA 77]
394 Cuartilla en *Philosophari: Cfr.* HN IV (2), pág. 101.
MÉTÉOROLOGIE. – Sur les éclairs sans tonnerre et les tonnerres sans éclairs; par M. RAILLARD, en: *Comptes rendus hebdomadaires des séances de l'académie des sciences,* tomo 43, julio-diciembre de 1856, 27 de octubre de 1856, págs. 816-819.
D, 5, págs. 133-134. | Hb, 6, págs. 132-133.
395 Signo (rectángulo con cruz) remite a la página 78,8, margen.
396 D, 5, pág. 295. | Hb, 6, pág. 287.
397 Schopenhauer, *Die Welt als Wille und Vorstellung*, 1844, tomo 2, pág. 285.
D, 2, pág. 322. | Hb, 3, pág. 322.
398 Continuación en la página 78,1.
D, 5, págs. 265-266. | Hb, 6, pág. 259.

[PÁGINA 78]
399 Continuación de la página 77,4.
400 *Cfr.* D, 4, págs. 503, 580.
D, 5, pág. 266. | Hb, 6, pág. 259.
401 Sobre Agustín *cfr.* HN V, págs. 192-200.
D, 5, pág. 400. | Hb, 6, págs. 391-392.
402 D, 2, pág. 206. | Hb, 3, pág. 206.
403 D, 5, pág. 304, allí falta. | Hb, 6, pág. 296.

NOTAS AL TEXTO

404 Ataque general de los liliputienses contra Gulliver: [Swift, Jonathan:] *Des weltberühmten Schiffcapitains Lemuel Gulliver's Reisen nach Lilliput, Brobdignak und anderen wundervollen Ländern, Zur Unterhaltung der Jugend neu bearbeitet*, segunda edición ampliada, Núremberg, 1823, págs. 7ss. Original: *Travels into Several Remote Nations of the World, in Four Parts. By Lemuel Gulliver, First a Surgeon, and then a Captain of several Ships*, Londres, 1726.
HN IV (2), págs. 21,64-22.

405 Signo (rectángulo con cruz) remite a la página 77,1.
Signo (estrella) remite a la página 79,9, margen.

406 Birnbaum, Heinrich, *Das Reich der Wolken, Vorträge über die Physik des Luftkreises und der atmosphärischen Erscheinungen, Bearbeitet für gebildete Leser aller Stände*, Leipzig, 1859. HN V, pág. 239.
D, 5, pág. 133. | Hb, 6, págs. 132-133.

[PÁGINA 79]

407 D, 5, pág. 724. | Hb, 6, pág. 698.
408 D, 5, pág. 392. | Hb, 6, pág. 383.
409 *Cfr.* página 83,1.
Schopenhauer, *Die Welt als Wille und Vorstellung*, 1844, tomo 2, págs. 119-120.
D, 2, pág. 132. | Hb, 3, pág. 131.
410 D, 5, pág. 496, allí falta. | Hb, 6, pág. 484.
411 D, 4, pág. 151. | Hb, 5, pág. 141.
412 D, 4, pág. 390. | Hb, 5, pág. 375.
413 D, 1, pág. 365. | Hb, 2, pág. 365.
414 *Cfr.* D, 2, pág. 548. | Hb, 3, pág. 550.
Hasta ahora no se ha descubierto dónde está anotado.
415 Signo (estrella) remite a la página 77,1.
416 Birnbaum: *Das Reich der Wolken; cfr.* pág. 78,6.

NOTAS AL TEXTO

[Página 80]
417 Continuación en la página 81,1.
D, 5, págs. 603-604. | Hb, 6, págs. 585-586.
418 Anotaciones al margen, arriba.
Adelung, Johann Christoph, *Auszug aus dem Grammatischkritischen Wörterbuch der hochdeutschen Mundart*, 4 tomos, Leipzig, 1793-1802.
HN V, pág. 366.
D, 6, pág. 795.
419 D, 5, pág. 604. | Hb, 6, págs. 586, 726.
420 Signo (Q) remite a la página 85; *Cfr.* D, 6, pág. 784.
421 D, 6, pág. 448.
422 Signo (estrella) remite a la página 81,5.
423 D, 6, pág. 480.

[Página 81]
424 Continuación de la página 80,1.
D, 5, pág. 604. | Hb, 6, pág. 586.
425 Signo (estrella) remite a la página 82,4.
D, 5, pág. 597. | Hb, 6, pág. 725.
426 La palabra «yunques» *{Amboße}* corrige en el manuscrito «troncos de roble» *{Eichenklötze}*. D, 6, pág. 787.
D, 6, pág. 465.
427 D, 5, pág. 578. | Hb, 6, pág. 563.
428 Signo (estrella) remite a la página 80,4.
429 *Cfr.* D, 5, págs. 569-570. | D, 6, págs. 479-480.
430 Sobre Wilhelmi *cfr.* D, 6, pág. 867: «como... Columbano y Galo encontraron *{trafen}* en la iglesia de San Aurelio de Bregenz, transformada en un templo pagano, tres imágenes de bronce dorado de Wotan, Thor y Tyr», K. Wilhelmi, en la recensión sobre «Altnordisches Leben», de Weinhold, *Heidelberger Jahrbücher*, 1856, n.º 43, pág. 676.
D, 6, pág. 439.
431 D, 5, pág. 585. | Hb, 6, págs. 570, 724.

NOTAS AL TEXTO

[Página 82]

432 Schopenhauer, *Die Welt als Wille und Vorstellung*, 1844, tomo 1, pág. 366.
D, 1, págs. 382-383. | Hb, 2, págs. 382-383.
433 D, 5, pág. 328. | Hb, 6, pág. 321.
434 Signo (horquilla) sin más referencia.
435 D, 5, págs. 407-408; *cfr.* págs. 402-403.
Hb, 6, págs. 398-399; *cfr.* pág. 394.
436 Signo (estrella) remite a la página 81,2.
437 D, 5, pág. 597. | Hb, 6, pág. 725.

[Página 83]

438 *Cfr.* página 79,3.
D, 5, pág. 22. | Hb, 6, pág. 18.
439 Schopenhauer, *Die Welt als Wille und Vorstellung*, 1844, tomo 2, pág. 163 (referencia insegura).
D, 5, págs. 63, 391-392. | Hb, 6, págs. 58, 383-384.
440 HN IV (2), pág. 22,65.

[Página 84]

441 *Cfr.* D, 1, pág. XXXXIII.
442 HN IV (2), pág. 22,65.
443 Signo (almohadilla).
«Entre las muchas consecuencias...» está abajo; «Como consecuencia de tales...» es lo de arriba.
444 Signo (horquilla) remite a los pasajes «digo con palabras de Shakespeare».
445 HN IV (2), págs. 22,65-23.
Cfr. D, 1, pág. XXXXIII.
446 Signo (estrella) remite a la página 85,2.
447 Signo (círculo con cruz) remite a la página 85,1.
448 D, 6, págs. 448, 473, 456, 461.

NOTAS AL TEXTO

[PÁGINA 85]
449 Signo (círculo con cruz) remite a la página 84,5.
450 D, 6, págs. 436-437, 445, 457, 440, 445, 473, 457, 485.
451 Signo (estrella) remite a la página 84,5.
452 D, 6, págs. 473, 455, 447-448, 487, 464, 459.

[PÁGINA 86]
453 HN IV (2), pág. 23,66.
454 HN IV (2), pág. 23,67.
455 Stobaeus, Johannes, *Eclogarum physicarum et ethicarum libri duo*, Gotinga, 1792. HN V, pág. 383. D, 4, pág. 497. | Hb, 5, págs. 479-480.
456 D, 6, págs. 475, 453.
457 Signo (cuadrado con cruz) remite a la página 87,4.
458 Signo (círculo con punto) remite a la página 99,2.
459 D, 6, págs. 472, 788, 470, 449, 795, 472, 457.

[PÁGINA 87]
460 D, 2, pág. 137.
461 D, 6, págs. 436, 438, 440.
462 *Was ist des Deutschen Vaterland?*
So nenne mir das große Land!
So weit die deutsche Zunge klingt
Und Gott im Himmel Lieder singt,
Das soll es sein!
Das, wackrer Deutscher, nenne dein!
{¿Cuál es la patria del alemán?
¡Mencióname esa gran patria!
Hasta donde resuena la lengua alemana
y entona en el cielo cánticos a Dios,
¡ésa ha de ser!
¡Ésa, gallardo alemán, llámala tuya!}
«Des Deutschen Vaterland», 1813, en: *Gedichte von Ernst Moritz Arndt, Vollständige Sammlung*, ed. anotada de Hein-

— 413 —

rich Meisner, Leipzig, 1894, parte I, págs. 18-21.
D, 6, págs. 469-470, 445-446.
463 HN IV (2), págs. 23,68-24.
464 Signo (cuadrado con cruz) remite a la página 86,5.
465 D, 6, págs. 449, 451, 437-438, 458.

[PÁGINA 88]
466 D, 4, pág. 20. I Hb, 5, pág. 14.
467 D, 6, págs. 794, 475, 462, 463.
468 *Selbstperson* {en misma persona}: Citación de la Audiencia Provincial del Gran Ducado de Altenstadt del 23 de diciembre de 1858, diario *Frankfurter Postzeitung*, 18 de enero de 1859, edición de la tarde.
D, 6, págs. 477, 437, 459, 454, 456, 477, 781, 436, 444, 440.
469 Véase D, 5, págs. 571-576.
470 Signo (estrella) remite a la página 89,4, margen, y a la página 87, margen.
471 Desde «El *für* {para, por}» hasta «für einen Zweck bestimmt» {destinado para un objetivo} en lugar de «zu einen Zweck bestimmt» {destinado a un objetivo}, en D, 5, págs. 575-576.
472 D, 6, págs. 453, 455, 451, 439, 443.

[PÁGINA 89]
473 Schopenhauer, *Die Welt als Wille und Vorstellung*, 1844, tomo 1, pág. 282.
D, 1, pág. 294. I Hb, 2, pág. 294.
474 Desde «a quien nunca» hasta «cruel Parlamento», escrito entre líneas: «leave this out, as an impertinent interruption, foreign to the subject, distracting the resident mind» {deja esto de lado como una interrupción improcedente, no adecuada al objeto y que intranquiliza el entendimiento existente}.
475 D, 4, págs. 27ss. I Hb 5, págs. 21ss.
Schopenhauer, *Die Welt als Wille und Vorstellung*, 1844, tomo 2, págs. 294ss.

NOTAS AL TEXTO

D, 2, págs. 331ss. | Hb, 3, págs. 331ss.
D, 3, págs. 313ss. | Hb, 4, págs. 21ss.
476 D, 3, págs. 531-532.
Hb, 4, págs. 61-64.
477 Signo (estrella) remite a la página 88,4.
478 D, 5, págs. 575.

[PÁGINA 90]
479 D, 5, pág. 317, falta. | Hb, 6, pág. 309.
480 D, 3, pág. 775. | Hb, 4, pág. XXII.
481 *Federvieh* {ganado de la pluma}: *Zeitung für die elegante Welt*, 1803, pág. 573: «schreibseliges Federvieh» {ganado de la pluma, con ganas de escribir}.
D, 6, págs. 481-482.

[PÁGINA 91]
482 D, 6, págs. 465-466, 455, 446, 460, 446-447, 446.
483 D, 6, págs. 463, 447, 488, 466.

[PÁGINA 92]
484 D, 6, págs. 469, 460, 452, 437, 447, 450.
485 Signo (estrella) remite a la página 93,5.
486 D, 6, págs. 476, 459, 484, 451, 477, 484, 450, 461.

[PÁGINA 93]
487 HN IV (2), pág. 24,69.
488 D, 5, págs. 348-349. | Hb, 6, págs. 341-342.
489 D, 1, pág. 393. | Hb, 2, pág. 393.
490 Continuación en la página 94,1. | HN IV (2), pág. 24,70.
491 Signo (estrella) remite a la página 92,2.
492 *Frankfurter Postzeitung*, 9 de noviembre de 1858, 2.º suplemento, informe de Berlín del 8 de noviembre, donde «demócratas y liberales».
D, 6, págs. 459, 443, 483.

[PÁGINA 94]

493 Continuación de la página 93,4.
494 HN IV (2), págs. 24,70-25.
495 D, 5, págs. 441-442. | Hb, 6, págs. 430-431.
496 D, 4, pág. 134. | Hb, 5, pág. 125.
497 D, 5, pág. 442. | Hb, 6, pág. 431.

[PÁGINA 95]

498 *Lalitavistara:* «Hay textos independientes dentro de la leyenda de Buda que, si bien no tienen formato canónico, están visiblemente cerca de la literatura canónica. Entre ellos se cuenta el *Lalitavistara* (en sánscrito) [...]». Schneider, Ulrich: *Einführung in den Buddhismus*, Darmstadt, 1992 (Orientalische Einführungen), págs. 50-51. *Cfr.* pág. 69,3.
Sobre Brahmán, Brahma, Paramatma, etc., *cfr. Sechzig Upanishad's des Veda*, Índice, y Schneider, Ulrich: *Einführung in den Hinduismus*, Darmstadt, 1993 (Orientalische Einführungen).
D, 5, págs. 436-437. | Hb, 6, págs. 426-427.
499 HN IV (2), pág. 25,71.
500 HN IV (2), págs. 25,72; 321.

[PÁGINA 96]

501 HN IV (2), págs. 25,73-26.
502 Signo (Q) remite a la página 80,1.
Dies ist ein Sophismus {Esto es un sofismo}: *Frankfurter Postzeitung*, 19 de mayo de 1857, 1.er suplemento, bajo «Frankreich», donde aparece «Das».
Das Volk mahnen {intimar al pueblo}: Hase, Karl, *Franz von Assisi*, Leipzig 1856, pág. 71: «Das Volk zur Versöhnung der städtischen Feindschaften mahnen» {Intimar al pueblo a la reconciliación de las enemistades entre ciudades}.
Die Königin war durch die Zeitschrift N.N. auf die Mängel einer Kirche und einer Schule in zwei Gemeinden hingewiesen:

Frankfurter Postzeitung, 16 de junio de 1857, bajo «Deutschland»; más exactamente: «Durch die Zeitschrift des "Gustav-Adolph-Verein" auf die Mängel einer Kirche und einer Schule in zwei Gemeinden hingewiesen [...] hatte vor fünf Jahren eine wenig bemittelte Wittwe usw.» {A través de la revista del *Gustav-Adolph Verein*, una viuda de pocos recursos había advertido acerca de la falta de una iglesia y de una escuela en dos comunidades, etc.}. D, 6, págs. 470, 485, 478, 442, 453, 440, 439, 457-458, 482, 442, 461.

[PÁGINA 97]
503   D, 4, pág. 135. | Hb, 5, págs. 125-126.
504   HN IV (2), pág. 26,74.
505   HN IV (2), pág. 26,75.
506   D, 5, págs. 400-401. | Hb, 6, pág. 392.
507   HN IV (2), págs. 26,76; 321.
508   D, 3, pág. 520. | Hb, 4, pág. 50.
509   HN IV (2), pág. 26,77.
Continuación en la página 98,1.

[PÁGINA 98]
510   Continuación de la página 97,7.
511   HN IV (2), págs. 26,77-27; 321.
512   D, 4, pág. 166. | Hb, 5, págs. 155-156.
513   *Cfr.* D, 4, pág. 212; Hb, 5, 201.
514   D, 4, pág. 129. | Hb, 5, págs. 120, 541.

[PÁGINA 99]
515   Schopenhauer, *Die Welt als Wille und Vorstellung*, 1844, tomo 1, pág. 457.
D, 1, pág. 480.
Hb, 2, pág. 480.
516   Signo (círculo con punto) remite a la página 86,5.
517   D, 6, págs. 471, 457, 434-435, 487, 483, 472.

[PÁGINA 100]

518 D, 6, págs. 460, 459, 478, 434, 478-479, 460, 446, 439, 466, 795, 488, 454-455, 455, 474, 483.

[PÁGINA 101]

519 Schopenhauer, *Die Welt als Wille und Vorstellung*, 1844, tomo 2, pág. 236.
D, 2, pág. 263. | Hb, 3, pág. 263.
520 D, 5, págs. 123-124. | Hb, 6, pág. 123.
521 D, 2, pág. 505. | Hb, 3, pág. 507.

[PÁGINA 102]

522 D, 5, pág. 670. | Hb, 6, pág. 645.
523 D, 5, pág. 312. | Hb, 6, pág. 305.
524 D, 1, pág. 379. | Hb, 2, pág. 379.
525 A D, 5, págs. 401-402; Hb, 6, págs. 393-394.
Schopenhauer, *Die Welt als Wille und Vorstellung*, 1844, tomo 2, pág. 611.
D, 2, pág. 703. | Hb, 3, págs. 705-706.
526 Signo (estrella) remite a la página 104,1.
527 D, 6, pág. 447.

[PÁGINA 103]

528 HN IV (2), pág. 27,78.
529 D, 5, S 631. | Hb, 6, pág. 606.
530 D, 6, págs. 483-484.

[PÁGINA 104]

531 Signo (estrella) remite a la página 102,5.
532 Signo (horquilla) remite a la página 105,4.
533 *So soll die orthographische Nacht*
Doch endlich auch ihren Tag erfahren;
Der Freund, der so viel Worte macht,
Er will es an den Buchstaben sparen.

{Así, pues, la noche ortográfica
ha de experimentar por fin su día;
el amigo, que hace tantas palabras,
quiere ahorrar letras.}
Goethes Werke, ed. por encargo de la gran duquesa Sophie von Sachsen, Weimar, 1893, tomo 5, primera sección, pág. 181.
D, 6, págs. 447, 451, 452, 795, 451, 451-452, 489.
534 Signo (estrella) remite a la página 105,4.
535 D, 6, págs. 463, 461, 486, 455, 476.

[PÁGINA 105]
536 D, 4, pág. 509. | Hb, 5, pág. 491.
537 H, pág. 346. | D, 5, pág. 123, falta. | Hb, 6, págs. 121-122.
538 D, 4, pág. 472. | Hb, 5, pág. 455.
539 Signo (estrella) remite a la página 104,2.
540 Signo (horquilla) remite a la página 104,1.
541 Signo (Q) remite a la página 104,1.
542 *Nürnberger Korrespondent:* «Korrespondent von und für Deutschland» {Reportero de y para Alemania}, que se publica en Núremberg.
D, 6, págs. 486-487, 452, 464.

[PÁGINA 106]
543 D, 5, pág. 120. | Hb, 6, págs. 118-119.
544 D, 6, págs. 441, 440, 457, 446.

[PÁGINA 107]
545 D, 6, págs. 440, 444, 480-481, 459, 442, 475.
546 D, 6, págs. 486, 467, 452, 477-478, 470-471.

[PÁGINA 108]
547 Signo (Q) remite a la página 109,5.
548 *Sohin: Frankfurter Postzeitung,* 6 de junio de 1858, bajo dominación de Francia.

NOTAS AL TEXTO

D, 6, págs. 468, 466,468, 435, 479, 471, 433, 444, 456, 463, 461, 437, 449, 460, 438, 440, 444, 456, 478.
549 Continuación en la página 109,5.
D, 6, págs. 449, 458, 469, 478, 465, 441.

[PÁGINA 109]
550 Schopenhauer, *Die Welt als Wille und Vorstellung*, 1844, tomo 1, pág. 302.
D, 5, pág. 454. | Hb, 6, pág. 443.
551 HN IV (2), pág. 27,79. | D, 5, pág. 654. | Hb, 6, pág. 628.
552 H, págs. 345-346. | D, 5, pág. 123, falta. | Hb, 6, pág. 122.
553 Schopenhauer, *Die Welt als Wille und Vorstellung*, 1844, tomo 1, pág. 161.
D, 1, pág. 169. | Hb, 2, pág. 169. | D, 5, págs. 173ss. | Hb, 6, págs. 171ss.
554 Continuación de la página 108,2.
555 Signo (Q) remite a la página 108,1.
556 D, 6, págs. 441, 468, 433.

[PÁGINA 110]
557 Signo (estrella) remite a la página 111,6.
558 D, 2, pág. 138; Hb, 6, pág. 138. | D, 5, pág. 582; Hb, 6, pág. 567.
D, 6, págs. 449-450, 785, 454, 487-488, 439, 440, 478, 448, 475, 433.
559 D, 5, págs. 574-575. | Hb, 6, pág. 560.
560 D, 6, págs. 488, 785, 440.

[PÁGINA 111]
561 D, 2, pág. 696. | Hb, 3, pág. 698.
562 HN IV (2), pág. 27,80.
563 D, 5, pág. 673. | Hb, 6, pág. 647.
564 D, 5, págs. 239-240. | Hb, 6, pág. 233.
565 D, 6, págs. 201, 558-559.

NOTAS AL TEXTO

Hb, 1, págs. 82, 16, notas.
566 Signo (estrella) remite a la página 110,1.
567 D, 6, pág. 450.

[Página 112]
568 Schopenhauer, *Die Welt als Wille und Vorstellung*, 1844, tomo 2, pág. 436.
D, 2, pág. 497. | Hb, 3, págs. 498-499.
569 HN IV (2), pág. 27,81.
570 D, 1, pág. 581. | Hb, 2, pág. 581.
571 D, 5, págs. 575, 576. | Hb, 6, pág. 561.
572 Signo (estrella) remite a la página 113,2.
573 D, 5, pág. 576. | Hb, 6, págs. 561-562.

[Página 113]
574 D, 6, págs. 433, 458, 474, 473, 471, 482.
575 Signo (estrella) remite a la página 112,5.
576 D, 5, págs. 575-576. | Hb, 6, pág. 561.
577 *Sundzoll: Frankfurter Postzeitung*, 11 de junio de 1858, suplemento 2, bajo «Dänemark». *Sunderzoll* no está documentado en ninguna parte. Debe de haber sido formado por Schopenhauer en analogía a *Sundergut* {propiedad especial},* *Sunderleute* {la gente que está bajo especial protección del señor feudal}, *Sunderholz* {área de bosque que está reservada para uso exclusivo del señor feudal}.
D, 6, págs. 452, 445, 463-464, 795, 451, 471, 468, 465, 450, 445, 464.
578 D, 5, pág. 604. | Hb, 6, págs. 585, 726.

[Página 114]
579 D, 5, pág. 437. | Hb, 6, pág. 427.
580 HN IV (2), pág. 28,82.

* Según el derecho feudal. *(N. del T.)*

581 D, 5, pág. 704. | Hb, 6, pág. 678.
582 Volumen 201: *Cfr.* al respecto HN III, págs. 286-287.
583 Continuación en la página 115,5.
 HN IV (2), S 28,83-29.

[Página 115]
584 D, 1, pág. 33. | Hb, 2, pág. 33.
585 D, 5, pág. 108-109. | Hb, 6, pág. 108.
586 D, 5, pág. 526. | Hb, 6, pág. 514.
587 HN IV (2), pág. 29,84.
588 Continuación de la página 114,4.
589 *Theologia Deutsch: Cfr.* HN V, págs. 231-232.
 Theologia Deutsch, Eine Grundschrift deutscher Mystik, ed. e introd. de Gerhard Wehr, Friburgo de Brisgovia, 1980.
 HN IV (2), pág. 29.

[Página 116]
590 Signo (estrella) remite a la página 117,1.
591 D, 6, págs. 435, 456, 442, 452, 446, 456, 795, 434, 468-469, 472, 453, 448.

[Página 117]
592 Signo (estrella) remite a la página 116,1.
593 D, 6, págs. 444, 477, 438, 461-462, 468-469.

[Página 118]
594 D, 6, pág. 480.
595 D, 5, pág. 575. | Hb, 6, pág. 560.
596 D, 6, págs. 487, 439, 459, 795, 442, 484, 451, 465.

[Página 119]
597 *Cfr.* página 107,2
 D, 5, pág. 576. | Hb, 6, pág. 561.
598 D, 5, págs. 575-576. | Hb, 6, págs. 560-562.

NOTAS AL TEXTO

599 *Frankfurter Postzeitung*, 28 de octubre de 1858, bajo «Frankreich» {Francia}, donde, detrás de «wird»: «in einer der ersten Sitzungen der Session» {en una de las primeras reuniones de la sesión}. D, 6, págs. 466, 468, 467-468.
600 *Cfr.* página 104,2.
D, 5, S 573. | Hb, 6, pág. 559.
601 *Frankfurter Postzeitung*, 16 de junio de 1858, bajo «Frankreich» {Francia}, donde aparece «Die Cagliari-Affaire» {El *affaire* de Cagliari}.
D, 6, págs. 450, 433, 474, 467, 455, 432.

[PÁGINA 120]
602 HN IV (2), pág. 29,85.
603 D, 5, pág. 122. | Hb, 6, pág. 121.
604 D, 5, pág. 598. | Hb, 6, pág. 580.
605 Continuación en la página 121,1.
D, 2, págs. 300-301. | Hb, 3, págs. 300-301.

[PÁGINA 121]
606 Continuación de la página 120,4.
607 D, 2, págs. 301-302, 303. | Hb, 3, págs. 301-302, 303.

[PÁGINA 122]
608 Schopenhauer, *Die Welt als Wille und Vorstellung*, 1844, tomo 2, pág. 249.
609 D, 2, págs. 302-303. | Hb, 3, págs. 302-303.

[PÁGINA 123]
610 D, 2, págs. 303-304. | Hb, 3, págs. 303-304.
611 HN IV (2), pág. 30,86.
612 D, 1, pág. 333. | Hb, 2, pág. 333.
613 HN IV (2), pág. 30,87.

[PÁGINA 124]
614 D, 5, pág. 16. | Hb, 6, pág. 12.
615 Schopenhauer, *Die Welt als Wille und Vorstellung*, 1844, tomo 1, pág. 363 y tomo 2, pág. 358.
D, 1, pág. 379. | Hb, 2, pág. 379. | D, 2, págs. 407-408. | Hb, 3, págs. 408-409.
616 D, 2, pág. 353. | Hb, 3, pág. 353.
617 Continuación en la página 125,1.
618 D, 6, págs. 431-432, 476-477, 485.

[PÁGINA 125]
619 Schopenhauer, *Die Welt als Wille und Vorstellung*, 1844, tomo 2, pág. 124.
D, 2, pág. 137. | Hb, 3, pág. 137. | D, 6, págs. 432, 471, 435.
620 *Cfr.* página 96,2.
621 Sohin: *Frankfurter Postzeitung*, 6 de junio de 1858, bajo «Frankreich» {Francia}.
Ein unweit anziehenderes Gemählde, más exactamente: *Ein unweit anziehenderes Reisegemälde.* Biernatzki en un comentario sobre Fortune: A residence among the Chinese, en: *Göttingische gelehrte Anzeigen*, 1858, tomo 3, secciones 142 y 143, 9 de setiembre de 1858, pág. 1416.
Vervortheilung seiner Gläubiger: Frankfurter Postzeitung, 15 de julio de 1858, bajo «Vermischte Nachrichten» {Miscelánea}.
D, 6, págs. 456, 460, 454, 795, 435, 448.

[PÁGINA 126]
622 D, 6, págs. 434, 448-449, 446, 464, 447, 784, 461, 464, 457.
623 D, 5, pág. 588. | Hb, 6, pág. 572.
624 D, 6, págs. 437, 482.

[PÁGINA 127]
625 D, 6, págs. 447, 454, 473-474, 440, 453-454, 465, 480.
626 D, 5, págs. 600-601. | Hb, 6, págs. 725-726.

627 D, 6, págs. 485, 433.

[Página 128]
628 Schopenhauer, *Die Welt als Wille und Vorstellung*, 1844, tomo 1, pág. 458.
D, 1, págs. 480-482. | Hb, 2, págs. 480-482.
No utilizado.
HN IV (2), págs. 30,88-31.
629 D, 2, pág. 558. | Hb, 3, pág. 560.
630 *Pandectae*, pág. 128: «La respectiva filosofía es el bajo continuo de la historia de cada tiempo».
Hb, 6, pág. 729. | D, 5, pág. 620. | Hb, 6, pág. 595.

[Página 129]
631 D, 5, pág. 328. | Hb, 6, pág. 322.
632 HN IV (2), pág. 31,89.
633 D, 5, págs. 549-550. | Hb, 6, pág. 537.
634 D, 1, pág. 183. | Hb, 2, pág. 183. | D, 5, pág. 349. | Hb, 6, pág. 342.
635 D, 6, págs. 482-483, 795, 453, 436.

[Página 130]
636 Continuación en la página 131,1.
637 Signo (Q) remite a la página 131,1, margen.
638 *Führung:* más exactamente: «christlich-sittliche Führung» {comportamiento cristiano-moral}; Notificación del Real Ministerio de Culto y Enseñanza Pública de Sajonia «die Publikation der "Ordnung der evangelischen Schullehrerseminare im Königreiche Sachsen" betreffend, vom 15. (sic) Juni 1859, I. Teil, § 9» {relativa a la publicación del ordenamiento de los seminarios evangélicos para maestros de escuela en el Reino de Sajonia, del 15 de junio de 1859, parte I, § 9}; además, disposición sobre el empleo de maestras etc. del 17 de junio de 1859, «Regulativ die Prüfung von Lehrerinnen betreffend» {relativa de forma

reguladora al examen de maestras}, § 4; Codificación legal de Sajonia, año 1859, págs. 253 y 273.

Führung: Seemann, *Zur deutschen Literaturgeschichte,* en: *Heidelberger Jahrbücher der Literatur,* 1859, n.° 48, pág. 756: «Wir erhalten hier die erste tiefer eingehende Mittheilung über Bürgers Aufenthalt und seine jedenfalls lockere sittliche Führung auf der Universität Halle [...]» {Recibimos aquí la primera comunicación de alcance más profundo sobre la permanencia de Bürger y su comportamiento moral en la Universidad de Halle, de todos modos relajado}.
D, 6, págs. 789, 473, 471, 467, 433, 480, 451, 471, 474, 437, 452, 474.

[PÁGINA 131]
639 Continuación de la página 130,1.
640 Signo (Q) remite a la página 130,1, margen.
641 *Eheverspruch:* Citación del tribunal regional del gran ducado de Altenstadt, del 23 de diciembre de 1858, *Frankfurter Postzeitung,* 18 de enero de 1859, edición de la tarde.
D, 6, págs. 451, 458, 449, 454, 434, 465, 472, 448, 456, 486, 462, 446, 460, 444, 460, 437, 458-459, 434, 475, 437, 470.

[PÁGINA 132]
642 D, 5, pág. 627. | Hb, 6, pág. 602.
643 Cuartilla: «COMPTES RENDUS, 20 DECEMBRE 1858, NO. 25, contiene una extensa nota de cinco páginas de cuarta de M. F. POUCHET [,] en la que describe con el más estricto cuidado experimentos realizados con heno esterilizado en aire artificialmente producido y en agua completamente hervida, que dejan fuera de duda la *generatio aequivoca* de hongos e infusorios. Contra Pouchet se han manifestado (número del 5 de enero de 1859) invocando ensayos anteriores MILNE EDWARDS, QUATREFAG[ES] y otros. Ellos hallan insuficientes los ensayos de Pouchet. Él refuta a estos señores en el número del 17 de enero, véase cuartilla 1).

1) [CUARTILLA:] Los multiformes EFECTOS QUÍMICOS DE LA LUZ —sobre los que CHEVREUL hace una extensa exposición en el mismo número [del 20-12-1858]— DEMUESTRAN, digo yo, QUE LA LUZ ES ALGO DISTINTO DE UNA VIBRACIÓN. Un cilindro de cartón blanco que ha sido expuesto al sol actúa químicamente a distancia como la misma luz del sol, y lo hace todavía después de seis meses si es que ha sido conservado hasta entonces dentro de un cilindro de latón. ¿El éter tremulante ha hecho una pausa de seis meses y hace su entrada nuevamente a tiempo?».
HN IV (2), pág. 101,50.
HN IV (2), págs. 31,90-32.

[PÁGINA 133]
644 HN IV (2), pág. 32,90.
645 HN IV (2), pág. 32,91.
646 D, 1, pág. 26. | Hb, 2, pág. 26.
647 HN IV (2), pág. 32,92.
648 HN IV (2), pág. 32,93.
649 HN IV (2), pág. 32,94.
650 D, 4, pág. 547. | Hb, 5, pág. 527.
651 Continuación en la página 134,1.
D, 5, pág. 630. | Hb, 6, pág. 730.

[PÁGINA 134]
652 Continuación de la página 133,8.
653 D, 5, pág. 630. | Hb, 6, pág. 730.
654 D, 5, págs. 597-598. | Hb, 6, pág. 725.
655 D, 5, pág. 487. | Hb, 6, pág. 475.
D, 4, pág. 503. | Hb, 5, pág. 485.
HN IV (2), págs. 32,95-33.
656 D, 5, págs. 125-126. | Hb, 6, pág. 125.

[PÁGINA 135]
657 D, 5, pág. 126. | Hb, 6, págs. 125-126.
658 HN V (2), pág. 33,96.

[PÁGINA 136]
659 D, 6, págs. 485, 487, 784, 446, 472, 444, 482, 444, 439, 438, 467.

[PÁGINA 137]
660 D, 4, pág. 366. | Hb, 5, pág. 352.
661 D, 4, pág. 481. | Hb, 5, pág. 464.
662 *Sechzig Upanishad's des Veda*, pág. 294: «Vers. 13-16. Medio del conocimiento: meditación de la sagrada partícula *om*, autoconocimiento y autodisciplina». *Cfr.* también pág. 903. D, 2, pág. 766. | Hb, 3, págs. 701-702.

[PÁGINA 138]
663 D, 5, pág. 44. | Hb, 6, pág. 40.
664 HN IV (2), pág. 33,97.

[PÁGINA 139]
665 *Frankfurter Postzeitung*, 22 de diciembre de 1859: «Una palabra más sobre los diplomas de doctor»; más exactamente: «Si el Sr. P. puede convenir {en la intención del redactor: poner en tela de juicio} o no la autenticidad de la carta publicada en el periódico *Allgemeine Zeitung* junto al anexo». D, 6, págs. 459, 474, 460, 462, 434, 490, 448, 484-485, 435.

[PÁGINA 140]
666 D, 6, págs. 452-453.
667 D, 5, pág. 610. | Hb, 6, pág. 728.
668 D, 2, págs. 134s. | Hb, 3, págs. 133ss.
669 Continúa en la página 141,1.
670 D, 6, págs. 438, 458, 438, 444, 436, 488, 464.

NOTAS AL TEXTO

[Página 141]
671 Continuación de la página 140,3.
672 D, 6, págs. 438, 433-434, 455, 442, 440, 476, 447, 455, 489-490.
673 D, 5, pág. 576. | Hb, 6, pág. 562.
674 D, 5, pág. 575. | Hb, 6, pág. 561.
675 *Wildesel* {asno salvaje}: Weil, artículo sobre edición de Ahlwardt y traducción de Chalef Elahmar, *Heidelberger Jahrbücher*, diciembre de 1859, n.º 59, pág. 936.
D, 6, págs. 450-451, 456, 444.

[Página 142]
676 D, 2, págs. 763-764. | Hb, 3, págs. 405-406, 750-751.
677 D, 5, pág. 549. | Hb, 6, pág. 536.
678 D, 5, pág. 295. | Hb, 6, pág. 287.

[Página 143]
679 HN IV (2), S, 33,98-34.
680 HN IV (2), pág. 34,99.
681 D, 2, pág. 765. | Hb, 3, pág. 548.
682 D, 2, pág. 765. | Hb, 3, pág. 549.
683 D, 4, págs. 372-373. | Hb, 5, pág. 358.

[Página 144]
684 Continúa en la página 145,1.
685 D, 6, págs. 443, 464, 444, 480, 465, 456, 463, 443, 438-439, 473, 456, 460.

[Página 145]
686 Continuación de la página 144,1.
687 D, 6, págs. 443, 475, 445, 461, 442-443, 441-442, 442, 476, 444, 456.
688 D, 5, pág. 576. | Hb, 6, pág. 562.
689 D, 6, págs. 461, 455, 470, 437.

— 429 —

[PÁGINA 146]
690 D, 4, pág. 105. | Hb, 5, pág. 96.
691 D, 5, falta. | Hb, 6, pág. 77.
692 Signo (estrella) remite a la página 147,2, margen, arriba.

[PÁGINA 147]
693 HN IV (2), pág. 34,100.
694 Signo (estrella) remite a la página 146,3, margen.
695 *Cfr.* D, 3, pág. 158.
696 Alegoría de Gracián: *cfr. Balthasar Gracian's Orakel der Weltklugheit,* D, 6, págs. 211-377.
Midas: Midas se inmiscuyó «en la competencia musical de Apolo con Pan y criticó el juicio del antiguo dios de las montañas Tmolos. Por esa razón, Apolo le hizo crecer orejas de burro, que él trataba de esconder bajo una suerte de turbante. Su peluquero sabía de la vergüenza del rey, y como no tenía autorizado hablar de ello con nadie, pero quería desembarazarse en algún lugar de su secreto, cavó un hoyo y susurró en su interior: "¡Midas tiene orejas de burro!". Pronto crecieron cañas en el lugar, y cuando soplaba el viento, las cañas repetían las palabras enterradas...».
Fink, Gerhard. *Who's who in der antiken Mythologie,* Múnich 1993 (dtv *sachbuch*), pág. 204.
D, 3, págs. 467-479. | Hb, 4, págs. XXXIX-XLII.

[PÁGINA 148]
697 D, 5, págs. 296-297. | Hb, 6, págs. 288-289.
698 HN IV (2), pág. 34,101.
699 D, 5, pág. 546. | Hb, 6, pág. 533.
700 D, 5, pág. 297. | Hb, 6, pág. 289.
701 D, 5, pág. 115; D, 3, pág. 775.
    Hb, 6, pág. 114; Hb, 4, pág. 4, notas.
702 HN IV (2), pág. 34,102.
703 HN IV (2), pág. 34,103.

NOTAS AL TEXTO

[Página 149]
704 D, 2, pág. 765. | Hb, 3, pág. 581.
705 HN IV (2), pág. 35,104.
706 D, 5, pág. 503. | Hb, 6, pág. 491.
707 HN IV (2), pág. 35,105.
708 HN IV (2), pág. 35,106.

[Página 150]
709 HN IV (2), pág. 35,107.
710 D, 2, pág. 762. | Hb, 3, pág. 136.
711 HN IV (2), pág. 35,108.
712 Bacon, Francis, barón de Verulam (1561-1626), filósofo, investigador de la naturaleza y estadista inglés; Francisci Baconi, Baronis de Verulamio, *Novum Organum scientiarum*, Wurzburgo 1779. *Cfr.* al respecto HN V, págs. 11-12. Su obra *Cogitata et visa*, de 1612, fue el primer esbozo del *Novum organon*, de 1620, el escrito más importante de Bacon.

[Página 273]
713 Nombres de personas que visitaron a Schopenhauer en sus últimos años de vida, *cfr.* HN IV (2), pág. 285. *Cfr.* GBr (1978), pág. 372, Arthur Schopenhauer a Julius Frauenstädt, 7 de septiembre de 1855: «El pintor y profesor Baehr, de Dresde: me gustó mucho; honrado, agudo y penetrante: conoce al dedillo todos mis escritos y está lleno de ellos: dice que en Dresde hay mucho interés en ellos, y que en especial las mujeres están muy entusiasmadas al respecto. V. Hornstein, joven compositor, discípulo de R. Wagner, que también, según dice Hornstein, estudia con mucho celo mis obras. Éste está todavía aquí, y me manifiesta un respeto exagerado, p. ej., se levanta de la mesa para buscar fuera al camarero favorito que yo requiero. Toda esta gente ha leído mucho mis obras». Para otras visitas de Bähr en 1856 y de Hornstein en 1856 y 1858, *cfr.* GBr (1978), págs. 397, 401, 413, 437, 601: Johann Karl

Bähr (1801-1869), pintor y profesor de la Academia en Dresde; Robert von Hornstein (1833-1890), maestro de piano, pianista y compositor.

GBr (1978), pág. 419, Arthur Schopenhauer a David Asher, 22 de octubre de 1857: «Mi fil. se está difundiendo: el Prof. Knoodt en Bonn y Dr. Körber en Breslau dictaron cursos especiales sobre ella. Muchas visitas han venido a verme durante el verano, entre ellas dos rusos de Moscú y San Petersburgo, dos suecos, uno de ellos de Uppsala, un enviado real y conde del Imperio, dos damas y todo tipo de gente».

Págs. 620-621: las visitas de Rusia y Suecia no pueden identificarse con certeza; el conde del Imperio es Carl Wilhelm Georg, conde de Innhausen y Knyphausen (1784-1860), enviado real extraordinario de Hannover y ministro plenipotenciario ante la corte real de Prusia. «La visita tuvo lugar el 20 de junio de 1857, una segunda visita el 7 de julio de 1857. Después de estas visitas, el conde Knyphausen envió al año siguiente una carta de felicitación a Schopenhauer con motivo de sus setenta años. [...] En la última página del volumen manuscrito "Senilia", Schopenhauer anotó los nombres de las visitas del verano de 1857, entre ellas la condesa de Königsmarck y la condesa de Stolberg, cuyo apellido de soltera es Lichtenau, de Stolberg. El palacio de los condes de Königsmarck se encontraba frente al domicilio de Carl Ferdinand Wiesikes, del otro lado del Havel».

GBr (1978), págs. 428-429, Arthur Schopenhauer a David Asher, 24 de junio de 1858: «[...] pero entonces llega, publicado en Berlín, un drama de 206 g, 80 páginas, "Die Himme[s]stürmer", en prosa poética, en general yambos, en el que se trata con suma seriedad mi filosofía en estilo dramático: un entretenimiento sin igual; en el grabado de la portada, la Madonna de la Sixtina y mi poesía dedicada a ella. El escrito es anónimo y carece de prólogo».

Pág. 626: «Die Himmelsstürmer oder die St. Georgsbrüder, Berlín 1858. La autora fue (como consignó Schopenhauer en la

NOTAS AL TEXTO

cubierta interior del "Senilia") Ada von Treskow (1839-1918), que bajo el seudónimo de Günther von Freiburg desarrolló posteriormente una fecunda actividad en los campos de la novela, el cuento, la épica, la lírica y el drama. *Cfr.* Rudolf Bovensiepen, *Die Himmelsstürmer, ein Schopenhauerdrama*, 26 *Jahrbuch* 1939, págs. 390-406 (con una extensa relación del contenido)».

Viktor Hehn, bibliotecario de San Petersburgo, visitó a Schopenhauer presumiblemente en junio de 1860 y le entregó, por encargo del estudioso del sánscrito y orientalista Otto Böhtlingk (1815-1904), la obra de Isaac Jacob Schmidt (1779-1847) de 1836 titulada *Über das Mahâjâna und Pradschnâ-Pâramita der Bauddhen, Akademische Abhandlung, Aus den Memoiren der Akademie besonders abgedruckt. Cfr.* al respecto Gespr, pág. 410 y HN V, pág. 346.

714 John Oxenford (1812-1877), autor de sainetes y comedias, textos para melodramas, óperas y operetas, crítico de teatro y traductor; *cfr.* GBr (1978), págs. 389, 420, Arthur Schopenhauer a David Asher, 22 de octubre de 1857: «Como modelo y ejemplo al respecto le recomendaría las pocas páginas que *Oxenford*, en *Westminster Review*, abril de 1853, tradujo de tal manera que me he sentido *quite amazed* {muy asombrado}: no sólo el sentido, sino el estilo, mis maneras y gestos, para asombrarse: ¡como en el espejo!». *Cfr.* también págs. 471, 606 como también HN V, pág. 121: «Iconoclasm in German Philosophy», en: *The Westminster Review*, New Series, VI, Londres, abril de 1853, págs. 388-407.

ÍNDICE DE NOMBRES

Cfr. Ernst Ziegler, *Schopenhauers Freunde und Feinde in den Senilia,* en prensa.

ADELUNG, Johann Christoph, 1732-1806, investigador lingüístico (HN V, pág. 366) | 80,1

AGUSTÍN, 354-430, doctor de la Iglesia | 76,5; 78,2

AHLWARDT, Wilhelm Theodor, 1828-1909, arabista | 141,3

ALLIHN, Friedrich Heinrich Theodor, 1811-1885, filósofo y herbartiano | 28,3

ALTENSTEIN, Karl Freiherr vom Stein zum Altenstein, 1770-1840, ministro de Estado de Prusia | 47,7

ANACREONTE, *ca.* 580-después de 495 a. C., poeta lírico griego | 89,1

ANFIÓN, hijo de Antíope y de Zeus | 94,2

ANFITRIÓN, hijo de Alceo, casado con Alcmena | 46,3

ANGELUS SILESIUS (Johannes Scheffler), 1624-1677, poeta, compositor de textos de himnos religiosos alemanes | 89,1

APOLO, hijo de Leto y de Zeus | 147,2

ARAGO, Dominique-François, 1786-1853, físico francés | 112,1

ARISTÓTELES, 384/3-322/1 a. C. | 19,4; 142,1

ARNDT, Ernst Moritz, 1769-1860, poeta, escritor, profesor de Historia en Bonn | 87,2 nota 462

ATENEA, hija de Zeus | 141,1

BABINET, Jacques, 1794-1872, físico francés | 69,2; 111,5; 112,1

BÄHR, Johann Christian Felix, 1798-1872, filólogo e investigador de la Antigüedad, redactor, desde 1834, de la revista *Heidelberger Jahrbücher* | 131,1

BARTHÉLEMY-SAINT-HILAIRE, Jules, 1805-1895, filósofo y político francés | 44,1

BAUMGÄRTNER, Karl Heinrich, 1798-1886, médico | 134,4; 135,1

BECKER, Johann August, 1803-1881, abogado, juez de distrito, juez de apelaciones de última instancia en Maguncia | 24,3 nota 120

BELL, Charles, 1774-1842, médico, cirujano, neurofisiólogo escocés, profesor en Edimburgo | 34,6

BERNARD, Claude, 1813-1878, fisiólogo francés | 54,3; 56,3

BICHAT, Marie-François-Xavier, 1771-1802, médico, astrónomo y fisiólogo francés | 120,4; 121,1; 122,1; 123,1

BIERNATZKI, Karl Leonhard, 1815-1899, teólogo evangélico, autor de publicaciones; desde 1851 secretario de la Asociación Central para la Misión China en Kassel | 125,2 nota 621

BIRNBAUM, Johann Heinrich Ludwig, 1803-1879, maestro superior de primera enseñanza en Brunswick | 77,1; 78,6; 79,9; 134,4; 141,3

BÖHME, Jakob, 1575-1624, místico y teósofo alemán | 28,3

BRANDIS, Joachim Dietrich, 1762-1846, médico en Brunswick, profesor en Kiel, médico y consejero de Estado en Copenhague | 48,2 nota 250

BRASSEUR DE BOURBOURG, Charles-Étienne, 1814-1874, etnógrafo e historiador | 133,6

BRONN, Heinrich Georg, 1800-1862, zoólogo y paleontólogo en Heidelberg | 145,1

BRUNO, Giordano, 1548-1600, filósofo de la naturaleza italiano | 14,3

BUCHANAN, Claudius, 1766-1815, eclesiástico inglés, conocedor de la India | 65,4

BUCHANAN, Francis, 1762-1829, médico y botánico escocés | 65,4

BUDA, Shakiamuni, *ca.* 560-*ca.* 480 a. C. | 52,2; 69,3; 78,2; 95,1; 102,4; 103,3; 114,4

BUENAVENTURA, Juan de Fidanza, 1221-1274, teólogo escolástico, doctor de la Iglesia, cardenal | 102,4

BÜRGER, Gottfried August, 1747-1794, poeta alemán | 86,5; 99,2; 119,3; 147,1

BUNSEN, Christian Karl Josias, 1791-1860, erudito y estadista | 60,3

CAREIL véase FOUCHER DE CAREIL

CARLYLE, Thomas, 1795-1881,

ÍNDICE DE NOMBRES

moralista social e historiógrafo inglés | 25,1
CAROVÉ, Friedrich Wilhelm, 1789-1852, abogado, controlador financiero, científico sin cargo público | 36,5
CAYO véase ALLIHN
CHALEF ELAHMAR BEN HAJJAN o CHALEF EL-AHMER EL-BASSARI IBN HAJAN o KHALEF EL-AHMER, ca. 726-ca. 796 d. C., poeta árabe | 141,3
CHAMFORT, Sébastien-Roch-Nicolas, 1740-1794, escritor francés | 36,6
CHEVREUL, Michel-Eugène, 1786-1889, químico francés | 132,2
CRISTO véase JESUCRISTO
CICERÓN, 106-43 a. C. | 20,3; 103,3; 104,1; 107,2; 118,1; 123,1; 131,1
CLEMENTE DE ALEJANDRÍA, † antes del 215 d. C., erudito cristiano | 10,2; 66,2; 72,1; 73,1
CREUZER, Georg Friedrich, 1771-1858, filólogo e investigador de la Antigüedad | 104,1
CROSSE, Andrew, 1784-1855, electrotécnico inglés | 11,2
CUVIER, George-Frédéric-Dagobert, 1769-1832, fundador de la anatomía comparada | 54,3; 56,3; 94,1

DANTE ALIGHIERI, 1265-1321 | 67,4
DAVIS, John Francis, 1795-1890, diplomático y sinólogo inglés | 52,2
DEMÓCRITO, ca. 470/60-ca. 380, filósofo griego | 6,3; 63,1
DESCARTES, René, 1596-1650, filósofo y científico de la naturaleza francés | 34,6; 63,1; 70,2; 101,2; 106,1; 120,4; 121,1; 122,1; 123,1
DEUSSEN, Paul Jakob, 1845-1919, indólogo, historiador de la filosofía, editor de las obras de Schopenhauer y fundador de la Schopenhauer-Gesellschaft | 24,3 nota 120
DORGUTH, Friedrich Ludwig Andreas, 1776-1854, consejero asesor judicial y juez de la Audiencia Territorial de Magdeburgo; primer seguidor de Schopenhauer | 35,4
Doss, Adam Ludwig von, 1820-1873, jurista, «apóstol» de Schopenhauer | 74,1 nota 380
DU POTET DE SENNEVOY, Jean, 1796-1881, personalidad con poderes hipnóticos, de París | 27,2; 142,1

ECKHART, MAESTRO ECKEHART, ca. 1260-1328, fraile dominico

[Eckhart] y místico alemán | 114,4; 115,5

EMPÉDOCLES, *ca.* 490-*ca.* 430 a. C., filósofo griego | 72,1

ENGEL, Johann Jakob, 1741-1802, escritor | 60,1

ERDMANN, Johann Eduard, 1805-1892, filósofo | 95,3

ERIÚGENA, Juan Escoto, *ca.* 810-877/882, filósofo irlandés | 28,3

ESTRABÓN, Walafrido, *ca.* 808-849, monje benedictino, teólogo y poeta | 20,3

EULER, Leonhard, 1707-1783, matemático y físico suizo | 2,1; 2,2; 4,1; 101,2

EURÍPIDES, *ca.* 480-406 a. C., poeta trágico griego | 72,1

FAUSBØLL, Michael Viggo, 1821-1908, indólogo danés | 74,1 nota 380

FEBO, el radiante, apodo de Apolo y de Helios | 84,3

FEDERICO II, el Grande, 1712-1786 | 32,4

FICHTE, Johann Gottlieb, 1762-1814 | 40,4; 40,5; 106,2

FLOURENS, Marie-Jean-Pierre, 1794-1867, fisiólogo francés | 24,3 nota 120; 53,7; 54,4; 120,4; 121,1; 122,1; 123,1

FORTLAGE, Arnold Rudolf Karl, 1806-1881, filósofo alemán | 35,1 nota 166; 36,4; 40,8

FORTUNE, Robert, 1813-1880, botánico escocés que realizó viajes por China | 125,2 nota 621

FOUCHER DE CAREIL, Louis-Alexandre, 1826-1891, diplomático francés, historiador de la filosofía | 10,2; 101,2

FRANCISCO DE ASÍS, 1182-1226 | 96,2; 102,4

FRAUENSTÄDT, Julius, 1813-1879, filósofo, «primer discípulo» de Schopenhauer | 17,3; 36,4

FRAUNHOFER *(sic)*, Joseph von, 1787-1826, óptico, constructor de instrumentos | 49,1; 57,2

FRIDOLIN, mayor | 93,4; 94,1

GALIGNANI, Giovanni Antonio, 1757-1821, John Anthony (1796-1873) y William (1798-1882), editores | 11,2; 54,3; 56,3

GALL, Franz Joseph, 1758-1828, anatomista y frenólogo | 120,4; 122,1

GANESHA, dios indio de la erudición | 141,1

GOETHE, Johann Wolfgang von, 1749-1832 | 7,4; 33,2; 42,4; 43,6; 46,1; 47,4; 48,1; 48,2; 48,3; 48,4; 57,3; 73,1; 86,5; 87,2; 104,1; 111,5; 111,6; 119,3; 147,2

ÍNDICE DE NOMBRES

Gozzi, Carlo, 1720-1806, poeta italiano | 25,1
Gracián y Morales, Baltasar, 1601-1658, filósofo, escritor y predicador español, jesuita | 147,2
Grävell, Friedrich, 1819-1878, médico y escritor de Berlín | 131,1
Graul, Karl, 1814-1864, teólogo y misionero luterano | 51,4; 85,2; 86,5; 88,3; 91,1; 92,1
Grimm, Jacob, 1785-1863, germanista, lingüista | 26,1; 69,4; 141,2
Gulliver Lemuel (Jonathan Swift, 1667-1745, *Gulliver's travels*, 1726) | 5,5; 78,5

Hall, Marshall, 1790-1857, médico y fisiólogo inglés (HN V, págs. 257-258) | 34,6
Haller, Albrecht von, 1708-1777, anatomista, fisiólogo, botánico, médico y poeta | 54,3
Hardy, Robert Spence, 1803-1868, misionero wesleyano (metodista) | 65,4; 74,1
Hase, Karl August von, 1800-1890, teólogo protestante | 96,2; 102,4; 106,2
Hauser, Kaspar, según se afirma 1812-1833, expósito alemán de enigmático origen | 28,2; 35,4; 43,5; 43,6
Hegel, Georg Wilhelm Friedrich, 1770-1831 | 17,3; 20,3; 40,4; 40,5; 45,1; 47,7; 50,4; 66,1; 98,2; 99,2; 106,1; 118,3; 147,2
Helvétius, Claude-Adrien, 1715-1771, filósofo francés | 20,3
Heráclito, Herakleitos de Éfeso, *ca.* 550-480 a. C. | 20,3; 72,1
Hermes, hijo de la pléyade Maya y de Zeus | 141,1
Herodoto, *ca.* 484-*ca.* 424, historiógrafo griego | 15,2; 24,3; 26,1; 72,1
Hipólito, Hippolytos, † 235, teólogo, santo | 60,3
Hobbes, Thomas, 1588-1679, filósofo inglés | 75,3
Homero, siglo VIII a. C. | 94,2
Horacio, 65-8 a. C. | 6,1 nota 19; 20,3; 37,6

Jean Paul (Johann Paul Friedrich Richter), 1763-1825, poeta alemán | 56,2
Jesucristo | 33,2; 98,2; 99,1; 103,1; 128,1

Kampe, Friedrich Ferdinand, 1825-1872, escritor, científico privado en Breslau | 98,2

KANT, Immanuel, 1724-1804 | 6,3; 12,6; 13,1; 14,1; 14,2; 15,6; 17,3; 18,1; 19,4; 20,3; 20,4; 21,5; 35,1; 35,2; 37,5; 37,7; 38,1; 38,3; 38,4; 38,5; 39,1; 39,3; 40,1; 40,4; 40,6; 41,6; 43,1; 43,3; 44,1; 45,1; 45,3; 46,4; 47,2; 49,4; 50,4; 55,1; 57,6; 66,1; 67,5; 86,5; 90,1; 95,3; 105,2; 147,2

KLOPSTOCK, Friedrich Gottlieb, 1724-1803, poeta alemán | 86,5

KOEPPEN, Carl Friedrich, 1818-1863, docente y periodista político, Junghegelianer [perteneciente a los hegelianos jóvenes o de izquierda] | 103,3; 141,1

LEIBNIZ, Gottfried Wilhelm von, 1646-1716 | 17,3; 37,5; 40,6; 41,6; 45,3; 84,4; 95,3; 101,2

LESAGE, George-Louis, 1724-1803, físico suizo | 70,2

LESSING, Gotthold Ephraim, 1729-1781 | 70,1; 86,5

LEUCIPO DE MILETO, mediados del siglo v. a. C., filósofo griego | 63,1

LICHTENBERG, Georg Christoph, 1742-1799, físico y escritor alemán | 37,5; 39,3; 46,2

LINO, LINOS, hijo de Psámate y

Apolo | 94,2

LOCKE, John, 1632-1704, filósofo, psicólogo y pedagogo inglés | 19,4; 44,1; 95,3

LUIS XI, 1423-1483, rey de Francia | 139,1 nota 665

MAIER, Tobias véase MAYER

MARGGRAFF, Herrmann, 1809-1864, poeta y escritor | 126,1

MARCIÓN DE SINOPE, ca. 85-después del 160, armador, teólogo cristiano y fundador de una secta (marcionistas) | 72,1

MARSIAS, sátiro | 147,2

MARTIN, Benjamin, 1704-1782, mátemático y físico y filósofo inglés | 101,2

MASSON, Antoine-Philibert, 1806-1858, físico francés | 57,2

MATEO, apóstol y evangelista | 103,1

MAYER, Johann Tobias, 1752-1830, matemático y físico, desde 1799 profesor de Física en Gotinga, maestro de Schopenhauer | 135,1

MEISNER, Heinrich, 1849-1929, profesor, director de la Biblioteca Estatal de Prusia | 87,2

MENZEL, Wolfgang, 1798-1873, crítico, historiógrafo, poeta, redactó desde 1825 la revista *Litteraturblatt* | 106,2; 125,2

ÍNDICE DE NOMBRES

MICHELET, Karl Ludwig, 1801-1893, filósofo de la historia y hegeliano | 66,1
MIDAS, rey de Frigia en Asia Menor | 146,3; 147,2
MILLN EDWARDS véase MILNE
MILNE-EDWARDS, Henri, 1800-1885, médico e investigador francés (HN V, págs. 271-272) | 85,1; 132,2
MINERVA, diosa de la artesanía | 123,1
MOISÉS | 39,1; 47,4
MOZART, Wolfgang Amadeus, 1756-1791 | 101,1; 113,3
MÜLLER, Friedrich Max, 1823-1900, especialista en sánscrito y filólogo anglo-alemán, profesor en Oxford | 60,3; 143,2
MÜLLER, Johann Heinrich Jakob, 1809-1875, físico y matemático | 77,1
MUSEO, MUSAIOS, figura probablemente imaginaria, escritos de contenido órfico, himnos, oráculos | 94,2

NAPOLEÓN I, 1769-1821 | 34,8
NEWTON, Isaac, 1643-1727, físico y matemático inglés | 51,6; 101,2
NOACK, Ludwig, 1819-1885, teólogo evangélico y filósofo | 17,3; 43,1

OBRY, Jean-Baptiste-François, 1793-1871 | 95,1
OCELO (OKELLOS LUKANOS), siglo II a. C., de Lucania, según se afirma pitagórico antiguo | 1,1
OERSTED, Hans Christian, 1777-1851, físico e investigador de la naturaleza danés | 43,4; 44,1
OKEN, Lorenz (Ockenfuss), 1779-1851, investigador de la naturaleza y filósofo alemán | 132,2
ORFEO, hijo de la musa Calíope y de un tracio o de Apolo | 72,1; 94,2

PABLO, ca. 1-64 d. C. | 72,1
PAUL, Jean véase JEAN PAUL
PETRARCA, Francesco, 1304-1374, poeta italiano | 84,3; 118,3
PFEIFFER, Franz, 1815-1868, germanista suizo | 114,4
PÍNDARO, PINDAROS, 522/18-ca. 446 a. C., poeta lírico griego | 72,1
PITÁGORAS, ca. 580-500 a. C. | 72,1
PLATNER, Ernst, 1744-1818, médico, fisiólogo, antropólogo, filósofo | 101,2
PLATÓN, 427-347 a. C. | 15,2; 19,4; 72,1

ÍNDICE DE NOMBRES

Poëy de Aguirre, André, 1825-1919, meteorólogo en La Habana y Francia | 78,6

Pouchet, Félix-Archimède, 1800-1872, médico, investigador de la naturaleza, zoólogo | 132,2

Pouillet, Claude-Servais-Matthias, 1790-1868, físico francés | 2,1; 2,2; 3,1; 4,1; 43,2; 57,2; 134,4

Priestley, Joseph, 1733-1804, teólogo, filósofo y científico de la naturaleza inglés | 34,7

Proudhon, Pierre-Joseph, 1809-1865, socialista temprano francés | 119,1

Ptolomeo, Claudio, *ca.* 100-*ca.* 180, astrónomo, matemático y geógrafo alejandrino | 120,4

Quatrefages de Bréau, Jean-Louis-Armand de, 1810-1892, médico e investigador de la naturaleza francés | 132,2

Radius, Justus Wilhelm Martin, 1797-1884, patólogo y oftalmólogo en Leipzig | 48,3

Rafael, Raffaello Santi, Sanzio, 1483-1520 | 101,1

Rask, Rasmus Kristian, 1787-1832, investigador lingüístico danés | (HN V, págs. 369-370) | 70,1

Reichlin-Meldegg, Karl Alexander von, 1801-1877, profesor de Filosofía en Heidelberg | 17,3; 37,5; 39,3; 43,1; 43,4; 66,1

Reinhold, Christian Ernst, 1793-1855, profesor de Filosofía en Jena | 38,4

Remo, hijo de Rea Silvia y de Marte, muerto por su hermano Rómulo | 94,1

Reuchlin véase Reichlin-Meldegg

Ritter, Heinrich, 1791-1869, historiador de la filosofía | 13,1; 14,1; 14,2; 17,3; 18,1; 20,4; 21,5; 35,1; 35,2; 39,3; 118,3

Rómulo, hijo de Rea Silvia y de Marte | 94,1

Rosenkranz, Johann Karl Friedrich, 1805-1879, profesor de Filosofía, historiador de la literatura | 13,1; 17,3; 39,3; 40,2; 43,1; 57,6; 107,1

Ruge, Arnold, 1802-1880, filósofo y político | 36,5

Salmanasar V, 726-722 a. C., rey asirio | 134,2

Salustio, 86-35 a. C., historiador romano | 118,1

Sangermano, Vincentius, 1758-1819, misionero barnabita | 65,4

ÍNDICE DE NOMBRES

SANSÓN (ŠIMŠON), hijo de von Manoa, juez de Israel, figura simbólica de fuerza sobrehumana | 5,5
SCHELLING, Friedrich Wilhelm Joseph von, 1775-1854 | 6,3; 28,3; 37,4; 40,4; 40,5; 135,1
SCHILLER, Friedrich von, 1759-1805 | 33,2; 86,5; 111,6; 113,4; 119,3; 135,3; 141,2
SCHLOSSER, Johann Georg, 1739-1799, escritor | 102,4
SCHÜTZ, Christian Gottfried, 1747-1832, filósofo, filólogo, profesor en las universidades de Halle y de Jena | 85,5
SCOUTETTEN, Raoul-Henri-Joseph, 1799-1871, médico militar francés, profesor de Cirugía Militar en Estrasburgo | 77,1
SEDERHOLM, Karl, 1789-1867, filósofo de la religión y pedagogo finlandés | 123,2
SEEBECK, Thomas Johann, 1770-1831, físico alemán | 52,3
SEEMANN, Ernst Arthur, 1829-1904, librero y editor | 130,1
SEHLEN, Dieterich Christian von, en 1814 adquisición del derecho de ciudadanía, fondista en Gotinga | 119,3
SHAKESPEARE, William, 1564-1616 | 14,3; 23,2; (34,4); 41,5; 46,1; 82,1; 84,3; 92,2; 99,2; 111,6; 112,2; 119,1; 119,3
SHAKIAMUNI véase BUDA
SIBILA DE CUMAS, cerca de Nápoles, condujo a Eneas por el averno hacia los campos de los bienaventurados | 72,1
SILESIUS véase ANGELUS SILESIUS
SPIEGEL, Friedrich von, 1820-1905, profesor de lenguas orientales en Erlangen | 116,1
SPINOZA, Baruch (Benedictus) de, 1632-1677, filósofo holandés | 19,4; 112,4
SPIRITUS ASPER véase CAROVÉ
STAHL, Friedrich Julius, 1802-1861, escritor | 37,4
STAHL, Georg Ernst, 1660-1734, químico y médico, fundador de la química científica | 120,4
STEFFENSEN, Karl, 1816-1888, filósofo, desde 1854 titular de la cátedra de Filosofía en Basilea | 114,4
STEINLE, Eduard Jacob von, 1810-1886, dibujante y pintor | 102,4
STOBAEUS JOHANNES (Estobeo o Juan de Stobi, Macedonia), siglo V d. C., escritor griego | 30,4; 86,3

STRAUSS, David Friedrich, 1808-1874, teólogo evangélico, escritor | 34,7
STROMEYER, Friedrich, 1776-1835, médico, profesor de Química y de Farmacia en Gotinga | 135,1
SUCKOW, Wilhelm Karl Friedrich, 1770-1848, cirujano, desde 1838 profesor en la Facultad de Medicina de Jena | 112,5

TAULERO, Juan, *ca.* 1300-1361, fraile dominico, místico y predicador en Estrasburgo | 114,4
TIECK, Ludwig, 1773-1853, poeta alemán | 142,3

UHLAND, Ludwig, 1787-1862, poeta alemán, profesor de Germanística en Tubinga | 99,2
ULRICH, Johann, en 1786 obtención del derecho de ciudadanía, billarista, fondista | 119,3

VANINI, Lucilio (Giulio Cesare), 1585-1619, jurista y filósofo de la naturaleza, fraile carmelita | 75,3; 86,1; 89,2
VAUVENARGUES, Luc de Clapiers, marqués de, 1715-1747, moralista francés | 34,5

VISHNÚ, «el penetrante», una de las deidades principales del hinduismo | 68,5
VOLTAIRE, François Marie Arouet, 1694-1778 | 23,4-24,1; 32,4; 78,1; 134,3

WACHTER, Johann Georg, 1663-1757, científico | 70,1
WEIL, Gustav, 1808-1889, orientalista, historiador | 141,3
WEINHOLD, Karl, 1823-1901, germanista | 81,6
WIELAND, Christoph Martin, 1733-1813, poeta y escritor alemán | 86,5
WILHELMI, Karl August, 1777-1822, filólogo | 81,6
WINCKELMANN, Johann Joachim, 1717-1768, arqueólogo y erudito del arte, alemán | 86,5; 93,5
WÖHLER, Friedrich, 1800-1882, químico y médico | 6,3

ZELLER, Eduard, 1814-1908, filósofo y teólogo protestante alemán | 92,2

ÍNDICE DE CONTENIDO

1,1	Mundo y tiempo
1,2	Comprensión de la naturaleza, investigación de la verdad
1,3	Estrabismo
1,4	El intelecto al servicio de la voluntad en los animales y en el hombre; el genio
1,5	El tiempo y lo perecedero de las cosas
1,6	Los hombres son demonios, los animales, las almas atormentadas
1,7	Sucesos y personas en la historia
2,1	Sobre la dióptrica; comprensión de la relación causal; el cálculo; divergencia, luz, lupa; microscopio
3,1	Microscopio solar, *laterna magica*, megascopio, telescopio reflector
4,1	Divergencia de los rayos; la ley suprema de todas las lentes; el problema de la dióptrica; la acción de los prismáticos; imágenes virtuales, reales, ideales; efectos del ocular
5,1	Necesidad de la muerte
5,2	Nuestra vida
5,3	El pensamiento físico-teológico es «radicalmente equivocado»; sobre el intelecto y la voluntad
5,4	Generaciones del género humano, espectadores de la representación de los ilusionistas
5,5	Todo héroe es un Sansón
5,6	Sobre Dios
5,7	Superioridad
6,1	Crítica a otros, mejora de sí mismo; evangelio, la naturaleza del ojo; sobre estilo y modo de escribir

ÍNDICE DE CONTENIDO

6,2	Enseñarle al mundo
6,3	Átomos, atomística; en Alemania hay farmacéuticos ignorantes; compañeros de lenguaje de Kant, sus «primeros fundamentos metafísicos de las ciencias naturales»; *Ideen zur Philosophie der Natur*, de Schelling; pensar sin experimentar y experimentar sin pensar
6,4	Trabajo mecánico en la hilandería
6,5	Limitación de los conceptos y las concepciones. Viveza
6,6	Poesía sobre leer y olvidar
7,1	Investigación de la naturaleza de la actividad nerviosa
7,2	Aprender y olvidar; repetición de lo aprendido
7,3	Todos los hombres quieren vivir
7,4	Polarización de la luz; fines prácticos y teoría; Goethe; reflexión de la luz; producción de los colores físicos
8,1	Debilitamiento de la luz, colores físicos; los anillos de Newton
9,1	Prodigios de la luz polarizada
9,2	Las leyes deben castigar la acción
9,3-10,1	Negación de la voluntad de vivir; *velle et nolle;* el intelecto, un órgano de la voluntad
10,2	Los judíos, el pueblo elegido de Dios
10,3	Actuar en virtud de principios abstractos; principios concretos innatos
10,4	Virtud curativa de la naturaleza
10,5	Contemplación de la naturaleza; existencia como sujeto cognoscente puro; cita del Veda
10,6	Sobre el polo magnético
11,1	Consideración del curso seguido por el mundo y el detalle de la vida humana
11,2	Ensayo de Andrew Crosse y sus ácaros
12,1	Los poetas y el objeto de su glorificación; serenidad del corazón
12,2	La materia es la visibilidad de la voluntad y toda fuerza es voluntad

ÍNDICE DE CONTENIDO

12,3	Ni nuestro actuar ni el curso de nuestra vida son obra nuestra, pero sí lo es nuestra esencia y existencia; actuar y curso de vida se desarrollan con perfecta necesidad; el curso de vida del hombre está determinado ya en el nacimiento
12,4	Los escritores del Nuevo Testamento
12,5-13	Mordedura de una cobra capel en el jardín zoológico de Londres y las consecuencias
12,6	Contra los profesores de filosofía; Kant era ateo
13,1	Contra Rosenkranz y Ritter así como contra la filosofía universitaria
13,2	Sobre la palabra de Dios
13,3	Sacrificios a los dioses en los pueblos antiguos; Schopenhauer en Roma
13,4	Los procesos y la historia de una aldea y de un gran reino
13,5	Voto conventual, negación y afirmación de la voluntad de vivir
14,1-14,3	Para el prólogo de *Ueber den Willen in der Natur*, segunda edición, 1854
15,1	Sobre causa y efecto
15,2	Tarea de la filosofía de la historia; divisa de la historia: *eadem sed aliter*
15,3	Sobre cacharros de barro
15,4	El mundo es el infierno, los hombres son almas atormentadas y demonios
15,5	Dicha y placer de tiempos pasados; la inanidad de todos los placeres terrenos
15,6	Para el Prólogo a *Ueber den Willen in der Natur*
16,1	Catalepsia (parálisis de los nervios en la hipnosis) y sonambulismo
16,2	Lo bueno y lo malo en los hombres
16,3	Respeto por los señores (sinvergüenzas)
16,4	El destino de las mujeres, distinto del destino del hombre; desavenencia en el matrimonio

ÍNDICE DE CONTENIDO

16,5	Ir a la muerte por la patria; sacrificios que se ofrecen a otros; negación de la voluntad de vivir
17,1	Utilización del intelecto en las artes y ciencias liberales
17,2	Coherencia física y moral del mundo; las religiones son imágenes, mitos, fábulas; esfuerzos de los filósofos
17,3	Sobre Noack; sucesión y yuxtaposición de tiempo y espacio; sobre Kant y el accionar de los profesores de filosofía
18,1	Sobre Ritter, historiógrafo de la filosofía
18,2	La filosofía de Schopenhauer como verdadera resolución del enigma del mundo, una revelación
18,3	El objetivo del drama
19,1	Sobre la contemplación de la muerte de un hombre o de un animal
19,2	La química capacita para ser farmacéutico, pero no filósofo
19,3	El espíritu del mundo y los individuos
19,4	Adiciones al prólogo de *Ueber den Willen in der Natur*
20,1	Cristianismo y materialismo; mojigatería
20,2	Para el prólogo de *Ueber den Willen in der Natur*
20,3	Advertencia acerca de los profesores de filosofía y sus obras
20,4	Contra Ritter y los profesores de filosofía; la filosofía no mora en las universidades; filosofía y Dios
21,1	El hombre como ser mentiroso y lacra de la naturaleza
21,2	Disculpa por vicios; sentido de la doctrina del pecado original
21,3	La generación actual es idéntica a toda otra que haya habido antes; metempsicosis
21,4	Diferencia de estado, de rango y de nacimiento; abismo entre los nobles del mundo y los demás; aquellos que exoneran a la cabeza del servicio de la voluntad
21,5	Sobre las mamarrachadas sin ingenio y sobre Ritter; contra los profesores de filosofía
22,1	La gran mayoría de los hombres comen, beben y copulan

ÍNDICE DE CONTENIDO

22,2	Conocimiento a priori y formas propias del intelecto
22,3	Lema de la edición completa: *non multa*
22,4	La voluntad de vivir, la muerte y el nacimiento
23,1	Juicio sobre un individuo humano, caído en la muerte; la vida, un estado de penuria y aflicción; el hombre no es obra de un Dios
23,2	Tener indulgencia con la insensatez humana, con las faltas y vicios
23,3	Escalas en la flauta, ventriloquia
23,4-24,1	Sobre la filosofía de la historia de la humanidad
24,2	Relación de lo intelectual con lo moral
24,3	Sobre la duración de la vida humana
25,1	Una vida feliz es imposible; sobre el curso de vida heroico y la extinción en el nirvana
25,2	Sobre el mundo
25,3	La visión de los animales alegra, en contra de lo que sucede con la visión de los hombres
26,1	Sobre los godos
26,2	Períodos de tiempo del budismo y del cristianismo
26,3	El intelecto al servicio de la voluntad así como del arte y de la ciencia; el hombre tosco y el genio
26,4	El Olimpo de los romanos y los dioses romanos con nombres griegos; traducción de Yahveh
27,1	La música lisonjea la voluntad de vivir; sobre las formas de la alegría
27,2	Mesas que saltan, sonambulismo, videncia
27,3	El entendimiento de los insectos
28,1	Sobre matemática
28,2	Para el prólogo de *Ueber den Willen in der Natur*
28,3	Los neoplatónicos y el surgimiento del mundo
28,4	Sobre lógica
28,5	El conocimiento puro, carente de voluntad
28,6	Somos meras apariciones
29,1	La voluntad de vivir y los fenómenos

ÍNDICE DE CONTENIDO

29,2	Contemplación de un vasto panorama que llevo dentro de mí
29,3	Deducción de lo particular a partir de lo general como el objetivo de toda inferencia
29,4	Sobre las representaciones budistas; China; la naturaleza es la objetivación de la voluntad de vivir
30,1	Los animales tienen una cierta expresión de inocencia, a diferencia del hombre (a excepción de los niños)
30,2	Sobre los investigadores de la naturaleza y los escolásticos; diferencia entre fenómeno y cosa en sí; sobre la autoconsciencia
30,3	Sobre la facultad de conocimiento y el cerebro
30,4	Nadie es envidiable, innumerables son los lamentables
30,5	Las obras de arte, etc., de una nación son el producto del superávit de intelecto
31,1	La importancia del propio yo-mismo, que sucumbe en la muerte; su muerte es para cada uno el ocaso del mundo
31,2	Sobre los espíritus que se comunican por medio de golpes y la muerte
31,3	Sobre el buen actor
31,4	Sobre la verdad
31,5	Los grandes genios deben cuidado a los genios pequeños
32,1	Los judíos son el pueblo elegido de Dios
32,2	Las obras como quintaesencia de un genio; sobre los libros
32,3	Sobre teísmo y astronomía
32,4	Sobre las tres aristocracias
33,1	y sobre el ejército de sus envidiosos, así como sobre sus excelencias
33,2	Humanismo, optimismo, romanticismo, materialismo, como también pecado original y redentor del mundo; sobre el cristianismo y las religiones asiáticas
33,3	Sobre la ruindad
34,1	La intuición de un cuerpo en el espacio
34,2	Sobre Dios

ÍNDICE DE CONTENIDO

34,3	El carácter de las cosas de este mundo
34,4	El mundo entero es un escenario, cada uno desempeña un papel; distinguir entre actor y papel
34,5	Sobre Vauvenargues
34,6	El trecho recorrido por la filosofía y la fisiología durante los últimos doscientos años
34,7	Sobre preexistencialistas, creacionistas y traducianistas; el alma no ha sido creada
34,8-35,2	Para el prólogo de *Ueber den Willen in der Natur*
35,3	Recuerdo después de la muerte y deseo de fama póstuma
35,4-36,4	Para el prólogo de *Ueber den Willen in der Natur*
36,5	Libelo de 1841 como recensión de «*Ueber den Willen in der Natur* y *Die beiden Grundprobleme der Ethik*
36,6	Recepción de las obras de Schopenhauer en la república de los eruditos alemanes; Chamfort
37,1	El hombre y el animal son algo distinto de una nada animada
37,2	Egoísmo, fosa entre hombre y hombre; la ayuda al otro
37,3	Conocernos a nosotros mismos y a los demás
37,4	Julius Stahl sobre Schelling
37,5-37,6	Para el prólogo de *Ueber den Willen in der Natur*
37,7	El libelo de 1841; Kant
38,1	Kant y los profesores de filosofía
38,2-40,8	Para el prólogo de *Ueber den Willen in der Natur*
41,1	Un gran genio y la religión
41,2	Sobre filosofía trascendente
41,3	Sobre la novela y las obras de arte
41,4	La razón del envejecimiento y la muerte
41,5	Las obras de Shakespeare y una nación inteligente
41,6-45,4	Para el prólogo de *Ueber den Willen in der Natur*
46,1	Sobre el poeta dramático y sobre el virtuoso
46,2	Sobre la mendacidad
46,3-46,4	Para el prólogo de *Ueber den Willen in der Natur*
47,1	Los grandes genios y la igualdad de derechos frente a la

ÍNDICE DE CONTENIDO

	desigualdad de las capacidades
47,2	Para el prólogo de *Ueber den Willen in der Natur*
47,3	El devenir más sabios y prudentes por parte de los hombres y la brevedad de su vida
47,4	Para el prólogo de *Ueber den Willen in der Natur*
47,5	La existencia no está limitada a la vida actual
47,6	Sobre la belleza de los muchachos y las muchachas
47,7	Sobre los profesores así como sobre la mojigatería y la erudición
48,1-49,4	Para el prólogo de *Ueber das Sehn und die Farben*, segunda edición 1854
50,1	Cosa en sí y fenómeno
50,2	Sobre las ideas platónicas
50,3	Sobre la comprensión de las cosas como quietivo de la voluntad
50,4	Sobre los profesores de filosofía
50,5	Las obras del genio
51,1	Cuando uno se vuelve viejo; el núcleo de nuestro ser es indestructible
51,2	Sobre el optimismo
51,3	El intelecto sucumbe con la muerte
51,4	Johannes, Hans y *saniassi*
51,5	El dormir es un pedazo de muerte
51,6	Para el prólogo de *Ueber das Sehn und die Farben*
51,7	En la república de los eruditos se subraya lo mediocre y se empequeñece lo valioso
52,1	Sobre la poligamia así como sobre la denominación «mujer» y «dama»
52,2	Buda y su denominación china
52,3	Calor, luz y electricidad
52,4	Sobre la riqueza y la fama
52,5	La forma del intelecto es el tiempo
53,1	Surgimiento del lenguaje humano
53,2	Sobre la auténtica superioridad personal

ÍNDICE DE CONTENIDO

53,3	Nuestra vida es pobre en placeres y rica en males; dos formas de utilizar la riqueza
53,4	Sobre las barbas
53,5	Los teólogos y los milagros de la Biblia
53,6	El sabio y un mundo lleno de necios
53,7	El cerebro es la sede del arbitrio; la sede de la voluntad es el hombre entero, que es su fenómeno
54,1	Sobre casarse
54,2	Enseñanza acerca del cuerpo entero como la misma voluntad; el cerebro no es la sede de la voluntad, sino sólo del arbitrio; sobre la consciencia y el intelecto
54,3	Sobre la excitabilidad y la sensibilidad; relación del nervio con el cerebro
54,4	El cerebelo y el cerebro como reguladores del movimiento, su mutua relación
55,1	El yo teórico y el yo volitivo: la unidad sintética de la apercepción de Kant; el cerebro como lugar de reunión de los motivos; la consciencia no racional y la racional; sobre la excitabilidad y la actividad de los nervios; la acción del cerebro y de los nervios motores
55,2	Ojo, luz, voluntad, conocimiento; las resoluciones de la voluntad parten del cerebro; el cerebro como sede del arbitrio, como taller de los motivos
56,1	Para el prólogo de *Ueber den Willen in der Natur*
56,2	El genio consiste en la mayor reflexividad; el animal vive sin reflexividad, el hombre ordinario más o menos también; sobre los filósofos, los artistas y los poetas
56,3	La voluntad misma aparece en el músculo como excitabilidad; sobre la contracción y el latido del corazón
56,4	Contracción del músculo, el nervio da el estímulo respectivo; tal vez, el corazón late originariamente y siempre; relación de nervio y músculo
57,1	El intelecto se libera de la voluntad
57,2	Sobre las líneas de Fraunhofer

ÍNDICE DE CONTENIDO

57,3	Sobre el destino de la filosofía de Schopenhauer y de la doctrina de los colores de Goethe
57,4	Sobre los autores de unas recensiones anónimas (granujas críticos)
57,5	Sobre los profesores de filosofía; para el prólogo de *Ueber den Willen in der Natur*
57,6	Para un próximo prólogo (después de 1855)
58,1	Variante a un próximo prólogo
58,2	El silenciamiento y la segregación de los profesores de filosofía y su rabia por el prólogo de Schopenhauer a *Ueber den Willen in der Natur*
58,3	Tres profesores de filosofía formularon una acusación de ateísmo contra Schopenhauer
59,1	Sobre la gesticulación
59,2	Variante para un próximo prólogo
60,1	Más sobre la gesticulación
60,2	Desprecio de la gesticulación por parte de los ingleses
60,3	Brahma significa fuerza, voluntad, deseo, y la fuerza propulsora de la creación
61,1	Consuelo en la vejez
61,4	Variante para un próximo prólogo: gritería de los señores sobre el ateísmo; el teísmo se basa en la revelación
61,3	Sobre la muerte, la vejez y la envidia
61,4	La enfermedad es un intento de curación de la naturaleza
61,5	Sobre las personas jóvenes
61,6	El sueño es una actividad del cerebro; surgimiento del sonambulismo
62,1	La memoria se parece a un colador (¡qué verdadero!)
62,2	Defensa y refutación de los átomos
62,3-63,1	Sobre el gas detonante y los átomos
64,1	Es siempre lo mismo y son siempre los mismos
64,2	Dios y la propia fuerza de voluntad
64,3	Prohibido burlarse de la religión, con penas severas
64,4	Diferencia entre el Antiguo y el Nuevo Testamento

ÍNDICE DE CONTENIDO

64,5	Sobre los budistas, los jainistas y los brahmanes
64,6-65,1	Sobre el sueño, la voluntad y el intelecto, sobre el tiempo, el espacio y la causalidad
65,2	Reyes y siervos se nombran sólo por su nombre de pila
65,3	Todo pensar originario se da en imágenes, importancia de la imaginación
65,4	Subsistencia después de la muerte en el budismo; metempsicosis y palingenesia
65,6	Relación de la filosofía de Schopenhauer con las religiones
66,1	Monografía de Michelet sobre Schopenhauer y su ignorancia; Reichlin-Meldegg y su recensión de las cartas de Frauenstädt
66,2	Un hombre con un intelecto que supera la medida normal
67,1	La muerte de nuestros enemigos y adversarios
67,2	Todo lo que vive tiene que expiar su existencia
67,3	La individualidad de cada ser humano y el curso de su vida
67,4	El mundo es un infierno
67,5	Los materialistas y la filosofía de Schopenhauer; sobre la fuerza, la sustancia, la voluntad, la materia
68,1	Nosotros, o nuestro cuerpo, somos algo que no debería ser
68,2	El placer de contemplar todo animal en libertad
68,3	Procurar explicar la naturaleza orgánica, la vida, el conocimiento y el querer a partir de la naturaleza inorgánica
68,4	Los milagros de la Biblia deben demostrar su veracidad
68,5	El mundo se mantiene a sí mismo; no ha sido suscitado a partir de la nada por una fuerza situada fuera de él
68,6	Quemadura de sol en las altas montañas
69,1	Espinozismo; los hombres se han imaginado en todas partes seres que dominan las fuerzas de la naturaleza
69,2	La metamorfosis de la luz en calor
69,3	El cristianismo no es una pura doctrina; comparación con el budismo
69,4-70,1	Subdivisión de la lengua alemana por los germanistas en diferentes ramas; la lengua de los antiguos germanos y

	la lengua indogermánica; Islandia y Escandinavia
70,2	Movimiento de la materia por fuerzas mecánicas; la voluntad en las cosas
71,1	Origen del movimiento; la esencia de las fuerzas en la naturaleza inorgánica es idéntica a la voluntad en nosotros
71,2	Los corderos, el carnicero, y nuestro destino
71,3	Conversación del año 33 d. C. sobre Dios, que asumió forma humana y redimió el mundo
72,1	Sobre Clemente de Alejandría y sus *Stromata*, sobre el Antiguo y el Nuevo Testamento y sobre los marcionistas
72,2	Sobre la palabra «demiurgo»
73,1	Más sobre Clemente, cuyo tercer libro de los *Stromata* es sumamente interesante para la filosofía de Schopenhauer
74,1	Confrontación entre el ascetismo indio y el cristiano-judío en Clemente; servir y alabar a Dios; las cuatro verdades del budismo: el dolor
74,2-74,3	Los gnósticos y el cristianismo neotestamentario; en Clemente con cita del Evangelio de los Egipcios
75,1	El reír del hombre y el mover la cola del perro
75,2	Nuestra existencia y la de los animales es una *existentia fluxa*, una cuasi-existencia
75,3	Sobre Vanini
76,1	Schopenhauer buscó la verdad, y no una cátedra; diferencia entre él y los filósofos poskantianos
76,2	En todas las personas que se nos aparecen en el sueño estamos nosotros mismos
76,3	Responsabilidad por la existencia y por la constitución de este mundo
76,4	Sobre la dignidad del hombre de genio y gran inteligencia
76,5	Agustín y sus doctrinas sobre Dios
77,1	Causa del trueno
77,2	Sobre la forma de conocimiento del tiempo y el hombre
77,3	Muchas personas tienen que detenerse cuando conversan con su acompañante

ÍNDICE DE CONTENIDO

77,4-78,1	Analogía entre la acción de la naturaleza y la del hombre; plantas, animales, animales predadores; los pueblos conquistadores son los animales predadores del género
78,2	Sobre Buda y Agustín
78,3	El intelecto no puede captar el enigma de nuestra existencia
78,4	La voluntad sufre, por la muerte, la pérdida del intelecto; la voluntad como núcleo del fenómeno que en ese momento sucumbe, es como la cosa en sí indestructible
78,5	Prólogo a la tercera edición de *Die Welt als Wille und Vorstellung* de 1859
78,6	Rayo sin trueno y trueno sin rayo
79,1	Cansado estoy ahora en la meta del trayecto
79,2	Sobre la revelación
79,3	Concepto, juicio, cuerpo, relación
79,4	Una medicina es como filípicas y críticas
79,5	Los resultados morales del cristianismo se los encuentra en Schopenhauer
79,6	Acariciar al gato y alabar al ser humano
79,7	La sensibilidad y la capacidad de sentir dolor decrecen junto con la perfección del sistema nervioso
79,8	Sobre el estado al que nos hace pasar la muerte
79,9	Hipótesis respecto del trueno; explicación del granizo
80,1-80,3	Sobre la gramática de la lengua y la barbarización de la lengua
80,4	Una persona que no entiende latín pertenece al pueblo
81,1	Sobre la barbarización de la lengua
81,2	Sobre la palabra *Weiber* [mujeres, hembras]
81,3	Insensibilidad a las cacofonías
81,4	*Sicher* [seguro] y *gewiß* [con seguridad, seguramente]
81,5-81,7	Sobre la barbarización de la lengua
82,1	El monólogo de Hamlet y nuestro estado; suicidio, la muerte no es una aniquilación absoluta
82,2	Sobre un recuerdo budista y el samsara

ÍNDICE DE CONTENIDO

82,3	El animal es lo mismo que el hombre; el mundo no es una chapucería y los animales no son un producto manufacturado; el beneficio de los ferrocarriles; la concepción judía del mundo animal
82,4	Sobre el idioma alemán; mujeres y señoritas; sobre denominaciones desacreditadas
83,1	Sobre lo finito y lo infinito, el espacio y el tiempo
83,2	Vivimos un lapso de tiempo y no sabemos de dónde, hacia dónde ni para qué; somos como máscaras
83,2-84,3	Prólogo a la tercera edición de *Die Welt als Wille und Vorstellung*
84,4-85,2	Barbarización de la lengua
86,1	Sobre Vanini
86,2	Sobre las dos religiones principales en Japón
86,3	La astrología como una prueba grandiosa de la miserable subjetividad de los hombres
86,4-87,2	Barbarización de la lengua
87,3	Oráculos y magnetismo animal
87,4	Barbarización de la lengua
88,1	Idealismo y realismo, espiritualismo y materialismo
88,2-88,4	Barbarización de la lengua
89,1	El poeta es el hombre universal
89,2	La voluntad es un instinto sin conocimiento, ciego; sobre Vanini
89,3	Todo suceso ocurre de forma estrictamente necesaria
89,4	Barbarización de la lengua
90,1	No sentimos la salud, sino sólo el lugar donde nos aprieta el zapato
90,2	Kant y la filosofía
90,3-92,2	Barbarización de la lengua
93,1	El periodismo sólo tiene poder sobre la atención del público
93,2	La vida es una severa lección; los amigos fallecidos la han superado; nuestra muerte es un hecho deseado y feliz
93,3	Sobre las luchas entre animales

ÍNDICE DE CONTENIDO

93,4	Robo de niños por parte de lobos
93,5	Barbarización de la lengua
94,1	Continuación del robo de niños por parte de lobos; el hambre del lobo; sobre el perro, así como sobre sapos y serpientes
94,2	Sobre los griegos y los germanos
94,3	De Dios sólo quedó al final la palabra
94,4	Contra la literatura alemana antigua y los poetas de la Edad Media
95,1	Sobre el Lalitavistara y los dogmas y las distinciones brahmanes
95,2	Sobre el materialismo moderno
95,3	Leibniz contra Locke, Kant
96,1	Schopenhauer no enseña mitología judía
96,2	Barbarización de la lengua
97,1	Sobre gracia ajena y mérito propio
97,2	Sobre el instinto sexual
97,3	Memoria del curso de la propia vida como comprensión de la vida
97,4	El diablo es necesario en el cristianismo; sobre Yahveh, Ormuz, Satanás, Ahrimán e Indra
97,5	Detener el tiempo a fin de alcanzar la felicidad suprema y verdadera
97,6	Bajo la cubierta variable se esconde el hombre idéntico y auténtico
97,7-98,1	Cada cual exige después de su vida una perduración sin fin en otros mundos; la individualidad como mera apariencia
98,2	Sobre el catolicismo alemán y el neocatolicismo como hegelianismo popularizado
98,3	La consciencia de Dios dice que un ser personal ha creado el mundo; grabado con un niño en oración; inoculación de una idea fija
99,1	A Jesucristo hay que concebirlo en general y no de forma individual

ÍNDICE DE CONTENIDO

99,2-100,1	Barbarización de la lengua
101,1	El sentido y el fin de la vida no es intelectual sino moral
101,2	Sobre la luz y la gravitación, Newton y Leibniz
101,3	La historia, un lugar principal en la filosofía; sobre el plan universal y la dicha en la tierra, el cristianismo, el monoteísmo, el budismo, el judaísmo y el islam
102,1	Nuestra vida pasada en el recuerdo
102,2	Detrás de la angustia está el aburrimiento; la vida no tiene ningún contenido verdadero, auténtico
102,3	Cuando nace un hombre, se da cuerda de nuevo al reloj de la vida humana
102,4	Semejanza entre san Francisco y Buda
102,5	Barbarización de la lengua
103,1	Sobre la ascesis cristiana
103,2	El que no entiende latín pertenece al pueblo; griego y sánscrito
103,3-104,2	Barbarización de la lengua
105,1	La voluntad se la ha dado el hombre a sí mismo, el intelecto lo ha recibido del cielo, es decir, del destino
105,2	Sobre la fuerza de atracción y de repulsión en Kant
105,3	Sobre nuestro nivel
105,4	Barbarización de la lengua
106,1	Desconocimiento de la filosofía de Kant y la tosquedad de la física mecánica actual
106,2-108,2	Barbarización de la lengua
109,1	Sobre el cuadro, la obra de arte, la poesía, la música
109,2	Lo significativo de los procesos y de las personas en el presente y en el pasado
109,3	En el espacio absoluto, dos cuerpos se acercan en línea recta; movimiento circular
109,4	Sobre la fuerza vital
109,5-110,3	Barbarización de la lengua
111,1	El budismo define al nirvana como la nada

ÍNDICE DE CONTENIDO

111,2	Sobre la misantropía y el amor
111,3	En los propios asuntos no se puede tener un juicio correcto
111,4	Sobre el samsara
111,5	Sobre el eclipse de sol de marzo de 1858 y la doctrina de los colores de Goethe
111,6	Barbarización de la lengua
112,1	Precios de distintos metales; los satélites de Urano
112,2	Sobre la unidad de acción en los dramas franceses y en el drama de Shakespeare
112,3	Cuanto menos piensa uno; el ver pasa a ocupar el lugar del pensar
112,4	La contraposición de cuerpo y alma es la de lo objetivo y lo subjetivo
112,5-113,4	Barbarización de la lengua
114,1	Opresión de los hindúes por los mahometanos
114,2	Una ley de la naturaleza es un hecho generalizado; conocimiento de las leyes de la naturaleza
114,3	La mirada de la prudencia es diferente de la propia de la genialidad
114,4	Sobre el Maestro Eckhart
115,1	Sobre el materialismo
115,2	Los panteístas dan al samsara el nombre de Dios, los místicos, al nirvana; uso de la palabra en los judíos, los cristianos y los mahometanos
115,3	Comparación entre la república de los eruditos y la república de México
115,4	Contraposición entre Iglesia protestante y católica, púlpito y altar, comprensión y fe
115,5	Sobre la *Theologia Deutsch* y Eckhart
116,1-119,3	Barbarización de la lengua
120,1	Los profesores de filosofía y sus fines
120,2	Sobre la forma de acción mecánica así como sobre presión, empuje y tracción; éter

ÍNDICE DE CONTENIDO

120,3	La vida del la actualidad como *gallopade*
120,4	Sobre Bichat y Flourens
121,1	Querer y pensar son distintos; más sobre Bichat y Flourens, así como sobre las pasiones
122,1	Sobre Flourens y Bichat
123,1	Más sobre Flourens y Bichat
123,2	La palabra *selig* [bienaventurado] proviene de la palabra sueca *Sal*
123,3	Sobre la muerte y la perduración
123,4	Los placeres eróticos nos deparan engaño
124,1	Lo que se sabe tiene doble valor
124,2	Los hombres son como los mecanismos de relojería
124,3	Sobre la putrefacción, la *generatio aequivoca*, las sustancias químicas primordiales y el ciclo del mundo
124,4-127,3	Barbarización de la lengua
128,1	La mitología del cristianismo surgió del conflicto de la verdad sentida con el monoteísmo judío dado
128,2	Sobre lo propiamente esencial del mundo, de las cosas, del hombre
128,3	Hay dos historias, la política y la de la literatura y del arte, la de la voluntad y la del intelecto
129,1	El hombre es un ser que no debería existir en absoluto
129,2	Sobre seres de dos y cuatro patas
129,3	Sobre la honestidad entre los escritores
129,4	Justificación del sufrimiento en el mundo animal
129,5-131,1	Barbarización de la lengua
132,1	Sobre poesías
132,2-133,1	Sobre la *generatio aequivoca* y Pouchet
133,2	La Edad Media es la superstición personificada
133,3	Sobre la prudencia
133,4	La religión ha amordazado a la razón; la tarea de los profesores de filosofía
133,5	A la naturaleza le importa sólo nuestra existencia
133,6	Los antiguos americanos desconocían la semana de siete días

ÍNDICE DE CONTENIDO

133,7	Sobre la vida humana
133,8-134,1	Traducir de una lengua más reciente al latín
134,2	Sobre la palabra *Weib* [mujer, hembra], así como sobre los judíos o israelitas
134,3	Los franceses y su *gloire*, es decir, *butin*
134,4-135,1	Los físicos y la capacidad de calor y el calor específico
135,2	Sobre amoníaco, amonio
135,3	Barbarización de la lengua
135,4	Mercenarios de la mitología judía
135,5	El olor específico del pueblo elegido
136,1	Barbarización de la lengua
137,1	Por qué las mentes limitadas están muy expuestas al aburrimiento
137,2	Cada día es una pequeña vida; nacimiento, juventud muerte
137,3	Sobre conocimiento y éxtasis, faquires y la palabra *om*
138,1	Mi existencia y la de un objeto
138,2	Prólogo a las obras completas
139,1-141,3	Barbarización de la lengua
142,1	La historia de la ardillita con la serpiente como argumento a favor del pesimismo
142,2	El género humano experimenta cada cien años tres ediciones
142,3	Sobre el aseguramiento de la atención y participación del público
142,4	Por qué la muerte se presenta como aniquilación
143,1	Sobre la fuerza de gravedad y la luz
143,2	Redacción de los Vedas y de los Upanishads
143,3	Sobre el dormir y la muerte
143,4	Sólo hay un presente; tal es la única forma de existencia real
143,5	La vulgaridad se da cuando en la consciencia el querer tiene preponderancia sobre el conocer; sobre el querer sin conocimiento y la vulgaridad
144,1-145,3	Barbarización de la lengua

ÍNDICE DE CONTENIDO

146,1	Cada cosa tiene dos cualidades
146,2	Sobre la correcta escala para medir la jerarquía de las inteligencias
146,3	Para el prólogo de *Die beiden Grundprobleme der Ethik*, segunda edición, 1860
147,1	Sobre el levantamiento de monumentos
147,2	Para el prólogo de *Die beiden Grundprobleme der Ethik*
148,1	El presente tiene dos mitades, una objetiva y una subjetiva; el mundo es mi representación; confusión de la muerte con la aniquilación
148,2	Sobre la verdad; ha sido comprendida por Schopenhauer en su conjunto
148,3	Sobre los grandes escritores y artistas, que toman lo suyo en serio
148,4	El núcleo más íntimo contiene el presente
148,5	Desventaja de las ciencias naturales; en el lado subjetivo anida lo principal, y esto corresponde a la filosofía
148,6	Sobre los gusanos y los profesores de filosofía
148,7	Los hombres son intelectualmente miserables
149,1	Sobre la muerte y el morir
149,2	Los animales son seres conscientes
149,3	Dos modos de comportarse frente a los méritos
149,4	Todo lo perecedero no ha existido nunca verdaderamente
149,5	Para el prólogo a las obras completas
150,1	Los acontecimientos en la vida de todos los hombres son lo esencial, lo importante; sobre el destino y la necesidad
150,2	Sobre el provecho principal del estudio de los antiguos; de ello se diferencia el estudio de los modernos y de los más recientes
150,3	¿Quién extrae algún provecho del mundo?
272-273	Estas dos páginas no fueron incorporadas en el Índice de nombres